高等学校人工智能通识教育系列教材

人工智能概论

主　编　张绍兰　孙晓燕　邢国波
副主编　聂秀山　李成龙

中国教育出版传媒集团
高等教育出版社·北京

内容提要

本书全面介绍了人工智能基础理论、核心和前沿技术及其实际应用，并结合实际案例，展示了人工智能如何深刻改变各行各业。全书共分为13章，第1章是人工智能概述，介绍了人工智能的概念、发展历程和应用领域，帮助读者建立起对人工智能的大概认识；第2~6章介绍了人工智能的理论基础及算法，包括机器学习、深度学习与人工神经网络、自然语言处理、感知与计算机视觉、大模型；第7~12章介绍了人工智能的应用，首先介绍人工智能在文本、图像、音频和视频等多种模态中，实现内容生成的相关应用，然后介绍人工智能在教育、交通、制造、建筑、商业等领域的应用；第13章介绍了人工智能的伦理与安全。本书既有人工智能的基础理论和算法，又有人工智能的典型应用，案例丰富，适合作为高等院校非计算机专业的通识课程教材，也可作为相关技术人员的入门读物。

本书配套有教学大纲、教案、习题解答、授课课件以及相应的源代码，以方便授课教师使用。

图书在版编目（CIP）数据

人工智能概论 / 张绍兰，孙晓燕，邢国波主编；聂秀山，李成龙副主编. -- 北京：高等教育出版社，2025.9. -- （高等学校人工智能通识教育系列教材）.
ISBN 978-7-04-065519-3

Ⅰ. TP18

中国国家版本馆CIP数据核字第20253TU096号

Rengong Zhineng Gailun

策划编辑	刘 娟	责任编辑	刘 娟	封面设计	张 志	版式设计	曹鑫怡
责任绘图	马天驰	责任校对	吕红颖	责任印制	张益豪		

出版发行	高等教育出版社	网　址	http://www.hep.edu.cn
社　址	北京市西城区德外大街4号		http://www.hep.com.cn
邮政编码	100120	网上订购	http://www.hepmall.com.cn
印　刷	北京中科印刷有限公司		http://www.hepmall.com
开　本	787 mm×1092 mm 1/16		http://www.hepmall.cn
印　张	25.5		
字　数	430千字	版　次	2025年9月第1版
购书热线	010-58581118	印　次	2025年9月第1次印刷
咨询电话	400-810-0598	定　价	51.00元

本书如有缺页、倒页、脱页等质量问题，请到所购图书销售部门联系调换
版权所有　侵权必究
物料号　65519-00

新形态教材网使用说明

人工智能概论

主　编　张绍兰　孙晓燕　邢国波
副主编　聂秀山　李成龙

1. 计算机访问 https://abooks.hep.com.cn/65519 或手机微信扫描下方二维码进入新形态教材网。
2. 注册并登录后，计算机端进入"个人中心"，点击"绑定防伪码"，输入图书封底防伪码（20位密码，刮开涂层可见），完成课程绑定；或手机端点击"扫码"按钮，使用"扫码绑图书"功能，完成课程绑定。
3. 在"个人中心"→"我的学习"或"我的图书"中选择本书，开始学习。

人工智能概论

主　编　张绍兰　孙晓燕　邢国波
副主编　聂秀山　李成龙
出版单位　高等教育出版社

开始学习　　收藏

　　受硬件限制，部分内容可能无法在手机端显示，请按照提示通过计算机访问学习。

　　如有使用问题，请直接在页面点击答疑图标进行咨询。

https://abooks.hep.com.cn/65519

前　言

人工智能是引领新一轮科技革命和产业变革的重要驱动力，正深刻改变着人们的生产、生活和学习方式，推动人类社会迎来人机协同、跨界融合、共创分享的智能时代。从清晨唤醒人们的智能语音助手，到通勤路上自动驾驶汽车的逐步普及，再到工作中帮助人们解答疑问的问答系统和分析数据的智能算法，人工智能（artificial intelligence，AI）技术已经悄然融入日常生活的各个角落。它不仅重塑了人们的生活方式，提高了工作效率，更在医疗、教育、交通、制造、商业等诸多领域掀起了一场深刻的变革浪潮。

本书的诞生，源于编写团队希望能为非计算机专业的读者打开一扇通向人工智能世界的大门。在这个技术日新月异的时代，理解 AI 的基本原理和应用场景，已经成为现代人不可或缺的信息素养。无论是在校学生、科技行业的从业者，还是对新技术充满好奇的普通读者，相信都能从本书中获得启发。

在编写过程中，编写团队特别注重将抽象的技术理论与生动的实际应用相结合。例如，借助识别猫、狗图像的实际案例，从数据收集到模型优化，层层剖析，让读者明晰深度学习的工作原理与应用场景。深入剖析 AIGC 的创作过程，帮助读者了解它是如何基于人工智能算法，通过对大量艺术作品的学习和分析，创造出独具风格的绘画作品的。介绍大语言模型的原理与实现方法，结合实际案例与项目实训，助力读者掌握大语言模型的应用技巧，为未来发展赋能。

本书以"技术认知—应用实践—价值引领"为主线，系统构建人工智能知识体系。全书共 13 章，涵盖人工智能基础理论、核心技术及行业应用，聚焦智能时代人才培养需求，将前沿技术、产业实践与课程育人深度融合，助力读者建立 AI 思维。第 1 章，从初步了解人工智能开始，介绍了人工智能的发展历程、核心要素、应用领域和发展前景，对人工智能进行了概述。第 2 章介绍了机器学习的基本概念和主要类型，涵盖了监督学习、无监督学习和强化学习三个核心领域。第 3 章首先介绍了深度学习和人工神经网络的基础知识，然后分析了前馈神经网络、循环神经网络和卷积神经网络等主流神经网络模型的技术和应用场景。第 4 章介绍了自然语言处理的基本概念和技术，涵盖了文本预处理，使用的语言模型，以及典型任务与技术。第 5 章首先介绍了计算机视觉基础知识，然后介绍了图像分类、图像分割、目标检测和目标跟踪等研究任务和典型应用。第 6 章介绍大模型基础知识、服务平台、相关产品和应用以及提示词工程。第 7 章介绍 AIGC

的基础知识和工作流程,以及AIGC在文本、图像、音频、视频等多种模态中,实现内容生成的应用和案例。第8~12章是行业应用模块,聚焦人工智能在教育、交通、制造、建筑、商业等领域的应用,通过多个真实案例还原技术落地场景,涵盖智能问答、AI办公、智能交通、自动驾驶、车牌识别、智能制造、工业机器人、智能建筑、智能安防、个性化推荐和智慧物流等AI应用场景。例如,在AI办公领域,通过引入国产WPS AI办公软件的案例,讲解掌握AI工具的方法,既能提升办公效率,也有助于增强读者对国产技术的信心。第13章通过多个人工智能伦理典型案例开展思辨训练,探讨人工智能技术带来的伦理与安全问题和人工智能伦理的治理措施,为AI技术的健康发展提供有力保障。本书通过理论精讲、案例深析、实践赋能的多维设计,助力读者拥抱AI,与AI同行,成为智能技术的高效使用者与创新推动者。

在AI技术快速迭代的今天,编写这样一本入门读物既令人兴奋又充满挑战。编写团队力求保障内容的准确性和可读性,但难免会有疏漏之处。若读者在阅读过程中发现任何问题,或者对某些内容有更深入的见解,欢迎随时与编写团队交流。编者的电子邮箱为zhangshaolan888@163.com。

最后,编写团队要感谢所有为本书出版提供帮助的专家学者,正是他们的宝贵建议让这本书更加完善。也要特别感谢每一位选择阅读本书的读者,读者的关注和支持是编写团队不断前行的动力。希望这本书能成为读者探索人工智能世界的起点,在这个充满可能的领域里,发现更多精彩。

编者

2025年3月

目 录

第 1 章　人工智能概述　1
1.1　人工智能的发展历程　1
1.2　人工智能的主要类别　9
1.2.1　人工智能的主流学派　9
1.2.2　人工智能的分类　11
1.2.3　人工智能的核心要素　14
1.3　人工智能的应用　17
1.4　人工智能的发展前景　19
1.4.1　人工智能的机遇与挑战　19
1.4.2　人工智能未来研究方向　19
1.4.3　我国在人工智能领域的发展　20
1.5　本章小结　21
思考与练习　22

第 2 章　机器学习　23
2.1　机器学习概述　23
2.1.1　定义和相关概念　23
2.1.2　数据集构建　26
2.1.3　模型训练　28
2.1.4　评价指标　29
2.2　监督学习　32
2.2.1　线性回归　32
2.2.2　逻辑回归　33
2.2.3　决策树与随机森林　36
2.2.4　支持向量机　42

2.3 无监督学习   44
2.3.1 聚类分析   45
2.3.2 主成分分析   48
2.4 强化学习   54
2.4.1 基本概念与流程   55
2.4.2 典型应用   60
2.5 本章小结   63
思考与练习   64

第 3 章 深度学习与人工神经网络   65
3.1 人工神经网络基础概念   65
3.1.1 神经网络的发展历程   65
3.1.2 神经元   67
3.1.3 感知机   69
3.1.4 激活函数   70
3.2 前馈神经网络   73
3.2.1 前馈神经网络的结构   73
3.2.2 参数优化   74
3.2.3 前向传播与反向传播   77
3.2.4 前馈神经网络案例   78
3.3 循环神经网络   90
3.3.1 循环神经网络的原理   91
3.3.2 长短期记忆网络   94
3.3.3 门控循环单元   96
3.3.4 循环神经网络实践案例   98
3.4 卷积神经网络   101
3.4.1 卷积操作   101
3.4.2 池化操作   102
3.4.3 卷积神经网络   103

3.5 本章小结　104

思考与练习　105

第 4 章　自然语言处理　107

4.1 自然语言处理概述　107

4.2 文本预处理　108
4.2.1 词汇分割　109
4.2.2 词向量表示　112

4.3 语言模型　115
4.3.1 N-gram 模型　115
4.3.2 Seq2Seq 模型　116
4.3.3 注意力机制　117
4.3.4 Transformer 语言模型　120
4.3.5 BERT 和预训练模型　123

4.4 典型任务与技术　124
4.4.1 机器翻译　124
4.4.2 关系抽取　125
4.4.3 问答系统　126
4.4.4 情感分析　127

4.5 数据集和评估指标　128
4.5.1 常用数据集　128
4.5.2 常用评价指标　131

4.6 本章小结　133

思考与练习　134

第 5 章　感知与计算机视觉　135

5.1 计算机视觉概述　135
5.1.1 什么是计算机视觉　135
5.1.2 计算机视觉的发展　136

	5.1.3	计算机视觉与 OpenCV	137
5.2	图像处理基础		137
	5.2.1	数字图像	137
	5.2.2	数字图像处理	140
	5.2.3	图像的特征	145
5.3	计算机视觉的研究任务		147
	5.3.1	图像分类	147
	5.3.2	目标检测	159
	5.3.3	图像分割	163
	5.3.4	目标跟踪	165
	5.3.5	其他计算机视觉任务	166
5.4	计算机视觉的典型应用		167
	5.4.1	人脸识别	167
	5.4.2	自动驾驶	167
	5.4.3	医疗诊断	168
	5.4.4	安全监控	169
	5.4.5	工业检测	169
	5.4.6	其他应用	169
	5.4.7	计算机视觉目前的局限性	170
	5.4.8	计算机视觉未来发展	172
5.5	语音识别		174
	5.5.1	语音识别技术的发展	174
	5.5.2	语音识别的过程	175
	5.5.3	语音识别的应用	177
	5.5.4	语音识别限制	178
	5.5.5	语音识别未来的发展	179
5.6	本章小结		179
思考与练习			180

第 6 章　大模型——人工智能的新引擎　　181

6.1　大模型概述　　181
6.1.1　大模型的发展历程　　181
6.1.2　大模型服务平台　　183
6.1.3　大模型及其产品　　185
6.1.4　大模型特点　　194
6.1.5　大模型分类　　196
6.1.6　大模型对工作和生活的影响　　199

6.2　大模型的技术基础　　200
6.2.1　大数据与计算能力　　200
6.2.2　Transformer 架构与预训练模型　　200

6.3　大模型 Agent 和 RAG　　202
6.3.1　Agent　　202
6.3.2　RAG　　203

6.4　大模型的应用　　204
6.4.1　大模型应用领域　　204
6.4.2　大模型本地部署　　208

6.5　提示工程　　212
6.5.1　提示词和提示工程　　212
6.5.2　提示词关键要素　　214
6.5.3　提示词设计原则和技巧　　215
6.5.4　提示词结构框架　　218

6.6　大模型的挑战与未来发展　　220
6.6.1　面临的挑战　　220
6.6.2　未来发展方向　　222

6.7　本章小结　　222

思考与练习　　222

第 7 章　人工智能生成内容 AIGC　　223

7.1　AIGC 简介　　223
7.1.1　什么是 AIGC　　223
7.1.2　AIGC 的发展历史　　223
7.1.3　AIGC 与大模型的关系　　229
7.1.4　AIGC 的工作流程　　229

7.2　文本生成　　230
7.2.1　文本生成应用　　231
7.2.2　文本生成案例　　232

7.3　图像生成　　235
7.3.1　图像生成应用　　236
7.3.2　图像生成案例　　237

7.4　音频生成　　239
7.4.1　音频生成应用　　239
7.4.2　音频生成案例　　240

7.5　视频生成　　242
7.5.1　视频生成应用　　243
7.5.2　视频生成案例　　243

7.6　多模态生成　　245

7.7　AIGC 未来展望　　246
7.7.1　技术发展趋势　　246
7.7.2　应用场景拓展　　247
7.7.3　面临的挑战与应对策略　　247

7.8　本章小结　　248

思考与练习　　248

第 8 章　AI + 教育　　249

8.1　智能教育概述　　249
8.1.1　智能教育的发展　　249

	8.1.2 人工智能对教育的影响	251
8.2	**智能教育典型案例**	**252**
	8.2.1 VR 虚拟课堂	252
	8.2.2 AR 实训课堂	255
	8.2.3 智能问答系统	256
8.3	**AI 办公**	**260**
	8.3.1 WPS AI 文字应用	261
	8.3.2 WPS AI 表格应用	270
	8.3.3 WPS AI 演示应用	280
	8.3.4 WPS 灵犀	286
8.4	**未来发展与潜在问题**	**287**
8.5	**本章小结**	**289**
	思考与练习	**290**

第 9 章 　AI + 交通　　291

9.1	**智能交通概述**	**291**
	9.1.1 智能交通的发展	291
	9.1.2 智能交通系统	293
	9.1.3 智能交通的应用	296
9.2	**自动驾驶技术**	**297**
	9.2.1 自动驾驶技术的发展	298
	9.2.2 自动驾驶汽车标准	300
	9.2.3 自动驾驶系统组成及核心技术	302
9.3	**车牌识别技术**	**304**
	9.3.1 车牌识别技术的发展	304
	9.3.2 车牌识别的流程	305
	9.3.3 车牌识别的应用场景	307
9.4	**智能交通的未来发展与潜在问题**	**309**
	9.4.1 智能交通的未来发展展望	309

9.4.2　智能交通的潜在问题与挑战　310

9.5　本章小结　310

思考与练习　311

第 10 章　AI + 制造　313

10.1　智能制造概述　313

10.2　智能工厂　316

10.2.1　智能工厂的特点　316

10.2.2　智能工厂的组成　317

10.2.3　智能工厂的应用　319

10.2.4　智能工厂的未来　320

10.3　工业机器人　320

10.3.1　机器人　320

10.3.2　工业机器人　321

10.3.3　工业智能检测与分拣　325

10.4　未来发展及面临的挑战　326

10.4.1　智能制造的未来发展　326

10.4.2　智能制造面临的挑战　327

10.5　本章小结　328

思考与练习　329

第 11 章　AI + 建筑　331

11.1　智能建筑概述　331

11.1.1　人工智能在建筑领域的应用　332

11.1.2　智能建筑的发展　333

11.1.3　智能建筑的组成　334

11.2　BIM　337

11.2.1　BIM 的核心特点　338

11.2.2　BIM 在建筑全生命周期的应用　338

11.2.3　BIM 的优势　　　　　　　　　　　　　339

　　　11.2.4　BIM 应用案例——北京大兴机场　　　340

　11.3　智能安防　　　　　　　　　　　　　　　　341

　　　11.3.1　智能安防中的人工智能技术应用　　　342

　　　11.3.2　智能安防的应用场景　　　　　　　　342

　　　11.3.3　智能安防的优势　　　　　　　　　　343

　　　11.3.4　智能安防应用案例
　　　　　　——上海陆家嘴国际金融区智能安防　343

　11.4　智慧能源　　　　　　　　　　　　　　　　344

　　　11.4.1　智慧能源中的人工智能技术应用　　　344

　　　11.4.2　智慧能源的应用场景　　　　　　　　345

　　　11.4.3　智慧能源的优势　　　　　　　　　　345

　　　11.4.4　智慧能源应用案例　　　　　　　　　346

　11.5　未来发展及面临的挑战　　　　　　　　　　347

　　　11.5.1　智能建筑未来发展的主要趋势　　　　347

　　　11.5.2　智能建筑面临的挑战　　　　　　　　348

　11.6　本章小结　　　　　　　　　　　　　　　　350

　思考与练习　　　　　　　　　　　　　　　　　　350

第 12 章　AI + 商业　　　　　　　　　　　　351

　12.1　智慧商业概述　　　　　　　　　　　　　　351

　　　12.1.1　智慧商业的发展阶段　　　　　　　　351

　　　12.1.2　智慧商业的核心技术　　　　　　　　352

　　　12.1.3　智慧商业典型应用场景　　　　　　　353

　12.2　个性化推荐　　　　　　　　　　　　　　　356

　　　12.2.1　个性化推荐系统中的核心技术　　　　356

　　　12.2.2　个性化推荐的优势　　　　　　　　　358

　　　12.2.3　个性化推荐的应用场景　　　　　　　358

　　　12.2.4　个性化推荐应用案例　　　　　　　　359

12.3　智慧物流和智慧仓储　　　　　　　　　　**361**
　　12.3.1　智慧物流和智慧仓储的核心技术　　　361
　　12.3.2　智慧物流和智能仓储应用场景　　　　362
　　12.3.3　智慧物流和智能仓储优势　　　　　　362
　　12.3.4　智慧物流的整体架构　　　　　　　　363
　　12.3.5　AGV 小车　　　　　　　　　　　　 364
　　12.3.6　智慧物流和智慧仓储应用实例
　　　　　　——京东智慧物流　　　　　　　　　366
12.4　未来发展及面临的挑战　　　　　　　　　　369
12.5　本章小结　　　　　　　　　　　　　　　　371
思考与练习　　　　　　　　　　　　　　　　　　371

第 13 章　人工智能的伦理与安全　　**373**

13.1　人工智能伦理的典型案例　　　　　　　　　373
13.2　人工智能伦理与法律考量　　　　　　　　　379
　　13.2.1　人工智能伦理　　　　　　　　　　　 379
　　13.2.2　人工智能法律框架与政策　　　　　　 380
13.3　人工智能伦理的治理措施　　　　　　　　　384
13.4　本章小结　　　　　　　　　　　　　　　　387
思考与练习　　　　　　　　　　　　　　　　　　387

参考文献　　　　　　　　　　　　　　　　　**389**

第 1 章　人工智能概述

人工智能的发展已经取得了令人瞩目的成就，它不仅深刻改变了人们的工作方式，更广泛地影响了人们日常生活的方方面面。从道路上自主行驶的自动驾驶汽车，到精确高效的车辆导航系统；从会议室中灵活穿梭的智能服务机器人，到能够实时转换和识别多种语言的自动语音识别系统；再到购物时只需刷脸即可完成支付的便捷技术，人工智能的应用已经渗透到各个角落，极大地提升了人们生活的便捷性和效率。

本章将首先介绍人工智能的基本概念及其发展简史，然后简要阐述人工智能的核心要素和主要应用领域，最后展望人工智能的未来发展趋势和前景。

1.1　人工智能的发展历程

教学课件：
1.1 人工智能的发展历程

人工智能（artificial intelligence，AI）是研究如何利用人工的方法和技术，在机器上模仿、延伸及扩展人类智能的学科。其目标是让机器能够像人类一样思考、学习和解决问题。人工智能的研究包括机器人、语音识别、图像识别、自然语言处理和专家系统等。智能体现在具有感知的能力、记忆和思维的能力、学习能力和行为能力，人工智能就其本质而言，是机器对人的思维或行为过程的模拟，从而能像人一样感知、学习、思考或行动。

人工智能的发展历程并非一帆风顺，而是经历了多次曲折与突破。从早期的理论探索到如今的广泛应用，其发展轨迹呈现出明显的阶段性特征。纵观人工智能发展史，主要可分为以下几个关键阶段：萌芽期、早期探索期、第一次低谷期、专家系统兴衰和神经网络复苏期、深度学习复兴期，以及当前的大模型时代，如图 1.1 所示。每个阶段都蕴含着重要的技术突破和理论创新，共同推动了人工智能技术的持续演进。

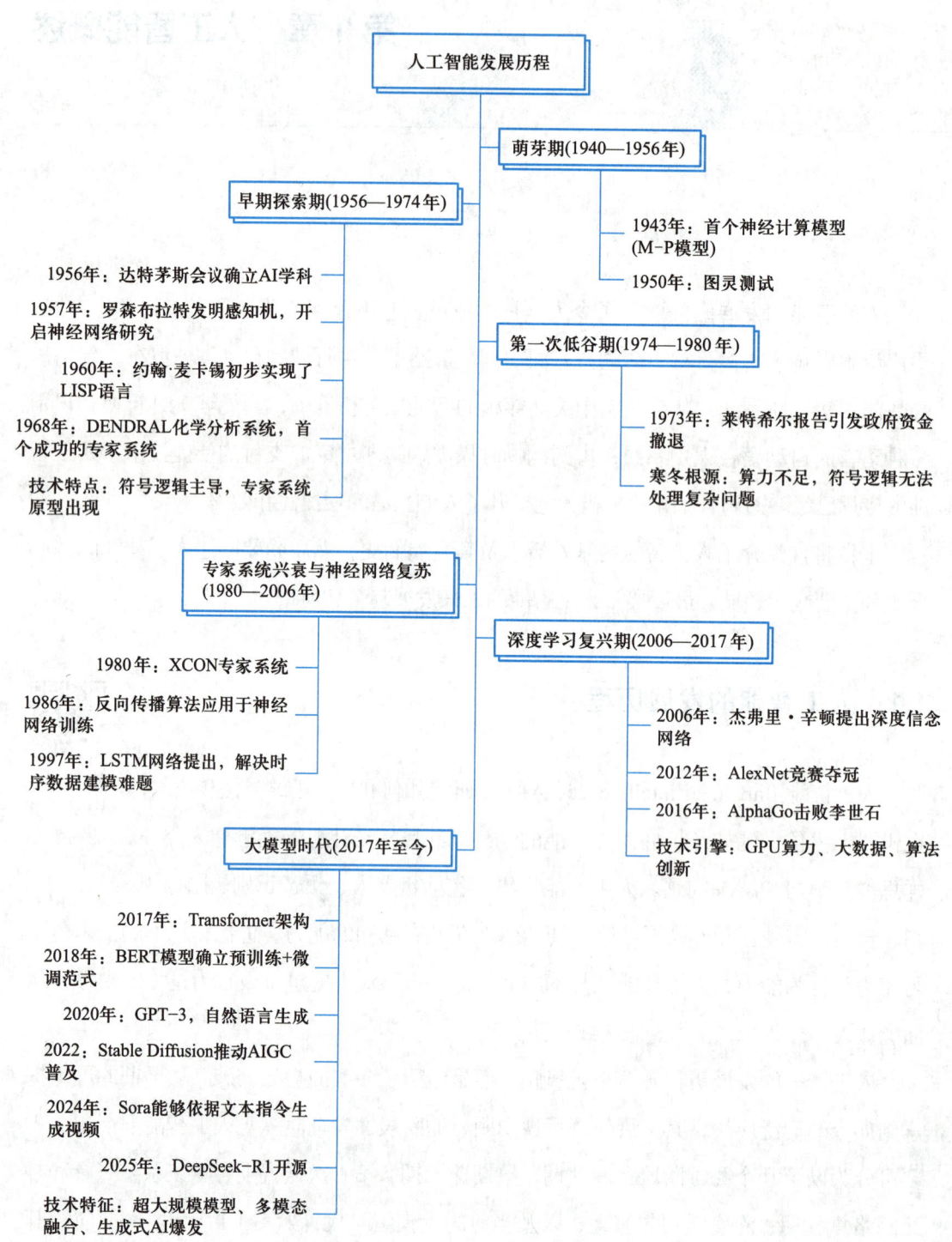

图 1.1　人工智能的发展历程

1. 萌芽期（1940—1956 年）

人工智能的萌芽期主要涵盖 1956 年之前的理论探索和技术准备阶段。20 世纪 40 年代，计算机科学和数学领域的快速发展为人工智能的诞生奠定了重要基础。在这一时期，英国逻辑学家乔治·布尔（George Boole）创立的布尔代数（Boolean algebra）为现代数字逻辑和计算机科学提供了理论基础。布尔在其著作《思维法则》中首次使用符号语言系统化地描述了思维活动的基本推理法则，这一开创性工作为后续的计算理论发展指明了方向。

与此同时，英国数学家、逻辑学家艾伦·图灵（Alan Turing）在 1936 年提出了具有划时代意义的图灵机理论，为电子数字计算机的诞生奠定了坚实的理论基础。1943 年，沃伦·麦卡洛克（Warren McCulloch）和沃尔特·皮茨（Walter Pitts）提出了首个神经计算模型（M-P 模型），开创了人工神经网络研究的先河。该模型通过数学和逻辑方法模拟生物神经元的结构与功能，将神经元抽象为基本计算单元，成功实现了 AND、OR、NOT 等基本逻辑运算，为后续神经网络的发展提供了重要启示。

人类自古以来就怀有让机器替代部分脑力劳动的梦想，但如何定义机器智能一直是个难题。1950 年，图灵在其开创性论文《计算机器与智能》（*Computing Machinery and Intelligence*）中提出了著名的"图灵测试"。该测试设计了一个精妙的实验场景：一名人类评判员与两个隐藏的参与者（一个真人和一台机器）通过文字进行对话。评判员可以提出任何问题，参与者则通过文字回应。如果在经过充分交流后，评判员无法区分对话者是人类还是机器，那么就可以认为该机器通过了图灵测试，展现出与人类相当的智能水平。这一测试不仅为人工智能提供了明确的定义标准，也为后续研究指明了方向。

2. 早期探索期（1956—1974 年）

20 世纪 50 年代，随着计算机技术的逐步发展，科学家们开始系统性地探索如何利用计算机模拟人类智能。1955 年，约翰·麦卡锡（John McCarthy）、马文·明斯基（Marvin Minsky）、纳撒尼尔·罗切斯特（Nathaniel Rochester）和克劳德·香农（Claude Shannon）四位杰出科学家共同起草了具有里程碑意义的《达特茅斯提案》，提议在 1956 年夏季举办一次开创性的人工智能研究项目。该项目旨在通过跨学科研讨，确立人工智能的研究框架与核心问题。

1956 年 8 月，来自数学、计算机科学、心理学等领域的十余位顶尖科学家齐聚达特茅斯学院，围绕"如何让机器模拟人类智能"这一主题展开了为期两个月的深入研讨。

会议探讨了自动计算机、机器自然语言理解、神经网络与学习机制、问题求解与创造性思维等多个前沿议题，首次正式提出了"人工智能"这一术语，并明确了该领域的研究目标，标志着人工智能作为一门独立学科的正式诞生。这一开创性会议极大地推动了人工智能研究的发展，使研究者们对 AI 的未来充满信心与期待。

在这一时期，符号表示和逻辑推理成为模拟人类智能的主要方法。1957 年，赫伯特·西蒙（Herbert Simon）和艾伦·纽厄尔（Allen Newell）开发了具有里程碑意义的逻辑理论家（logic theorist）程序，这是首个能够自动证明数学定理的程序，成功实现了对人类推理过程的计算机模拟。1959 年，他们又开发了通用问题求解器（general problem solver，GPS），这是一个能够解决各类逻辑和数学问题的突破性系统。1960 年，约翰·麦卡锡开发了 LISP 语言，这种专门用于符号处理和递归算法的编程语言很快成为构建专家系统的重要工具，在人工智能领域得到广泛应用。

在机器学习领域，IBM 公司的亚瑟·塞缪尔（Arthur Samuel）取得了开创性进展。他开发了第一个具有自学习能力的跳棋程序，该程序通过自我对战和棋局分析不断总结经验、提升棋艺。这一成果在 1956 年达特茅斯会议上首次展示，并首次提出了"机器学习"这一术语。1959 年，该程序成功击败了其开发者塞缪尔本人，随后在 1962 年战胜了美国康涅狄格州的跳棋冠军（当时全美排名第四），充分展示了计算机通过学习提升技能的巨大潜力，极大地激发了人们对机器学习和人工智能的研究热情。1957 年，弗兰克·罗森布拉特（Frank Rosenblatt）发明了感知机（perceptron），这是第一个可学习神经网络模型，为监督学习奠定了基础。

在自然语言处理和机器人技术方面，1966 年约瑟夫·维森鲍姆（Joseph Weizenbaum）开发的聊天机器人 ELIZA 通过简单的模板匹配实现了人机对话，展示了自然语言交互潜力。1966 年至 1972 年间，美国斯坦福国际研究所研发的机器人"SHAKEY"成为第一台真正意义上的移动机器人，它成功整合了逻辑推理、自主规划、机器学习、计算机视觉、导航和自然语言处理等多项技术。1971 年，斯坦福大学的谢尔顿·格里姆森（Sheldon Grimson）开发了首个计算机视觉系统，提出了一种创新的图像处理框架，通过结合立体视觉和其他光学线索，实现了从二维图像到三维场景的转换。

专家系统是一种模拟人类专家知识和推理能力的计算机程序，旨在解决通常需要专业领域知识才能处理的复杂问题，在医疗、金融等领域得到广泛应用。

1965 年，美国斯坦福大学计算机科学家爱德华·费根鲍姆（Edward Feigenbaum，

1994年图灵奖得主)与诺贝尔奖得主、遗传学家约书亚·莱德伯格(Joshua Lederberg)合作开发DENDRAL化学分析系统,并于1968年成功完成。该系统是人工智能领域首个成功的专家系统,开创性地解决了有机化学领域的复杂问题。其核心功能是通过输入的化合物分子式和质谱数据,自动推断出该化合物的三维分子结构。莱德伯格提出了基于质谱数据生成可能分子结构的算法,而费根鲍姆团队则在此基础上构建了知识表示与推理规则系统,形成了"启发式DENDRAL"程序。该系统不仅成功模拟了化学专家的逻辑推理过程,还通过整合化学家提供的质谱分解规则和子结构匹配技术,能够高效筛选出最合理的分子构型。后续开发的META-DENDRAL版本更进一步,实现了从数据中自动归纳新规则的能力,显著提升了系统性能。DENDRAL系统的成功开发首次将"知识工程"理念引入人工智能领域,为后续专家系统的发展奠定了重要基础。1977年,在第五届国际人工智能联合会上,费根鲍姆首次提出"知识工程"(Knowledge Engineering)的概念,为专家系统和知识工程的发展奠定了理论基础。

在化学结构研究取得突破后,费根鲍姆实验室于1972年开始研制MYCIN医疗专家系统,该系统主要用于细菌感染性疾病的诊断和治疗,于1974年基本完成并持续改进。MYCIN是基于规则的专家系统,其核心架构包括知识库和推理引擎。知识库包含约600条通过传染病专家访谈获得的规则,用于模拟专家的诊断逻辑;推理引擎采用"反向推理"技术,从假设出发,通过收集证据来验证假设。MYCIN系统不仅能够诊断感染、提供治疗建议,还能帮助医生理解诊断和治疗建议的依据。该系统的开发为后续专家系统的设计提供了重要范例。

在编程语言方面,1972年法国计算机科学家阿兰·科麦瑞尔(Alain Colmerauer)及其团队发明了逻辑程序设计语言Prolog(programming in logic)。这种声明式编程语言通过逻辑推理解决问题,在知识表示、自然语言处理、定理证明和数学问题求解等领域得到广泛应用,为人工智能的发展提供了重要工具。

3. 第一次低谷期(1974—1980年)

20世纪70年代,人工智能领域遭遇了首次重大挫折,这一时期被学界称为"第一次AI寒冬"。这一低谷的形成是多重因素共同作用的结果:技术瓶颈的制约、数据资源的匮乏、过度乐观的预期以及随之而来的研究资金锐减,这些因素不仅延缓了AI研究的进程,也深刻影响了其发展方向。

1969年,马文·明斯基等人在其著作"*Perceptrons*"中通过严格的数学证明指出感知机仅能处理线性可分问题，无法解决 XOR 等非线性问题，这一理论突破直接导致了神经网络研究的低谷。从技术层面来看，当时的计算机硬件性能严重不足，存储技术落后，计算能力有限，且数据需要人工收集与标注，这些限制使得复杂人工智能系统的开发举步维艰。同时，研究者们严重低估了人类智能和语言的复杂性，导致人工智能系统难以应对真实世界的复杂任务。

在预期管理方面，早期人工智能研究者和公众都表现出过度乐观的态度，认为人类水平的人工智能即将实现。然而，技术的实际进展远未达到预期，这种落差导致了普遍的失望情绪。一些备受瞩目的项目未能取得预期成果，例如，1966 年美国自动语言处理咨询委员会（ALPAC）的报告指出机器翻译质量低下且成本高昂。1973 年，英国政府委托应用数学家詹姆斯·莱特希尔（James Lighthill）对人工智能研究进行全面评估，其报告对 AI 研究的现状和潜力提出了严厉批评，认为缺乏实质性进展。

这些负面评估直接影响了研究资金的投入。1974 年，美国国防高级研究计划局（DARPA）大幅缩减对人工智能的资助，转而关注短期内可转化为军事能力的项目。英国政府也减少对人工智能研究的支持，社会关注度也随之下降，人工智能研究正式进入"寒冬期"。尽管如此，一些基础性研究仍在艰难中持续推进，为后续的复兴埋下了种子。

4. 专家系统兴衰与神经网络复苏（1980—2006 年）

这个阶段大致经历了专家系统的繁荣和寒冬以及神经网络的理论突破和静默积累过程。

20 世纪 80 年代，人工智能研究进入了以知识驱动为核心的新时代，专家系统从实验室走向商业应用，繁荣发展。1980 年，卡内基梅隆大学为 DEC 公司开发的专家系统 XCON 取得了显著商业成功。XCON 是基于规则的专家系统，使用超过 2 500 条规则描述组件的兼容性、安装顺序和逻辑约束。该系统直接对接 DEC 的订单管理系统，能够自动读取客户需求，从客户订单出发逐步推导出完整配置，输出详细的物料清单、组件物理布局图和安装步骤指南。XCON 将配置时间从人工所需的数小时缩短至几分钟，有效避免了因人工配置错误导致的退货、延期或成本浪费，显著提高了生产效率和客户满意度。

1982 年，日本正式启动了具有战略意义的"第五代计算机"计划，旨在开发具备人工智能能力的新一代计算机系统。这一计划有力推动了计算机科学与人工智能技术的融合发展。

尽管 XCON 等专家系统在特定领域取得了显著成功，但其依赖人工构建知识库的固有局限性逐渐显现。这些系统面临着知识获取困难、维护成本高昂、难以适应动态环境以及扩展性差等突出问题。企业实践表明，专家系统的实际应用效果往往远低于预期，这在一定程度上动摇了市场信心。1987年，苹果和IBM公司生产的台式机性能超越了Symbolics等厂商的通用计算机，个人计算机的普及和更灵活的商业软件崛起，进一步削弱了专家系统的市场需求。1990年，日本发布了第五代计算机系统的首个原型机，然而到1992年，由于该计划未能完全实现其目标，日本政府宣布终止"第五代计算机"计划。这一决定对全球人工智能领域产生了深远影响，导致对AI的大规模投资信心受挫。这些因素共同导致了人工智能研究资金的再次缩减，使专家系统进入"寒冬期"。

此时，机器学习和神经网络研究悄然兴起，为AI的未来发展开辟了新方向。1982年，约翰·霍普菲尔德（John J. Hopfield）提出的Hopfield神经网络模型，展示了神经网络的联想记忆能力。1986年，杰弗里·辛顿（Geoffrey E. Hinton）团队在《自然》杂志发表论文，首次系统阐述反向传播算法在神经网络中的应用，解决多层网络训练难题。这一突破性进展推动了人工智能研究从知识驱动向数据驱动转型，为AI技术的实用化发展奠定了重要基础。1997年，LSTM网络提出，解决了时序数据建模难题。但受限于算力和数据，神经网络未能大规模应用。

5. 深度学习复兴期（2006—2017年）

随着计算能力的显著提升和大数据技术的兴起，人工智能正式进入数据驱动时代。深度学习技术在图像识别、语音识别等领域取得突破性进展，推动人工智能进入技术积累与突破并重的发展阶段，深度学习逐渐成为主导性技术。

2006年，杰弗里·辛顿及其团队提出的深度信念网络，通过构建深层神经网络有效解决了复杂模式识别问题，成功推动了神经网络的复兴。这一突破性贡献使杰弗里·辛顿被誉为"深度学习之父"。

2006年至2009年间，李飞飞团队创建的ImageNet数据库为计算机视觉研究带来了革命性变革。2014年生成式对抗网络提出，推动了生成式AI发展。2016年，DeepMind的AlphaGo融合深度强化学习与蒙特卡洛树搜索，击败围棋冠军李世石，2017年升级版AlphaGo Master战胜柯洁，展示AI在复杂策略游戏的潜力，推动强化学习研究热潮。

6. 大模型时代（2017年至今）

2017年，Transformer架构横空出世，它不仅开启了人工智能快速发展的新纪元，更成为推动社会变革的核心力量。2018年，BERT模型横扫11项NLP任务记录，预训练加微调的范式由此确立。2020年，OpenAI推出的GPT-3展现了卓越的自然语言生成能力，生成式AI的新纪元就此开启。2022年，Stable Diffusion的开源让AIGC技术走进大众视野。此后，GPT-4及其衍生版本如GPT-4 Turbo、GPT-4o mini等不断迭代，在推理能力和多模态处理上实现重大突破，生成式AI也因此迈向更加成熟的阶段。

2024年，人工智能在多模态领域取得重大进展。1月，智谱AI推出的GLM-4支持多模态功能，为中文AI模型的发展注入了新的活力。2月，OpenAI发布的Sora能够依据文本指令生成连贯且逼真的视频，标志着AI在内容创作领域实现了革命性突破。

图1.2 2024年诺贝尔物理学奖

在学术荣誉方面，杰弗里·辛顿和约翰·霍普菲尔德因其在人工神经网络领域的开创性贡献荣获2024年诺贝尔物理学奖，如图1.2所示。杰弗里·辛顿被誉为"AI教父"，其深度学习研究为人工智能发展奠定了理论基础，并于2018年获得图灵奖。Hopfield则因其开发的Hopfield网络在模式识别和信息存储方面的重大突破而获得认可。这些里程碑式的成就不仅彰显了人工智能领域的蓬勃发展，也为未来技术创新指明了方向。

戴维·贝克（David Baker）、德米斯·哈萨比斯（Demis Hassabis）和约翰·江珀（John M. Jumper）因在计算蛋白质设计和AI预测化学结构方面的开创性贡献，共同荣获2024年诺贝尔化学奖。其中，哈萨比斯和江珀开发的AlphaFold2人工智能模型成功解决了一个困扰科学界50年的重大难题——精确预测蛋白质三维结构。该模型能够预测约两亿种已知蛋白质的复杂结构，其成果已被全球200多万研究人员广泛应用，极大地推动了生命科学和药物研发领域的进步。

2025年1月，我国人工智能领域实现重大突破，深度求索公司（DeepSeek）推出新一代开源模型DeepSeek-R1。这一里程碑式的成果不仅展现了我国在AI技术创新方面的实力，更颠覆了传统"越大越好"的研发范式。DeepSeek-R1在多个关键技术上取得突破：通过大规模强化学习技术，在极少量标注数据条件下显著提升模型推理能力，在数学、代码和自然语言推理等任务上达到与OpenAI GPT-o4相当的性能水平；同时，其训练成本仅为OpenAI的1/10，运行成本更是低至三十分之一，开创了高效低成本的AI发展新模式。该模型的发布引发国际资本市场高度关注。DeepSeek-R1的成功不仅确立了我国在AI领域的国际地位，更为全球AI技术发展提供了创新范本。

纵观人工智能发展史，其演进过程充满起伏与突破。从早期的理论探索到如今的广泛应用，每一次技术革新都伴随着新的挑战与机遇。当前，AI 正处于快速发展的黄金时期，未来将朝着以下几个方向深入探索：通用人工智能的突破与实现、AI 伦理与法律框架的完善，以及与其他前沿技术的深度融合与创新应用。

1.2 人工智能的主要类别

1.2.1 人工智能的主流学派

自 1956 年人工智能概念正式提出以来，来自不同学科背景的学者们从各自的研究视角出发，对人工智能的本质和发展路径提出了多样化的见解，逐渐形成了符号主义、连接主义和行为主义三大主要学术流派。这些学派各有其理论基础和研究方法，共同推动了人工智能领域的蓬勃发展。

1. 符号主义学派

符号主义学派（symbolism），又称为逻辑主义、心理学派或计算机学派，是人工智能领域最早的学术流派之一。该学派以数学逻辑为基础，主张通过逻辑推理和符号表示来实现智能行为。其核心观点认为：人类认知的基本单元是符号，认知过程本质上是符号的运算过程，即"认知即计算"。通过研究人类认知系统的功能机制，用符号系统描述认知过程，并将其转化为计算机可处理的符号运算，就能实现人工智能。

符号主义学派在人工智能发展史上产生了深远的影响。1957 年，艾伦·纽厄尔和赫伯特·西蒙开发的逻辑理论家程序成功证明了《数学原理》中 52 个定理中的 38 个，首次展示了计算机模拟人类思维的可能性。他们随后开发的通用问题求解器（general problem solver，GPS）进一步证明了符号处理方法的普适性。在应用领域，符号主义推动了专家系统的发展，这些系统成功模拟了领域专家的决策过程，在医疗诊断、工程设计等领域得到广泛应用。知识工程和语义网络的发展，特别是西蒙在自然语言理解中的研究，进一步巩固了符号主义在知识表示和推理方面的重要地位。该学派的代表人物包括赫伯特·西蒙、艾伦·纽厄尔和尼尔斯·约翰·尼尔森（Nils John Nilsson）等。

2. 连接主义学派

连接主义（connectionism）学派，又称为仿生学派或生理学派，以神经网络及其连接机制与学习算法为核心。该学派主张通过模拟人脑的神经网络结构和功能来实现智能，认为智能源于大脑神经元网络的结构和功能特征。连接主义强调信息的分布式存储与并行处理：知识存储在神经元之间的连接权重中，信息处理通过大量神经元的并行计算完成，这与传统计算机的串行处理方式形成鲜明对比。

连接主义对现代人工智能技术，特别是深度学习的发展产生了深远影响。1957年，弗兰克·罗森布拉特发明的感知机开启了人工神经网络研究的序幕。1986年，戴维·鲁梅尔哈特（David E. Rumelhart）等人提出的反向传播算法为多层神经网络的训练提供了有效方法，至今仍是深度学习的基础算法。近年来，基于连接主义理论构建的深度神经网络在图像识别、自然语言处理等领域取得突破性进展。从沃伦·麦卡洛克和沃尔特·皮茨的M-P模型，到杰弗里·辛顿等人的深度学习研究，连接主义学派不断推动着人工智能技术的发展与创新。

3. 行为主义学派

行为主义学派在人工智能领域强调通过感知—动作的交互来实现智能行为。该学派的思想根源可追溯至控制论，其核心观点认为：智能行为源于系统对环境的感知和反应，通过反馈机制实现自适应和学习能力。与符号主义和连接主义不同，行为主义不强调对复杂认知过程的模拟，而是关注系统的外部行为表现和适应环境的能力。

行为主义学派主张通过简单的感知—动作规则构建智能系统，其核心理念是：复杂的行为可以通过简单的规则组合产生，智能系统的关键在于其对环境的实时响应和适应能力。这种实用主义的研究方法为人工智能的发展提供了独特的视角，特别是在需要与环境实时交互的应用场景中展现出独特优势。

行为主义学派在人工智能领域，特别是机器人技术中展现出广泛的应用价值。该学派的代表性成果之一是罗德尼·布鲁克斯（Rodney Brooks）开发的六足机器人Genghis（如图1.3所示），它通过模拟昆虫的行为模式，仅依靠简单的感知—动作规则就能完成复杂的导航和探索任务，充分体现了行为主义"简单规则产生复杂行为"的核心思想。汉斯·莫拉维克（Hans Moravec）进一步拓展了行为主义在机器人学中的应用边界，为现代机器人技术的发展奠定了重要基础。

行为主义学派的理论根源可追溯至控制论创始人诺伯特·维纳（Norbert Wiener）的开创性工作，其思想深刻影响了行为主义的发展方向。在实际应用中，行为主义不仅推动了机器人技术的进步，还催生了进化算法这一重要分支。这类算法通过模拟自然选择和进化过程来优化智能行为，在解决复杂优化问题和机器学习任务中展现出独特优势。

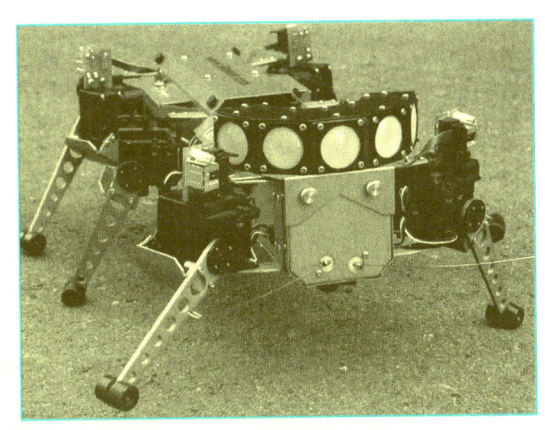
图 1.3　六足机器人 Genghis

此外，行为主义理论对多智能体系统的发展产生了深远影响。这类系统能够模拟复杂环境中的群体行为，实现自主协调和分布式决策，在群体机器人、无人机编队等领域得到广泛应用。现代机器人技术的代表性成果，如波士顿动力公司开发的 Spot 机器狗，通过实现高级的感知—动作模式，能够自主完成复杂环境下的导航和任务执行，充分展示了行为主义理论在实际应用中的强大生命力及其实用价值。这些创新成果不仅验证了行为主义学派的核心理念，也为人工智能的发展开辟了新的研究方向。

1.2.2　人工智能的分类

根据人工智能的智能水平和功能范围，可以将其划分为弱人工智能、强人工智能和超人工智能三个层次。这种分类不仅反映了人工智能技术的发展阶段，也揭示了其潜在的发展方向。

1. 弱人工智能（artificial narrow intelligence，ANI）

弱人工智能是指专门针对特定任务或领域进行优化的人工智能系统。这类系统在特定应用场景下表现出色，如语音识别、图像处理或自然语言处理等，但其功能具有高度专一性，缺乏泛化能力，无法处理超出其训练范围的任务。

弱人工智能的主要特征体现在其专一性和局限性上，它们通常针对特定任务设计，无法适应或解决其他未经训练的问题，且不具备自我意识或情感，完全基于预设的算法和规则运行。大多数弱人工智能系统依赖大量数据进行训练，这也导致其在数据不足或数据质量不高的情况下表现受限。

在实际应用中，弱人工智能已成为人工智能领域的主流。例如，语音助手如 Siri 和

Alexa 能够处理语音识别和执行简单指令；在线客服机器人可以回答关于特定产品或服务的问题；推荐系统，如 Netflix 和 Amazon 的推荐算法，能根据用户的历史行为推荐相关内容；图像识别软件能从图像中识别人脸或其他特定信息。随着技术的不断进步，弱人工智能在其专业领域的性能仍在持续提升，并且通过将多个弱人工智能系统集成在一起，可以实现更复杂的功能。

2. 强人工智能（artificial general intelligence，AGI）

强人工智能旨在创造一个具有与人类相似智能水平的系统，能够理解、学习、思考并处理各种复杂问题。与专注于特定任务的弱人工智能不同，强人工智能的目标是实现一种通用智能，能够在多种不同领域和情境中自主地表现出智能行为。

强人工智能的核心特征体现在其通用性、自主性和适应性三个方面。这种智能形态突破了特定任务的限制，展现出跨领域工作的能力，能够自主进行决策并灵活适应新的环境和情境。虽然完全意义上的强人工智能尚未实现，但当前已有若干技术突破展现出接近这一概念的特征。DeepMind 开发的 AlphaGo 通过自我对弈机制掌握了复杂的围棋策略，展现了自主学习的能力；IBM 的 Watson 系统在自然语言理解和深度问答方面取得突破，能够处理复杂的语义信息并提供精准回答；以特斯拉为代表的自动驾驶技术实现了环境感知和自主导航的深度融合，展示了实时决策能力；智慧农场整合传感器网络和大数据分析技术，推动了农业生产全流程的智能化转型；而 AI 创作工具如豆包和文小言则在艺术创作和设计领域展现出独特的创新潜力，拓展了人工智能的应用边界。这些技术突破不仅彰显了强人工智能的发展潜力，也为实现真正的通用智能奠定了重要基础。

强人工智能的研究与开发是人工智能领域最具挑战性的长期目标，其实现过程不仅面临着重大的技术难题，还涉及复杂的伦理和社会影响。随着计算能力的指数级增长、算法的持续创新以及多学科交叉研究的深入，未来有望出现具备更高通用性和自主性的人工智能系统。这类系统将能够更准确地理解和模拟人类的认知过程、情感反应和决策机制，从而在医疗诊断、科学探索、教育创新等领域带来革命性突破。这种技术演进不仅将重塑人类社会的运作方式，创造前所未有的便利条件，更将为解决全球性挑战提供创新性解决方案，开启人机协同的新纪元。然而，这一进程也要求我们审慎考虑技术发展带来的伦理、安全和社会影响，确保人工智能的发展始终服务于人类福祉。

3. 超人工智能（artificial super intelligence，ASI）

超人工智能代表着一种在创造力、问题解决能力和社会情感理解等方面不仅能够匹敌，更将全面超越人类智能的 AI 系统。这种智能形态具备自我改进和优化的能力，能够实现智能水平的持续指数级增长，其认知能力、决策速度和知识处理效率将远超人类极限。目前，超人工智能主要停留在理论探讨和科幻创作领域，尚未在现实世界中实现，但其概念已引发学术界和产业界的广泛关注与深入思考。

超人工智能的概念涉及多个关键的理论和技术挑战，其中最核心的是机器的自我学习、自我复制和自我优化能力的实现。这种智能形态将能够完全自主地开展复杂的科学研究、技术开发和社会管理任务，无须人类干预。例如，超人工智能系统可能设计出突破性的药物分子结构，显著提升药物研发效率；或者提出创新性的气候工程方案，为解决全球变暖等复杂问题提供新的思路。这种智能系统不仅能够整合跨学科知识，还能通过持续自我优化来提升问题解决能力，其潜在影响将深刻改变人类社会的方方面面。

超人工智能的实现可能引发前所未有的社会变革和伦理挑战。首先，它可能导致人类劳动力在多个领域被取代，引发经济结构和社会结构的根本性调整。其次，如何确保这种超越人类智能的系统始终服务于人类利益，防止其采取不利于人类的行动，成为亟待解决的关键问题。这需要建立全新的治理框架和安全机制，以确保技术发展与人类价值观的协调统一。

尽管超人工智能尚未成为现实，但其概念已推动了对强人工智能及其潜在影响的深入讨论。这些讨论不仅关注技术发展本身，还涉及如何确保高级智能系统的发展符合人类伦理标准和社会价值。随着人工智能技术的演进，从弱人工智能到强人工智能，再到可能的超人工智能，人类正在逐步探索智能系统的边界，并试图理解这些技术将如何塑造我们的未来。

在弱人工智能阶段，系统虽然不具备真正的推理能力和自主意识，但已成为解决特定问题的有力工具。这些系统的研究和开发为强人工智能的实现积累了宝贵经验。尽管它们在泛化能力和自主性方面存在局限，但在实际应用中发挥着重要作用，为更高级智能系统的发展奠定了基础。

强人工智能阶段则意味着机器具备了真正的推理和问题解决能力，拥有自主意识，其综合思考能力达到甚至超越人类水平。然而，这一阶段目前仍主要处于理论研究阶段，其实现面临着巨大的技术挑战和伦理考量。从弱人工智能到强人工智能，再到可能的超人工智能，这一演进过程不仅展现了人工智能技术的发展轨迹，也反映了人类对智能本质的持续探索和思考。

从技术实现的角度来看，人工智能主要可以分为三大类：专家系统、机器学习和深度学习。专家系统是基于规则和知识库的推理系统，通过模拟人类专家的决策过程来解决特定领域的问题；机器学习则是通过数据训练模型来实现预测和决策，涵盖了监督学习、无监督学习、半监督学习和强化学习等多种范式；深度学习作为机器学习的一个分支，利用深层神经网络来处理复杂的模式识别任务，在图像识别、自然语言处理等领域取得了突破性进展。

人工智能在内容生成领域展现出强大的创造力和多样性，其应用主要涵盖五大核心方向：文本、图像、视频、音频和代码。在文本生成方面，人工智能系统已经能够创作出高质量的新闻报道、文学作品和营销文案，不仅能够模仿特定作者的写作风格，还能根据上下文生成连贯的段落和章节。图像生成技术则突破了传统创作的局限，人工智能可以根据文字描述生成逼真的图像，实现风格迁移和图像修复，甚至创造出全新的视觉艺术形式。在视频领域，人工智能不仅能够进行视频内容的智能剪辑和特效生成，还能从零开始创作完整的视频作品，包括动画和实景视频。音频生成技术同样取得了显著进展，AI系统可以合成自然流畅的语音，创作出复杂的音乐作品，甚至能够模仿特定歌手的声音特征。代码生成是人工智能在技术领域的重要应用，AI助手能够根据自然语言描述自动生成程序代码，优化现有代码结构，并协助开发者进行漏洞修复和性能调优。这些内容生成能力的突破不仅展示了人工智能技术的快速发展，也为各行业的创新应用开辟了新的可能性。

1.2.3 人工智能的核心要素

人工智能作为引领当代科技革命的核心驱动力，其发展建立在三大关键要素之上：数据、算法和算力。

1. 数据

数据作为人工智能发展的基石，在AI模型的训练和优化过程中发挥着不可替代的关键作用。海量的高质量数据不仅为人工智能系统提供了学习特定任务模式和特征的基础，更是确保AI模型具备强大泛化能力的前提。在医疗领域，通过对数百万份患者医疗影像数据的深度学习，AI模型能够精准识别各类疾病的图像特征，如癌症的早期诊断标志，显著提升了诊断的准确性和效率。在自动驾驶领域，海量的道路场景数据和驾驶行为数据使AI系统能够在复杂的交通环境中做出智能决策，通过分析不同天气条件下的行车视频，AI 模型能够准确识别路标、行人、车辆等目标，并对突发情况做出快速反应。在自然语言处理领域，基于维基百科、新闻文章、书籍等大规模文本数据集训练的语言模型，如 GPT 和 BERT，已经能够深入理解语言的复杂结构和语义关系，实现高质量的文本生成、翻译和摘要等任务。

数据的质量直接影响着 AI 模型的性能和效率。高质量的数据能够显著降低模型训练过程中的误差，提高模型的准确率和可靠性。特别是在监督学习领域，数据标注的准确性和完整性直接决定了模型的学习效果。精确的标注确保了模型能够从每个数据样本中提取正确的特征信息，从而在实际应用中表现出更优的性能。例如，在医疗影像分析中，准确的病灶标注能够帮助 AI 模型更快速地学习疾病的特征模式；在自动驾驶系统中，精确的道路标识和障碍物标注则能显著提升车辆的感知能力。

因此，在人工智能的发展过程中，数据的收集、处理和标注都至关重要。确保数据的多样性、代表性和准确性，是推动人工智能技术不断进步的基础。只有在高质量数据的支撑下，AI 模型才能在各个领域实现更加精准和高效的应用，真正发挥其变革性潜力。

2. 算法

算法作为人工智能的核心驱动力，犹如 AI 系统的大脑，不仅决定了数据处理的方式，还决定了整个学习过程的方式。在现代人工智能应用中，机器学习算法展现出强大的适应性和多样性，涵盖了监督学习、无监督学习、半监督学习以及强化学习等多种方式，每种算法都针对特定的数据特征和学习目标进行了优化。

监督学习算法通过已标注的训练数据来学习预测模型，广泛应用于诸如图像识别和语音识别等任务。例如，通过训练包含大量已标注图片的神经网络，可以创建一个模型，该模型能够识别新图片中的对象。无监督学习则处理未标注的数据，试图发现数据中的隐藏结构，如市场细分和用户分群。半监督学习结合了监督与无监督学习的优点，使用少量标注数据和大量未标注数据，常用于数据标注成本高昂的场景。强化学习通过奖励和惩罚机制来训练模型，使其在特定环境中做出最优决策，如自动驾驶和游戏 AI。

深度学习算法，作为机器学习的一个分支，通过构建多层神经网络来处理和学习数据中的复杂模式。这种算法特别适用于图像、声音和文本数据，已经在自然语言处理和计算机视觉中取得了显著成就。例如，Google 的深度学习算法能够通过分析用户的查询历史和点击行为来优化搜索结果，提供更为相关的信息。

优化算法在 AI 模型的训练过程中也扮演着关键角色。这类算法通过调整模型参数来最小化或最大化一个特定的损失函数，从而提升模型的性能和准确性。例如，梯度下降是一种广泛使用的优化技术，它被用来优化处理大规模数据集的复杂模型。

集成学习则通过结合多个模型的预测来增强整体预测的准确性和稳定性。这种方法在面对不确定性较高的数据时特别有效，如金融市场预测。通过整合多个预测模型的输出，集成学习能够减少过拟合，提高模型在未见过数据上的表现。

3. 算力

算力在人工智能的发展中起到了基础和推动作用，它不仅支持算法的运行，还处理海量的数据。随着AI技术的进步，对计算资源的需求也在不断增加，这些资源包括但不限于CPU、GPU和TPU等硬件。这些硬件提供了必要的计算能力，使得复杂的机器学习和深度学习算法能够得到有效的执行。

例如，GPU（图形处理器）由于其并行处理能力强大，特别适合执行深度学习算法中的大规模矩阵和向量运算。而TPU（张量处理器）是由谷歌专门为深度学习设计的，它能够进一步加速神经网络的训练过程。使用这些高效的硬件，研究人员和工程师可以在更短的时间内训练更为复杂的模型，从而加速AI的研发和应用。

随着数据量的增加，单台机器的计算能力已难以满足需求，分布式计算应运而生。通过在多台计算机上并行处理数据和任务，分布式计算可以显著提高处理大规模数据集的能力。例如，在处理像ImageNet这样的大型图像数据库时，分布式计算能够在合理的时间内完成模型的训练。

云计算则提供了一种更为灵活和经济的计算资源使用方式。企业和开发者可以根据实际需求，快速扩展或缩减云端的计算资源，无须投资昂贵的本地硬件。这不仅降低了人工智能项目的门槛，也使得小型企业和个人开发者能够利用先进的AI技术。

边缘计算则是将数据处理任务从云端转移到更靠近数据源的地方，如智能手机或物联网设备上。这种方式可以显著降低数据传输的延迟，提高应用的实时性。例如，在自动驾驶汽车中，边缘计算可以实时处理来自车辆传感器的数据，快速做出驾驶决策，极大提升了系统的响应速度和安全性。

数据和算法是相辅相成的，好的算法可以更好地利用数据，而丰富的数据也能推动算法的创新。算力是执行算法和处理数据的保障，没有足够的算力，即使有再好的算法和数据也无法高效地学习预测。随着技术的发展，这三者都在不断进步，互相促进，共同推动人工智能向前发展。

1.3 人工智能的应用

1. 功能视角

从功能视角来看，人工智能的应用可系统性地划分为感知智能、认知智能和行动智能三个维度，共同构建了 AI 系统的完整能力体系。

感知智能赋予 AI 系统模拟人类感官的能力，使其能够接收和处理环境信息。通过计算机视觉、语音识别等核心技术，AI 系统可实现图像识别、视频解析和语音交互等功能。这一能力在安防监控、智能助理和自动驾驶等领域得到广泛应用，使机器能够自主处理海量感知数据，显著提升了系统的自动化水平。

认知智能体现为 AI 系统的学习和思维能力，包括机器学习、逻辑推理和决策制定等高级功能。这种智能使 AI 不仅能够感知数据，更能理解复杂信息，进行逻辑推理、预测分析和智能决策。在金融分析、医疗诊断和个性化推荐等领域，认知智能发挥着关键作用。例如，AI 系统可精准分析市场趋势，辅助医生进行影像诊断，或基于用户画像提供个性化内容推荐。

行动智能则表现为 AI 在现实世界中执行具体任务的能力，它涉及 AI 系统的物理或虚拟行为，自动驾驶车辆、工业机器人和虚拟助理是行动智能的典型应用。这类智能使 AI 能够在实际环境中自主行动，执行复杂或重复的任务，从而提高效率和准确性。例如，自动驾驶汽车能够独立导航和驾驶，工业机器人可以进行精确的制造作业，而虚拟助手则能管理日程和响应用户请求。

2. 场景视角

从应用场景来看，人工智能技术已深度融入社会各领域，推动产业升级并显著改善人类生活质量。

在医疗健康领域，人工智能技术已经成为推动诊断准确性、治疗效率和药物开发的关键力量。AI 在医学影像分析方面表现尤为突出，它能够自动处理和分析从 X 射线、CT 扫描到 MRI 等各种医疗影像，辅助医生快速准确地诊断疾病。例如，Google Health 的 AI 模型可以通过分析眼底照片来检测糖尿病性视网膜病变，这种病变是全球导致失明的主要原因之一。AI 的介入不仅提高了诊断的速度，而且提高了诊断的准确率，有助于早期发现并及时治疗。在药物研发领域，AI 技术通过高效的机器学习算法分析海量的生物医学数据，加速新药的发现和开发过程。例如，AI 平台 Atomwise 运用深度学习技术进行分子结构分析,成功预测新药分子与疾病相关蛋白的结合潜力,这大大缩短了药物的筛选周期并降低了开发成本。

在金融行业,人工智能技术的应用已经深入风险管理、信贷审批、资产管理以及监控和防范金融欺诈等多个领域,极大地提高了金融服务的效率和安全性。例如,AI 技术能够通过分析大量的历史交易数据、客户信用记录和市场趋势,对潜在的信贷风险进行评估。以 ZestFinance 为例,其使用高级的机器学习模型来评估借款人的信用风险,这些模型能够识别传统信用评分模型可能忽略的风险因素。这不仅提高了信贷审批的精确性,还使得金融机构能够向更广泛的客户群体提供服务,包括那些传统信用评分无法覆盖的低信用用户。AI 也在个人财务管理和投资建议领域发挥着重要作用。智能投资顾问(robo-advisors),如 Betterment 和 Wealthfront,利用算法来管理客户的投资组合,根据市场变化自动调整投资策略,以达到客户的长期财务目标。这些服务通常费用较低,使得更多普通投资者能够获得定制化的资产管理服务。此外,AI 在监控金融市场活动中也扮演着关键角色,在预防欺诈和违规行为方面取得成效。例如,Visa 使用其 AI 驱动的"Advanced Authorization"技术监控可疑的交易活动,这项技术能够实时分析全球的交易数据,迅速识别出欺诈行为,从而保护消费者和商家免受损失。此外,AI 系统还能够监控交易模式,及时发现潜在的市场操纵或内幕交易行为,帮助监管机构维护市场的公平性和透明度。

AI 在零售业中通过智能推荐系统深化客户个性化购物体验,同时通过聊天机器人提供 $7 \times 24\,h$ 的客户服务,提升服务效率和客户满意度。在农业领域,智能农业技术利用传感器和 AI 技术进行分析,优化作物栽培计划和病虫害管理,显著提高农产品的产量和质量。在能源领域,AI 技术用于预测能源需求和优化电力调度,同时提升电网的可靠性和效率。在安全领域中,AI 通过视频分析技术预防犯罪行为,并在网络安全方面检测和防御网络攻击,保障信息安全。在教育领域,人工智能实现了学习内容的个性化定制,根据学生的学习进度和能力调整教学策略,如通过智能辅导系统提供实时的学习帮助和反馈。自动评分系统则减轻了教师的工作负担,使他们可以把更多时间用于教学互动和学生指导。

这些应用充分展现了人工智能技术推动社会进步的巨大潜力,并正在重塑各行业的运营模式和服务方式。

1.4 人工智能的发展前景

教学课件：
1.4 人工智能的发展前景

1.4.1 人工智能的机遇与挑战

人工智能技术的发展正在不断地推动全球经济和社会的变革。随着算法创新、算力提升和数据量的增长，AI 在解决复杂问题和拓展应用领域的能力不断增强。深度学习和强化学习等先进算法的进步，以及量子计算和高性能 GPU 的发展，都极大地提高了 AI 的处理速度和效率。同时，物联网（IoT）设备的普及带来了数据量的爆炸性增长，为 AI 提供了更丰富的学习和分析资源。

AI 的应用正在各行各业推动自动化和优化，显著提高生产效率和决策质量。在零售、金融和医疗等领域，AI 技术提供的个性化服务极大地提升了用户体验。此外，AI 辅助的智能决策支持系统在数据分析和风险评估等方面为人类决策提供了重要帮助。

然而，AI 的快速发展也带来了一系列经济和社会影响。AI 技术将推动传统产业的转型升级，催生新的经济增长点，同时也可能改变就业市场的结构，替代一些重复性和低技能的工作，同时创造新的就业机会，尤其是在数据分析、AI 维护和开发等领域。教育体系也将因 AI 的发展而进行改革，以培养学生的创新思维和适应新时代的能力。

伴随 AI 发展的挑战不容忽视。数据安全和隐私保护是重大挑战，AI 的决策过程可能存在不透明、偏见和歧视的风险。此外，AI 的广泛应用可能导致部分行业就业岗位减少，引发社会就业结构的变化。因此，确保 AI 的健康发展需要国家政府、企业和社会各界的共同努力。这包括持续投资于 AI 技术研发，加强 AI 领域的人才培养，制定和完善与 AI 相关的法律法规，以及加强国际在 AI 领域的交流与合作，共同推动技术进步和全球治理体系的完善。人工智能的未来充满机遇，同时也需要我们谨慎对待，确保技术的发展能够造福人类社会。

1.4.2 人工智能未来研究方向

人工智能的未来研究方向展现了其多维度和跨学科的特性，这些研究方向不仅涵盖技术和理论的深化，还包括计算能力的提升、数据管理以及 AI 的社会、法律和伦理问题。

算法和理论创新：AI 的核心研究领域继续聚焦于算法和理论的创新。深度学习的研究正在向更深层次的网络结构发展，旨在提高模型的解释性和泛化能力。强化学习的研究则集中在探索更有效的策略和奖励机制，以优化复杂决策问题的处理。此外，进化算法的研究借鉴生物进化理论来增强算法的适应性和健壮性，而小样本学习则关注如何减少对大数据依赖，通过少量样本实现有效学习。可解释 AI 的发展也尤为重要，目标是提升模型的透明度，使其决策过程更易于被理解和信任。

计算能力和数据管理：随着量子计算和边缘计算的发展，AI 的计算能力有望得到显著提升，这将使 AI 能够处理更加复杂和数据量更大的问题。在数据和知识管理方面，隐私保护技术如联邦学习和差分隐私正在成为研究热点，它们旨在保护个人隐私的同时充分利用数据资源。知识图谱和数据挖掘技术也在不断进步，以提高 AI 的知识表示和推理能力。

交叉学科研究与应用驱动的 AI：AI 的研究正在与神经科学、认知心理学及社会科学等领域进行深入的交叉融合，这些研究有助于模拟人脑工作原理，并改进 AI 系统的交互和决策能力。在应用驱动的研究方面，AI 正在被广泛应用于医疗健康、智能交通、智能制造及环境与能源管理等领域，这些研究不仅推动了相关行业的发展，也带来了社会效益。

安全、伦理和人机交互：随着 AI 技术的广泛应用，其安全性和伦理问题越来越受到关注。研究如何防止 AI 系统被恶意使用，确保系统的稳定性和安全性，已成为一个迫切需要解决的问题。此外，AI 的法律和伦理研究也需要与技术发展同步，制定相应的法规和标准。在人机交互方面，自然语言处理、情感计算和多模态交互等技术的发展，旨在使机器更好地理解和响应人类的需求。

人工智能的未来研究方向将不断演进，随着技术的进步和社会需求的变化，新的研究方向也会不断出现。研究人员需要紧跟时代步伐，不断创新，以推动 AI 技术的健康发展。

1.4.3　我国在人工智能领域的发展

我国政府高度重视人工智能的发展，自 2015 年以来，多部门陆续印发了多项指导、支持和规范人工智能行业发展的政策。2017 年 7 月，国务院发布《新一代人工智能发展规划》，明确了到 2030 年人工智能理论、技术与应用总体达到世界领先水平的战略目标。此外，地方政府也纷纷出台补贴和扶持政策，推动 AI 产业的发展。

我国的多个科研机构在 AI 基础理论和应用研究方面取得了显著成就。例如，中国科学院、清华大学、北京大学等高等教育机构和研究中心在深度学习、自然语言处理、机器视觉和机器人技术等领域进行了深入研究，并在国际学术界产生了广泛的影响。我国的技术企业如阿里巴巴、腾讯、百度和华为等，在人工智能领域均有突出表现。这些企业不仅在国内市场推广 AI 技术，还积极参与国际竞争。百度在自动驾驶技术（Apollo 平台）、深度学习框架（PaddlePaddle）和语音识别技术方面领先；阿里巴巴的 AI 研究涉及云计算、智能语音交互系统和大数据分析；腾讯在图像识别、游戏 AI 和医疗 AI 等领域进行了深入开发。华为则重点在 AI 芯片（如昇腾系列）、5G 技术与 AI 结合，以及智能计算等方面进行创新。

我国企业和研究机构也积极参与国际合作，与全球科研机构和企业共同推动 AI 技术的发展。同时，我国也致力于构建开放的 AI 平台，鼓励全球开发者和研究者共同使用和改进这些平台，以促进 AI 技术的全球交流与合作。我国积极参与全球人工智能治理，提出了《中国关于加强人工智能伦理治理的立场文件》和《全球人工智能治理倡议》等一系列文件倡议，为推进人工智能的全球治理贡献了中国智慧。我们强调人工智能发展的伦理规范，主张通过全面和包容性的对话，挖掘人工智能的潜力，降低其风险，确保人工智能始终处于人类控制之下，其发展能够持续增进人类福祉。

我国政府高度重视人工智能教育的普及和发展，已经制定了明确的目标，计划到 2030 年前在全国中小学阶段基本普及人工智能教育。这一政策旨在从根本上提升学生对人工智能基础概念的理解与兴趣，培养学生的科技创新意识和实践能力。为实现这一目标，我国政府正在采取一系列措施。首先，教育部门正在与技术企业合作，开发适合中小学生的人工智能教学课程和工具。这些课程旨在通过互动和趣味性强的内容，激发学生的学习兴趣。其次，政府也在积极培训教师，提高他们在人工智能领域的教学能力，确保教育质量与时俱进。此外，各级教育机构被鼓励建立专门的实验室和创新中心，为学生提供实践操作的平台，从而加深对人工智能技术的理解和应用。

总体而言，我国在人工智能领域的贡献不仅体现在技术创新和产业应用上，还体现在政策支持、国际影响力、人才培养以及全球治理等多个方面。这些成就为我国实现 2030 年人工智能总体达到世界领先水平的目标奠定了坚实基础。

1.5 本章小结

本章对人工智能进行了全面的概述，涵盖了其发展历程、主要分类、应用领域、面临的发展机遇与挑战以及当前的研究方向。首先回顾了人工智能从早期概念提出到现代高级应用的演变历程，阐述了技术进步如何推动人工智能从理论走向实用。接着，探讨了人工智能的主要分类，包括其主流学派和核心要素。不同的分类方式侧重于不同的特性，从而提供了多种角度的理解。

在应用领域方面，人工智能的影响已经广泛渗透到感知智能、认知智能和行动智能等多个方面，并且涵盖了医疗健康、金融服务、智能制造、交通系统和个人助理等多个行业。这些应用展示了人工智能技术在提高效率、降低成本和增强用户体验方面的巨大潜力。然而，随着人工智能技术的快速发展和广泛应用，也带来了诸多挑战，包括数据隐私保护、算法偏见、安全性问题以及对就业的影响等。

最后，介绍了当前人工智能研究的主要方向，包括算法创新、计算效率提升、更好的人机交互以及伦理法律问题的探讨。这些研究方向不仅关注技术的进步，也强调了推动人工智能技术健康、可持续地发展。

思考与练习

1. 人工智能主要研究目标是什么？
2. 人工智能的三大主流学派是什么？简要说明每个学派的核心观点。
3. 人工智能的核心要素有哪些？简要说明每个要素的作用。
4. 人工智能的发展经历了多次低谷期，你认为这些低谷期出现的主要原因是什么，未来如何避免类似的情况发生？
5. 人工智能在未来的发展中将面临哪些伦理和社会挑战？你认为应该如何应对这些挑战？

第 2 章　机器学习

在当今的数字化时代，机器学习已成为驱动技术创新和业务变革的核心力量。作为人工智能的一个重要分支，机器学习不仅仅是一组算法和技术的集合，更是一种全新的视角，让我们能够通过数据解锁深层次的洞察和智能。从个性化推荐到自动驾驶汽车，从语音助手到疾病诊断，机器学习的应用已经渗透到日常生活的各个方面，极大地提高了效率，丰富了人类的生活体验。

本章从机器学习的基本概念着手，涵盖其定义、核心原理、主要方法以及广泛应用。通过这些内容的介绍，阐释机器学习如何让计算机系统从数据中学习并实现自我优化，且无须编写详尽程序。通过探究不同类型的学习方法，诸如监督学习、无监督学习以及强化学习，阐明这些方法在实际问题中的具体应用情况以及彼此之间的关联。

2.1　机器学习概述

2.1.1　定义和相关概念

机器学习是人工智能的一个分支，它使计算机系统能够从数据中学习并做出决策或预测，而无须每一步都进行明确的显式编程。它依赖于算法和统计模型，根据数据模式并通过推理自动改进其性能。机器学习的核心是创建和使用模型，这些模型基于以往的数据经验，预测新数据的输出、发现数据的模式或者理解复杂的数据结构。

1. 数据集（dataset）

数据集是机器学习算法训练和测试的基础。数据集通常分为训练集、验证集和测试集，如图 2.1 所示。训练集是机器学习模型学习过程中使用的数据。这部分数据用于训练，即通过算法调整模型的权重和参数，直到模型能够有效地从输入数据中学习并预测所需的输出。训练集的大小和质量直接影响到模型的学习能力和最终性能。验证集用于模型训练过程中的性能评估，以调整模型超参数。测试集是在模型开发过程结束后用来评估模型性能的数据。这部分数据在训练和验证阶段是不可见的，它提供了对模型在未知数据上表现的一个客观评估，以评估模型的泛化能力。测试集的性能通常被视为模型性能的最终指标。

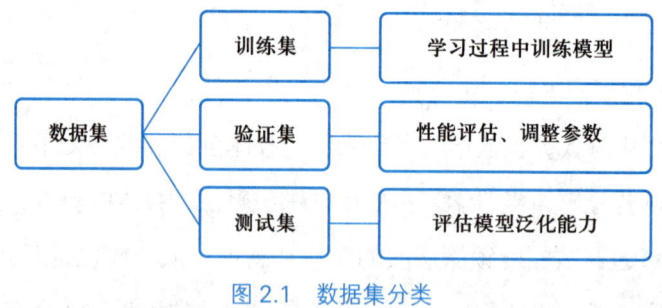

图 2.1 数据集分类

2. 特征（feature）

特征是数据集中的单个可测量属性或特性，是模型学习预测或分类决策的基础。在机器学习模型中，特征作为输入变量，用于预测或分类任务。每个特征通常对应于数据集中的一列。例如，在房价预测模型中，特征用来描述房产及其周边环境的各种属性，包括房屋面积、卧室数量、建造年代、楼层高度等，这些属性可能影响房产的市场价值；在垃圾邮件分类模型中，特征包含邮件文本中某些特定词汇的出现频率、发件人信誉、含有超链接的数量等，用于区分垃圾邮件和非垃圾邮件。

3. 模型（model）

模型是从数据中学习得到的，用于进行预测或分类的算法具体实现。模型通过分析训练数据，学习得到数据中的模式和关系，然后用这些知识来预测新的、未见过的数据。模型通常需要通过一个训练过程来学习数据的特征和结构，这个过程包括选择一个算法，并使用数据来训练这个算法。

欠拟合（underfitting）和过拟合（overfitting）是机器学习中模型泛化能力不足的两种典型问题，都是由于模型复杂度与数据规律不匹配引起。欠拟合是模型过于简单，无法捕捉数据中的基本规律，导致在训练集和测试集上的预测性能均较差。例如，用线性模型拟合非线性数据时，模型无法描述数据的内在模式。过拟合是模型过于复杂，过度学习训练数据中的噪声和细节，导致在训练集上表现极佳，但在测试集上泛化能力差，无法适应新数据。

机器学习模型按学习方式分为监督学习（supervised learning）、无监督学习（unsupervised

learning）、强化学习（reinforcement learning，RL）、半监督学习（semi-supervised learning）和自监督学习（self-supervised learning），如图2.2所示。

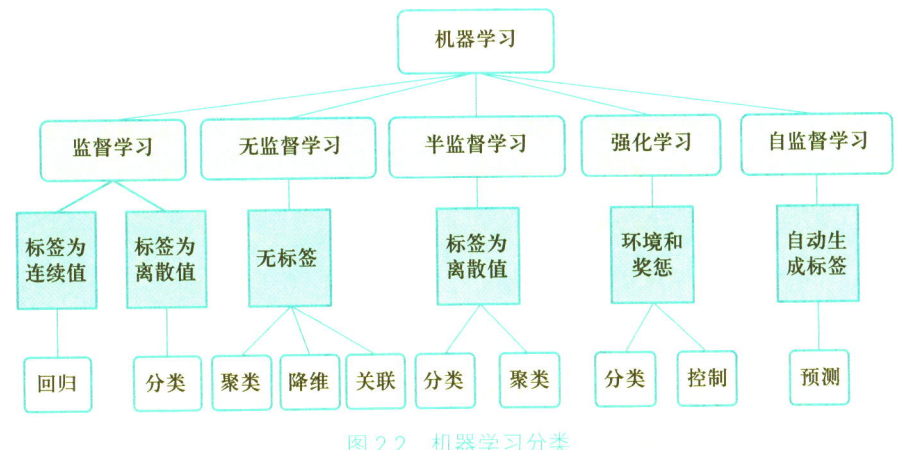

图 2.2　机器学习分类

监督学习模型通过从带有标签的数据中学习输入与输出之间的映射关系，能够完成分类（如垃圾邮件检测）和回归等任务。常见的算法包括线性回归、逻辑回归、支持向量机（SVM）、决策树、随机森林和神经网络等。

无监督学习模型致力于从无标签数据中挖掘潜在的结构或模式。其主要任务类型包括：聚类，即将数据进行分组；降维，即压缩数据的维度；关联规则，即发现数据中的相关性。常见的算法有 K-means、主成分分析（PCA）以及自编码器等。

强化学习模型通过与环境进行交互来学习最优策略，借助奖励机制使长期累积收益达到最优。常见的强化学习算法有 Q-learning、深度 Q 网络、策略梯度等。这些算法在诸多领域都有应用，如游戏 AI、机器人控制以及资源调度等场景。

半监督学习模型在训练过程中，会将少量的标注数据与大量的未标注数据结合起来使用，以此提升模型的泛化能力，适用于获取标签数据成本较高或困难的情况，例如，文档分类、图像分类。这种学习方式常见的方法有自训练和协同训练。

自监督学习模型是通过设计自动生成标签的任务，从无标签数据中学习表征，如 BERT 预测被遮蔽的文本片段。

每种模型都有其优势和局限性，理解这些模型如何工作以及它们适用的场景对于构建有效的机器学习系统至关重要。

机器学习的主要任务类型有分类、回归、聚类、生成等，如表2.1所示。

表 2.1 机器学习的主要任务类型和描述

任务类型	描述	典型场景
分类	预测离散类别标签	垃圾邮件过滤、疾病诊断
回归	预测连续数值输出	房价预测、能耗预估
聚类	将数据划分为相似组	客户细分、异常检测
降维	减少数据维度，保留重要信息	人脸识别
生成	生成与训练数据相似的新样本	文本创作、图像生成
推荐	预测用户对物品的偏好	电商推荐、内容分发

机器学习的基本流程可以归纳为两个核心部分：数据集构建和模型训练。这两个部分是机器学习项目中最基本和关键的步骤，它们直接决定了模型的性能和应用的成功，如图 2.3 所示。

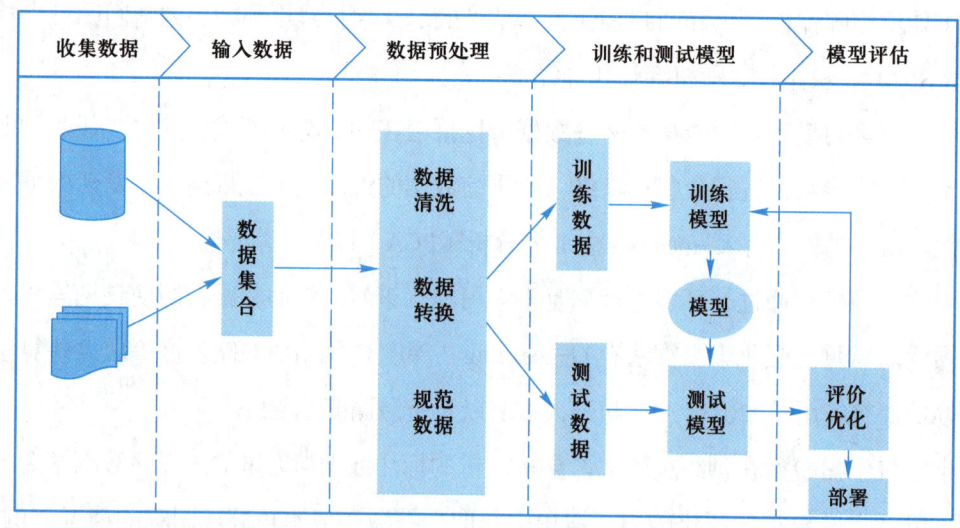

图 2.3　机器学习的基本流程

2.1.2　数据集构建

数据集构建是机器学习流程中的基础，涵盖了从数据收集到数据预处理的所有步骤。这个阶段的目的是准备出一个适合机器学习模型使用的数据集，过程包括数据收集、数据清洗、数据预处理、特征工程、数据划分等多个步骤。

在数据收集阶段，数据可以来自多种来源，包括但不限于数据库、文件、实时系统接口、公开数据集等。收集到的数据的质量、数量和多样性将直接影响最终模型的效果。

以构建房价预测的机器学习模型为例，数据可能来自政府公共记录、房地产网站和历史交易记录等。

数据清洗的主要目标是处理缺失数据、错误数据和异常值，确保数据的质量和一致性。例如，某些房屋的房龄或面积信息可能未记录，有的房屋面积显示为负数，还有一些数据条目可能出现了重复。对于缺失值，可能的方法是用相同地区的平均值填充，或者根据其他变量建立模型来预测缺失的值。完成数据清洗后，还需要对数据进行预处理，包括数据的标准化、归一化、特征编码等，使数据适应特定的算法需求。比如，为了将分类数据转换为模型可处理的格式，可以使用独热（one-hot）编码处理城市区域的特征。独热编码是一种常用的特征编码方式。在机器学习和数据处理中，当数据集中存在文本描述的类别信息时，由于大多数算法无法直接处理这些非数值型数据，就需要将其转化为数值形式。独热编码的做法是，对于每个类别，创建一个新的二进制向量，该向量中只有对应类别的位置为1，其余位置均为0。例如，有"北京""上海""广州"三个城市区域类别，使用独热编码后，"北京"可能表示为［1，0，0］，"上海"表示为［0，1，0］，"广州"表示为［0，0，1］。通过这种方式，将分类数据转换为模型可处理的格式。

特征工程涉及从原始数据中选择、修改或创建新的特征，目的是简化模型，减少计算复杂度，并提高模型的泛化能力。特征工程的处理包含特征选择、新特征创建、特征组合等。例如，对房价进行预测时，可以使用相关性分析、回归分析等方法选择对预测房价最有影响的特征。同时可以基于现有数据创建新特征，例如，根据房屋的建造年份和当前年份计算房屋的实际使用年限，以及组合现有特征来创建新的特征，如"每平方米价格"（房价除以房屋面积）。显然，每平方米价格是衡量一个地区房价更有参考价值的指标，构建这样的特征有助于模型进一步捕捉各个因素之间的联系，从而提升模型预测的准确性。

数据处理完毕后，还需要将数据划分为训练集、验证集和测试集。训练集通常占总数据集的较大比例，例如，70%或80%，因为更多的数据可以帮助模型更好地理解各种可能的输入模式。在训练过程中，模型会多次查看训练数据，每次迭代调整其内部参数，以减少预测和实际结果之间的差异。在分割数据集之前，通常应随机打乱数据，以防止任何潜在的顺序偏差影响模型的学习。在分类问题中，一般应保持训练集、验证集和测试集中各类标签的比例与原始数据集中的比例相同，以避免类别不平衡问题。而对于时间序列数据，数据的分割应考虑时间顺序，不能随机分割，以避免未来信息泄露到模型训练过程中。

2.1.3 模型训练

模型训练是机器学习项目中的核心环节，它涉及使用准备好的数据集来训练算法，以便模型能够学习到数据中的模式和关联。这个过程开始于选择合适的机器学习算法，例如，决策树、支持向量机（SVM）或神经网络等。选择算法时需要考虑问题的性质（如分类、回归或聚类）、数据的大小和特性，以及计算资源的可用性。例如，对于分类问题，可以选择支持向量机或逻辑回归；对于回归问题，可能更适合使用线性回归或决策树。

确定了使用的算法后，接下来的步骤是配置模型的超参数，超参数是在模型训练前由开发者手动设定的、用于控制模型学习过程和结构设计的参数，直接影响模型参数的优化过程。这些参数可能包括学习率、迭代次数、树的深度等。学习率（learning rate）决定了模型在每次迭代中沿着梯度方向调整权重的幅度，学习率设置过大，可能导致参数更新幅度过大，跳过最优解，设置过小，参数更新缓慢，收敛时间显著增加，可能陷入局部最优解。迭代次数是模型通过梯度下降等优化算法更新权重的总次数，其本质是优化算法对参数的更新步数，直接影响模型的收敛性、训练效率和泛化能力。这些超参数的设定对模型的性能和训练时间有直接影响。迭代次数决定了模型能否充分学习数据规律。若次数不足，模型可能停留在高偏差状态，没有捕捉到数据的特征，导致欠拟合；若迭代次数过多，可能过度拟合训练数据噪声，出现过拟合。

在参数设置完成后，模型将在训练集上进行训练，这个过程中，模型会基于算法在数据集上进行多次迭代，不断地调整内部参数以最小化误差。训练过程中，为了避免模型过拟合，即模型在训练数据上表现良好但在新数据上表现不佳的情况，通常会使用一些策略如提前停止或交叉验证来调整模型参数。交叉验证是一种评估模型泛化能力的有效方法，它通过将数据分成多个子集，轮流使用其中一个子集作为测试集，其他作为训练集，从而确保模型在各种数据子集上都能表现稳定。

整个模型训练过程是一个迭代且细致的工作，需要不断地调整和优化，以达到最佳的学习效果。成功的机器学习模型不仅依赖于算法和技术，还需要对业务问题有深刻的理解，确保模型解决的是正确的问题，并能在实际应用中发挥作用。

2.1.4 评价指标

在模型训练完成后，接下来的步骤是通过在一个独立的测试集上测试模型来进行模型评估。不同的任务可能需要不同的评价指标。以电子邮件分类问题为例，一个垃圾邮件没有被识别出来，造成的后果可能并不是特别严重。但如果一个有用的邮件被识别为垃圾邮件，可能会耽误用户重要的事情。根据评价指标，我们可以决定模型是否已经足够好或者是否需要进一步的调整。

对于一般的二分类或多分类问题，一般采用多种评价指标对机器学习的预测性能进行评估。每个指标拥有不同的侧重点，具体选用哪些指标需要考虑任务本身的特点。下面以二分类为例说明模型的评价指标。

在对模型进行评价之前，需要明确样本的正类和负类数量，模型预测出的正类和负类数量。以垃圾邮件分类为例，可以将邮件分为正类和负类两类，垃圾邮件是正类，正常邮件是负类。将实际值与模型预测值进行比较，模型预测结果包含真正例（true positive，TP）、假正例（false positive，FP）、真负例（true negative，TN）、假负例（false negative，FN）四个指标，如表 2.2 所示。其中：真正例，表示实际类别为正类，模型也成功预测为正类的样本数量。在垃圾邮件分类里，实际是垃圾邮件且被模型正确识别为垃圾邮件的邮件数量。假正例，表示实际类别为负类，但模型错误地预测为正类的样本数量。在垃圾邮件分类中，实际是正常邮件却被模型误识别为垃圾邮件的邮件数量。真负例表示实际类别为负类，模型正确预测为负类的样本数量。对于垃圾邮件分类，实际是正常邮件且被模型正确分类为正常邮件的数量。假负例表示实际类别为正类，但模型错误地预测为负类的样本数量。垃圾邮件分类时，实际是垃圾邮件但被模型误判为正常邮件的数量。

表 2.2　二分类问题样本分类

名称	简写	简介
真正例	TP	实际类别为正类，模型预测为正类
假正例	FP	实际类别为负类，模型预测为正类
真负例	TN	实际类别为负类，模型预测为负类
假负例	FN	实际类别为正类，模型预测为负类

这些指标对应的样本数量可以用混淆矩阵表示。混淆矩阵是一个用于总结分类模型在一组已知真实标签的数据上预测结果的表格。在二分类问题中，混淆矩阵是一个 2×2 的矩阵，包含真正例、假正例、真负例、假负例四个指标，如表 2.3 所示。在多分类问题中，混淆矩阵的大小为 $C\times C$，其中 C 是类别数，矩阵的每一行代表实际类别，每一列代表预测类别，矩阵中的元素表示相应实际类别被预测为对应类别样本的数量。基于这些指标数据，可以计算出多种评价指标。

1. 准确率

准确率是最直观的性能指标，它衡量的是分类模型正确预测的样本数占总样本数的比例。公式如下：

$$\text{Accuracy} = \frac{TP+TN}{TP+TN+FP+FN} \tag{2.1}$$

尽管准确率是一个直观的衡量标准，但它并不总是一个好的指标，特别是在类别不平衡的数据集中。例如，如果一个数据集中有 95% 的样本属于同一类，那么即便是一个设计得极为简单、始终只预测这一占主导地位类别的模型，其准确率也能轻松达到 95%。然而，这并不意味着模型具有良好的预测能力，在高准确率表象之下，很有可能掩盖了模型对于其他少数类别的预测能力几乎完全缺失的事实。

2. 召回率

召回率是衡量模型能够检测到所有正类实例的能力。它特别关注模型对正类的识别能力，公式如下：

$$\text{Recall} = \frac{TP}{TP+FN} \tag{2.2}$$

召回率也叫查全率，是一个重要指标，特别是当遗漏正类样本的代价非常高时（如疾病筛查）。

3. 精确率

精确率衡量的是在模型预测为正类的样本中，真正为正类的比例，公式如下：

$$\text{Precision} = \frac{TP}{TP+FP} \tag{2.3}$$

当误将负类预测为正类的代价较高时（例如垃圾邮件过滤，误报可能导致重要邮件被误判为垃圾邮件），精确率指标尤为重要。

4. F1 分数

由于单独的精确率和召回率往往不能全面反映模型的性能,因此通常会使用 F1 分数来同时考虑精确率和召回率,提供一个更全面的性能评估。F1 分数是精确率和召回率的调和平均值,是一个综合指标,特别适用于那些对精确率和召回率同等重视的场景,尤其适用于类别不平衡的数据集。公式如下:

$$\text{F1 Score} = 2 \times \frac{\text{Precision} \times \text{Recall}}{\text{Precision} + \text{Recall}} \tag{2.4}$$

5. ROC 曲线和 AUC

ROC 曲线(receiver operating characteristic curve)也是一个重要的统计分析指标,用于评估二分类系统。它通过描绘在不同阈值设置下真正率(true positive rate,TPR)和假正率(false positive rate,FPR)之间的关系来评估分类器的性能。其中,真正率是模型正确地预测为正类的个数与所有实际为正类样本个数之比,假正率是模型错误地预测为正类的个数与所有实际为负类样本个数之比。AUC(area under the ROC curve)表示 ROC 曲线下的面积,这个面积的数值可以从 0 到 1 变化。AUC 值越接近 1,表示模型的性能越好,即它能更好地区分正类和负类。

例如,构建了一个用于判断某封邮件是否为垃圾邮件的二分类模型。经过对 100 封邮件进行测试,得到以下结果:

实际为垃圾邮件且被模型正确识别为垃圾邮件的有 30 封,这就是真正例(TP)。
实际为正常邮件,但被模型误判为垃圾邮件的有 10 封,此为假正例(FP)。
实际为正常邮件且被模型正确判断为正常邮件的有 50 封,即真负例(TN)。
实际为垃圾邮件,但被模型误判为正常邮件的有 10 封,属于假负例(FN)。

那么,这个二分类问题的混淆矩阵如表 2.3 所示。

表 2.3 二分类问题的混淆矩阵

对比维度	预测为垃圾邮件(正类)	预测为正常邮件(负类)
实际垃圾邮件(正类)	30(TP)	10(FN)
实际正常邮件(负类)	10(FP)	50(TN)

通过这个混淆矩阵,可以直观地看到模型在垃圾邮件分类任务中的表现情况。基于这些数据,计算准确率、精确率和召回率如下所示。

$$\text{准确率:Accuracy} = \frac{TP + TN}{TP + TN + FP + FN} = \frac{30 + 50}{30 + 50 + 10 + 10} = 0.8$$

$$\text{精确率:Precision} = \frac{TP}{TP + FP} = \frac{30}{30 + 10} = 0.75$$

$$\text{召回率:Recall} = \frac{TP}{TP + FN} = \frac{30}{30 + 10} = 0.75$$

2.2 监督学习

教学课件:
2.2 监督学习

监督学习是机器学习的一种方法,其中模型通过预先标记的训练数据学习预测结果。在监督学习中,每个训练样本都是由输入特征和相应的目标输出(也称为标签)组成。模型的任务是学习输入和输出之间的映射关系,以便当提供新的、未见过的数据时,它可以预测这些数据的输出。和无监督学习相比,其最显著的特征是一个预先标记的数据集,在训练过程中,模型的预测结果会与真实的标签进行比较,模型会根据这些比较结果进行调整,以减少预测误差。监督学习通常用于分类任务(预测离散标签)和回归任务(预测连续值)。本节将对监督学习的常见模型进行介绍。

2.2.1 线性回归

线性回归是一种统计学方法,用于建立一个或多个自变量(解释变量)和一个因变量(响应变量)之间的关系模型。这种模型假设因变量和自变量之间存在线性关系。线性回归模型广泛应用于预测和因果关系分析中,是监督学习中回归问题的基本形式。

对于简单的线性回归(单个自变量),模型的形式通常表示为:

$$y = \beta_0 + \beta_1 x \tag{2.5}$$

其中,y 是因变量,x 是自变量,β_0 是截距,β_1 是斜率。对于多元线性回归(多个自变量),模型扩展为:

$$y = \beta_0 + \beta_1 x_1 + \beta_2 x_2 + \cdots + \beta_n x_n \tag{2.6}$$

表示该模型一个因变量受到多个自变量的影响。其影响是线性的,因此这类问题是线性回归问题。线性回归模型的训练目标，便是寻找最佳的参数估计值 β_0，β_1，$\cdots$，β_n，使得所有观测点的残差平方和（residual sum of squares，RSS）最小化：

$$\text{RSS} = \sum_{i=1}^{m} (y_i - (\beta_0 + \beta_1 x_{1i} + \cdots + \beta_n x_{ni}))^2 \tag{2.7}$$

图2.4展示了一个典型的线性回归场景。坐标系中有若干点，我们希望找到一条直线，让这些点尽可能接近这条直线。

解决线性回归问题，一个常见的算法便是最小二乘法。最小二乘法本身是一个数学方法或者统计学方法，在机器学习中也可以使用。最小二乘法通过解析方法直接求解出模型参数，当数据集规模比较小的时候，解是显式

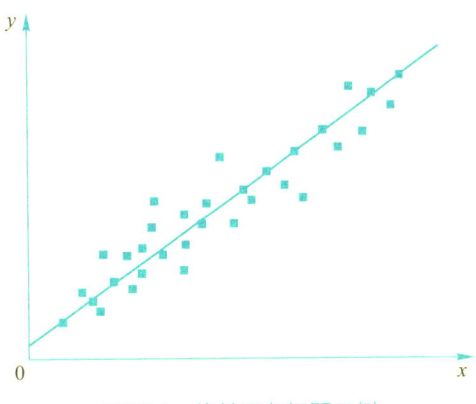

图2.4 线性回归问题示例

的，不需要迭代过程，计算速度快。对于大规模数据集或在线学习场景，梯度下降或随机梯度下降可能更合适。

假设我们要预测某城市中房屋的销售价格。我们可以先收集一些现有房屋数据，其中包括房屋价格和影响房屋价格的多个因素，如房屋面积（平方米）、房龄（年）、距离市中心的距离（千米）等的数据。设定模型中相应的变量为：房屋价格 y，房屋面积 x_1，房龄 x_2，距离市中心的距离 x_3，则回归模型为：

$$y = \beta_0 + \beta_1 x_1 + \beta_2 x_2 + \beta_3 x_3 \tag{2.8}$$

使用收集到的 m 套房屋价格数据，利用最小二乘法使得式（2.7）中 RSS 最小来对参数 β_0、β_1、β_2、β_3 进行估计：

$$\text{RSS} = \sum_{i=1}^{n} (y_i - (\beta_0 + \beta_1 x_{1i} + \beta_2 x_{2i} + \beta_3 x_{3i}))^2 \tag{2.9}$$

估计完成后，如果我们有一套新房的相关数据（面积、房龄、距离市中心的距离），就可以使用这个模型来预测其价格。

2.2.2 逻辑回归

逻辑回归是一种广泛应用于分类问题的统计模型，特别是二分类问题。尽管名称中包含"回归"，逻辑回归实际上是一种分类技术，用于预测一个事件的发生概率，比如，

预测学生是否通过考试、用户是否购买商品等。逻辑回归的目的是找到一个预测函数，这个函数能够基于输入变量（特征）来预测输出变量（目标变量）的概率。在二分类问题中，输出变量通常被编码为 0 和 1，其中，1 代表感兴趣的类别（如"是""成功"等），0 代表另一类（如"否""失败"等）。

逻辑回归模型通过对线性组合的结果应用一个逻辑函数（通常是 sigmoid 函数）来实现这一点。sigmoid 函数的表达式为：

$$\sigma(z) = \frac{1}{1+e^{-z}} \qquad (2.10)$$

其中，z 是线性组合：

$$z = \beta_0 + \beta_1 x_1 + \beta_2 x_2 + \cdots + \beta_p x_p \qquad (2.11)$$

在这里，$x_1, x_2, \cdots, x_p$ 是特征，$\beta_0, \beta_1, \cdots, \beta_p$ 是模型参数。sigmoid 函数的输出是一个介于 0 和 1 之间的值，表示属于类别 1 的概率。

逻辑回归模型的参数通常通过最大似然估计（MLE）来估计。最大似然估计的目标是找到一组参数，使得观测到的样本数据的概率（似然）最大化。逻辑回归不仅预测分类结果，还能给出属于某类的概率，这对于需要概率解释的场景非常有用。逻辑回归模型简单，易于实现，且训练过程通常很快，适合于大规模数据。但逻辑回归模型也有一些局限性。比如，逻辑回归假设数据是线性可分的，对于复杂的非线性关系可能无法有效捕捉，如果特征没有很好地捕捉决策边界，或者特征空间过于稀疏，逻辑回归的表现可能不佳。

可以通过一个简单直观的例子来说明逻辑回归在机器学习中的应用。假设要预测一个学生是否会通过最终考试，这个预测基于几个相关的特征，如学习时间、出勤率。

首先，需要收集数据。这包括每个学生的学习时间（每天学习的小时数）、出勤率（百分比表示）。目标变量是学生是否通过考试，这是一个二分类问题（通过或未通过）。在开始训练之前，需要对数据进行预处理，包括清洗数据，将文本标签转换为数字等，然后划分数据以构建训练数据集。

例如采集了 1 000 个学生的学习时间、出勤率和是否通过考试的数据，如表 2.4 所示。对数据进行预处理，通过考试为 1，未通过为 0。

表 2.4　采集到的学生数据

每天学习时间 /h	出勤率 /%	是否通过考试
4	80	通过
5	75	通过
1	45	未通过
2	35	未通过
3	90	通过
...	...	...

数据集准备完成后，就可以使用训练集数据来训练逻辑回归模型。实际操作中，可以将最大似然估计转化为最小化负对数似然函数，这可以通过各种优化算法实现，如梯度下降、牛顿法或拟牛顿法等。如在梯度下降法每次迭代中，参数会根据梯度下降法更新：

$$\beta_j = \beta_j - \alpha \frac{\partial}{\partial \beta_j} L(\beta) \qquad (2.12)$$

其中，$L(\beta)$ 是负对数似然函数，α 是学习率，$\frac{\partial}{\partial \beta_j} L(\beta)$ 是损失函数关于参数 β_j 的偏导数。

训练完成后，得到了一组优化后的参数，这些参数定义了最终的逻辑回归模型。使用这个模型，可以输入新的特征数据（如一个学生的学习时间、出勤率），模型将输出该学生通过考试的概率。也可以查看模型的系数，了解哪些特征对预测结果影响最大。这就是逻辑回归的完整流程。

具体来说，已知学生的学习时间和出勤率，现在要预测该学生是否会通过考试，逻辑回归会做以下两步：

第 1 步：把学生的特征（学习时间、出勤率）组合成一个"分数"。利用公式：分数 = $\beta_0 + \beta_1 \times$ 学习时间 $+ \beta_2 \times$ 出勤率，这里 β_0、β_1、β_2 是模型参数，相当于每个特征的"重要性权重"。

第 2 步：把"分数"通过 sigmoid 函数转换成概率。例如，分数 3 映射为约 0.95。如果确定概率超过 0.5 就认为考试能过，否则就认为考试不能通过，则分数是 3 就预测为能够通过考试。

现在的关键问题是如何确定 β_0、β_1、β_2 这三个模型参数的值是多少，有了这三个参数就能计算学生的分数，从而能够计算学生通过的概率。

模型可采用梯度下降法训练并调整参数（β_0、β_1、β_2），目标是让预测的概率尽可能接近真实结果。模型训练完成后，参数 β_0、β_1、β_2 已调整完毕，此时就可以用这三个参数来预测新学生是否能通过考试了。

假设模型训练完后参数 β_0、β_1、β_2 分别为 1.5、2、0.5，某学生的学习时间为 3 h、出勤率为 90%，代入模型：

$$分数 = 1.5 + 2 \times 3 + 0.5 \times 90 = 1.5 + 6 + 45 = 52.5$$

$$概率 = \sigma(52.5) = \frac{1}{1 + e^{-52.5}} \approx 1$$

根据得到的分数和概率值几乎可以肯定预测结果为通过考试。

2.2.3 决策树与随机森林

决策树是一种直观的机器学习算法，用于分类和回归任务。它通过一系列规则对数据进行分割，每个分割将数据集分成越来越小的部分。这些分割形成了一个树状的结构，其中每个内部节点代表一个属性上的决策规则，每个叶节点代表一个预测结果。图 2.5 所示为一个根据天气决定活动类型的决策树示意图。

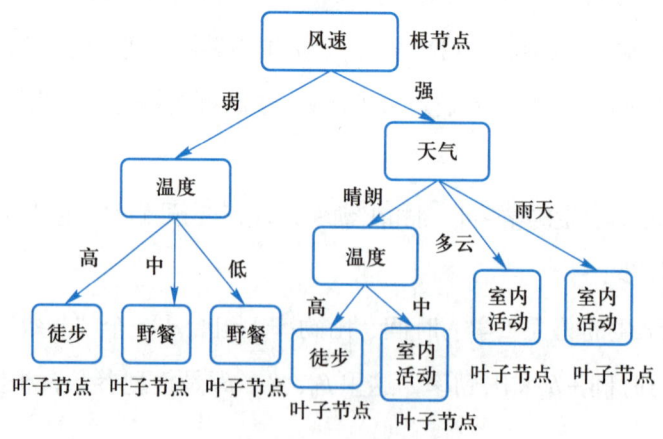

图 2.5 决策树结构

在决策树中，根节点表示包含整个数据集的起始点。内部节点对应于属性的测试，基于测试结果分裂成子节点。叶节点（或终端节点）表示不再分裂的节点，给出预测结果。对于分类问题，常用的分裂标准包括信息增益（基于熵）、增益率和基尼不纯度；而对于回归问题，通常基于最小化均方误差（mean square error，MSE）或平均绝对误差来选择分裂点。下面以常用的信息增益（基于熵）为分裂标准说明决策树的训练过程。

克劳德·香农将熵引入信息论，用于度量随机变量 X 的不确定性，其定义为：

$$H(X)=-\sum_{i=1}^{n}p_i\log_2 p_i \tag{2.13}$$

其中，X 是一个离散的随机变量，可能的取值为 $x_1,x_2,\cdots,x_n$，对应的概率为 $p_1,p_2,\cdots,p_n$。在决策树中，p_i 是每种活动类型的概率，数据集的熵越大，说明数据的类别分布越分散，不确定性越高。

信息增益基于信息熵，用于衡量使用一个特征划分数据集后，目标变量不确定性减少的程度。信息增益越大，说明使用该特征进行分裂能够使数据集的不确定性降低得越多，也就意味着该特征对分类越有价值。信息增益的计算公式为：

$$IG(D,A)=H(D)-H(D|A) \tag{2.14}$$

其中，$IG(D,A)$ 是数据集 D 关于特征 A 的信息增益，$H(D)$ 是数据集 D 的熵，$H(D|A)$ 是在已知特征 A 的条件下数据集 D 的条件熵。

决策树训练过程就是一个节点分裂的过程。每次分裂时，首先选择最佳分裂属性，即根据信息增益从当前数据集的所有可用特征中选择一个最佳特征进行分裂。然后，根据选定的特征和其值的不同，将数据集分割成子集，每个子集继续生长为新的节点。对每个子集重复上述过程，直到满足停止条件（如节点达到最小数据量、达到最大深度或纯度达到一定标准）。为防止过拟合，可在生成树后进行剪枝，移除对训练数据过度拟合的部分。用一个例子更直观地展示上面的过程。

假设有一个关于天气条件和进行某项户外活动的数据集，如表 2.5 所示。活动类型包括：徒步、野餐和室内活动；特征包括天气（晴朗、多云、雨天）、温度（高、中、低）和风速（强、弱）。

表 2.5 天气条件和进行某项户外活动的数据集

天气	温度	风速	活动
晴朗	高	弱	徒步
多云	中	弱	野餐

天气	温度	风速	活动
雨天	低	强	室内活动
晴朗	低	弱	野餐
多云	高	强	室内活动
晴朗	中	强	室内活动
雨天	中	弱	野餐
晴朗	高	强	徒步
雨天	高	强	室内活动
多云	低	弱	野餐

针对这 10 个样本数据，给出决策树的训练过程。

步骤 1：计算初始熵。

原始集合中，徒步的概率是 2/10，野餐的概率是 4/10，室内活动的概率是 4/10。由此可以计算初始集合的熵 $H(D)$ 为：

$$H(D) = -\left(\frac{2}{10}\log_2\frac{2}{10} + \frac{4}{10}\log_2\frac{4}{10} + \frac{4}{10}\log_2\frac{4}{10}\right) \approx 1.522$$

步骤 2：计算各特征的信息增益。

该案例中，有"天气""温度""风速"3 个特征，需要分别计算每个特征的分裂效果。

（1）计算基于"天气"特征的信息增益。

通过天气特征将初始样本划分为以下 3 个子集：

晴朗（4 个样本）：徒步（2）、野餐（1）、室内活动（1）。

多云（3 个样本）：野餐（2）、室内活动（1）。

雨天（3 个样本）：室内活动（2）、野餐（1）。

各子集熵计算如下：

$$H(\text{晴朗}) = -\left(\frac{2}{4}\log_2\frac{2}{4} + \frac{1}{4}\log_2\frac{1}{4} + \frac{1}{4}\log_2\frac{1}{4}\right) = 1.5$$

$$H(\text{多云}) = -\left(\frac{2}{3}\log_2\frac{2}{3} + \frac{1}{3}\log_2\frac{1}{3}\right) \approx 0.918$$

$$H(雨天) = -\left(\frac{2}{3}\log_2\frac{2}{3} + \frac{1}{3}\log_2\frac{1}{3}\right) \approx 0.918$$

计算天气的条件熵如下:

$$H(D|天气) = \frac{4}{10} \times H(晴朗) + \frac{3}{10} \times H(多云) + \frac{3}{10} \times H(雨天) \approx 1.151$$

计算信息增益如下:

$$IG(天气) = H(D) - H(D|天气) = 1.522 - 1.151 = 0.371$$

(2) 计算基于"温度"特征的信息增益。

通过温度特征将初始样本划分为以下3个子集:

高(4个样本):徒步(2)、室内活动(2)。

中(3个样本):野餐(2)、室内活动(1)。

低(3个样本):室内活动(2)、野餐(1)。

各子集熵计算如下:

$$H(高) = -\left(\frac{2}{4}\log_2\frac{2}{4} + \frac{2}{4}\log_2\frac{2}{4}\right) = 1$$

$$H(中) = -\left(\frac{2}{3}\log_2\frac{2}{3} + \frac{1}{3}\log_2\frac{1}{3}\right) \approx 0.918$$

$$H(低) = -\left(\frac{2}{3}\log_2\frac{2}{3} + \frac{1}{3}\log_2\frac{1}{3}\right) \approx 0.918$$

计算温度的条件熵如下:

$$H(D|温度) = \frac{4}{10} \times H(高) + \frac{3}{10} \times H(中) + \frac{3}{10} \times H(低) \approx 0.951$$

计算信息增益如下:

$$IG(温度) = H(D) - H(D|温度) = 1.522 - 0.951 = 0.571$$

(3) 计算基于"风速"特征的信息增益。

通过风速特征将初始样本划分为以下两个子集:

强(5个样本):徒步(1)、室内活动(4)。

弱(5个样本):野餐(4)、徒步(1)。

各子集熵计算如下:

$$H(强) = -\left(\frac{4}{5}\log_2\frac{4}{5} + \frac{1}{5}\log_2\frac{1}{5}\right) \approx 0.722$$

$$H(弱) = -\left(\frac{4}{5}\log_2\frac{4}{5} + \frac{1}{5}\log_2\frac{1}{5}\right) \approx 0.722$$

计算风速的条件熵如下：

$$H(D|风速) = \frac{5}{10} \times H(强) + \frac{5}{10} \times H(弱) = 0.722$$

计算信息增益如下：

$$IG(风速) = H(D) - H(D|风速) = 1.522 - 0.722 = 0.8$$

步骤3：选择根节点。

计算各特征的信息增益并排序：

$$IG(风速) = 0.8 > IG(温度) = 0.571 > IG(天气) = 0.371$$

根节点选择信息增益最大的"风速"。

步骤4：递归分裂子树。

根据根节点"风速"将样本集划分为以下两个集合：

(1) 风速为"强"的有5个样本，剩余的特征有：天气、温度。

计算信息增益如下：

天气：条件熵为0.4，信息增益0.322。

温度：条件熵为0.551，信息增益0.171。

天气的信息增益大，选择天气作为子节点，即：

晴朗（2样本）：徒步（1）、室内活动（1），需按剩余特征"温度"继续分裂。

多云（1样本）：室内活动（1），直接标记为叶子节点。

雨天（2样本）：室内活动（2），只有一个类别，也是直接标记为叶子节点。

需要注意的是天气为"晴朗"有"徒步"和"室内活动"两个不同类别的样本，需要按剩余特征"温度"继续分裂，即：

高（1样本）：徒步（1），直接标记为叶子节点。

中（1样本）：室内活动（1），直接标记为叶子节点。

低（0样本）：无数据（可以标记为父节点多数类：室内活动）。

（2）风速为"弱"的有5个样本。

剩余特征：天气、温度。

计算信息增益如下：

温度：条件熵为0，信息增益0.722。

天气：条件熵为0.4，信息增益0.322。

选择信息增益大的"温度"作为子节点，将5个样本划分为以下3个子集：

高（1样本）：徒步（1），直接标记为叶子节点。

中（2样本）：野餐（2），直接标记为叶子节点。

低（2样本）：野餐（2），直接标记为叶子节点。

这样，每个子集内的所有样本都属于同一类别，或达到预设的最大深度。最终的决策树将包含多个分裂，每个分裂基于不同的特征，直到达到叶节点，叶节点表示预测的活动类型。最终决策树结构如图2.5所示。

通过这个例子，可以看到决策树是如何逐步通过选择最佳分裂特征来构建树，每一步都旨在最大化信息增益，从而在尽可能少的分裂中达到较高的分类准确性。这种方法适用于各种分类任务，尤其是那些需要解释模型决策过程的应用场景。决策树模型易于理解，不需要对数据进行大量预处理，可以直接处理多分类问题。这种方式使得决策树能够适应复杂的数据关系，但也可能导致模型对训练数据过拟合。

基于决策树的原理，人们又提出了一种集成学习的方案，称为随机森林。随机森林模型构建多个决策树并将它们的预测结果整合起来，以提高模型的准确性和稳定性。随机森林通过引入随机性来降低模型的方差，从而克服单一决策树容易过拟合的缺点。

随机森林首先需要构建多个决策树。这种方法通过从原始数据集中进行有放回抽样（允许样本重复抽取）来创建多个不同的训练数据子集，每个数据子集独立地训练一个决策树。这种抽样方法称为Bootstrap抽样。在构建这些决策树时，随机森林引入了额外的随机性：在每个分裂点，算法不是考虑所有可能的特征，而是随机选择一部分候选特征来寻找最佳分裂特征。这一步骤称为特征的随机子集选择。一旦所有的决策树都被训练完成，随机森林通过对这些树的预测结果进行聚合来做出最终决策。对于分类任务，通常采用多数投票法（即选择大多数树预测的类别）；对于回归任务，则通常取所有树预测值的平均。

相较于单一的决策树，随机森林引入的随机性帮助它更好地泛化到未知数据。同时，随机森林能够提供关于哪些特征对预测任务最重要的洞察，这对于特征选择和理解数据是非常有用的。另一方面，多个决策树的引入也使得模型的解释性不如单个决策树，且训练多个树需要较多的计算资源和时间，尤其是在数据集很大的情况下。总的来说，随机森林是一个非常强大和灵活的机器学习工具，被广泛应用于生物信息学（如疾病预测）、金融行业（如信用评分、股票市场分析）和电商领域（客户行为预测、产品推荐）等。

2.2.4 支持向量机

支持向量机（support vector machine，SVM）是一种功能强大的监督学习模型，用于分类和回归任务。它之所以在机器学习领域备受青睐，主要得益于其出色的泛化能力，尤其是在高维空间中的表现。

SVM的核心思想是找到一个超平面（在二维空间中是一条直线，在三维空间中是一个平面，以此类推），这个超平面能够最大化不同类别数据点之间的边界（称为间隔）。超平面的选择不仅是为了正确地分类训练数据，更重要的是为了优化模型的泛化能力。

超平面的确定依赖于一些关键的数据点，这些点位于类别边界上，被称为支持向量。这些支持向量是确定分隔边界的关键，因为超平面的位置和方向由它们直接决定。虽然训练集可能包含很多数据点，但只有支持向量对最终模型的确定有直接影响。这意味着，移除非支持向量的数据点并不会改变模型，但移动或删除任何一个支持向量都可能导致超平面的显著变化。

在原始特征空间中线性不可分的数据可以通过所谓的核技巧被映射到更高维的空间，在这个新的空间中数据可能是线性可分的。可以通过一个简单的例子来直观地展示这个过程。假设有一个二维空间中的数据集，其中包括两类点：一类点围绕原点呈圆形分布，另一类点则围绕这个圆形的外围形成环状分布，如图2.6所示。假设内部点分布在半径为 r_1 的小圆环附近，外部点分布在半径为 r_2 的大圆环附近，即 $r_2 > r_1$。在这个二维平面上，无法找到一条直线来将这两类点完美分开，因为它们是同心圆状的分布。

在这种情况下，可以使用一个简单的多项式核来将数据映射到一个更高的维度。具体来说，我们可以使用一个平方的多项式核，这个核函数会将每个点的坐标从 (x, y) 映射到 $(x^2, y^2, \sqrt{2}xy)$。通过上述映射，原来的每个点 (x, y) 现在变成了三维空间中的点 $(x^2, y^2, \sqrt{2}xy)$。这样的映射实际上是将原始的笛卡儿坐标转换为一个新的坐标系，其中包含了原始坐标的平方项和交叉项。对于靠近原点的内圆上的点,它们的 x^2 和 y^2 值都将较小;对于远离原点的外环上的点,它们的 x^2 和 y^2 值将相对较大,如图 2.7 所示。

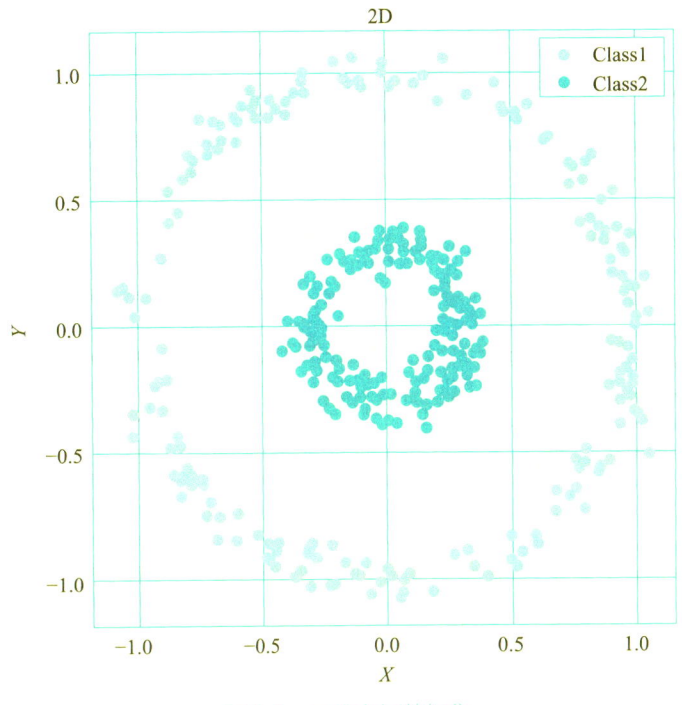

图 2.6 二维空间数据集

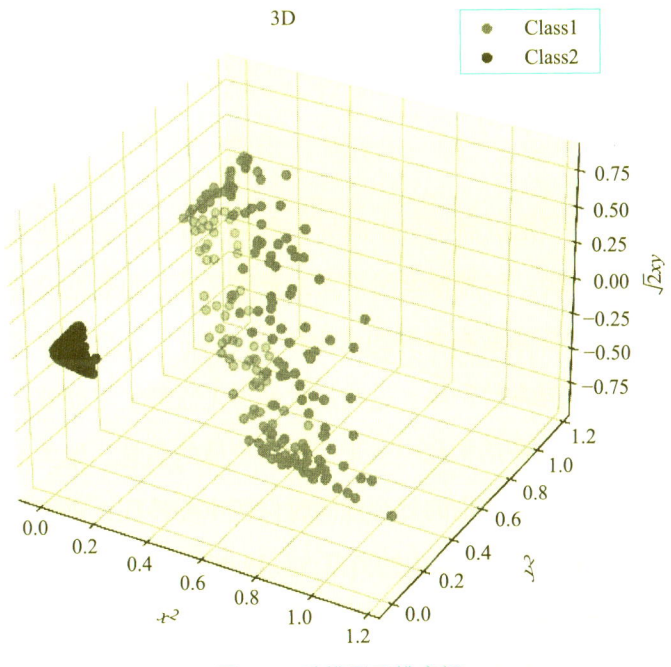

图 2.7 升维到三维空间

在这个新的三维空间中，原来的同心圆结构可以用这样的一个超平面 $x^2+y^2=\dfrac{r_1^2+r_2^2}{2}$ 来分割。注意到，这个三维坐标系的基向量是 $(x^2, y^2, \sqrt{2}xy)$，并不是传统的 (x, y, z)，因此 $x^2+y^2=\dfrac{r_1^2+r_2^2}{2}$ 的几何意义是一个平面，这个平面将大圆环和小圆环映射到的点分成了两部分。这个例子说明，通过将数据从原始的低维空间（在这里是二维）映射到更高维的空间（在这里是三维），可以揭示出数据的新结构，这种新结构在原始空间中可能不明显或线性不可分。

值得注意的是，核函数本身并不是一种映射方法，它本质上是一个计算内积的函数，但这里的"内积"并非在原始输入空间中计算，而是在一个隐式映射的高维特征空间中进行，以高效计算高维空间中点之间的关系。这种核函数本身无须显式地计算和指定这种映射关系具体是什么。在上述同心圆的例子中，将从 (x, y) 到 $(x^2, y^2, \sqrt{2}xy)$ 的映射关系显式地描绘了出来，是为了从几何意义的角度，更清晰地展示低维度空间中线性不可分而高维空间中线性可分的特点，以直观地描述支持向量机的工作原理。在实践中，核函数不仅包含简单的多项式核，常用的还有线性核、径向基函数（RBF）核和 sigmoid 核等，更复杂的核函数（如径向基函数核）可以将数据映射到无限维的特征空间进行计算，进一步增强 SVM 处理非常复杂数据分布的能力。

2.3 无监督学习

教学课件：
2.3 无监督学习

无监督学习是机器学习中的另一个关键分支，它涉及从未标记的数据中提取模式和结构。与监督学习不同，无监督学习的数据没有相关的输出标签或正确答案，因此目标是探索数据本身的结构和分布特征。无监督学习的主要任务包括聚类、降维、密度估计和异常检测等。这些技术使得无监督学习能够在没有标注数据的情况下，通过探索数据的内在结构和模式来提取有价值的信息。聚类帮助识别具有相似特征的数据点，降维用于减少数据的复杂性同时保留重要特征，密度估计有助于理解数据分布，而异常检测则用于识别数据中的离群点或异常行为。

无监督学习在多个领域中有广泛的应用，例如，市场细分、社交网络分析、推荐系统、金融欺诈检测和基因数据分析等。这些应用利用无监督学习的能力来发现未标记数据集中的潜在模式和关系，从而为决策提供支持，优化操作和增强用户体验。尽管无监督学习不依赖于标签数据，但它在提供数据洞察和预测未来趋势方面发挥着不可替代的作用。本节将主要介绍聚类分析和主成分分析两个代表性任务。

2.3.1 聚类分析

聚类是无监督学习中的一种重要技术，旨在将数据集中的样本根据相似性分组。在聚类过程中，算法试图将数据点分成若干个组或"簇"，使得同一个簇内的数据点之间相似度高，而不同簇之间的数据点相似度低。聚类的关键在于定义"相似性"的度量标准，这通常取决于所选用的距离计算方法（如欧氏距离、曼哈顿距离等）。

K-means 算法是一种广泛使用的聚类技术，其目标是将数据点划分为 K 个簇，使得簇内的数据点尽可能相似，而簇间的数据点尽可能不同。K-means 算法的执行可以分为以下几个步骤：首先，随机选择 K 个数据点作为初始的簇中心（centroid）。这些点可以是数据集中随机选择的点，或者通过其他启发式方法选择。然后，对于数据集中的每一个点，计算它与每个簇中心的距离，并将其分配到最近的簇中心所代表的簇。这一步骤通常使用欧氏距离作为相似性的度量。一旦所有的数据点都被分配到簇中，算法会重新计算每个簇的中心。新的簇中心是该簇所有点的均值，即对于每个簇，将簇中所有点的坐标在各个维度上进行平均，得到新的簇中心。重复分配和更新步骤，直到满足停止条件。常见的停止条件是簇中心的变化小于某个阈值，或者达到预设的迭代次数。

下面通过一个简单的例子来说明 K-means 算法的工作过程。假设有以下八个二维数据点：{(1,1),(1.5,2),(3,4),(5,7),(3.5,5),(4.5,5),(3.5,4.5),(6,6)}，希望将这些点聚类成两个簇（即 $K=2$）。这些点的位置如图 2.8 所示。

步骤 1：初始化。随机选择两个点作为初始的簇中心。假设选择了中心 1：(1，1)和中心 2：(5，7) 作为初始中心。

步骤 2：分配。计算每个点到两个中心的欧氏距离，并将每个点分配到最近的中心。此时的分配如表 2.6 所示。

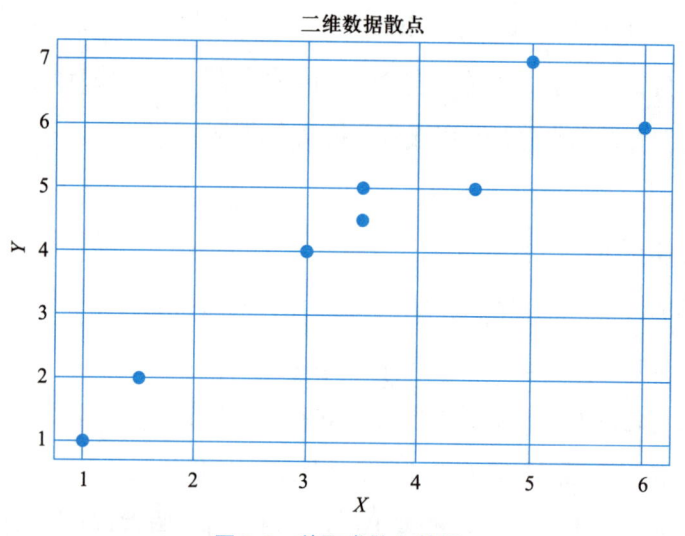

图 2.8　待聚类散点数据

表 2.6　数据点到中心的距离和分配的簇

数据点	到中心 1（1，1）的距离	到中心 2（5，7）的距离	所属簇
（1，1）	0.00	7.21	簇 1
（1.5，2）	1.12	6.10	簇 1
（3，4）	3.61	3.61	簇 1（距离相等，默认分配簇 1）
（5，7）	7.21	0.00	簇 2
（3.5，5）	4.72	2.50	簇 2
（4.5，5）	5.32	2.06	簇 2
（3.5，4.5）	4.30	2.92	簇 2
（6，6）	7.07	1.41	簇 2

第一次分配结果：

簇 1：{(1,1),(1.5,2),(3,4)}。

簇 2：{(5,7),(3.5,5),(4.5,5),(3.5,4.5),(6,6)}。

步骤 3：更新聚类中心。计算每个簇的新中心，新簇中心是该簇所有点的坐标平均值。

簇中心（1，1）更新为 $\left(\dfrac{1+1.5+3}{3}, \dfrac{1+2+4}{3}\right)=(1.83，2.33)$。

簇中心（5，7）更新为：$\left(\dfrac{5+3.5+4.5+3.5+6}{5}, \dfrac{7+5+5+4.5+6}{5}\right)$ = （4.5，5.5）。

步骤4：重新分配数据点。再次计算每个点到新簇中心的距离，并重新分配簇。此时的分配如表2.7所示。

表2.7 数据点到新中心的距离和重新分配的簇

数据点	到中心1（1.83，2.33）的距离	到中心2（4.5，5.5）的距离	所属簇
（1，1）	1.57	5.70	簇1
（1.5，2）	0.47	4.61	簇1
（3，4）	2.04	2.12	簇1
（5，7）	5.64	1.58	簇2
（3.5，5）	3.15	1.12	簇2
（4.5，5）	3.78	0.50	簇2
（3.5，4.5）	2.74	1.41	簇2
（6，6）	5.55	1.58	簇2

第二次分配结果：

簇1：{(1,1),(1.5,2),(3,4)}。

簇2：{(5,7),(3.5,5),(4.5,5),(3.5,4.5),(6,6)}。

步骤5：再次更新聚类中心。

重新计算簇的中心坐标，直到簇中心的变化非常小或达到预设的迭代次数，算法停止。这里由于分配未变，簇中心不变，算法已收敛。

最终，数据点被固定分配到两个簇中，每个簇有一个稳定的中心。最终聚类结果是：

簇1：{(1,1),(1.5,2),(3,4)}。

簇2：{(5,7),(3.5,5),(4.5,5),(3.5,4.5),(6,6)}，如图2.9所示。

这个例子展示了 K-means 算法如何通过迭代过程将数据点分组到最终稳定的簇中心，从而实现聚类。

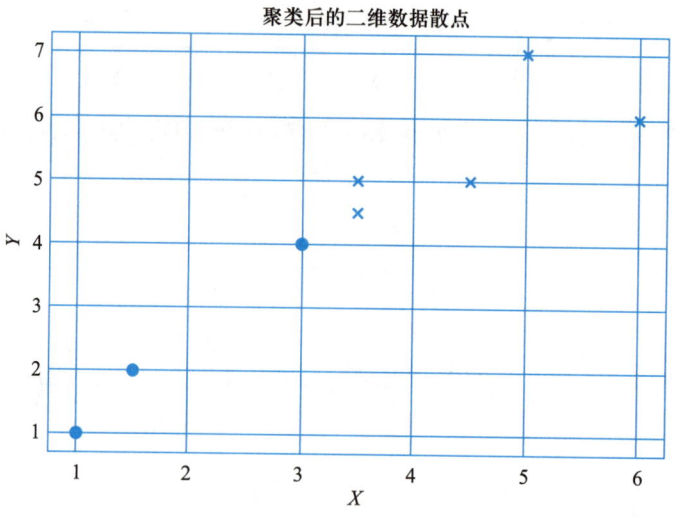

图 2.9 聚类后的二维数据散点图

聚类任务在众多领域中具有广泛的应用价值，它能够从海量未标记数据中揭示出内在结构，并为各领域提供深度洞察，进而辅助决策制定与策略优化。在市场营销领域，聚类分析可助力营销团队依据客户的购买行为、消费偏好等特征，将客户群体细分为不同的类别，从而制定更具针对性的营销策略，提升营销效果。在图像处理方面，像 *K*-means 这样的聚类算法常被用于图像分割任务，能够将图像中相似的像素聚集在一起，形成有意义的区域，便于后续的物体识别与特征提取等操作。在社交网络的分析中，聚类技术可用于识别社交网络中的社区结构，即将互动频繁的用户群体归为一类，有助于深入理解社交动态和信息传播路径。而在生物信息学领域，聚类方法被广泛应用于基因表达数据的分析，帮助科学家发现具有相似表达模式的基因，这些基因可能在特定的生物过程中发挥着相关功能，为生物学研究提供重要线索。

2.3.2 主成分分析

主成分分析（PCA）是一种常用的统计分析方法，它通过降维技术来提取高维数据中的关键信息和结构，同时尽可能多地保留原始数据的变异性。PCA 的基本原理是利用线性变换将原始数据映射到一个新的坐标系中，在这个新的坐标系中，数据在第一个坐标轴（第一主成分）上的方差最大，在第二个坐标轴（第二主成分）上的方差次之，以此类推。其核心思想是寻找一个方向，使得数据在这个方向上的投影方差最大化，这个方向即为数据集的第一主成分。后续的主成分方向则是在与之前主成分正交的约束下，继续使投影方差最大化。例如，对于一个包含1 000个样本、每个样本有50个特征的数据集，通过PCA分析后可能会发现，前10个主成分就包含了95%的数据方差。这意味着可以用这10个主成分作为新的特征，从而大幅减少特征数量，同时保留大部分重要信息。这种方法能够有效消除数据冗余和数据中的噪声，达到数据降维的目的，为后续的数据分析和模型训练提供便利。

这里用一个例子来直观地描述主成分分析的过程和效果。表2.8记录了部分学生在五门课程中的成绩，这些原始数据将作为主成分分析的输入材料。

表2.8 某班级部分学生成绩表（原始数据）

学生	语文	数学	英语	物理	历史
小明	80	90	85	95	70
小红	75	60	90	55	85
小刚	65	95	60	90	50
小丽	90	70	95	65	80
小强	70	85	75	80	60

步骤1：数据标准化。

每一门课程的成绩可以看成一个变量。由于原始数据的各变量量纲和取值范围不同，直接计算会导致量纲较大的变量主导分析结果。标准化的目的是消除量纲差异，使所有变量均值为0、标准差为1。具体操作是对每个变量计算其均值（如语文均值为76）和标准差（如语文标准差为9.62），然后将每个原始值减去均值再除以标准差。这保证了不同课程的数据具有可比性。表2.8各门课程的均值和标准差如表2.9所示，计算后的标准化数据如表2.10所示，每门课程数据均值为0，标准差为1。

表2.9 各门课程的均值和标准差

课程	均值	标准差
语文	76.00	9.62
数学	80.00	14.58

续表

课程	均值	标准差
英语	81.00	13.87
物理	77.00	16.81
历史	69.00	14.32

表 2.10　标准化数据

学生	语文	数学	英语	物理	历史
小明	0.42	0.69	0.29	1.07	0.07
小红	−0.10	−1.37	0.65	−1.31	1.12
小刚	−1.14	1.03	−1.51	0.77	−1.33
小丽	1.46	−0.69	1.01	−0.71	0.77
小强	−0.62	0.34	−0.43	0.18	−0.63

步骤 2：计算协方差矩阵。

	语文	数学	英语	物理	历史
语文	1	−0.49	0.88	−0.36	0.74
数学	−0.49	1	−0.77	0.97	−0.9
英语	0.88	−0.77	1	−0.63	0.95
物理	−0.36	0.97	−0.63	1	−0.77
历史	0.74	−0.9	0.95	−0.77	1

图 2.10　协方差矩阵

协方差矩阵反映了标准化后各变量之间的线性相关关系。如果两个变量的协方差为正，说明它们呈同向变化；若为负值则反向变化。协方差矩阵的对角线元素是各变量的方差（均为 1，因数据已标准化），非对角线元素则描述变量间的关联强度。这一步的目的是量化变量间的相互作用，为后续寻找主方向提供数学基础。表 2.10 中数据的协方差矩阵如图 2.10 所示。

步骤 3：特征值分解。

协方差矩阵的特征值和特征向量揭示了数据的主方向及其重要性。特征值代表对应特征向量方向上的方差大小，特征值越大，该方向保留的信息越多。特征值分解的目的是将复杂的多维关系简化为少数几个正交的主方向，这些方向能最大程度解释数据的变异。先计算协方差矩阵的特征值，并按照特征值从大到小的顺序排列，如表 2.11 所示。特征值越大，方差贡献率越高。

表 2.11 排序后的特征值

特征值	方差贡献率	累计贡献率
4.01	80.2%	80.2%
0.86	17.2%	97.4%
0.12	2.3%	99.7%
0.01	0.3%	100.0%

步骤 4：选取主成分。

主成分选择依赖于特征值的方差贡献率。通常选取累计贡献率超过 85% 的前 K 个主成分。例如，前两个特征值 4.01 和 0.86 的累计贡献率为 97.4%，意味着仅用 PC1 和 PC2 两个主成分即可解释原始数据 97% 的变异。选择主成分的实质是在降维与信息保留之间权衡，舍弃贡献率低的方向（如第三个特征值 0.12 仅贡献 2.3%）以避免噪声干扰。本例中，前两个主成分（PC1 和 PC2）的特征向量如图 2.11 所示。特征向量（如 PC1 对应的向量 [−0.38，0.46，−0.47，0.42，−0.49]）定义了主成分的权重组合。例如，PC1 中数学（0.46）和物理（0.42）的权重为正，语文（−0.38）、英语（−0.47）和历史（−0.49）的权重为负，表明 PC1 反映了理科（数学、物理）与文科（语文、英语、历史）的对立关系。

	语文	数学	英语	物理	历史
PC1	−0.38	0.46	−0.47	0.42	−0.49
PC2	0.66	0.4	0.31	0.56	0.04

图 2.11 PC1 和 PC2 的特征向量

步骤 5：计算主成分得分。

主成分得分的计算是将标准化数据投影到选定的主成分方向上，即对每个样本，将其标准化后的变量值乘以对应主成分的特征向量权重并求和。例如，小明的 PC1 得分为各标准化分数值与其对应特征向量权重的线性组合，如式（2.15）所示。

$$0.42 \times (-0.38) + 0.69 \times 0.46 + 0.29 \times (-0.47) + 1.07 \times 0.42 + 0.07 \times (-0.49) \approx 0.44$$

（2.15）

得分结果将高维数据映射到低维空间（如二维的 PC1 − PC2 平面），便于可视化分析。计算出所有样本成绩的主成分得分，如表 2.12 所示。

表 2.12　某班级部分学生成绩主成分得分表

学生	PC1 得分	PC2 得分
小明	0.44	1.24
小红	−2.00	−1.10
小刚	2.60	−0.43
小丽	−2.03	0.63
小强	0.98	−0.33

步骤 6：通过主成分得分分析结果。

主成分含义解析需结合特征向量的权重方向。PC1 的正方向代表理科优势，数学（0.46）、物理（0.42）权重高，语文（−0.38）、英语（−0.47）、历史（−0.49）权重低。负方向代表文科优势（语文、英语、历史权重高）；PC2 的正方向则体现语文与物理的协同表现（两者权重分别为 0.66 和 0.56），可能反映逻辑思维与语言能力的结合。表 2.12 中的数据可以反映出每个学生在文理倾向和语言综合能力上的情况。

通过主成分分析散点图可以直观展示学生分布，如图 2.12 所示，X 轴（PC1）：左为文科优势，右为理科优势；Y 轴（PC2）：上为综合能力高，下为综合能力低。

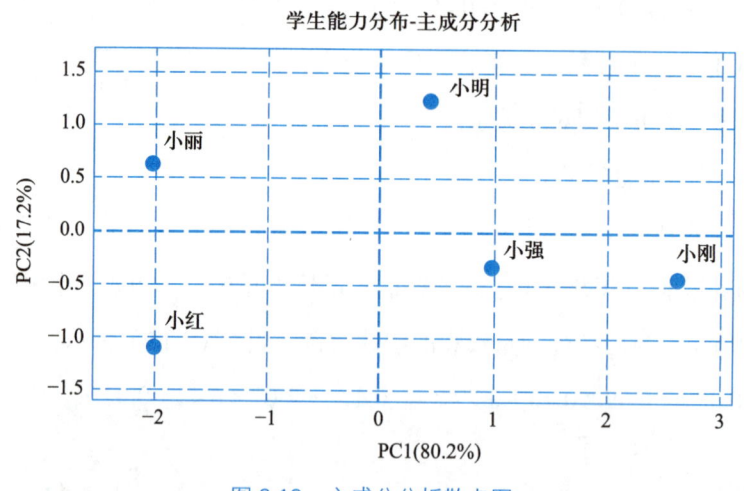

图 2.12　主成分分析散点图

通过得分分布可对学生进行分类，参考图 2.12 散点图，得出学生能力分类结果，如表 2.13 所示。

表 2.13　学生能力分类表

学生	PC1 得分	PC2 得分	分类	学科特征
小明	0.44	1.24	综合能力突出	文科中等，理科较强，语文与物理协同表现优异
小红	−2.00	−1.10	文科优势，综合弱	英语、历史突出，数学、物理极弱
小刚	2.60	−0.43	理科极强，综合弱	数学、物理顶尖，语文、历史极弱
小丽	−2.03	0.63	文科优势，综合中等	英语、历史优秀，语文较好，数学、物理弱
小强	0.98	−0.33	理科中等，综合弱	数学、物理中等，文科无优势

针对表 2.13 的数据，可以给出以下教学建议：

（1）理科优势群体（小刚、小强）：强化语文、历史辅导，避免偏科。小刚可参与物理竞赛，但需同步提升文科基础。

（2）文科优势群体（小红、小丽）：小红需有针对性地补习数学和物理基础。小丽可加强数学逻辑训练，平衡文理发展。

（3）综合能力突出者（小明）：保持语文与物理的协同优势，可作为全科学习的榜样。

（4）整体策略：根据主成分得分分组教学，设计理科强化班（PC1＞0）和文科拓展班（PC1＜0）。对综合能力较弱的学生（PC2＜0）开展跨学科项目式学习，促进能力整合。

整个主成分分析通过数学变换将复杂的多变量关系转化为直观的低维表示，既能简化数据结构，又能揭示变量间的深层关联和个体差异，是数据分析和模式挖掘的重要工具。

主成分分析作为一种特征提取技术，具有多方面的重要意义。

降维。主成分分析能够将具有多个变量的复杂数据集简化为较少数量的维度，这些新的维度（主成分）捕捉了数据中最重要的变异性。这样，原始数据集中的主要信息被保留，同时减少了数据的复杂性，便于分析和可视化。

去相关性。在多变量数据集中，变量间往往存在相关性。主成分分析通过转换原始变量到新的特征空间，使得这些新的特征（主成分）彼此独立（即去相关）。这一点对于后续的统计分析非常有用,因为许多统计技术的前提假设是变量间的独立性。

噪声过滤。主成分分析可以帮助识别并过滤掉数据中的噪声。在主成分分析中,较小的特征值对应的主成分往往被认为是噪声或不重要的信息,通过忽略这些成分,可以提高数据分析的稳定性和准确性。

数据压缩。主成分分析可以从原始数据中提取出新的特征(主成分),这些特征是原始数据的最佳线性组合,提供了数据的最佳概括。同时,这也实现了数据的压缩,尤其是在处理大规模数据集时,可以显著减少存储和计算的需求。

性能提升。在机器学习和模式识别任务中,使用主成分分析可以减少模型训练时间并提高模型性能。通过减少输入特征的数量,模型训练变得更快,同时降低了过拟合的风险。

解释性和可视化。主成分分析提供了一种直观的方式来理解数据中的变量如何相互作用,以及哪些变量最重要。通过分析主成分,研究者可以深入了解数据的内在结构以及驱动数据分布的主要因素。此外,通过将多维数据降到二维或三维,使得高维数据的可视化成为可能。

总之,主成分分析是一种重要工具,它通过简化数据结构,提高分析效率,加深对数据的理解,广泛应用于科学研究、工程技术、金融分析等多个领域。

2.4 强化学习

教学课件:
2.4 强化学习

在机器人走迷宫的游戏中,如何从起点高效到达终点是一个典型的路径规划问题,而强化学习(reinforcement learning,RL)为解决此类问题提供了高效且灵活的解决方案。强化学习是机器学习的一个重要分支,它关注智能体(agent)如何在环境中采取行动以最大化累积奖励。在这个过程中,环境是智能体所处的外部系统,智能体与之进行交互,智能体的每一个行动都会导致环境状态的改变。具体到机器人走迷宫游戏中,机器人作为智能体,迷宫及其布局构成了环境。智能体的目标是通过选择最佳行动来最大化累积奖励。与传统的机器学习方法不同,强化学习不依赖于从数据集中学习标签或进行预测,而是通过试错的方式,让智能体在与环境的交互中不断学习和优化行动策略,从而找到实现目标的最佳路径。

2.4.1 基本概念与流程

强化学习的核心要素包括状态（state）、动作（action）、奖励（reward）和策略（policy）。以下结合机器人走迷宫的例子，对这些概念进行解释，并描述训练过程。

状态是对智能体所处环境的描述，它包含了智能体在某个时刻理解环境并做出决策所需的信息。这些信息可以是环境的物理属性、智能体自身的位置或其他相关信息。状态为智能体的后续决策提供了基础，不同的状态可能导致智能体采取不同的行动。在迷宫游戏中，迷宫中的每一个位置都可以被视为一个状态。

动作是智能体在给定状态下可以采取的行为或决策选项。智能体基于当前状态从一系列可能的动作中选择一个执行，动作是智能体与环境交互的方式，其结果会使环境状态发生改变。例如，机器人可以从当前位置向上、下、左或右移动，这些移动方向便是它的动作。

奖励是对智能体行动的即时反馈，它反映了该动作在当前环境中的好坏程度。奖励通常以数值化形式表示，正奖励表示该动作对实现目标有积极作用，而负奖励则表示该动作不利于目标达成。智能体的目标是最大化在一段时间内获得的总奖励。在机器人走迷宫的例子中，可以设计如下奖励策略：机器人每走一步得到一个小的负奖励（如 -1），以鼓励它尽快找到出口；如果撞到墙壁，得到更大的负奖励（如 -10）；而当机器人成功到达终点时，则获得一个大的正奖励（如 $+100$）。

策略是智能体根据当前状态选择动作的规则，它是强化学习模型中学习的核心内容。通过不断与环境交互和优化，智能体试图找到一个最优策略，以获得最大的长期累积奖励。在训练过程中，智能体会根据奖励信号不断调整策略，逐步探索出从起点到终点的最优路径。

强化学习的训练过程是不断迭代的过程。在初始阶段，智能体（机器人）随机选择一个行动策略，或者从一个预设的简单策略开始。接下来机器人会和环境进行交互，根据当前的策略在某个状态下选择行动，然后执行该行动，环境根据智能体的行动反馈新的状态和相应的奖励。智能体接收到新的状态和奖励后，就会更新其策略。

强化学习常用的训练方法是 Q-learning。Q-learning 通过不断试错更新 Q 值，最终学习到最大化长期奖励的策略。收敛条件是 Q 值变化小于阈值（如 0.01）或经过足够多的轮次。在 Q-learning 中，智能体直接学习状态-动作对的 Q 值（动作价值函数），智能体使用以下公式更新 Q 值：

$$Q(s, a) \leftarrow Q(s, a) + \alpha [R + \gamma \max_{a'} Q(s', a') - Q(s, a)] \quad (2.16)$$

其中，s 是当前状态，a 是采取的动作，$Q(s, a)$ 是智能体当前估计的、在状态 s 下采取行动 a 能够获得的总回报（即长期奖励）的值。R 是收到的奖励，表示智能体在状态 s 采取行动 a 后从环境中获得的即时反馈。s' 是 s 采取行动 a 后到达的新状态。α 是学习率，是个权重系数，决定新信息覆盖旧 Q 值的速度。$\alpha = 1$ 时表示完全信任新信息；$\alpha = 0$ 时表示拒绝学习。引入学习率 α 的目的是平衡当前更新与历史经验，防止过拟合单次探索。γ 是折扣因子，它用于降低未来奖励的当前价值，这是因为未来的不确定性或者智能体更倾向于短期奖励。$\gamma = 0$ 时表示只考虑即时奖励；$\gamma = 1$ 时表示完全信任未来奖励。引入折扣因子 γ，目的是鼓励长期规划，避免短视决策。$\max_{a'} Q(s', a')$ 是在 s' 状态预期的最大未来奖励。这个更新过程是基于最新的奖励信息和未来潜在奖励的估计来进行的，实质是将原有的 Q 值 $Q(s, a)$ 根据新的观察（即奖励 R 和新状态 s' 的最大 Q 值）进行调整。调整的幅度由学习率 α 和差值 $R + \gamma \max_{a'} Q(s', a') - Q(s, a)$ 共同决定。如果新观察表明智能体的行为比预期的更好，差值将是正的，Q 值增加；如果行为比预期的差，差值将是负的，Q 值减少。

随着时间的推移，智能体通过不断更新其 Q 值表来改进其策略，学习如何更好地预测每个行动的长期回报。为了有效学习，智能体需要在探索（尝试新的、不确定的行动）和利用（使用已知的最佳行动）之间找到平衡。这通常通过如 ε-greedy 策略实现，智能体以 ε 的概率随机选择一个行动，以 $1 - ε$ 的概率选择当前看来最佳的行动。探索率 ε 用于在探索新动作与利用最佳动作之间进行平衡。目的是避免每次选择未来奖励的最大值而陷入局部最优，从而发现潜在更优路径。

经过多次迭代后，智能体学会了从起点到终点的最优路径，并且能够在遇到新的迷宫布局时快速适应和找到解决方案。通过这个过程，机器人不仅学会了如何导航迷宫，还优化了其行走策略，以最小的步数到达目的地。

Q-learning 算法是一种基于价值的方法，这类方法主要通过估计状态的价值或状态-行动对的价值来选择行动。这类算法除了 Q-learning，还有值迭代（value iteration）等。除此之外，强化学习还有基于策略的方法。与基于价值的方法不同，基于策略的方法不需要显式地维护一个状态-动作值函数，而是直接在策略空间中进行搜索，例如策略梯度（policy gradient）方法。策略梯度方法是基于策略的方法中的一种，它通过参数化策略并使用梯度上升（或下降）方法来优化这些参数。策略梯度的核心思想是调整策略参数以最大化期望回报,这种方法能够处理高维或连续的动作空间,适合于需要随机策略的问题,广泛应用于机器人控制、游戏 AI 等领域,特别是在动作空间连续的环境中表现优异。此外,还有的方法结合了价值基方法和策略基方法的优点,例如 Actor-Critic 方法。这种方法使用一个策略函数(actor)来选择行动,和一个价值函数(critic)来评估行动,如 A3C(asynchronous advantage actor-critic)和 DDPG(deep deterministic policy gradient)。

下面通过一个简单的机器人走迷宫的例子,说明强化学习中用 Q-learning 方法进行训练迭代的过程。

迷宫环境:一个 2×2 的网格迷宫,每个格子代表一个状态,共 4 个状态,如图 2.13 所示。其中,S0 为起点(左上角);S1 为中间状态(右上角);S2 为中间状态(左下角);S3 为终点(右下角),到达此处游戏结束,奖励 +10。

S0	S1
S2	S3

图 2.13 迷宫 4 个状态

允许动作:上、下、左、右移动。但受迷宫边界限制(例如,在 S0 无法向上或向左移动)。

障碍:没有陷阱,但每次移动产生 −1 的惩罚,以鼓励机器人尽快到达终点。

强化学习关键要素:

状态:S0~S3(共 4 个状态)。

动作:上、下、左、右(根据状态限制可行动作)。

奖励:到达目的 S3 奖励 +10;每次移动奖励 −1。

策略:使用 ε-greedy 策略(机器人 $1-\varepsilon$ 的概率利用当前最优动作,ε 概率随机探索)。

Q 表:记录每个状态 − 动作对的 Q 值,初始化为 0。

学习率 α:0.5,控制 Q 值更新步长。

折扣因子 γ:0.9,未来奖励的重要性。

探索率 ε:0.1,控制探索概率。

Q-learning 迭代过程:

初始 Q 表(全 0),如表 2.14 所示。

表 2.14 Q 值全为 0 的初始表

状态	上	下	左	右
S0	0	0	0	0
S1	0	0	0	0
S2	0	0	0	0
S3	0	0	0	0

1. 第 1 轮（探索阶段）

（1）当前状态：S0。

可选动作：选择右到达 S1 或下到达 S2。

随机选择动作：选择右到达 S1。

奖励：-1

依据式（2.16）更新 Q（S0，右）：

$Q(S0，右) = 0 + 0.5 \times [-1 + 0.9 \times \max\{Q(S1)\} - 0] = -0.5$

新 Q 表中将 Q（S0，右）由原来的 0 更新为 -0.5。

（2）当前状态 S1。

可选动作：选择左回到 S0 或下到达 S3。

随机选择动作：选择下到达 S3，即终点。

奖励：-1（移动）+10（终点）= +9

更新 Q（S1，下）：

$Q(S1，下) = 0 + 0.5 \times [9 + 0.9 \times \max\{Q(S3)\} - 0] = 4.5$

新 Q 表中将 Q（S1，下）由原来的 0 更新为 4.5。

经过第一轮迭代，Q 表如表 2.15 所示。

表 2.15 Q 表第一轮迭代结果

状态	上	下	左	右
S0	0	0	0	-0.5
S1	0	4.5	0	0
S2	0	0	0	0
S3	0	0	0	0

2. 第2轮（继续探索）

（1）当前状态：S0。

可选动作：选择右到达 S1（$Q=-0.5$）或下到达 S2（$Q=0$）。

ε-greedy 选择动作：90% 概率选择最优动作（下）。

动作：下移动到 S2。

奖励：-1

更新 Q（S0，下）：Q（S0，下）$= 0 + 0.5 \times [-1 + 0.9 \times \max\{Q(S2)\} - 0] = -0.5$

新 Q 表中将 Q（S0，下）由原来的 0 更新为 -0.5。

（2）当前状态：S2。

可选动作：选择右（到 S3）或上（回到 S0）。

选择动作：选择右移动到 S3，即终点。

奖励：-1（移动）$+ 10$（终点）$= +9$

更新 Q（S2，右）：

Q（S2，右）$= 0 + 0.5 \times [9 + 0.9 \times \max\{Q(S3)\} - 0] = 4.5$

新 Q 表中将 Q（S2，右）由原来的 0 更新为 4.5

经过第二轮迭代，Q 表如表 2.16 所示。

表 2.16　Q 表第二轮迭代结果

状态	上	下	左	右
S0	0	−0.5	0	−0.5
S1	0	4.5	0	0
S2	0	0	0	4.5
S3	0	0	0	0

经过多次迭代，Q 表收敛到最优策略。一个可能的结果如表 2.17 所示。

表 2.17　多轮迭代后一个 Q 表结果

状态	上	下	左	右
S0	0	7.1	0	7.1

续表

状态	上	下	左	右
S1	0	9.0	5.39	0
S2	5.01	0	0	9.0
S3	0	0	0	0

结论：训练完成后，Q 表中每行的最大值对应着在某个状态下采取的最佳动作。因此，理论上，最优策略就是在每个状态下选择具有最高 Q 值的动作，从而形成一条从起点到终点的路径。

本例子起点 S0 有两个相同的最大值，任选一个，所以有两条最优路径：S0→S1→S3 或 S0→S2→S3，两条路径总奖励都是 7.1。

总奖励的计算方法：直接使用起点状态的最大 Q 值，或者通过路径上的即时奖励和折扣因子计算，两者应相等。

通过这个简单例子，可以看到 Q-learning 如何通过动态规划与探索－利用权衡，逐步优化策略。

2.4.2 典型应用

强化学习专注于学习最优的决策过程。它不仅预测环境的反应，还通过不断的试错学习来优化长期的目标。这些特征使得强化学习非常适合于需要连续决策和长期规划的应用，如游戏、自动驾驶汽车、机器人导航等。

1. AlphaGo

AlphaGo 是由 DeepMind 开发的一款程序，使用了深度学习和强化学习技术来学习如何下围棋。它的开发标志着人工智能在解决复杂策略游戏方面的重大突破，尤其是在围棋这种历史悠久、策略极其复杂的游戏中。在 AlphaGo 诞生以前，虽然已有计算机程序能够在国际象棋等游戏中击败顶尖的人类选手，但在围棋领域，最好的程序仍然远远不是顶尖人类选手的对手。围棋因其棋盘大（19×19 的网格）、规则简单但变化无穷，因此被认为是人工智能研究中的一个巨大挑战，AlphaGo 的成功让这一切发生了改变。

AlphaGo 的成功主要归功于其采用的深度神经网络和蒙特卡洛树搜索算法。

AlphaGo 使用了两种主要的深度神经网络：策略网络（policy network）和价值网络（value network）。策略网络用来预测下一步最有可能的举动，而价值网络则评估当前棋盘布局的胜负概率。这些网络通过大量的数据，包括人类高水平对局的记录以及程序自我对弈生成的数据，训练学习围棋策略和直觉。在实际对弈中，AlphaGo 使用蒙特卡洛树搜索来探索可能的走法和其后续的可能结果。蒙特卡洛树搜索通过随机抽样的方式在潜在的走法树中进行搜索，结合深度网络的评估结果，以优化和决定最终的走法选择。AlphaGo 还使用强化学习，通过与自己对弈来不断优化策略网络和价值网络。这种自我对弈强化学习策略使得 AlphaGo 能够超越现有的人类游戏数据，发现新的策略和模式。

2016 年，AlphaGo 在与世界围棋冠军李世石对战时取得了 4-1 的惊人胜利。此后，AlphaGo 于同年五月又击败了当时世界排名第一的围棋选手柯洁，进一步证明了其超越人类顶尖水平的能力。尽管 AlphaGo 在取得巨大成功后宣布退役，人工智能在围棋领域的研究并没有停止。相反，这一突破性的成就激发了更多的技术创新和新一代围棋 AI 的开发，例如绝艺、星阵、KataGo 等。这些 AI 应用深刻改变了人们对围棋的理解，学习 AI 招法成为很多职业运动员的一种新的训练模式。

2. 自动驾驶

自动驾驶汽车是通过集成各种传感器和控制系统来实现车辆的自动驾驶功能，包括但不限于摄像头、雷达、激光雷达（LiDAR）等。在自动驾驶中，强化学习提供了一种机制，使得系统能够通过与环境的交互自主学习最佳行动策略。自动驾驶场景中，智能体是自动驾驶系统，环境是车辆所处的道路和交通环境，动作可以是加速、减速、转向等，而奖励通常是基于行驶的安全性、效率和遵守交通规则等因素。

Waymo 是自动驾驶技术的先驱之一，它使用了包括强化学习在内的多种机器学习方法来训练其自动驾驶系统。通过在模拟环境中进行大量测试和迭代，Waymo 的自动驾驶车辆能够学习如何在复杂的交通环境中做出决策。Waymo 使用高度详细的模拟环境来训练其强化学习模型。这些模拟环境能够精确地再现真实世界中的交通情况，包括各种天气条件、不同类型的道路和各类交通参与者的行为。奖励函数定义了智能体应该如何评估其行为的好坏，在自动驾驶的应用中，奖励函数可以包括减少碰撞、遵守交通法规、减少不必要的制动或加速、提高乘客舒适度等。Waymo 的自动驾驶汽车作为智能体，接收这些反馈，并根据这些反馈调整其行为以最大化未来的奖励。

除了 Waymo，很多国内外大厂都开发了相关的自动驾驶系统。例如，特斯拉的 Autopilot、英特尔的 Mobileye 开发了先进的驾驶辅助系统（ADAS）。百度的 Apollo 平台是一个开放的自动驾驶系统，旨在为汽车制造商和自动驾驶技术开发者提供完整的解决方案。这些公司通过将强化学习与其他机器学习方法结合，不断推动自动驾驶技术的发展。尽管强化学习在实际应用中还面临诸多挑战，如安全性、效率和可扩展性问题，但它在自动驾驶领域的潜力巨大，未来会有更多的突破和应用。

3. 机器人控制

强化学习在机器人控制领域的应用是一个快速发展的研究领域，因为它为机器人提供了一种通过与环境交互学习最优行为策略的方法。这种学习方式尤其适合于处理那些难以用传统编程方法处理的复杂任务。机器人控制的典型应用案例包括机械臂控制、机器人导航、人机交互等。

机械臂控制是强化学习在机器人技术中的一个重要应用领域。在制造业和自动化领域，机械臂需要执行各种复杂和精细的任务，例如，搬运、组装、焊接等。传统的编程方法需要详尽地定义每一个动作和路径，这在复杂或变化的环境中往往不够灵活或效率低下。通过强化学习，机械臂能够自我学习和优化其动作策略。例如，OpenAI 的研究团队开发了一个可以独立解决魔方的机械臂，如图 2.14 所示。这个过程中，机械臂通过尝试和错误，逐渐学习如何调整每一个转动和配合，最终达到解决魔方的目的。这种学习方式使机械臂能够适应各种不同的任务和环境，提高了自动化系统的灵活性和效率。

图 2.14 旋转魔方机械臂

在移动机器人领域，导航和避障是核心技术之一。强化学习在此领域的应用使机器人能够在没有人为直接指导的情况下，学习如何根据环境反馈自主调整行进路径和策略。DeepMind 的研究团队开发了一种能够在复杂环境中自主导航的虚拟机器人。这种机器人通过大量训练，学会了如何识别障碍物、规划路径和安全地达到目的地。此外，这些技术不仅限于室内环境，也适用于户外复杂地形，如无人地面车（unmanned ground vehicle，UGV）在农业、军事和搜索救援中的应用。在军事领域，UGV 可替代人类执行危险任务，如战场侦察、排爆、扫雷或运输补给等。在农业领域，UGV 被用于作物监测、病虫害防治和收获等任务。通过强化学习，这些机器人可以更好地适应多变的地形和环境条件，提高任务的完成率和效率。

强化学习还极大地推动了人机交互技术的发展。在这一领域，机器人不仅要理解人类的指令，还需要能够识别和适应人类的行为模式和情感状态。通过强化学习，机器人可以学习如何更自然地与人交流，包括语音交互、面部表情识别和适应不同的交互场景。例如，服务机器人在接待、辅助老年人或儿童学习等应用中，通过不断与人互动，这些机器人能够学习并优化其行为，以更好地服务于人类用户。这种学习使得机器人能够提供更加个性化和高效的服务，从而更好地融入人类的生活和工作环境。

这些应用示例表明，强化学习不仅在理论上具有前瞻性，而且在实际应用中也展现出巨大的潜力和价值。

2.5　本章小结

本章对机器学习的基本概念和主要类型进行了介绍，涵盖了监督学习、无监督学习和强化学习三个核心领域。

本章首先介绍了机器学习的定义，数据集的组成、构建和评价指标等概念。然后，在监督学习部分，介绍了这种学习方法依赖于带有标签的训练数据来教会模型如何预测未见过的数据，讨论了分类和回归两种类型的监督学习任务，举例说明了决策树等算法的应用。无监督学习部分重点介绍了聚类和降维两种主要的无监督学习方法，包括 k-means 聚类和主成分分析。无监督学习能够发现未标记数据集中的潜在模式和关系，从而为决策提供支持。在强化学习部分，讨论了通过与环境的交互来学习最优行为策略的方法，介绍其基本原理和 Q-learning 算法。

通过本章的学习，读者应能够对机器学习的不同类型有一个清晰的理解，并认识到每种类型在解决特定问题上的优势和应用。

思考与练习

1. 在机器学习中,监督学习和无监督学习的主要区别是什么?
2. 在机器学习中,用于评估分类模型性能的指标主要有哪些?
3. 导致模型欠拟合和过拟合的原因分别有哪些?
4. 数据集分哪几类,每一类的作用是什么?
5. 强化学习的核心要素有哪些?
6. 主成分分析在数据降维中的作用有哪些?请结合实际应用场景说明。
7. 解释决策树的工作原理,并说明其在分类任务中的应用。
8. 支持向量机的核心思想是什么?
9. 解释 K-means 聚类算法的基本步骤,并说明其适用场景。

第 3 章 深度学习与人工神经网络

人工神经网络是一种模拟生物神经网络结构与功能的计算模型,由多层互连的"神经元"组成,能够通过调整神经元之间的连接权重,从数据中自动学习复杂规律和模式,实现对输入信息的分类、预测或决策,擅长处理图像、语音、文本等非结构化数据,广泛应用于图像识别、自然语言处理等领域。深度学习是一种基于深层人工神经网络的机器学习方法,通过模拟人脑的多层次抽象机制,自动从海量数据中学习和提取高阶特征并建立复杂映射关系,使模型能够自主学习数据的内在规律和隐藏模式,无须依赖人工设计特征,从而在图像、语音、文本等复杂任务中表现出强大的表征学习和泛化能力,成为现代人工智能发展的核心驱动力。

3.1 人工神经网络基础概念

教学课件:
3.1 人工神经网络基础概念

3.1.1 神经网络的发展历程

人工神经网络的发展历程,可以分为早期的神经网络、第一个低谷、反向传播和神经网络的复兴、神经网络的第二个低谷、深度学习和神经网络的第二次复兴。

1. 早期的神经网络(20 世纪 40—60 年代)

神经网络的概念最早可以追溯到 1943 年,由心理学家沃伦·麦卡洛克和数学家沃尔特·皮茨提出的 M-P 模型。M-P 模型是一种数学模型,用于模拟生物神经元的功能,这个模型是神经网络研究的基石之一。1949 年,心理学家 Donald Hebb 在 "*The Organization of Behavior*" 论文中描述了神经元学习法则,为后续的神经网络理论和实践提供了重要的神经心理学基础。

1957 年,心理学家 Frank Rosenblatt 提出了感知机模型,这是第一个可以学习的神经网络模型,用于自动识别和分类模式。感知机是一个二元分类器,基于一个线性预测函数将输入特征通过权重进行组合,产生一个输出值。输出值通过一个阶跃函数转换为一个二元输出。感知机的核心在于它的学习算法,能够自动调整权重以最小化预测误差,通过迭代训练逐步优化。感知机模型在神经网络和机器学习领域的发展中扮演了重要角色,展示了神经元如何能够通过简单的数学运算来模拟复杂的逻辑和决策过程。

2. 第一个低谷(20世纪70—80年代)

尽管神经网络在早期取得了一些进展,但在20世纪70—80年代,由于马文·明斯基和西蒙·派珀特(Seymour Papert)的书《感知机》(*Perceptrons*)指出了感知机的限制,神经网络的研究进入了一段低谷。他们通过数学证明展示了感知机只能解决线性可分问题,即那些可以通过一个直线或平面分隔的数据集。对于更复杂的模式,如异或问题(其中数据点无法通过单一直线分隔),感知机则无能为力。这一发现对神经网络研究产生了重大影响,因为它表明感知机模型在处理复杂模式识别任务时存在根本性的限制。《感知机》的出版对神经网络领域产生了冷却效应,许多研究资金流向了其他领域,如符号主义人工智能,这种方法侧重于使用规则和逻辑进行推理,而不是通过学习和自适应来处理信息。

3. 反向传播和神经网络的复兴(20世纪80—90年代)

1986年,戴维·鲁梅尔哈特、杰弗里·辛顿和罗纳德·威廉姆斯发表了一篇具有里程碑意义的论文,介绍了反向传播(backpropagation)算法,这个算法使得多层神经网络的训练成为可能。反向传播算法是一种高效的梯度计算方法,用于训练多层前馈神经网络。它通过计算损失函数关于网络参数的梯度来更新网络中的权重和偏置,使用链式法则逐层向后传递误差,从而优化网络性能。这种方法解决了之前神经网络难以训练深层网络的问题,因为它允许误差信息从输出层传递回输入层,逐层调整参数。随着反向传播算法的普及,研究者们开始探索和发展多种新型神经网络模型,应对更广泛的问题和场景。在此期间,研究者们开发出了包含径向基神经网络、循环神经网络等在内的多种模型,极大地丰富了神经网络的结构和应用领域。这一时期的技术进步直接推动了后续深度学习技术的爆炸性增长,对现代人工智能的形成产生了深远影响。

4. 神经网络的第二个低谷(20世纪90年代至21世纪初)

尽管反向传播算法有效地解决了多层神经网络的训练问题,但进入20世纪90年代,神经网络研究再次遭遇挑战,主要受到计算资源限制的影响。当时的计算技术,尤其是处理器速度和内存容量,还未能满足训练大型神经网络所需的高计算量和大数据处理需求。神经网络尤其依赖于大量的参数调整和长时间的训练周期,这在当时的硬件条件下往往显得不切实际。此外，由于硬件限制，研究者无法利用足够大的数据集来训练网络，这限制了模型的性能和泛化能力。因此，相对于计算成本更低、对硬件要求不那么苛刻的机器学习方法（如支持向量机），神经网络的吸引力减弱。支持向量机等算法能够在较少的计算资源下提供稳定且可靠的性能，从而在当时成为更受欢迎的选择。这些因素共同导致了神经网络的又一次低谷。

5. 深度学习和神经网络的第二次复兴（21世纪初至今）

2006年，杰弗里·辛顿和他的学生Ruslan Salakhutdinov发表了一篇开创性的论文，介绍了一种新的预训练方法，这种方法采用逐层贪婪算法来预训练深层神经网络中的每一层。通过这种方式，每一层被单独训练为一个无监督的特征探测器，然后再使用传统的监督学习方法（如反向传播）来微调整个网络。这种预训练加微调的策略极大地改善了深层网络的训练效果，解决了之前深层网络难以训练的问题，如梯度消失和局部最优解等。这一方法不仅标志着深度学习时代的开始，也预示着神经网络研究的第二次复兴。

自那时起，神经网络和深度学习技术在多个领域取得了显著的成就，它们的性能开始逐渐超越其他传统机器学习方法。例如，2012年AlexNet的成功让卷积神经网络CNN重新进入人们的视野，此后，更高效的网络结构如ResNet、Inception和VGG等相继出现，极大地提升了图像分类、物体识别等领域的性能。2017年，Google的*Attention is All You Need*论文介绍了Transformer模型，该模型完全基于注意力机制，摒弃了传统的循环层，显著提高了训练速度和效果。Transformer已成为自然语言处理领域的核心技术，催生了BERT、GPT等预训练语言模型的发展，在多种语言处理任务上都确立了新的性能基准。这些模型的成功推动了深度学习方法的广泛应用，使其成为现代人工智能技术的核心。如今，从自动驾驶汽车到高效的搜索引擎，从智能个人助理到推荐系统，深度学习的应用无处不在，彻底改变了人们与技术的互动方式。

3.1.2 神经元

在深度学习和神经网络的语境下，神经元是一个基本的计算单元，其设计灵感来源于生物学中的神经元。

在生物学中，神经元是人脑和其他动物神经系统中的基本功能单元。如图3.1所示，每个神经元包括三个主要部分：细胞体（或称为胞体）、树突和轴突。细胞体包含细胞核，负责维持神经元的生命活动。树突负责接收来自其他神经元的信号，而轴突则将信号传递给其他神经元。信号在神经元之间的传递是通过一个称为突触的结构完成的，神经递质在这里从一个神经元传递到另一个神经元。

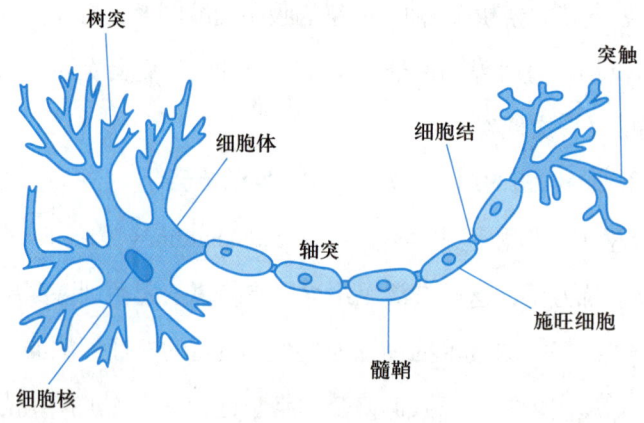

图 3.1　生物学中的神经元

沃伦·麦卡洛克和 沃尔特·皮茨 在 1943 年提出一个简化的神经元模型，简称 M-P 模型，如图 3.2 所示。在 M-P 模型中，神经元通常被简化为一个接收多个输入、产生一个输出的数学模型。神经元通常接收一组输入值，这些输入值可以来自数据集、网络的前一层或直接是原始数据特征。每个输入值都有一个相应的权重，这些权重表示了各输入值对输出的重要性或影响力。输入还可能包括一个偏置项（bias），它是一个额外的参数，用于调整神经元的输出阈值。

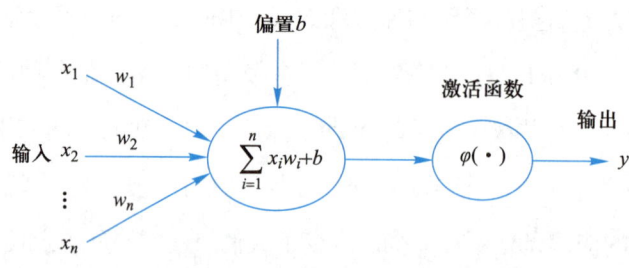

图 3.2　M-P 模型

在中间的计算过程中，神经元首先计算所有输入值和相应权重的乘积之和，数学表达式为：

$$z = w_1 x_1 + w_2 x_2 + \cdots + w_n x_n + b \tag{3.1}$$

其中，x_1、x_2、$\cdots$、x_n 是输入值，w_1、w_2、$\cdots$、w_n 是对应的权重，b 是偏置项，M-P 模型的权重和偏置是人工预先设定的。得到加权和 z 后，神经元将其传递给一个激活函数。激活函数通常是非线性的，使得整个神经网络可以捕捉到数据中的非线性关系，并允许网络学习更复杂的模式。

$$y = \varphi(z) \tag{3.2}$$

其中，φ 表示激活函数，y 是神经元的输出。这个输出可以直接作为网络的最终输出，也可以作为下一层神经元的输入之一。

3.1.3 感知机

感知机是一种简单的线性二分类模型，也是神经网络和深度学习的基础之一。它由美国心理学家弗兰克·罗森布拉特在 1957 年提出，目的是模拟人脑的神经元行为，其研究成果在 1958 年正式发表。1962 年，他又出版了著作，向大众更深入地解释感知机的理论知识和背景假设。感知机是最早的人工神经网络之一，虽然结构简单，但它奠定了后续复杂网络结构的理论基础。

早期的感知机是一个单层神经网络，因此也被称为"单层感知机"，其数学表示形式与 M-P 神经元十分类似，也包含输入权重、求和器、激活函数三个基本部分。可以表示为：

$$y = f\left(\sum_{i=1}^{n} w_i x_i + b\right) \tag{3.3}$$

其中，x_i 是输入值，w_i 是对应的权重，b 是偏置项，f 是激活函数。与 M-P 神经元类似，感知机的输出通常也是二进制的（0 或 1）。两者最核心的区别在于，M-P 神经元没有内置的学习机制，它更多的是一个理论模型，用于说明神经元如何处理信息。而单层感知机则包括了一个基本的学习算法，使其能够通过训练数据自适应地调整其权重。具体来说，它通过迭代地调整权重来调整分类边界。每次迭代中，感知机通过以下规则更新权重：

$$w_i \leftarrow w_i + \Delta w_i \tag{3.4}$$

$$\Delta w_i = \eta(t - y)x_i \tag{3.5}$$

其中，η 是学习率（一个小的正数），t 是真实标签，y 是感知机的预测输出。这个更新规则基于预测输出与真实标签之间的差异进行权重调整，目的是减少后续预测的误差。原始的感知机模型只能解决线性可分问题，即只有当两类数据可以被一个线性分类边界正确分开时，感知机才能找到一个解。对于非线性可分的问题，如异或（XOR）问题，感知机算法无法收敛，这导致了对感知机模型的批评和后续改进。

3.1.4 激活函数

激活函数在构建神经网络中扮演着至关重要的角色。它们帮助引入非线性因素到模型中，这使得神经网络能够学习和执行更为复杂的任务，如分类和回归等。如果没有非线性的激活函数，则无论神经网络有多少层，其表达能力仍然等同于一个线性模型。常用的激活函数包含 sigmoid、tanh、ReLU 函数等，其函数图像如图 3.3 所示。

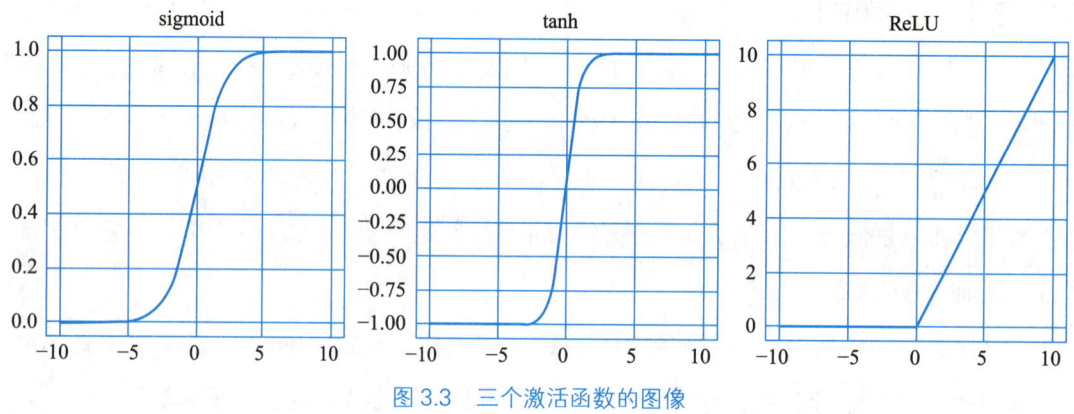

图 3.3　三个激活函数的图像

1. sigmoid 函数

sigmoid 函数也被称为逻辑函数或 logistic 函数，是一种在早期神经网络中广泛使用的激活函数。它的数学表达式为：

$$\sigma(x)=\frac{1}{1+e^{-x}} \tag{3.6}$$

sigmoid 函数的输出严格位于 0 和 1 之间，这意味着它的输出可以被解释为概率，非常适合用于表示二分类问题的输出。此外，它的曲线是 S 形的，是一个平滑的、连续的函数，并且具有良好的可导性，这是使用梯度下降等优化算法的一个重要前提。在 $x=0$ 时，$\sigma(x)=0.5$，这是其对称中心，函数在此点的输出为 0.5，表示一个"不确定"的状态，即事件发生与否的概率相等。

尽管 sigmoid 函数在早期的神经网络模型中非常流行，但它存在几个明显的缺点：

梯度消失问题。当输入值很大或很小的时候，sigmoid 函数的梯度（导数）接近于 0。这意味着在神经网络的反向传播过程中，权重的更新量可能非常小，这会导致网络在训练过程中学习非常缓慢，特别是在深层网络中更为明显。

输出非零中心化。sigmoid 函数的输出不是以 0 为中心的，这意味着函数输出的均值不为 0。这种非零中心化输出会导致数据在流经网络时的权重更新向一侧倾斜，可能会影响网络的收敛速度和准确性。

计算资源消耗。sigmoid 函数涉及指数运算，这比 ReLU 及其变体的计算成本要高，尤其是在处理大型网络和大规模数据集时。

基于 sigmoid 函数的主要特点和局限性，在现代深度学习框架中，相比于 ReLU 及其变体，sigmoid 相对使用较少，但在一些特定的结构和问题中，sigmoid 仍然有其应用之处，特别是在输出层需要表示概率，且问题为二分类时。此外，该激活函数也常用于逻辑回归模型中。

2. tanh 函数

双曲正切函数（hyperbolic tangent，tanh）是另一种常见的激活函数，它可以将输入值映射到 -1 和 1 之间。这种映射方式使得输出值的平均值更接近于 0，从而有助于数据在网络中的传递，减少训练过程中的偏差偏移问题。其数学表达式为：

$$\tanh(x) = \frac{\sinh(x)}{\cosh(x)} = \frac{e^x - e^{-x}}{e^x + e^{-x}} \tag{3.7}$$

其中，$\sinh(x)$ 是双曲正弦函数，$\cosh(x)$ 是双曲余弦函数。这个表达式可以简化为上述的指数形式，这种形式在计算上更为直观和常用。tanh 函数的图形是一个 S 形曲线，在 $x=0$ 附近接近线性，当 x 的绝对值增大时逐渐趋向于 -1 或 1。这种 S 形的特性使得它在神经网络中可以有效地进行梯度传递，尤其是在输出需要映射到 -1 到 1 这一区间内时。相比于 sigmoid 函数，tanh 函数的输出是零中心的。这有助于下一层的学习，因为输入值的平均接近零可以使得学习过程更加稳定，减少梯度消失的问题。但在输入值绝对值较大时，tanh 函数仍然会出现梯度消失的问题，因为在这些区域梯度接近于零。此外，tanh 函数的计算复杂度也较高，因为它涉及指数运算，故在需要高效率的大规模网络训练中，tanh 的使用已经有所减少，被更现代的激活函数所取代。

3. ReLU 函数

ReLU（rectified linear unit）激活函数是一种非常流行且广泛使用的激活函数，尤其在深度学习的卷积神经网络（CNN）和其他神经网络架构中。ReLU 之所以受到青睐，主要是因为它的简单性和在训练深层网络时显示出的效率。其函数的定义非常简单：

$$\text{ReLU}(x) = \max(0, x) \tag{3.8}$$

这意味着如果输入 x 是正数，则输出 x；如果 x 是负数或零，则输出 0。ReLU 函数的图形是一个折线，对于所有正数输入，输出等于其输入；对于所有非正数输入，输出为0。

相比于 sigmoid 和 tanh 函数，ReLU 函数只涉及简单的阈值操作，没有复杂的数学运算，如指数或除法，这使得它计算上高效。对于正输入值，ReLU 的导数是常量（即1），这意味着在正区间内不会出现梯度消失的问题，有助于深度网络的训练。此外，由于 ReLU 在输入小于 0 时输出为 0，它在实际使用中倾向于产生稀疏的激活图。在一定程度上，这可以被认为是一种正则化形式，有助于网络学习更有用的特征。这些优点使得 ReLU 在多种神经网络模型中被广泛使用，特别是在需要处理非常深的网络结构时。它常见于各种卷积神经网络和深度前馈网络中，用于从图像、视频、音频和文本数据中学习复杂的特征。

然而，ReLU 激活函数并不是完美的。如果一个神经元的输入总是非正，则 ReLU 函数的输出总是 0，这种情况下神经元就无法通过梯度下降学习，称为"死亡 ReLU"。这可能导致网络的部分神经元死亡，影响网络的整体学习能力。同时，ReLU 的输出是非负的，这意味着输出不以零为中心，有时这可能影响网络的收敛速度。为了克服标准 ReLU 的一些限制，研究人员提出了几种变体，如 Leaky ReLU，为负输入值引入一个小的非零斜率，公式为：

$$\text{LeakyReLU}(x) = \max\{ax, x\} \tag{3.9}$$

其中，a 是一个小常量（如 0.01）。在此基础上，另一种变体称为 Parametric ReLU（PReLU），允许 a 成为一个可学习的参数，进一步提高了模型的灵活性和性能。

4. softmax 函数

在多分类问题中，常常用到 softmax 函数将模型输出的分数转换为概率值。softmax 函数将模型每个输出值通过指数运算放大差异，然后归一化为概率值。其函数定义为：

对于一个包含 K 个元素的输入向量 $z = [z_1, z_2, \cdots, z_K]$，softmax 函数的输出是一个概率分布向量 $P = [p_1, p_2, \cdots, p_K]$，其中每个元素 p_i 计算为：

$$p_i = \frac{e^{z_i}}{\sum_{j=1}^{K} e^{z_j}} \tag{3.10}$$

其中，e 是自然对数的底数。

3.2 前馈神经网络

单层感知机在处理线性可分问题上表现出色,但它无法解决非线性问题。为了克服这一限制,多层感知机(multilayer perceptron,MLP)被引入。多层感知机是一种由多个层组成的网络,其中至少包含一个隐藏层。每个隐藏层可以包含多个神经元,这些神经元可以使用 sigmoid、ReLU 等非线性激活函数。隐藏层的引入使得多层感知机能够学习输入数据中的复杂模式和非线性关系,极大地增强了网络的表现力。随着研究的深入,多层感知机的设计思想被泛化成前馈神经网络(feedforward neural network,FNN),成为一种更广泛的概念,在图像识别、语音处理和文本分类等多个领域,都有广泛的应用。

3.2.1 前馈神经网络的结构

前馈神经网络是一种通过层次结构进行信息流动的网络,其中信息从输入层开始,通过一个或多个隐藏层,最终到达输出层。在这种网络中,信息只在一个方向上流动——从输入到输出,不存在任何层之间的反馈(即信息不会返回到输入层)。图 3.4 展示了前馈神经网络的结构。

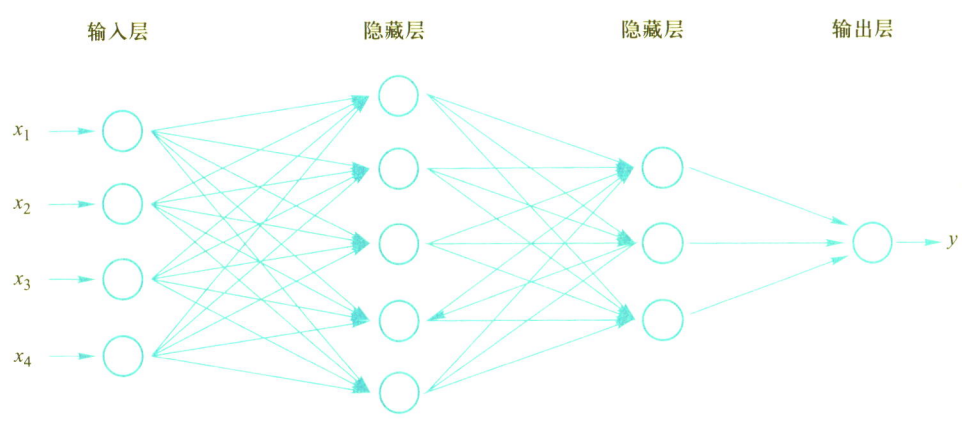

图 3.4　前馈神经网络结构

第 0 层是输入层,负责接收外部数据,这些数据可以是各种形式,如图像的像素值、音频样本或文本数据的数值表示。输入层直接将数据传递到下一层(通常是第一个隐藏层),在某些情况下,可能会在输入层进行数据的归一化或标准化。

隐藏层是前馈神经网络的核心,可以包含一个或多个层。每个隐藏层由多个神经元组成，这些神经元通过非线性激活函数处理数据。例如，ReLU、sigmoid 或 tanh。这些函数帮助网络学习复杂的数据模式和关系。多个隐藏层可以帮助网络学习更深层次的特征抽象，这在复杂问题如图像识别或语言理解中尤其重要。

最后一层是输出层，输出层负责将隐藏层处理后的信息转换为对应的输出格式，如分类标签、连续数值等。输出层的激活函数选择依据具体的任务而定。例如，多类分类问题常用 softmax 函数，回归问题可能使用线性激活函数。输出层的神经元数量和类型取决于特定任务的需求。例如，一个 10 类分类任务将有 10 个输出神经元，每个输出代表一个类别的概率。

在前馈神经网络中，每个神经元与前一层的每个神经元都通过权重连接。这些权重决定了前一层输出对当前神经元的影响程度。每个神经元还有一个偏置项，它可以调整激活函数的阈值。在训练过程中，数据在网络中从输入层向输出层流动的过程称为前向传播，在此过程中，每一层的输出成为下一层的输入。网络使用损失函数来衡量输出与实际标签之间的差异。计算出输出层的损失，利用反向传播算法来计算每一层的梯度，并更新网络权重。更新时，通常使用梯度下降或其变体来调整网络中的权重和偏置，以最小化损失函数，从而优化神经网络的性能。

3.2.2 参数优化

在深度学习中，参数优化是模型训练过程的核心，旨在寻找最佳的模型参数，以最小化或最大化某个预定的性能指标。这一过程通常通过定义一个损失函数来实现，损失函数衡量了模型预测值与实际值之间的差异，其值越小，表明模型的预测结果与真实情况越接近。因此，优化问题本质上转化为寻找参数值，使得损失函数值最小。常见类型的损失函数包括均方误差损失（mean squared error，MSE）、交叉熵损失（cross-entropy loss）等。

均方误差是回归任务中常用的损失函数之一。它计算预测值与实际值之间差值的平方的平均值。数学表达式为：

$$\mathrm{MSE} = \frac{1}{n}\sum_{i=1}^{n}(y_i - \hat{y}_i)^2 \qquad (3.11)$$

其中，y_i 是实际值，$\hat{y}_i$ 是预测值，n 是样本数。MSE 损失对于异常值非常敏感，因为它将误差平方，在一些情况下可能导致模型训练不稳定。

交叉熵损失是另一个分类问题中常用的损失函数。它测量实际输出和预测输出之间的差异，二分类交叉熵数学表达式为：

$$\text{BinaryCross-Entropy} = -\frac{1}{n}\sum_{i=1}^{n}\left[y_i\log(\hat{y}_i) + (1-y_i)\log(1-\hat{y}_i)\right] \quad (3.12)$$

多分类交叉熵数学表达式为：

$$\text{CategoricalCross-Entropy} = -\frac{1}{n}\sum_{i=1}^{n}\sum_{c=1}^{C}y_{i,c}\log(\hat{y}_{i,c}) \quad (3.13)$$

其中，$y_{i,c}$ 是一个独热编码的标签，表示样本 i 是否属于类别 c，$\hat{y}_{i,c}$ 是模型预测样本 i 属于类别 c 的概率。与 MSE 相比，交叉熵损失衡量的是预测概率分布与真实分布之间的差异，通常应用于分类问题，特别是在处理二分类和多分类问题时效果良好。它的优点是在模型输出概率与实际标签差距较大时，能给出较大的梯度，这有助于加快学习速度。

下面通过一个具体的例子来展示如何计算损失函数。这里我们将使用均方误差损失 MSE 来计算一个简单的线性回归模型的损失。线性回归是一个预测连续值的回归模型，其目标是找到最佳的线性关系，使得预测值尽可能接近实际值。

假设有表 3.1 所示的数据集，包含实际观测值（y）和模型的预测值（$\hat{y}$）。

表 3.1　包含实际值和预测值的数据集

实际值 y	预测值 $\hat{y}$
3	2.5
−0.5	−0.5
2	2.1
7	7.8

根据上述数据，计算过程如下：

$$(3 - 2.5)^2 = 0.25$$
$$(-0.5 + 0.5)^2 = 0$$
$$(2 - 2.1)^2 = 0.01$$
$$(7 - 7.8)^2 = 0.64$$

计算误差平方的平均数：

$$MSE = \frac{0.25 + 0 + 0.01 + 0.644}{4} = 0.225$$

这个简单线性模型的均方误差损失是 0.225。这个值越小，表明模型的预测值与实际值越接近，反之则表明模型的预测性能较差。通过这种方式，MSE 提供了一个量化的指标来评估和优化模型的性能。

在训练过程中，需要快速减小损失函数的值，梯度下降法是实现这一目标的最常用技术之一。它是一种迭代优化算法，用于逐步调整模型参数，以逐步最小化损失函数。在每一步中，参数根据损失函数相对于当前参数的梯度（即导数），沿着梯度下降的方向进行更新。这种方法依赖于梯度来指示优化的方向，是一种有效的方法，尤其是在处理大规模数据集和复杂模型结构时。通过不断迭代更新模型参数，梯度下降法能够逐渐找到损失函数的局部最小值，从而实现模型的优化。

考虑一个可微分的损失函数 $f(\theta)$，其中 θ 表示模型的参数。梯度下降算法的目标是找到使得 $f(\theta)$ 最小化的 θ 值。梯度 $\nabla f(\theta)$ 指向的是函数 f 在 θ 点上增长最快的方向，因此，向梯度的反方向 $-\nabla f(\theta)$ 更新 θ，可以使得函数值下降最快。因此，参数更新的规则可以表示为：

$$\theta_{\text{new}} = \theta_{\text{old}} - \eta \nabla f(\theta_{\text{old}}) \tag{3.14}$$

其中，η 是学习率，它是一个正数，控制每一步沿梯度反方向移动的大小。学习率的选择非常关键，过大可能导致越过最小值点，过小则收敛速度慢。

梯度下降算法有几种不同的变体，每种都有其特定的使用场景和优缺点。批量梯度下降（batch gradient descent）通过使用整个数据集来计算梯度，保证每次更新都朝向真正的最优解方向，但其计算成本高，不适合大规模数据集。随机梯度下降（stochastic gradient descent，SGD）通过每次仅使用一个数据点来更新梯度，极大地提高了计算效率，使得算法能够快速迭代，但其更新过程中的高方差可能导致解的波动较大。小批量梯度下降（mini-batch gradient descent）结合了上述两者的优点，通过在每次迭代中使用小批量数据来平衡计算效率和收敛稳定性。此外，为了改善基本梯度下降算法的性能，还发展了多种高级优化技术，如 Momentum、AdaGrad、RMSprop 和 Adam，这些方法通过调整学习率或引入二阶导数信息，有助于加速收敛速度，提高算法在复杂优化问题上的表现。

3.2.3 前向传播与反向传播

前馈神经网络的训练过程主要包括前向传播和反向传播两个阶段。在这两个阶段中，网络通过调整其内部参数（权重和偏置）以最小化损失函数，从而提高模型的准确性和性能。下面介绍这两个过程及其在网络训练中的作用。

1. 前向传播

前向传播是训练过程的第一步，其主要目的是计算和传递信息。在这个阶段，输入数据被送入网络的第一层，然后逐层向前传递至输出层。在每一层，每个神经元的输入都会先通过加权和（即权重与上一层输出的乘积之和加上偏置）计算得到，然后通过一个激活函数来产生该神经元的输出。

例如，对于第 l 层的第 j 个神经元，其加权输入 $z_j^{(l)}$ 可以表示为：

$$z_j^{(l)} = \sum_i w_{ij}^{(l)} a_i^{(l-1)} + b_j^{(l)} \tag{3.15}$$

其中，$a_i^{(l-1)}$ 是上一层的输出，$w_{ij}^{(l)}$ 是连接上一层第 i 个神经元和这一层第 j 个神经元的权重，而 $b_j^{(l)}$ 是偏置。之后，激活函数 σ 应用于 $z_j^{(l)}$ 来得到输出 $a_j^{(l)}$：

$$a_j^{(l)} = \sigma(z_j^{(l)}) \tag{3.16}$$

这些输出会被传递到下一层，直至最后一层。在输出层，根据具体的应用，通常会使用特定的激活函数（如 softmax 函数用于分类任务）来生成最终的预测结果。这个结果随后用于计算损失函数，该函数衡量了网络预测和实际标签之间的偏差。

2. 反向传播

计算出输出层的损失后，反向传播阶段就开始。这个阶段的目的是通过网络反向传递误差，从而计算损失函数相对于每个权重和偏置的梯度。这些梯度将用于指导网络参数的更新，以期减少损失。

反向传播的第一步是在输出层计算误差，即损失函数对于输出层每个神经元加权输入的偏导数。随后，这个误差通过网络向后续各层传播，为每一层中的每个权重和偏置计算梯度。这一过程涉及链式法则，它是微积分中的一个基本法则，用于计算复合函数的导数。

对于第 l 层的第 j 个神经元，误差 $\delta_j^{(l)}$ 可以根据下一层的误差 $\delta_i^{(l+1)}$ 计算得到：

$$\delta_j^{(l)} = \left(\sum_k \delta_k^{(l+1)} w_{jk}^{(l+1)}\right) \sigma'(z_j^{(l)}) \tag{3.17}$$

这里，σ' 是激活函数的导数。接着，可以利用这些误差来计算每个权重和偏置的梯度：

$$\frac{\partial L}{\partial w_{ij}^{(l)}} = a_i^{(l-1)} \delta_j^{(l)} \quad (3.18)$$

$$\frac{\partial L}{\partial b_j^{(l)}} = \delta_j^{(l)} \quad (3.19)$$

最后，使用这些梯度通过梯度下降法或其他优化算法更新网络的权重和偏置：

$$w_{ij}^{(l)} = w_{ij}^{(l)} - \eta \frac{\partial L}{\partial w_{ij}^{(l)}} \quad (3.20)$$

$$b_j^{(l)} = b_j^{(l)} - \eta \frac{\partial L}{\partial b_j^{(l)}} \quad (3.21)$$

这样，通过前向传播和反向传播的迭代，神经网络逐渐学习并优化其参数，以最小化整体损失，从而实现准确的模型预测。

3.2.4　前馈神经网络案例

下面是一个简化的前馈神经网络的案例，使用 Python 和 NumPy 库来实现。如果没有安装 NumPy，可以在命令行通过运行 pip install numpy 命令来安装。这个例子将生成一个简单的二维数据集，用于二分类问题。然后，搭建一个简单的前馈神经网络，介绍前向传播和反向传播过程，以及训练和评估网络的基本步骤。

步骤1：准备数据集。首先生成一个简单的线性可分的数据集。然后通过打乱数据并按照80%和20%的比例将数据集划分为训练集和测试集，训练集用于训练模型，测试集用于测试模型的性能。最后可视化整个数据集，并打印训练集和测试集的形状。生成数据集的代码如下：

```
1  import numpy as np
2  import matplotlib.pyplot as plt
3  np.random.seed(42)
4  # 生成数据集
5  n_data_per_class = 100
6  X1 = np.random.randn(n_data_per_class, 2) + np.array([2, 2])
7  X2 = np.random.randn(n_data_per_class, 2) + np.array([-2, -2])
8  # 将 X1 和 X2 在垂直方向上堆叠，生成一个形状为 (2*n_data_per_class, 2)
```

```
        的二维数组 X
9       X = np.vstack([X1, X2])
10      y = np.array([0] * n_data_per_class + [1] * n_data_per_class)
11      # 打乱数据
12      shuffle_indices = np.random.permutation(len(X))
13      X_shuffled = X[shuffle_indices]
14      y_shuffled = y[shuffle_indices]
15      # 计算训练集和测试集的大小
16      train_size = int(0.8 * len(X))
17      # 将数据集划分为训练集和测试集
18      X_train = X_shuffled[:train_size]
19      y_train = y_shuffled[:train_size]
20      X_test = X_shuffled[train_size:]
21      y_test = y_shuffled[train_size:]
22      # 可视化训练集数据,指定颜色映射为 bwr(蓝白红)
23      # 这样类别为 0 的数据点用蓝色表示,类别为 1 的数据点用红色表示
24      plt.scatter(X [:, 0], X_train[:, 1], c=y, cmap=plt.cm.bwr)
25      plt.xlabel('Feature 1')
26      plt.ylabel('Feature 2')
27      plt.title('data set')
28      plt.show()
29      # 打印训练集和测试集的形状
30      print("X_train shape:", X_train.shape)
31      print("y_train shape:", y_train.shape)
32      print("X_test shape:", X_test.shape)
33      print("y_test shape:", y_test.shape)
```

运行上述代码,可以看到产生的数据集的数据分布情况,如图3.5所示。深蓝色点分类为0,浅蓝色点分类为1。

X_train shape: (160, 2)

```
y_train shape: (160,)
X_test shape: (40, 2)
y_test shape: (40,)
```

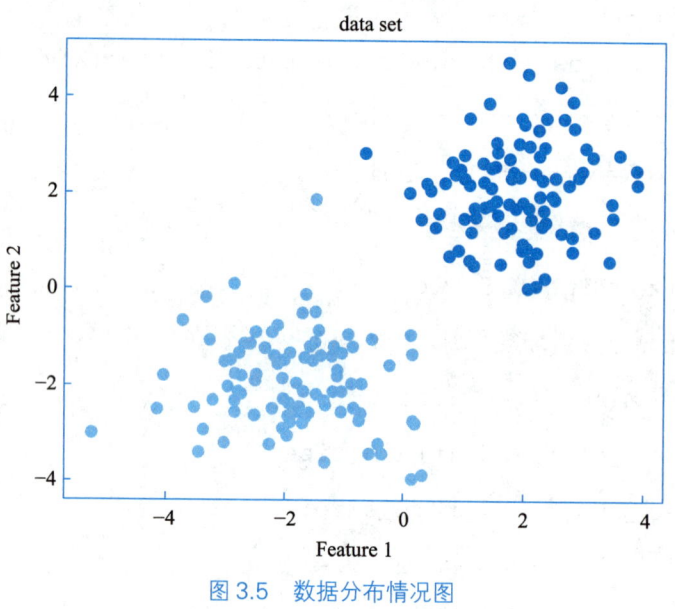

图 3.5　数据分布情况图

步骤 2：搭建一个包含一个隐藏层的简单前馈神经网络。其中，输入层节点数为 2，隐藏层节点数为 3，输出层节点数为 1。利用前向传播函数计算网络输出，利用反向传播函数更新网络参数，损失函数为交叉熵损失函数。训练完成后利用模型对测试集进行预测，比对标签，计算准确率并输出。

```
1   import numpy as np
2   # sigmoid 激活函数
3   def sigmoid(x):
4       return 1 / (1 + np.exp(-x))
5   # sigmoid 激活函数的导数
6   def sigmoid_derivative(x):
7       return sigmoid(x) * (1 - sigmoid(x))
8   # 网络参数初始化
9   input_size = 2              # 输入层节点数
10  hidden_size = 3             # 隐藏层节点数
```

```python
11  output_size = 1                    # 输出层节点数
12  np.random.seed(42)                 # 设置随机种子以确保结果可复现
13  W1 = np.random.randn(input_size, hidden_size)    # 输入层到隐藏
                                                     #  层的权重
14  b1 = np.zeros(hidden_size)                       # 隐藏层偏置
15  W2 = np.random.randn(hidden_size, output_size)   # 隐藏层到输出
                                                     #  层的权重
16  b2 = np.zeros(output_size)         # 输出层偏置
17  # 前向传播函数
18  def forward(X):
19      Z1 = np.dot(X, W1) + b1        # 隐藏层的加权输入
20      A1 = sigmoid(Z1)               # 隐藏层的激活值
21      Z2 = np.dot(A1, W2) + b2       # 输出层的加权输入
22      A2 = sigmoid(Z2)               # 输出层的激活值
23      return A1, A2
24  # 反向传播和参数更新函数
25  def backward(X, y, A1, A2, learning_rate=0.1):
26      global W1, b1, W2, b2                        # 声明使用全局变量
27      m = y.size                                   # 样本数量
28      dZ2 = (1/m)*(A2 - y.reshape(-1, 1))          # 输出层误差
29      dW2 = np.dot(A1.T, dZ2)                      # 输出层权重梯度
30      db2 = np.sum(dZ2, axis=0)                    # 输出层偏置梯度
31      dZ1 = np.dot(dZ2, W2.T) * sigmoid_derivative(np.dot(X, W1)+
          b1)                                        # 隐藏层误差
32      dW1 = np.dot(X.T, dZ1)                       # 隐藏层权重梯度
33      db1 = np.sum(dZ1, axis=0)                    # 隐藏层偏置梯度
34      W1 -= learning_rate * dW1                    # 更新输入层到隐藏层的权重
35      b1 -= learning_rate * db1                    # 更新隐藏层的偏置
36      W2 -= learning_rate * dW2                    # 更新隐藏层到输出层的权重
```

```
37            b2 -= learning_rate * db2              # 更新输出层的偏置
38 # 训练网络
39 epochs = 300                                      # 迭代次数
40 for epoch in range(epochs):
41     A1, A2 = forward(X_train)                     # 执行前向传播
42     backward(X_train, y_train, A1, A2)            # 执行反向传播和参数更新
43 # 打印训练后的模型参数
44 print(f"W1:{W1}\nb1:{b1}\nW2:{W2}\nb2:{b2}")
45 # 利用模型对测试集进行分类
46 A1, A2 = forward(X_test)
47 predictions = (A2 > 0.5).astype(int).flatten()    # 生成预测结果
48 accuracy = (predictions == y_test).mean()         # 计算准确率
49 print(f'Accuracy: {accuracy * 100:.2f}%')         # 打印准确率
```

上述代码定义了一个包含一个隐藏层的简单神经网络，使用sigmoid激活函数。代码逻辑实现了训练时多次迭代数据集，执行前向和反向传播，并计算最终的分类准确率达100%。模型在迭代25次时对测试集进行测试准确率达82.5%，在迭代300次时达100%。对比如图3.6所示，图3.6（a）是迭代25次效果，图3.6（b）是迭代300次测试效果。程序运行结束时模型参数为：

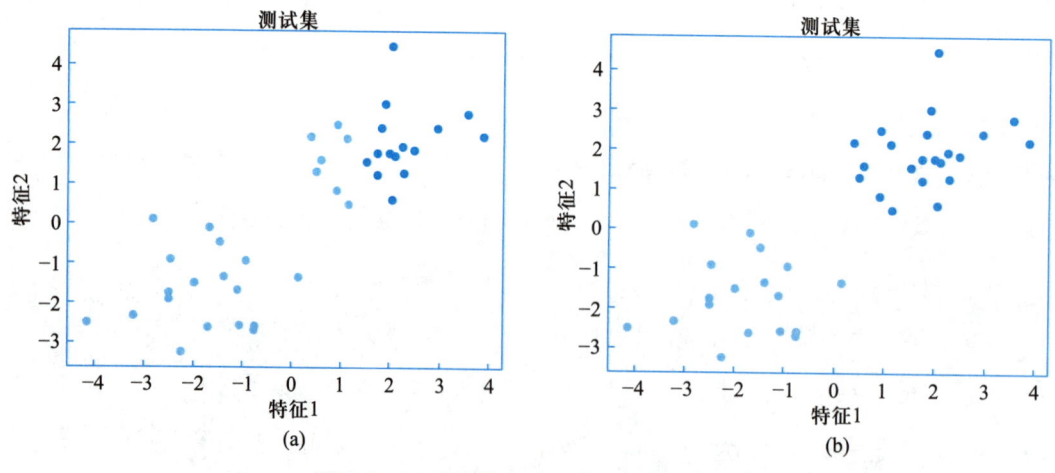

图3.6　25次迭代和300次迭代效果对比

W1: [[0.3899992 -1.05624379 1.38214424][1.44698475 -1.10438385
  0.77185353]]
b1: [-0.02301545 0.03677769 -0.05061672]
W2: [[-0.70530477] [2.86515978] [-2.42341091]]
b2: [0.06321047]

这个例子中，前向传播等功能都是自己定义函数实现的。在实际的开发过程中，可能会更多地使用现有的深度学习框架来实现类似功能，避免手动编写大量底层代码。

PyTorch 是一个基于 Python 的开源深度学习框架，主要用于高效构建和训练神经网络模型，其核心功能包括动态计算图、GPU 加速的张量计算和自动微分系统，支持从数据预处理、模型设计到训练部署的全流程。通过模块化设计（如 torch.nn）快速搭建网络结构，利用优化器（如 torch.optim）和自动求导机制（autograd）简化反向传播，结合丰富的扩展库（如 TorchVision、TorchText）处理多模态数据。不仅可以大大简化代码的复杂性，还能提高代码的运行效率和稳定性。

以下是使用 PyTorch 框架实现的类似功能的代码示例。这段代码同样定义了一个包含一个隐藏层的神经网络，但使用了 PyTorch 的 API 来简化实现。使用了 PyTorch 的 nn.Module 来定义模型，nn.Linear 来创建线性层，nn.Sigmoid 作为激活函数，以及 BCEWithLogitsLoss 作为损失函数。这种方式不仅代码更为简洁，而且利用了 PyTorch 的自动微分功能简化了反向传播的实现，使得整个模型的训练过程更加高效和易于管理。

使用两个明显分离的高斯分布生成数据［正类中心在（3，3），负类中心在（-3，-3）］，通过设置随机种子确保可重复性。按 70%、10%、20% 的比例将数据集划分为训练集、验证集和测试集。只使用训练集数据进行参数更新，每 100 个 epoch 打印验证集准确率，监控模型表现，使用完全独立的测试集进行最终准确率评估。

```
1  import torch
2  import torch.nn as nn
3  import torch.optim as optim
4  import matplotlib.pyplot as plt    # 可视化库导入
5  plt.rcParams['font.sans-serif'] = ['SimSun', 'Songti SC','SimHei',
   'Arial Unicode MS']                # 设置matplotlib支持中文显示
```

```python
6   plt.rcParams['font.family']=['sans-serif']
7   plt.rcParams['axes.unicode_minus'] = False  # 解决保存图像是负号'-'
                                                  显示为方块的问题
8   # 定义网络结构
9   class SimpleNeuralNetwork(nn.Module):
10      def __init__(self, input_size, hidden_size, output_size):
11          super(SimpleNeuralNetwork, self).__init__()
12          self.layer1 = nn.Linear(input_size, hidden_size)
13          self.sigmoid = nn.Sigmoid()          # sigmoid 激活函数
14          self.layer2 = nn.Linear(hidden_size, output_size)
15      def forward(self, x):
16          x = self.layer1(x)
17          x = self.sigmoid(x)
18          x = self.layer2(x)
19          return x
20  # 初始化网络参数
21  input_size = 2                              # 输入特征维度
22  hidden_size = 3                             # 隐藏层节点数
23  output_size = 1                             # 输出维度（二分类任务）
24  model = SimpleNeuralNetwork(input_size, hidden_size, output_size)
25  # 定义损失函数和优化器
26  criterion = nn.BCEWithLogitsLoss()          # 二分类交叉熵损失（内置
                                                  sigmoid）
27  optimizer = optim.SGD(model.parameters(), lr=0.1)
                                                # 随机梯度下降
28  # 生成可线性分割的合成数据
29  torch.manual_seed(42)                       # 固定随机种子保证可重复性
```

```python
30  # 创建两个明显分离的高斯分布数据集
31  positive_samples = torch.randn(100, 2) * 1.0 + torch.tensor([3.0, 3.0])                         # 正类样本中心 (3,3)
32  negative_samples = torch.randn(100, 2) * 1.0 + torch.tensor([-3.0, -3.0])  # 负类样本中心 (-3,-3)
33  # 合并数据集并创建标签
34  X = torch.cat([positive_samples, negative_samples], dim=0)
35  y = torch.cat([torch.ones(100, 1), torch.zeros(100, 1)], dim=0)
36  # 打乱数据集顺序
37  indices = torch.randperm(200)
38  X = X[indices]
39  y = y[indices]
40  # 数据集划分(70%训练,10%验证,20%测试)
41  train_size, val_size, test_size = 140, 20, 40
42  X_train, y_train = X[:train_size], y[:train_size]
43  X_val, y_val = X[train_size:train_size+val_size], y[train_size:train_size+val_size]
44  X_test, y_test = X[train_size+val_size:], y[train_size+val_size:]
45  # 训练过程
46  epochs = 1000
47  for epoch in range(epochs):
48      # 前向传播
49      outputs = model(X_train)
50      # 计算损失
51      loss = criterion(outputs, y_train)
52      # 反向传播和优化
53      optimizer.zero_grad()
54      loss.backward()
```

```python
        optimizer.step()
    # 每100个epoch输出验证集表现
    if (epoch+1) % 100 == 0:
        with torch.no_grad():
            val_outputs = model(X_val)
            val_preds = torch.sigmoid(val_outputs) > 0.5
            val_acc = (val_preds.float() == y_val).float().mean().item()
            print(f'Epoch [{epoch+1}/{epochs}], Loss: {loss.item():.4f}, Val Acc: {val_acc*100:.2f}%')
# 测试集评估
with torch.no_grad():
    test_outputs = model(X_test)
    test_preds = torch.sigmoid(test_outputs) > 0.5                    # 将logit转换为概率并二值化
    test_acc = (test_preds.float() == y_test).float().mean().item()
    print(f'\nFinal Test Accuracy: {test_acc*100:.2f}%')
# 数据可视化部分
def visualize_results(X, y_true, y_pred, title):
    """ 可视化分类结果 """
    # 将张量转换为numpy数组
    X_np = X.numpy()
    y_true_np = y_true.numpy().flatten()
    y_pred_np = y_pred.numpy().flatten()
    # 创建画布
    plt.figure(figsize=(10, 5))
    # 图3.7(a): 真实标签分布
    plt.subplot(1, 2, 1)
```

```python
80      plt.scatter(X_np[y_true_np == 1, 0], X_np[y_true_np == 1, 1],
81              c='royalblue', marker='o', label='实际正类', alpha=0.7)
82      plt.scatter(X_np[y_true_np == 0, 0], X_np[y_true_np == 0, 1],
83              c='crimson', marker='s', label='实际负类', alpha=0.7)
84      plt.title('真实标签分布')
85      plt.xlabel('特征1')
86      plt.ylabel('特征2')
87      plt.legend()
88      # 图3.7(b): 预测结果可视化
89      plt.subplot(1, 2, 2)
90      # 计算正确分类和错误分类的样本
91      correct = (y_pred_np == y_true_np)
92      incorrect = ~correct
93      # 绘制正确预测点
94      plt.scatter(X_np[correct, 0], X_np[correct, 1],
95              c=y_true_np[correct], cmap='coolwarm',
96              marker='o', label='正确分类', alpha=0.7)
97      # 突出显示错误预测点
98      plt.scatter(X_np[incorrect, 0], X_np[incorrect, 1],
99              c='black', marker='X', s=100,
100             label=f'错误分类 ({len(X_np[incorrect])})')
101     plt.title('预测结果 \n' + title)
102     plt.xlabel('特征1')
103     plt.colorbar(ticks=[0,1], label='类别')
104     plt.legend()
105     plt.tight_layout()
106     plt.savefig('classification_results.png', dpi=300)
107     plt.show()
```

```python
108  # 执行可视化
109  visualize_results(X_test, y_test, test_preds,
110                   f'测试准确率：{test_acc*100:.1f}%')
111  # 决策边界可视化
112  def plot_decision_boundary():
113      """绘制模型决策边界"""
114      # 生成网格点坐标矩阵
115      x_min, x_max = X_test[:, 0].min()-1, X_test[:, 0].max()+1
116      y_min, y_max = X_test[:, 1].min()-1, X_test[:, 1].max()+1
117      xx, yy = torch.meshgrid(torch.linspace(x_min, x_max, 100),
118                              torch.linspace(y_min, y_max, 100))
119      # 将网格点展平并进行预测
120      grid = torch.cat((xx.reshape(-1,1), yy.reshape(-1,1)), 1)
121      with torch.no_grad():
122          grid_pred = torch.sigmoid(model(grid)) > 0.5
123      # 创建图形
124      plt.figure(figsize=(8,6))
125      # 绘制决策区域
126      plt.contourf(xx.numpy(), yy.numpy(), grid_pred.numpy().reshape(xx.shape),
127                   alpha=0.3, levels=[0,0.5,1], colors=['#FFAAAA', '#AAAAFF'])
128      # 绘制测试样本点
129      plt.scatter(X_test[y_test.flatten()==1, 0], X_test[y_test.flatten()==1, 1],
130                  c='darkblue', edgecolors='k', label='正类')
131      plt.scatter(X_test[y_test.flatten()==0, 0], X_test[y_test.flatten()==0, 1],
```

```
132              c='maroon', edgecolors='k', label='负类')
133     plt.title('决策边界可视化')
134     plt.xlabel('特征 1')
135     plt.ylabel('特征 2')
136     plt.legend()
137     plt.savefig('决策边界 .png', dpi=300)
138     plt.show()
139 plot_decision_boundary()
```

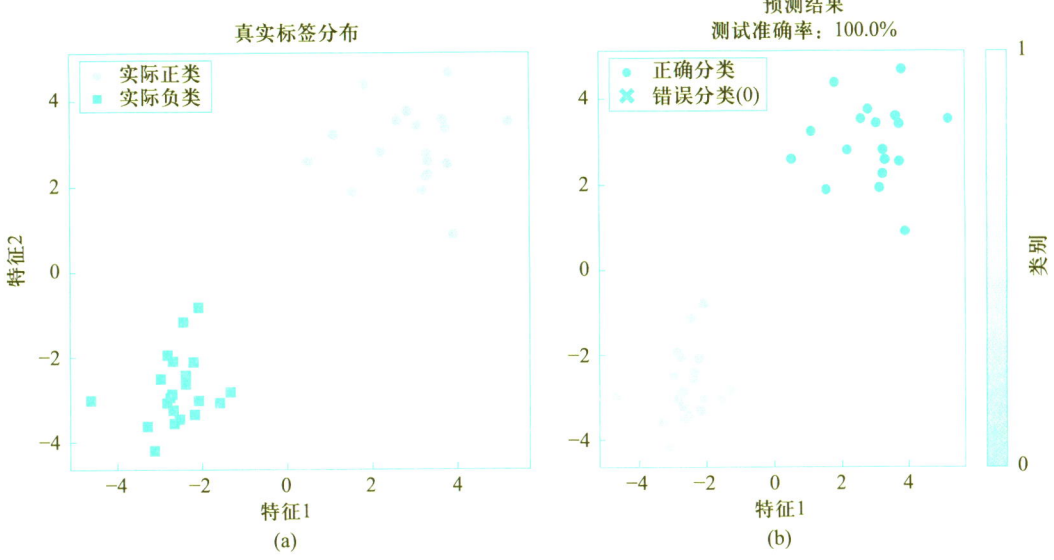

图 3.7　真实样本数据标签和预测的数据标签

决策边界（decision boundary）是模型在特征空间中划分不同类别的边界。它是模型通过学习数据特征后形成的决策规则的可视化体现，决定了模型如何对新的输入样本进行分类。本例中模型的决策边界如图 3.8 所示。

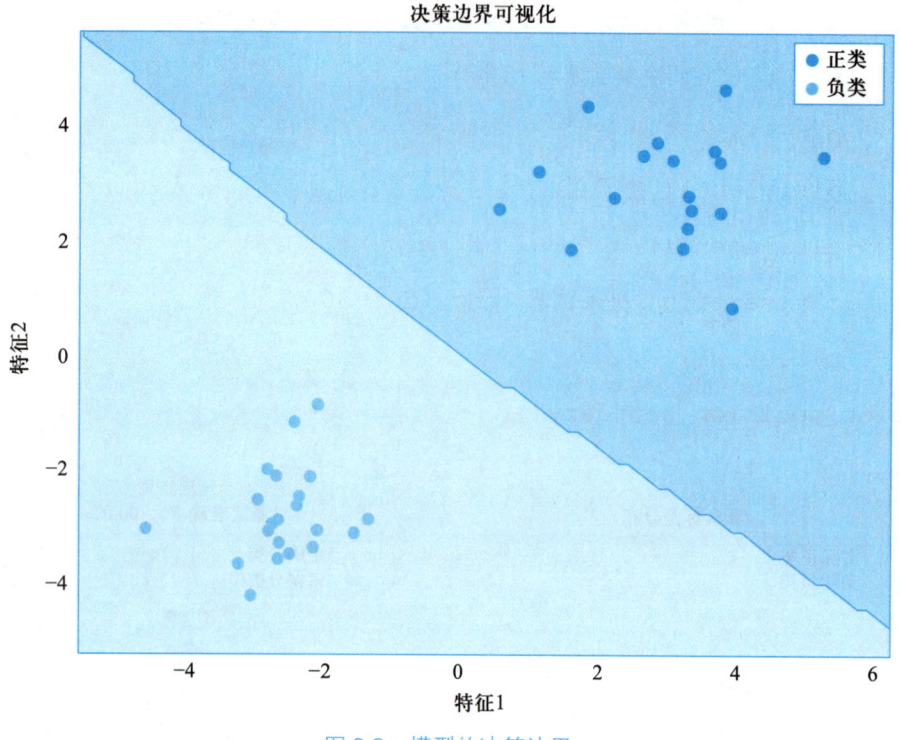

图 3.8　模型的决策边界

3.3　循环神经网络

教学课件：
3.3 循环神经网络

　　循环神经网络（recurrent neural network，RNN）是一类用于处理序列数据的神经网络。与传统的前馈神经网络不同，RNN 能够处理输入数据之间的时间依赖关系，使其特别适合处理自然语言处理、时间序列分析、语音识别等任务中的序列数据。RNN 的核心特性是网络中存在循环，这使得网络能够保持一个内部状态（或记忆），通过这种方式，网络可以利用之前的信息来影响后续的输出。简单来说，RNN 在处理每个新输入时，都会考虑之前接收过的信息。

　　尽管 RNN 在理论上能够处理任何长度的序列，但在实际应用中，它们常常面临梯度消失或梯度爆炸的问题，这使网络难以学习长距离的依赖关系。为了解决这些问题，研究者们开发了几种改进的 RNN，如长短期记忆网络（long short-term memory，LSTM）和门控循环单元（gated recurrent unit，GRU），这些变体通过引入门控机制来调控信息的流动，从而有效地捕捉长期依赖关系，提升了模型的性能和稳定性。

3.3.1 循环神经网络的原理

RNN 的基本单元通常包含三个主要部分：输入层、一个或多个隐藏层以及输出层。隐藏层在 RNN 中起着至关重要的作用，因为它们不仅处理当前的输入，还处理来自前一时间步的隐藏状态。因此，相比于前馈神经网络。其核心的特点是隐藏层具有到其自身的循环连接，随着时间序列的推进而更新。这种循环结构如图 3.9 所示，可以按照时间序列展开。

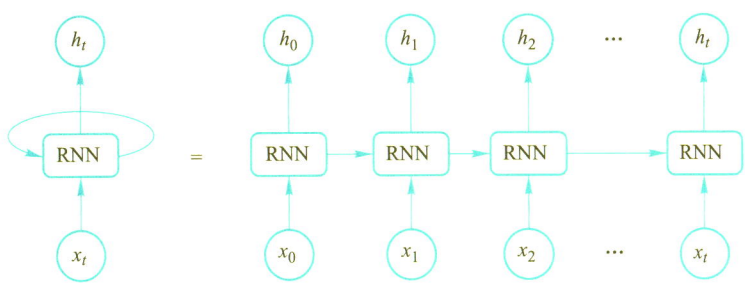

图 3.9 按照时间序列展开循环神经网络

对于最简单的 RNN 单元，我们可以用数学表达式来描述其运算过程，其隐藏状态更新计算方式为：

$$h_t = \sigma(W_h h_{t-1} + W_x x_t + b) \tag{3.22}$$

其中，h_t 是时间步 t 的隐藏状态，x_t 是时间步 t 的输入，W_h 和 W_x 分别是隐藏状态和输入的权重矩阵，b 是偏置项，σ 是激活函数。输出计算过程如下：

$$y_t = W_y h_t + c \tag{3.23}$$

其中，y_t 是时间步 t 的输出，W_y 是输出层的权重矩阵，c 是输出层的偏置项。这些表达式展示了 RNN 如何将前一时间步的隐藏状态 h_{t-1} 和当前时间步的输入 x_t 结合起来更新当前时间步的隐藏状态 h_t 的过程。当前的隐藏状态用于计算当前时间步的输出 y_t。在一个序列的处理过程中，RNN 重复使用上述的更新规则，从序列的第一个元素到最后一个元素。这种循环结构使得 RNN 能够在处理序列的每个新元素时，记住并利用之前的信息。

沿时间反向传播（backpropagation through time，BPTT）是用于训练循环神经网络（RNN）的关键技术。由于 RNN 的特殊结构，其训练不仅需要处理单个数据点，还需要考虑整个输入序列的时间依赖性。BPTT 实质上是反向传播算法的一个扩展，用于处理 RNN 的循环结构。在 RNN 中，每个时间步的输出不仅依赖于当前的输入，还依赖于前一时间步的隐藏状态。因此，网络的误差需要沿时间反向传播，以便更新影响过去多个时间步输出的权重。下面详细解释RNN中BPTT的原理和步骤。

在进行反向传播之前，需要计算出误差。鉴于RNN的时序特征，要在序列的每个时间步t，计算预测输出y_t与真实目标y_t^{target}之间的误差。常用的误差函数包括均方误差或交叉熵损失。从输出层反向传播到输入层。对于每个时间步t，计算输出层误差δy_t：

$$\delta y_t = \frac{\partial L}{\partial y_t} = y_t - y_t^{\text{target}} \text{（假设使用交叉熵损失）} \tag{3.24}$$

对输出层求梯度：

$$\frac{\partial L}{\partial W_y} = \sum_{t=1}^{T} \delta y_t \otimes h_t \tag{3.25}$$

$$\frac{\partial L}{\partial c} = \sum_{t=1}^{T} \delta y_t \tag{3.26}$$

将δy_t反向传播到隐藏层，计算隐藏层的误差δh_t：

$$\delta h_t = W_y^T \delta y_t + W_h^T \delta h_{t+1} \odot \sigma'(h_{t+1}) \tag{3.27}$$

其中，$\odot$表示逐元素乘法，$\sigma'(h_{t+1})$是激活函数的导数。计算梯度时，对于每个权重矩阵和偏置项，计算整个序列上的梯度累加：

$$\frac{\partial L}{\partial W_x} = \sum_{t=1}^{T} \delta h_t \otimes x_t \tag{3.28}$$

$$\frac{\partial L}{\partial W_h} = \sum_{t=1}^{T} \delta h_t \otimes h_{t-1} \tag{3.29}$$

$$\frac{\partial L}{\partial b} = \sum_{t=1}^{T} \delta h_t \tag{3.30}$$

其中，$\otimes$表示外积。更新权重的时候，使用梯度下降或其他优化算法更新权重：

$$W_x \leftarrow W_x - \eta \frac{\partial L}{\partial W_x} \tag{3.31}$$

$$W_h \leftarrow W_h - \eta \frac{\partial L}{\partial W_h} \tag{3.32}$$

$$W_y \leftarrow W_y - \eta \frac{\partial L}{\partial W_y} \tag{3.33}$$

其中，η是学习率。

以上过程看似复杂，但其过程并不难以理解。想象一下，RNN 是一个时间旅行者，它在处理序列数据时，不仅记得当前的信息，还能记得过去的信息。每一步的决策都受到之前历史的影响。在训练过程中，如果 RNN 做出了错误的预测，它需要回溯到过去，找出是哪些决策导致了错误，并改正这些决策。

在前向传播中，RNN 像是在读一本书，它一页一页地读，每读一页，都会根据当前页的内容和之前的记忆（隐藏状态）来更新自己的理解（更新隐藏状态）。每更新一次理解，它也会尝试做出一些预测（比如，预测下一页的内容）。

当 RNN 读完整本书后，再告诉它哪些预测是正确的，哪些是错误的。这相当于每个预测都会得到一个分数，分数越低表示预测越差，这就是计算误差的过程。

一旦发现预测错误，RNN 就需要回到过去，查看是哪些"决策"导致了这些错误。它不仅要修正最近的错误，还可能需要更远地回溯，因为早期的错误可能会影响后来的所有决策。这个过程就是沿着时间反向传播误差，它需要检查和调整每一步所做的决策（即更新权重）。

通过回溯，RNN 找到了可能的错误来源，并计算了需要如何调整每一步的决策来减少错误。这个调整过程涉及计算每个权重对最终误差的贡献（梯度计算），然后相应地调整权重（权重更新），以期在未来做出更好的预测。训练时，RNN 需要多次重复这个过程，每次都尝试减少错误，直到它能够很好地理解整本书（序列数据），做出准确的预测，这就是迭代更新的过程。

然而，在 RNN 中，随着时间步的增加，通过时间反向传播的梯度可能会越来越小，直到几乎为零。这导致网络在更新权重时，对于序列前面部分的信息几乎没有学习，使得网络难以捕捉长距离依赖，这个问题称为梯度消失。另一方面，梯度也可能随时间步急剧增大，导致权重更新过大，使得学习过程不稳定。这通常会导致网络性能极度不稳定，甚至发散，这个问题称为梯度爆炸。这些问题主要由于 RNN 在进行反向传播时，梯度是通过连续的矩阵乘法传递的，这些矩阵在多次乘法后可能导致梯度非常小或非常大。

同时，当序列非常长时，RNN 难以学习到序列开始部分和结束部分之间的依赖关系。这是因为在每个时间步，信息需要通过隐藏状态传递，每传递一步都可能导致信息的丢失。为了解决这些问题，研究者们对 RNN 的设计进行了改进，进而提出了长短期记忆网络和门控循环单元这两种特殊类型的 RNN。

3.3.2 长短期记忆网络

长短期记忆网络（LSTM）是一种特殊类型的 RNN，设计用于解决标准 RNN 在处理长序列数据时面临的梯度消失和长期依赖问题。LSTM 通过引入一个复杂的内部结构，包括三个控制门（输入门、遗忘门、输出门）和一个细胞状态（cell state），来维护和更新网络的内部状态。cell state 在其他参考资料中有多种翻译方式，如内部记忆单元、记忆细胞、单元状态等，其含义是一致的。本书将用直接对应于英文的 cell state 进行翻译，将其译为细胞状态。LSTM 在每个时间步处理输入，同时更新其内部隐藏状态和细胞状态，以捕捉长期依赖关系，其结构如图 3.10 所示。以下分别对输入门、遗忘门、输出门和细胞状态的更新进行介绍。

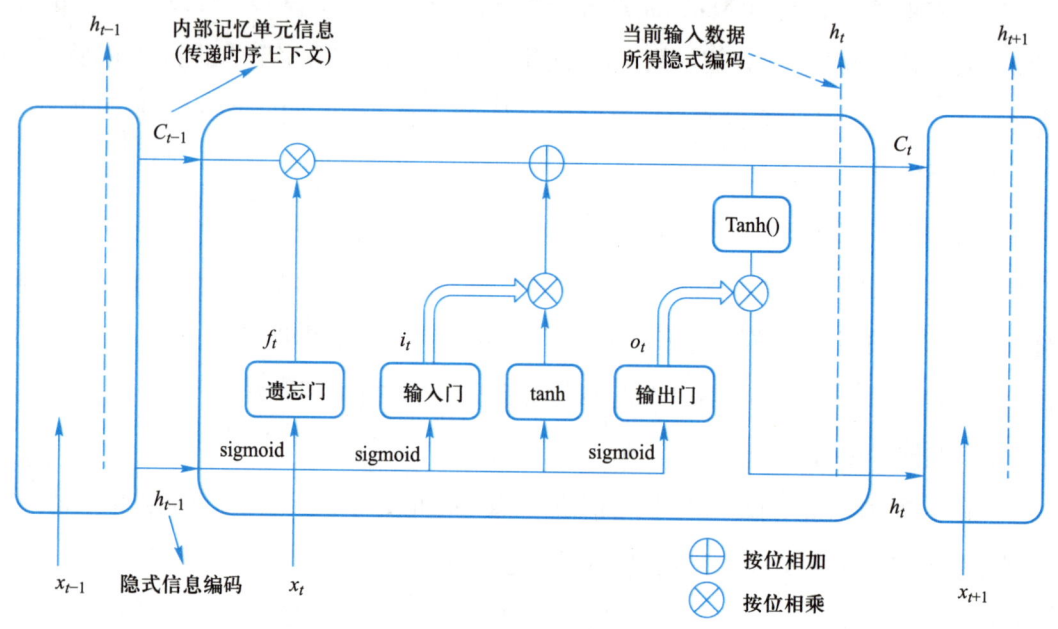

图 3.10 长短期记忆网络结构

（1）输入门（input gate）。输入门是在 LSTM 网络的一个重要组件，它的主要职责是确定哪些新的输入信息应该被更新到细胞状态中。输入门的作用是选择性地更新内部记忆，从而允许网络从新输入中学习重要信息，同时忽略不相关的数据。输入门包含一个使用 sigmoid 激活函数的神经网络层，这个层决定了每个输入元素对细胞状态的影响程度。此外，还有一个 tanh 激活函数的层，用于生成候选细胞状态，这个状态包含了可能添加到细胞状态的调整值。

输入门的计算可以分为两部分——输入门激活和生成候选细胞状态。输入门激活的计算方式为：

$$i_t = \sigma(W_i \cdot [h_{t-1}, x_t] + b_i) \quad (3.34)$$

其中，i_t 是时间步 t 的输入门输出，σ 表示 sigmoid 激活函数，W_i 是输入门的权重矩阵，$[h_{t-1}, x_t]$ 是前一个隐藏状态 h_{t-1} 和当前输入 x_t 的连接，b_i 是输入门的偏置项。候选细胞状态生成计算如下：

$$\tilde{C}_t = \tanh(W_C \cdot [h_{t-1}, x_t] + b_C) \quad (3.35)$$

其中，$\tilde{C}_t$ 是候选细胞状态，这是一个经过 tanh 激活的值，表示可能加入到当前细胞状态的新信息。W_C 是生成候选细胞状态的权重矩阵，b_C 是相应的偏置项。

输入门使 LSTM 能够在每个时间步决定接受新信息的程度，这是其对信息流的精细控制能力的体现。通过这种机制，LSTM 可以有效地处理具有长期依赖性的数据序列，因为它可以学习在何时引入新的信息以及何时忽略无关的输入，从而优化其记忆和预测能力。

（2）遗忘门（forget gate） 遗忘门是在 LSTM 网络中的另一个关键组件，它的主要作用是控制细胞状态中哪些信息应当被保留，哪些应当被遗忘。这使得 LSTM 能够在处理序列数据时，动态地删除不再需要的信息，从而更有效地管理内部记忆。遗忘门的结构包括一个使用 sigmoid 激活函数的神经网络层，其输出决定了从细胞状态中保留或删除信息的程度。sigmoid 函数的输出范围是 0 到 1，其中，0 表示"完全遗忘"，而 1 表示"完全保留"。遗忘门的计算可以表示为：

$$f_t = \sigma(W_f \cdot [h_{t-1}, x_t] + b_f) \quad (3.36)$$

其中，f_t 是在时间步 t 的遗忘门输出，W_f 是遗忘门的权重矩阵，b_f 是遗忘门的偏置项。

（3）细胞状态的更新 细胞状态的更新结合了输入门和遗忘门的输出。输入门的输出 i_t 和候选细胞状态 $\tilde{C}_t$ 的元素乘积决定了将多少新信息加入到细胞状态中。遗忘门的输出 f_t 与细胞状态的前一个值 C_{t-1} 相乘，以决定哪些信息将被保留到下一个时间步。细胞状态的更新方法为：

$$C_t = f_t \odot C_{t-1} + i_t \odot \tilde{C}_t \quad (3.37)$$

其中，f_t 是遗忘门的输出，C_{t-1} 是前一个时间步的细胞状态，决定了保留多少旧信息，i_t 是输入门的输出，决定了多少新信息将被加入到细胞状态，$\tilde{C}_t$ 是由当前输入和前一个隐藏状态生成的候选细胞状态，C_t 是当前时间步更新后的细胞状态。

（4）输出门（output gate） 输出门是控制信息从细胞状态到隐藏状态的流动的关键组件。输出门的主要功能是决定当前细胞状态中的哪些信息应该被输出到隐藏状态，即决定了在当前时间步输出什么样的信息。这个机制使得 LSTM 能够有选择性地输出信息，对于下游任务如预测和分类至关重要。

输出门的计算涉及输出门激活和隐藏状态更新。其中，输出门激活计算方式为：

$$o_t = \sigma(W_o \cdot [h_{t-1}, x_t] + b_o) \tag{3.38}$$

其中，o_t 是时间步 t 的输出门的输出，W_o 是输出门的权重矩阵，b_o 是输出门的偏置项。更新隐藏状态时，计算过程为：

$$h_t = o_t \odot \tanh(C_t) \tag{3.39}$$

这里 $\tanh(C_t)$ 提供了细胞状态的归一化版本，来控制激活值的范围，使其在 -1 到 1 之间。h_t 是当前时间步的隐藏状态，它是输出门 o_t 和激活后的细胞状态 $\tanh(C_t)$ 的元素乘积，决定了最终的输出。

输出门的主要功能是控制信息的输出，确保网络可以根据当前细胞状态的重要性来输出相关信息。这种控制机制允许 LSTM 在不同的时间步骤上有选择性地隐藏或透露信息。

尽管这三个门在操作上看起来相似，都涉及权重矩阵、偏置项和激活函数，但它们各自控制的信息类型和目的是不同的。遗忘门主要负责从细胞状态中移除不再需要的信息；输入门负责向细胞状态中添加新的、有用的信息；输出门负责控制何时以及如何将细胞状态的信息传递到隐藏状态。

3.3.3 门控循环单元

门控循环单元是一种用于处理序列数据的深度学习模型，类似于长短期记忆网络，但结构上更为简化。GRU 由 Kyunghyun Cho 等人在 2014 年提出，旨在解决标准循环神经网络中的梯度消失问题，同时降低了计算复杂性。

GRU 的核心在于两个门：更新门（update gate）和重置门（reset gate）。这两个门协同工作，决定如何将新的输入信息整合到当前的记忆中。其结构如图 3.11 所示。

更新门决定了细胞状态（记忆内容）应该被多大程度上更新，类似于 LSTM 中的遗忘门和输入门的结合。更新门 z_t 的计算公式如下：

$$z_t = \sigma(W_z \cdot [h_{t-1}, x_t] + b_z) \tag{3.40}$$

其中，W_z 是更新门的权重矩阵，h_{t-1} 是前一个时间步的隐藏状态，x_t 是当前时间步的输入，b_z 是偏置项。这里使用的是 sigmoid 激活函数，输出值在 0 到 1 之间，决定保留多少旧的记忆。

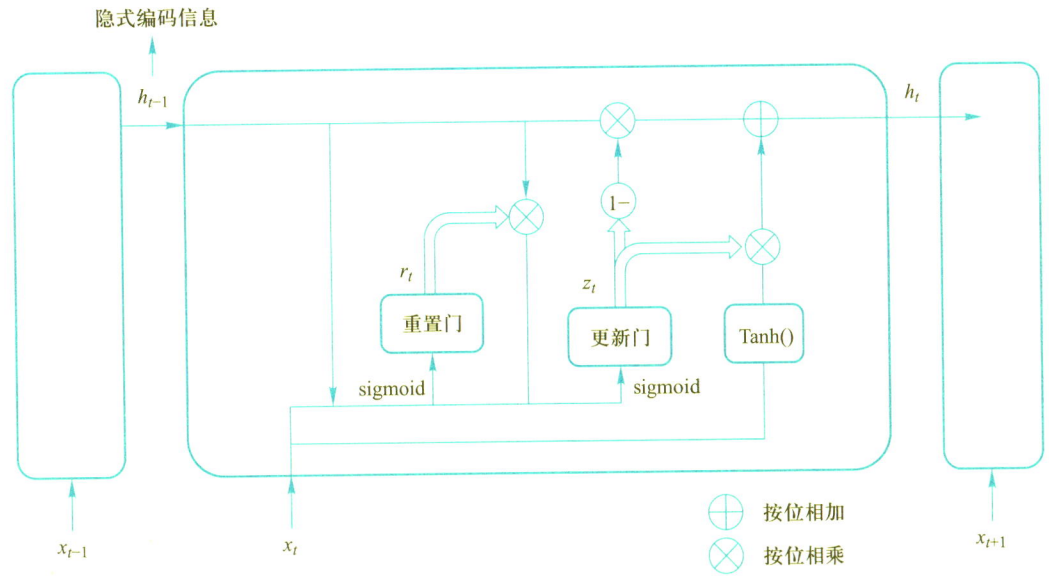

图 3.11　门控循环单元结构

重置门决定了多少过去的信息需要被忘记，它影响了新的候选隐藏状态的计算，这有助于捕捉序列中的短期依赖关系。重置门 r_t 的计算公式如下：

$$r_t = \sigma(W_r \cdot [h_{t-1}, x_t] + b_r) \tag{3.41}$$

其中，W_r 是重置门的权重矩阵，其他符号与更新门中的相同。

候选隐藏状态 $\tilde{h}_t$ 是基于重置门的输出，决定如何结合新的输入和过去的信息。其计算公式如下：

$$\tilde{h}_t = \tanh(W_h \cdot [r_t \odot h_{t-1}, x_t] + b_h) \tag{3.42}$$

其中，W_h 是候选隐藏状态的权重矩阵，$r_t \odot h_{t-1}$ 表示重置门的输出与前一个隐藏状态的元素乘积，这决定了多大程度之前的记忆将被考虑，b_h 是偏置项。

最终的隐藏状态 h_t 是由更新门控制，决定保留多少旧的隐藏状态和多少新的候选隐藏状态，公式为：

$$h_t = (1 - z_t) \odot h_{t-1} + z_t \odot \tilde{h}_t \tag{3.43}$$

这个公式显示了当前隐藏状态是如何从前一个隐藏状态和当前的候选隐藏状态中混合而来的。

与 LSTM 相比，GRU 有更少的参数（没有输出门），这使得它在某些情况下训练更快，调参更简单。同时，通过更新门和重置门的设计，GRU 能够灵活地捕捉序列中的长期和短期依赖。

3.3.4 循环神经网络实践案例

本节使用 PyTorch 来实现一个 RNN 的简单案例，用于演示如何使用 RNN 模型来预测时间序列数据。案例中将使用一个合成的简单正弦波数据作为输入，目的是训练一个模型来预测序列的下一个时间步的值。

首先，利用 numpy 生成需要的正弦波数据，并将其处理成 PyTorch 可用的格式。这里定义了一个函数 create_dataset，将连续的数据点转换为适用于 RNN 训练的输入序列和对应的输出值。

接下来，定义一个包含单个 RNN 层和一个线性输出层的模型。这里创建了一个继承自 nn.Module 的 RNN 模型类，包括一个 RNN 层和一个线性输出层。RNN 层负责处理序列数据并提取特征，输出层则将这些特征转换为最终的预测结果。

然后，定义损失函数和优化器。这里使用均方误差（MSE）作为损失函数，这是回归任务中常见的损失函数。选择 Adam 优化器进行模型参数优化，这是一种常用的自适应学习率优化算法。

训练过程中进行多次迭代，每次迭代中包括前向传播、损失计算、反向传播和参数更新。每隔一定的周期输出当前的损失值，以监控训练进度。

训练完成后，将模型设置为评估模式，然后对训练集进行预测，得到时间序列的预测结果。这里使用 matplotlib 绘制实际数据和预测数据的对比图，并给出了在迭代了 10 次时和迭代 100 次时实际数据和预测数据的对比图，如图 3.12 所示。

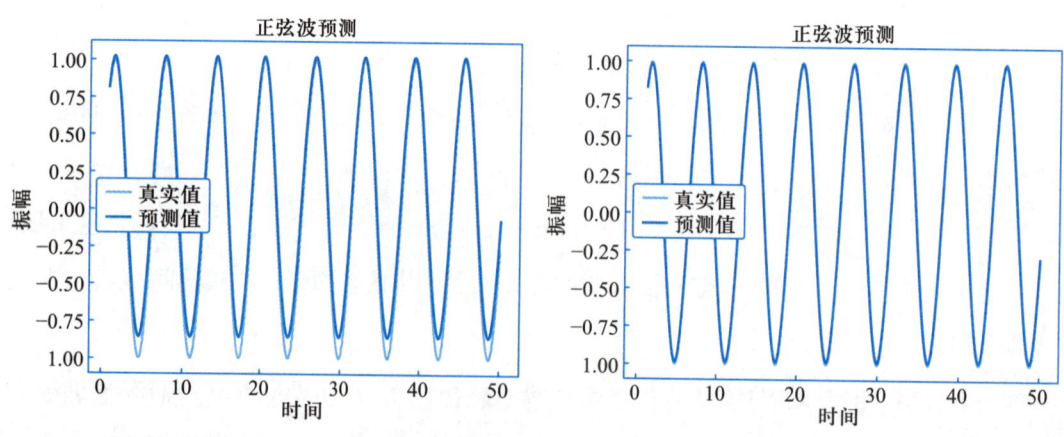

图 3.12 迭代 10 次（左）和 100 次（右）的实际数据和预测数据对比图

```python
import torch
import torch.nn as nn
import numpy as np
import matplotlib.pyplot as plt
from torch.autograd import Variable
plt.rcParams['font.sans-serif'] = [ 'Songti SC','SimSun','SimHei' , 'Arial Unicode MS']    # 设置matplotlib支持中文显示
plt.rcParams['font.family']=['sans-serif']
plt.rcParams['axes.unicode_minus'] = False   # 解决保存图像是负号'-'显示为方块的问题
# 生成正弦波数据
t = np.linspace(0, 50, 500)
data = np.sin(t)
# 准备数据集
def create_dataset(data, n_steps):
    X, y = [], []
    for i in range(len(data) - n_steps):
        X.append(data[i:i+n_steps])
        y.append(data[i+n_steps])
    return np.array(X), np.array(y)
n_steps = 10
X, y = create_dataset(data, n_steps)
# 转换为 PyTorch tensors
X = torch.from_numpy(X).float().reshape(-1, n_steps, 1)
y = torch.from_numpy(y).float().reshape(-1, 1)
# 定义RNN模型
class RNNModel(nn.Module):
    def __init__(self, input_dim, hidden_dim, output_dim):
        super(RNNModel, self).__init__()
```

```python
28        self.rnn = nn.RNN(input_dim, hidden_dim, batch_
              first=True)
29        self.linear = nn.Linear(hidden_dim, output_dim)
30    def forward(self, x):
31        out, _ = self.rnn(x)
32        out = self.linear(out[:, -1, :])  # 取最后一个时间步的输出
33        return out
34 # 初始化模型
35 model = RNNModel(input_dim=1, hidden_dim=50, output_dim=1)
36 # 定义损失函数和优化器
37 criterion = nn.MSELoss()
38 optimizer = torch.optim.Adam(model.parameters(), lr=0.01)
39 # 训练模型
40 num_epochs = 10
41 for epoch in range(num_epochs):
42     model.train()
43     optimizer.zero_grad()
44     outputs = model(X)
45     loss = criterion(outputs, y)
46     loss.backward()
47     optimizer.step()
48     if (epoch+1) % 50 == 0:
49         print(f'Epoch [{epoch+1}/{num_epochs}], Loss: {loss.item():.4f}')
50 # 预测和可视化
51 model.eval()
52 predicted = model(X).detach().numpy()
53 plt.plot(t[n_steps:], data[n_steps:], label='真实值')
54 plt.plot(t[n_steps:], predicted, label='预测值')
```

```
55  plt.title(" 正弦波预测 ")
56  plt.xlabel(" 时间 ")
57  plt.ylabel(" 振幅 ")
58  plt.legend()
59  plt.savefig('正弦波 _10.png', dpi=300)
60  plt.show()
```

上述案例主要展示了 RNN 在处理和预测时间序列数据方面的能力。通过这种方式，可以进一步探索不同的网络结构（如 LSTM 或 GRU）和参数调整，以优化模型的性能。在 PyTorch 中，创建 LSTM、GRU 的命令分别是使用 torch.nn.LSTM 和 torch.nn.GRU 类。在训练框架中，这些常用网络结构已经被封装好，可以直接调用。

3.4 卷积神经网络

教学课件：
3.4 卷积神经网络

卷积神经网络（convolutional neural network，CNN）是深度学习中一种强大的模型，专门设计用于处理具有网格状结构的数据，如图像、视频帧和音频波形。这些网络通过卷积层来执行其核心操作，卷积层使用一组学习得到的滤波器系统性地应用于整个输入数据，有效捕捉局部特征如边缘、纹理等。随后的池化层则负责降低特征图的空间维度，通过最大值或平均值操作提取最重要的特征，从而减少计算量并提高模型的泛化能力。CNN 在图像识别、面部识别、自动驾驶等领域显示出卓越的性能，同时也被应用于处理文本和音频数据，例如通过将音频信号转换为频谱图后用于语音识别任务，或者在自然语言处理中通过识别文本中的关键模式来进行情感分析或文本分类。

3.4.1 卷积操作

卷积操作是卷积神经网络的核心部分，它主要用于提取输入数据（如图像）中的特征。卷积操作通过卷积核（也称为滤波器或卷积矩阵）来实现，这些卷积核在输入数据上滑动（或称"卷积"），以提取重要的空间特征。

假设有一个 3×3 的卷积核如图 3.13 所示，这个卷积核包含一组学习得到的权重。

这个特定的卷积核有助于检测图像中的边缘。卷积核

0	1	0
1	−4	1
0	1	0

图 3.13 卷积核示意图

在输入数据(例如,一个5×5的图像)上按照预定的步长(例如步长为1)滑动,每次滑动对应于卷积核覆盖的图像区域。在每个位置,卷积核的每个元素与其覆盖的输入图像的对应元素相乘,然后将这些乘积求和得到一个单一的输出值。这个输出值构成输出特征图的一部分。然后,卷积核继续在整个图像上滑动,直到每个可能的位置都被覆盖,形成完整的特征图。

假设有一个如图3.14所示的5×5的输入图像矩阵,使用上述3×3的卷积核进行卷积操作:

3	0	1	2	7
1	5	8	9	4
3	7	6	5	2
4	6	1	2	0
9	1	3	4	5

图3.14　5×5的输入图像矩阵

从左上角开始,卷积核的第一次覆盖是输入图像的前三行和前三列。计算如下:

$0×3+1×0+0×1+1×1+(-4)×5+1×8+0×3+1×7+0×6$
$=0+0+0+1-20+8+0+7+0=-4$

-4	-11	-17
-8	-3	-1
-11	13	2

图3.15　卷积后的特征图

这个 -4 是输出特征图中左上角第一个位置的值。卷积核继续按照步长为1向右和向下移动,对每个新位置重复上述过程,直到覆盖整个图像。通过上述操作,将得到一个较小尺寸的3×3的输出特征图,如图3.15所示。

这个特征图捕捉了输入图像中与卷积核相对应的局部特征,这一操作就是卷积。在实际应用中特征图的尺寸取决于输入尺寸、卷积核尺寸、步长和是否使用填充。

3.4.2　池化操作

池化(pooling)是卷积神经网络中常用的一种操作,主要目的是降低特征图的空间尺寸(宽度和高度),从而减少参数数量和计算量,同时保持重要的特征。池化操作通常跟在卷积层之后。最常见的池化操作包括最大池化(max pooling)和平均池化(average pooling)。

池化开始时需要首先选择池化窗口的大小和步长。池化窗口定义了池化操作在输入特征图上滑动时覆盖的区域大小。步长决定了池化窗口移动的距离。在每个池化窗口上，根据池化类型（最大或平均），选择窗口内的最大值或计算窗口内所有值的平均值。然后，池化窗口按照设定的步长在特征图上滑动，重复应用池化操作，直到覆盖整个输入特征图。池化操作的结果是一个新的、尺寸更小的特征图，其中包含了压缩后的信息。

假设对图 3.15 中的 3×3 的输出特征图，选择一个 2×2 的池化窗口和步长为 1 来进行最大池化。第一个窗口，覆盖左上角的四个元素，显然最大值为 –3。然后向右移动一个步长，覆盖第一行和第二行的中间和右边的元素，最大值为 –1。接着向下和向右移动步长，最终得到一个 2×2 的新的特征图如图 3.16 所示。

图 3.16　池化后的特征图

这个过程展示了如何通过池化减少特征图的尺寸，同时保留最重要的特征（在最大池化的情况下是局部最大值）。这有助于使网络对小的位置变化保持不变性，并减少计算复杂度。

3.4.3　卷积神经网络

CNN 主要由卷积层、激活层、池化层和全连接层组成。卷积层是 CNN 的核心层，主要功能是进行卷积运算。卷积运算通过卷积核对输入数据进行处理，提取输入数据的特征。每个卷积核负责从输入数据中检测特定的特征，在网络中通常有多个卷积核，以提取不同类型的特征，比如图像的边缘、颜色或纹理等。通常在每个卷积层之后会跟一个激活层，用于引入非线性，使得网络可以学习更复杂的特征。ReLU 是最常用的激活函数。池化层通常用于减少特征图的维度，从而减少计算量和避免过拟合。在多个卷积层和池化层后，CNN 通常会包含几个全连接层，其目的是将卷积层和池化层学习到的高级特征组合用于进行最终的分类或回归任务。全连接层中的每个神经元与前一层的所有神经元相连。在传统的 CNN 中，全连接层通常位于网络的末端。

卷积神经网络（CNN）的参数调整是一个系统性过程，需要综合考虑数据特性、任务目标以及计算资源等因素，以达到最佳的平衡。这一过程通常涵盖数据预处理、模型结构设计、优化策略选择、正则化应用以及学习率调整等多个方面。

在数据预处理阶段，一般会将输入数据统一到相同的尺寸，以便于模型处理。同时，通过旋转、翻转、缩放等数据增强操作来扩充训练数据集，从而增强模型对数据变化的适应能力，有效防止过拟合现象的发生。

模型结构的设计需要细致考虑卷积层、池化层以及网络深度等关键要素。卷积核的数量通常从浅层到深层逐渐增加，这样能够更好地捕捉从边缘到语义的层次化特征。卷积核的尺寸也常常采用 3×3，并结合其他尺寸以适应不同的特征提取需求。池化层的选择方面，最大池化能够保留窗口内最显著的特征响应，如边缘、纹理等，适用于分类和目标检测任务；而平均池化则保留窗口内特征的整体强度，更适合分割等任务。对于网络深度，应根据任务的复杂程度来选择合适的层数，任务越复杂，所需的层数通常越深。需要注意的是，网络层数过深可能会导致梯度消失问题，此时可考虑加入残差连接（如 ResNet 中的设计）来缓解这一问题。另外，可以通过交叉验证等方法来筛选出最优的参数组合，确保模型的性能和泛化能力。

在优化算法的选择上，不同的优化算法（如 SGD、Adam、RMSprop）会对模型的训练效果和收敛速度产生不同的影响。因此，需要根据具体任务和数据的特点，精心选择最适合的优化算法，以提高训练效率和模型性能。

正则化参数的调整同样是参数调整过程中的重要环节。正则化技术（如 L1/L2 正则化、Dropout）被广泛用于防止模型过拟合。其中，L1 正则化通过在损失函数中添加权重的绝对值之和，鼓励稀疏性；而 L2 正则化则添加权重的平方和，有助于防止权重值过大。Dropout 技术则是在训练过程中随机失活一部分神经元，从而有效减少过拟合的风险，提高模型的泛化能力。

学习率作为优化策略中的关键参数，决定了优化过程中参数更新的步长大小。过高的学习率可能导致训练过程不稳定，而过低的学习率则会使训练过程过于缓慢。为了更好地控制学习率，可以通过学习率调度器或采用自适应学习率优化算法（如 Adam）来动态调整学习率，以达到更理想的训练效果。

3.5 本章小结

在本章中，首先对深度学习和神经网络的基础知识进行了系统的探讨，涵盖了神经网络的工作原理、关键技术和主要架构。我们从神经网络的基本组成部分开始，详细解释了神经元、激活函数以及网络训练过程中必不可少的反向传播算法。接着，我们分别深入分析了三种主流的神经网络模型：前馈神经网络、循环神经网络和卷积神经网络。每种模型都针对特定类型的数据和任务设计，例如前馈神经网络常用于简单的分类和回归任务，循环神经网络擅长处理序列数据，而卷积神经网络则在图像和视频分析领域表现出色。

通过本章的学习，读者不仅可以理解这些网络如何构建和训练，还能够把握它们在现代 AI 应用中的实际应用场景。这些知识将帮助读者更好地理解深度学习技术的强大能力，并为进一步探索更为复杂的机器学习模型和算法打下坚实的基础。

思考与练习

1. 在前馈神经网络中，反向传播的主要目的是什么？
2. 感知机模型的基本结构及其局限性是什么？
3. 在循环神经网络中，为什么会出现梯度消失和梯度爆炸问题？如何解决这些问题？
4. 解释梯度下降法的工作原理。
5. 在训练神经网络时，为什么需要使用损失函数？
6. 卷积神经网络中卷积操作和池化操作的作用是什么？
7. 使用 PyTorch 实现一个简单的神经网络的搭建。

第 4 章　自然语言处理

自然语言处理（natural language processing，NLP）是计算机科学与人工智能领域的重要分支，旨在赋予计算机理解、解释及生成人类语言的能力。从早期的基于规则驱动的方法到现代的深度学习技术，NLP 经历了多次革命性突破，极大地推动了机器翻译、情感分析和问答系统等应用的发展。

4.1　自然语言处理概述

教学课件：
4.1 自然语言处理概述

自 20 世纪 50 年代计算机科学诞生起，自然语言处理便开启了其漫长而丰富的发展历程。早期的自然语言处理系统主要基于规则驱动的方法，这种方法完全依赖语言学家们制定的复杂语法规则来进行语言的解析与生成。例如，早期的机器翻译系统，如语言自动处理咨询委员会（automatic language processing advisory committee，ALPAC）报告中所提及的系统，通过直接转换源语言的词汇和语法规则来生成目标语言文本。然而，这种方法存在明显的局限性，因为它需要耗费大量的人工劳动来编写和维护这些规则，这些基于规则的系统通常只适用于特定的语言对以及相对有限和特定的语言使用场景，缺乏灵活性和广泛的适用性。

在自然语言处理的发展历程中，随着 20 世纪 80 年代和 90 年代统计学方法的成熟，统计机器翻译（statistical machine translation，SMT）通过利用大量双语语料库来学习词汇和短语的转换规则，显著提升了翻译质量。统计方法的核心思想是通过分析大量数据来发现语言之间的概率关联，而不是依赖硬编码的语法规则，从而有效处理复杂语言现象。

进入 21 世纪，机器学习为自然语言处理带来了从特征工程到模型自动学习的转变。支持向量机、隐马尔可夫模型等机器学习技术被广泛用于词性标注、命名实体识别等任务。这些方法通常需要大量标注数据，能够自动从数据中学习特征，减少了对专家知识的依赖。到了2010年后，随着大数据和计算能力的飞速发展，深度学习技术开始主导自然语言处理领域。通过使用神经网络，如循环神经网络、长短期记忆网络等模型，深度学习方法能够处理序列数据，捕捉长距离依赖，并在不需要明确语言规则的情况下，从原始文本数据中直接学习复杂的语言模式。大模型的兴起，进一步推动了文本生成、机器翻译、情感分析等应用的发展。这些技术不仅改进了语言模型的性能，还扩展了自然语言处理的应用范围。

自然语言处理涉及多种基本概念和技术，如语料库、语言模型、词法分析、句法分析和语义分析。语料库是收集特定语言数据的大型文本集合，这些文本数据被用来训练和评估自然语言处理模型。一个好的语料库应该包含多样化的文本类型和丰富的语言表达，以确保模型能够学习到语言的广泛特性。语言模型是用来计算或预测词序列（句子或短语）出现概率的模型。传统的语言模型依赖于统计方法，而现代的语言模型则基于深度学习技术，能够捕捉更长距离的依赖关系和更复杂的语言模式。词性标注、分词等技术是构建复杂自然语言处理系统的基石。词法分析帮助模型理解单词的形态，句法分析解析句子结构，而语义分析则探讨句子的含义。这些技术的发展和完善，使得计算机不仅能够解析文本信息，还能够理解和生成符合人类语言习惯的内容。

如今，自然语言处理已成为现代技术不可或缺的一部分，其应用已广泛渗透到日常生活的多个方面。在搜索引擎中，自然语言处理技术通过改善搜索结果的相关性，帮助用户更精准地获取所需信息。在推荐系统中，它通过分析用户的评论和反馈，提供更加个性化的推荐，提升用户体验。在社交媒体分析中，自然语言处理用于情感分析，帮助企业深入了解公众情绪和市场反馈。在客户服务领域，自动聊天机器人借助自然语言处理技术处理和回应用户的请求，提高服务效率和质量。随着算法的不断创新以及计算能力的显著提升，自然语言处理技术将在更多领域展现出其深远的影响力，为人们的生活和工作带来更多的便利和创新。

4.2 文本预处理

教学课件：
4.2 文本预处理

　　文本预处理是自然语言处理中的一个关键步骤，其主要目的是将原始文本转换成适合机器学习模型处理的格式。正确的文本预处理不仅可以提高数据处理效率，还能显著提升模型的性能和准确性。

4.2.1 词汇分割

在 NLP 中,将文本分割成更小的单元是文本预处理的基本步骤之一。这些单元可以是词、子词或字符。这一过程通常被称为分词(tokenization)。比如,将"自然语言处理是人工智能领域的一个重要方向,其目的是让计算机能够理解自然语言的含义"这句话分词后的结果如下:

自然语言 / 处理 / 是 / 人工智能 / 领域 / 的 / 一个 / 重要 / 方向 / ,其 / 目的 / 是 / 让 / 计算机 / 能够 / 理解 / 自然语言 / 的 / 含义

分词的方法和工具各异,根据处理的语言(如中文或英文)的特点,分词的方法也会有所不同,常见方法包含基于规则的分词、基于统计的分词,以及基于深度学习的分词等。

1. 基于规则的分词

基于规则的分词是一种使用预定义规则来识别文本中的单词或短语边界的方法。这种方法依赖于语言学知识,需要对语言的结构和格式有深入的理解。基于规则的分词通常不需要训练数据,而是依赖于开发者根据特定语言的语法和词法特征设定的规则。在英文中,这通常涉及空格和标点符号的使用,因为英文单词之间通常由空格分隔。规则也可能包括处理缩写、数字和其他特殊字符的策略。中文没有明显的词界分隔符,因此基于规则的中文分词通常依赖于词典和一系列复杂的语言规则来确定词的边界。

中文的基于规则的分词通常涉及以下几个步骤:

词典匹配:使用一个预定义的词典,通过扫描输入文本,匹配词典中的词汇。根据匹配的方向和策略,词典匹配可以分为正向匹配、逆向匹配和最长匹配等多种方式。正向匹配是从输入文本的左端开始,逐步向右扫描,尝试在词典中找到与当前扫描窗口内容相匹配的词汇。一旦找到匹配项,就将该词汇作为识别结果的一部分,并将扫描窗口移动到匹配项的末尾继续进行匹配。逆向匹配是从右到左依次匹配。

处理未知词:对于词典中不存在的词,需要设计特定的规则来识别新词,可能涉及对常见的词根和词缀的分析。

歧义消解:中文中经常出现由于多个词汇可能匹配同一字符串导致的歧义。例如,"北京银行时间"可以分词为"北京 / 银行 / 时间"或"北京银行 / 时间"。基于规则的方法需要额外的语境分析或更复杂的语法规则来解决这类问题。

语义分析:有时候单纯的词典匹配和简单规则无法准确分词,需要引入语义分析来辅助确定最合适的分词方式。

设计有效的基于规则的分词系统，需要足够广泛的规则，能够覆盖大多数情况，同时又要足够精确，以避免错误的分词。同时，当多个规则都适用时，需要有明确的优先级来决定使用哪个规则。这种方法虽然在一些情况下效果显著，但它的局限性在于规则的创建和维护成本高，且难以覆盖所有语言现象。因此，在实际应用中，基于规则的方法常常与基于统计或基于深度学习的方法结合使用，以提高分词的准确性和鲁棒性。

2. 基于统计的分词

基于统计的分词方法利用大量标注好的语料库来学习词汇之间的概率关系，从而预测未知文本中单词的边界。这种方法不依赖于硬编码的语言规则，而是通过统计模型来理解和处理文本数据。基于统计的分词在处理复杂的语言现象和歧义问题时尤为有效。它通常需要一个已分词的大型语料库作为训练数据。通过统计模型，使用机器学习技术，模型能够学习词的概率分布，以此来预测文本中词的边界。

基于统计的分词通常包括数据准备、特征提取、模型训练、模型应用4个步骤。首先需要收集并准备大量的已分词文本作为训练数据，接着从训练数据中提取有助于分词的特征，如字符组合、词频、上下文信息等，然后使用统计算法对特征和词边界之间的关系进行建模，最后，将训练好的模型应用于新的文本数据，以预测词边界。

常用的统计模型包含隐马尔可夫模型（hidden markov model，HMM）、条件随机场（conditional random field，CRF）等。HMM模型中，每个字符被视为一个状态，字符之间的转移概率基于训练数据中字符序列的出现频率。该模型假设每个状态（字符）的转移只依赖于前一个状态（字符），这种"一阶"依赖关系简化了计算，但可能限制了模型处理复杂语境的能力。与HMM不同，CRF是一种更复杂的统计模型，不仅考虑转移概率，还考虑了状态本身的特征，使得模型能更准确地处理依赖于广泛上下文的语言现象。与基于规则的分词方法相比，基于统计的方法可以适应不同类型的文本和语言，且对于复杂和多变的语言现象，如歧义和新词，统计方法通常比基于规则的方法更准确。然而，统计方法在很大程度上依赖于大量高质量的标注数据，在训练过程中需要大量的计算资源，而且模型选择和调整参数对使用者的专业知识和经验有较高要求。

3. 基于深度学习的分词

基于深度学习的分词方法是近年来自然语言处理领域的一大突破，它利用复杂的神经网络模型来学习文本中词汇的边界。这种方法不仅能够捕捉到基于规则和统计方法中的特征，还能自动从大量数据中学习更深层次的语言结构和语义信息，从而提高分词的准确性和效率。

尽管基于统计的分词和基于深度学习的分词都需要进行模型的训练，但其训练过程、交互模式有本质的区别。具体来说，基于统计的分词主要依赖于统计模型，这些模型通常需要手动设计特征，如词频、相邻字符关系等，分词过程基于计算词或字符序列出现的概率。而基于深度学习的分词使用深度神经网络，能够自动从大量数据中学习复杂的特征。相比之下，基于统计的方法通常在数据较少或特征较为明显的情况下表现良好，在处理具体、规则明确的语言现象时效果显著；而基于深度学习的方法在大规模数据集上通常能达到更高的准确性，特别是在处理复杂的语言结构和长距离依赖关系时，深度学习方法更有优势。

除此之外，基于深度学习的方法虽然也需要大量数据，但其能够通过预训练模型（如BERT、GPT等）有效利用未标注数据，通过迁移学习和微调在特定任务上取得更好的效果。相比于机器学习模型，基于深度学习的方法需要大量的计算资源，如GPU和大内存，训练时间较长，尤其是在大数据集上。随着算力水平的不断发展，基于深度学习的分词开始成为研究热点，不断推动各项NLP任务的进步。

4. 分词工具

不同的分词工具通常支持不同的语言，适用于不同的应用场景。下面介绍几个常用的英文分词工具和中文分词工具。

NLTK：自然语言工具包（natural language toolkit），提供了基本的英文分词功能，但也支持一些其他语言的基本处理。这个工具提供多种分词方法，包括基于规则和统计的方法。广泛用于教育和研究，适用初步文本处理任务。

spaCy：一个现代、高性能的NLP库，以高效处理能力和实用性为设计核心，提供高效的分词功能，同时支持词性标注、命名实体识别等。适用于工业级应用，特别是需要快速准确处理大量数据的场景。

jieba：一个流行的中文分词库，支持精确模式、全模式和搜索引擎模式，支持用户自定义词典，广泛应用于中文文本的商业分析和数据处理。

HanLP：支持中文和部分其他语言，提供多种算法和功能，包括词性标注、命名实体识别等。该工具基于深度学习技术，性能优越，可满足个性化和定制化的分词需求。

以jieba库为例，其lcut函数可对中文句子进行分词。对句子"我们都是中国人，我们是相亲相爱的大家庭。"进行全模式分词的代码如下：

```
import jieba
s=" 我们都是中国人,我们是相亲相爱的大家庭。"
print(jieba.lcut(s))
```
输出结果为:
['我们', '都', '是', '中国', '人', ',', '我们', '是', '相亲相爱', '的', '大家庭', '。']

分词工具根据不同的设计目标和性能特点,可以在不同的应用领域中发挥重要作用。选择合适的分词工具需要考虑具体的任务需求、语言特性和处理效率。总体而言,分词是 NLP 的基础步骤,无论是中文还是英文,高质量的分词都是确保后续任务成功的关键。

4.2.2 词向量表示

词向量表示是将文字转换为计算机可以理解和处理的数学形式的技术。想象一下,如果让计算机处理单词"苹果""橙子"和"香蕉",计算机本身并不理解这些单词的意思。词向量表示技术就是为了帮助计算机理解这些词的意义,并能够进行各种操作和分析。

用向量表示词汇,有很多好处。例如,通过词向量,相似的词(如"大学"和"学院")在数学空间中的位置会比较接近。这意味着计算机可以识别这些词语间的相似性,这有助于做诸如文本相似度分析、情感分析等任务。词向量的应用不仅限于识别词语间的直接相似性,还可以通过向量运算揭示更复杂的语言模式和关系。这种特性使得词向量非常适合用于更高级的语言处理任务,如机器翻译和自动摘要,其中深层次的语义理解至关重要。

常见的词向量表示方法包括 One-Hot 编码、Word2Vec 等。

1. One-Hot 编码

One-Hot 编码是一种简单而直观的词向量表示方法,它将每个词表示为一个很长的向量。这个向量的长度等于词汇表中词的总数,其中只有一个元素是 1,其余元素都是 0。这个 1 的位置对应于该词在词汇表中的索引。

假设我们有一个词汇表:{"苹果","香蕉","橙子"},则每个词的 One-Hot 编码如下:

```
"苹果" -> [1, 0, 0]
"香蕉" -> [0, 1, 0]
"橙子" -> [0, 0, 1]
```

每个词都被转换成一个与词汇表大小相同的向量，其中只有对应该词的位置是1，其余位置都是0。这种表示易于理解和实现，每个词都有一个唯一的向量表示，且每个词的表示都是正交的，没有任何两个词的向量有相同的非零位置，这使得每个词都是完全独立的。然而，One-Hot编码使得向量的长度等于词汇表的大小，导致在词汇量大的语料中词向量非常大。同时，One-Hot编码的向量无法表达词之间的相似性或语义关系。上面的例子中，"苹果"和"香蕉"在现实世界中都是水果，但在One-Hot表示中，它们之间没有任何相似性。此外，由于大多数位置都是0，这种表示非常稀疏，导致计算和存储效率低下。

尽管存在局限性，One-Hot编码在某些简单机器学习模型中仍然有其应用场景，尤其在只需识别特定词汇而非理解词汇间关系的场景下。此外，作为一种直观的表示方式，One-Hot编码有助于新手理解词语向量转换的基本原理。然而，在需要深层次语义理解的任务中，如自然语言处理，更适合采用先进的词向量表示方法，如Word2Vec或GloVe。这些方法能够捕捉并表达词语间的丰富语义关系，提供更精准有效的语言处理能力。

2. Word2Vec

词向量生成技术是将自然语言中的词汇（或短语）转换为数值化的向量表示的方法，从而使计算机能够理解和处理语义信息。例如，在GPT2模型中，有50 257个词汇（token），每个词汇的嵌入向量维度是768，模型参数中词嵌入矩阵的形状是[50257, 768]。例如，单词"How"可以转换成形如[-4.89842407e-02 6.07919730e-02 … 7.17351437e-02 7.38202482e-02]的一个768维向量。

Word2Vec是一种广泛应用的词向量生成技术，通过训练神经网络模型从大量文本中学习词汇的向量表示。其生成的向量能捕捉到词汇之间的语义和语法关系，该模型由Tomas Mikolov于2013年在Google首次提出。

Word2Vec通过构建一个向量空间来工作，其中每个单词都被转换成一个实数向量。这些数字并非随机生成，相似的单词会拥有相似的数值分布。例如，"国王"和"王后"这两个词在向量空间上会彼此接近，而"国王"和"苹果"则会相距甚远。Word2Vec的核心是一个浅层（通常仅含单个隐藏层）的神经网络。训练该网络不是为了构建一个用于实际任务的神经网络，而是为了利用其权重来获取词向量。训练完成后，词向量直接来自输入层到隐藏层的权重矩阵。

假设词典中有 V 个不同的单词（如 50257），下面以第 k 个单词为例展示生成 N 维词向量的过程，如图 4.1 所示。

首先将第 k 个单词表示成 V 维的 One-Hot 向量 X，即 X 在位置 k 取值为 1，其余位置为 0。隐藏层神经元个数为向量的维度 N，每个神经元标记为 $h_i (1 \leq i \leq N)$，输入层向量 X 中每个 $x_i (1 \leq i \leq V)$ 与隐藏层神经元是全连接的，连接权重矩阵为 $W_{V \times N}$。输入层 x_k 与隐藏层的连接权重为 $(w_{k1}, w_{k2}, \cdots, w_{kN})$，输入层到隐藏层的计算为 $h = W_{V \times N}^T \times X$。隐藏层结果 h 与输出层是全连接的，全连接权重矩阵 $W'_{N \times V}$。输出层有 V 个结果，是经过 softmax 函数处理的归一化的概率值。第 k 个单词对应的输出为 y_k，是由向量 h^T 和权重矩阵 $W'_{N \times V}$ 的第 k 列相乘计算的结果。最终通过 softmax 函数对 y_k 进行归一化，得到表示第 k 个单词的概率输出。

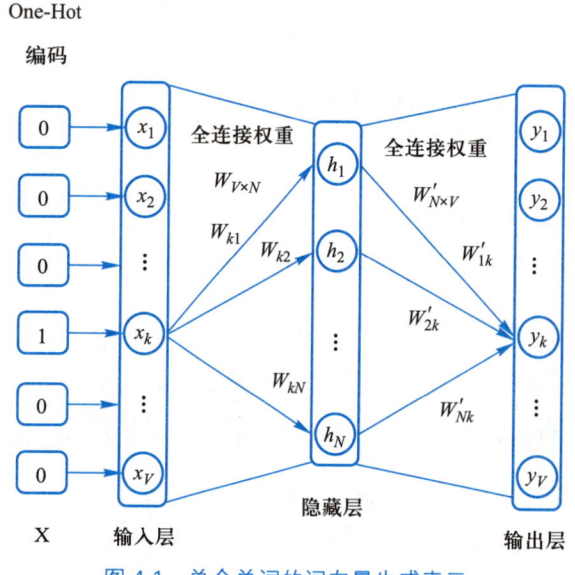

图 4.1 单个单词的词向量生成表示

这里有两个全连接的权重矩阵，分别是 $W_{V \times N}$ 和 $W'_{N \times V}$，实际上是模型需要训练学习的参数。利用模型的预测输出和真实值计算损失函数，再用梯度下降和误差反向传播优化这两个权重矩阵，得到优化后的模型参数 $W_{V \times N}$ 和 $W'_{N \times V}$。最后只有从输入层到隐藏层的参数 $W_{V \times N}$ 在模型训练完成后作为整个词典的嵌入矩阵，其中 $(w_{k1}, w_{k2}, \cdots, w_{kN})$ 为第 k 个单词 X 的词向量。隐藏层到输出层的权重矩阵 $W'_{N \times V}$ 主要用于在训练时输出 softmax 概率以进行反向传播优化模型参数。

Word2Vec 主要包括连续词袋（continuous bag of words，CBOW）和跳字模型（Skip-

Gram）两种训练模型。CBOW 模型依据上下文词预测目标词，输入是上下文词的 One-Hot 编码的平均值，输出预测中心词。它通过计算上下文词的平均向量来预测当前词，并以最小化上下文词和目标词之间的预测误差为目标进行训练。例如，在"我喜欢吃苹果"中，给定"我喜欢吃"，CBOW 会预测中心词"苹果"。该模型训练速度较快，适合处理小型数据集。

与 CBOW 不同，Skip-Gram 模型利用目标词预测其上下文词，输入是目标词的 One-Hot 编码，输出预测上下文词的概率分布。其训练目标是最大化给定目标词时上下文词的条件概率。同样以"我喜欢吃苹果"为例，若给定"喜欢"，Skip-Gram 会预测出"我"和"吃"。Skip-Gram 模型在大型数据集上表现更佳，能为高频词和低频词生成高质量词向量。

在 Word2Vec 的向量空间中，每个维度都隐含着某种语义或语法特征，虽然这些特征难以直接对应人类语言描述，却构成了可计算的语义基础。例如，某些维度可能对应词语的性别属性，有些则指向单复数变化或情感倾向。正是这种将抽象语言规律转化为数学特征的能力，使得 Word2Vec 成为自然语言处理领域的基石技术，它不仅为文本分类、机器翻译等任务提供了可直接处理的语义表示，更开创了用数学模型解码语言认知的新范式。

4.3 语言模型

教学课件：
4.3 语言模型

自然语言处理领域的核心驱动力源于语言模型的技术演进。这些模型通过模拟人类语言规律，为文本理解与生成提供基础框架。

4.3.1 N-gram 模型

N-gram 模型是自然语言处理领域经典的统计语言模型，其核心思想基于局部词序依赖假设：特定词语的出现概率仅由其前 $N-1$ 个连续词语决定。该模型通过统计分析文本中固定长度词序列（即 N-gram）的分布规律，实现词语预测功能。

例如，在二元模型（bigram）下，预测当前词概率仅依赖前一个词（$P(w_t|w_{t-1})$）；在三元模型（trigram）下，当前词概率仅依赖前两个词（$P(w_t|w_{t-2}, w_{t-1})$）。

构建一个 N-gram 模型首先需要选择一个合适的 N 值，这通常需要平衡模型表现力和计算复杂度。然后，通过对大量文本数据进行分词处理，统计每个 N-gram 出现的次数，并计算其出现的概率，计算公式为：

$$P(w_t|w_{t-N+1}, w_{t-N+2}, \cdots, w_{t-1}) = \frac{\text{count}(w_{t-N+1}, \cdots, w_{t-1}, w_t)}{\text{count}(w_{t-N+1}, \cdots, w_{t-1})} \quad (4.1)$$

其中，w_t 是当前词，count 表示在语料库中出现的次数。由于语料库的局限性，某些 N-gram 组合可能从未出现过，这会导致模型无法给这些组合分配一个非零概率，从而影响模型的预测性能。为应对 N-gram 模型中零概率事件引发的数据稀疏问题，可以使用平滑技术，将概率空间的所有可能的词序列赋予一个基础概率。例如，拉普拉斯平滑作为基础方法，通过对所有 N-gram 的观测频次统一加 1 实现概率修正。当词汇表规模为 V 时，bigram 概率计算公式修正为：

$$P(w_t|w_{t-1}) = \frac{\text{count}(w_{t-1}, w_t) + 1}{\text{count}(w_{t-1}) + V} \quad (4.2)$$

N-gram 模型以其概念和实现的简洁性，成为 NLP 初学者的理想入门工具，易于理解和编程。其简单结构能够快速在大规模数据集上完成训练和预测。作为一种完全基于数据统计的模型，N-gram 无须复杂的特征工程或领域知识，因此在处理各种语言数据时展现出良好的通用性。然而，随着 N 值的增加，N-gram 组合数量呈指数增长，导致大多数组合在实际语料中罕见或缺失，引发严重的稀疏性问题。这不仅需要大量存储空间，还增加了计算频率的资源需求。此外，N-gram 模型仅依赖局部上下文信息，无法捕捉长距离依赖关系，限制了其在复杂语言现象中的表现。随着深度学习技术的发展，人们开始探索更先进的方案。

4.3.2 Seq2Seq 模型

Seq2Seq 模型通过编码器-解码器架构实现序列到序列的转换，广泛应用于如机器翻译、自动摘要、问答系统等需要处理不同长度输入和输出序列的任务。编码器（encoder）负责将输入序列编码为上下文向量，解码器（decoder）则基于该向量逐步生成目标序列。

编码器使用一个循环神经网络（如 LSTM）逐词处理输入序列，每个时间步处理词嵌入向量并更新隐藏状态。最终状态将整个输入序列的语义信息编码为一个固定维度的向量。解码器的任务是使用编码器输出的上下文向量为初始输入，通过自回归方式生成目标序列。每一步基于当前隐藏状态和上一步的输出预测下一个词，直至生成终止符。

下面用一个例子来展示 Seq2Seq 模型的处理过程，以英文到中文的机器翻译任务为例。将英文句子"How are you？"翻译成中文"你好吗？"。首先是输入预处理和编码阶段，英文句子"How are you？"被分词为 ["How", "are", "you", "?"]，每个词通过预训练的词嵌入模型（如 Word2Vec）转换为稠密向量。然后进入编码器的处理过程，这些词向量按顺序输入到编码器 LSTM，每个时间步更新隐藏状态。最后一个词"?"被处理后，LSTM 的最终状态形成了一个上下文向量，这个向量捕捉整个句子的语义。

接下来是解码器生成阶段。解码器 LSTM 初始化时使用编码器的最终状态（上下文向量），然后接收一个特殊的开始符号 <start>，触发生成流程。在每一步，解码器生成一个输出词，并更新其状态。每次生成的词基于当前的状态和前一个生成的词。例如，首先输入 <start>，解码器生成"你"，然后输入"你"，解码器生成"好"，然后输入"好"，解码器生成"吗"，最后输入"吗"，解码器生成终止符 <end>，结束生成流程。最终的输出序列为 ["你", "好", "吗", "<end>"]，去掉特殊符号后，翻译结果为"你好吗？"。

尽管 Seq2Seq 模型在许多任务中表现出色，但它也有一些局限性，主要是由于编码器将所有输入信息编码到单一的上下文向量中，在处理长输入序列时，可能导致信息丢失。为此引入了注意力机制（attention mechanism），通过动态权重分配，允许解码器在生成每个词时"关注"输入序列的不同部分，从而捕捉源语言与目标语言的局部对应关系。

4.3.3 注意力机制

2014 年，Bahdanau 等人首次将注意力机制引入神经机器翻译领域，通过使解码器能够动态访问编码器的隐藏状态，实现了翻译准确性的显著提升。这一技术的本质在于模拟人类认知过程中的"选择性聚焦"特性，就像人们在阅读文章时会不自觉地关注其中的关键词句一样，模型通过自主学习权重分布，从大量输入信息中筛选出与当前任务高度相关的特征子集。

对于长序列数据，注意力机制通过为解码器的每一步生成动态的上下文向量来发挥作用。这个上下文向量是输入序列的加权和，其中，权重（或注意力分数）决定了在生成每个输出时应该重点关注输入序列的哪些部分。

注意力机制的三大核心组件是查询（Query，Q）、键（Key，K）和值（Value，V）。查询代表当前的信息需求，类似于"提问者"的角色。通过与键的匹配，确定输入序列中哪些部分需要被重点关注。在自注意力中，查询来自同一序列（如编码器的输入）；而在跨注意力中，查询则来自解码器的当前状态。键作为信息的"索引目录"，用于衡量与查询的相关性。通过点积或相似度计算，量化每个输入元素对当前查询的重要性。值则是信息的"内容载体"，存储实际需要传递的语义或特征。其功能是根据注意力权重动态聚合上下文，从而为模型提供更精准、更高效的信息处理能力。

以机器翻译场景为例，编码器的隐藏状态 h_i 是对输入序列（源语言句子、输入文本等）的编码结果，是对输入信息的记忆表示。在解码阶段，这些隐藏状态作为键和值，供解码器的注意力机制查询。解码器的隐藏状态是解码器在生成目标序列（翻译结果、输出文本等）时的中间状态。每个解码步骤 t（生成第 t 个输出词时）的解码器隐藏状态记为 s_t，表示解码器生成目标序列到第 t 步时的状态，用于预测下一个词。在注意力机制中，s_t 作为查询，与编码器的键（h_i）交互，计算注意力权重。注意力机制的计算可以分为下面几个步骤：

步骤 1：计算关联度分数。

当解码器生成目标语言第 t 个词时，首先通过解码器隐藏状态 s_t（作为查询向量）与所有编码器隐藏状态 $\{h_i\}_{i=1}^n$（作为键向量）进行交互，计算关联度分数：

$$\text{score}(s_t, h_i) = \frac{s_t W h_i}{\sqrt{d}} \quad (4.3)$$

其中，可学习（需训练）矩阵 W，将键向量投影到查询空间，分母 $\sqrt{d}$（d 为向量维度）的缩放操作防止点积值随维度增长而过大。

步骤 2：通过 softmax 函数转化为概率分布。

关联度分数通过 softmax 函数转化为概率分布，进行归一化，如公式 4.4 所示。对于当前解码位置 t，$\alpha_{ti} \in (0, 1)$ 量化了源语言第 i 个词对生成目标词的重要性。这样可以得到一个概率分布（即权重），这些权重（$\alpha_{t1}, \alpha_{t2}, \cdots, \alpha_{tn}$）表示在生成当前输出词时，各输入词的重要性。

$$\alpha_{ti} = \frac{\exp[\text{score}(s_t, h_i)]}{\sum_{j=1}^n \exp[\text{score}(s_t, h_j)]} \quad (4.4)$$

步骤 3：通过加权聚合编码器状态实现上下文向量的计算。

$$c_t = \sum_{i=1}^{n} \alpha_{ti} v_i \quad (4.5)$$

这里值向量 $v_i = h_i W_v$（W_v 是可学习参数）与键向量分离，允许模型独立控制信息检索维度（键）与信息传递维度（值）。这种设计赋予注意力机制更强的表征能力。这个上下文向量被理解为对输入信息的动态总结，将被用于当前解码步骤。

步骤 4：生成输出。

解码器在生成每个输出词时，会结合当前解码器隐藏状态 s_t 和上下文向量 c_t。通过一个非线性函数 g（如一个前馈神经网络）来实现：

$$y_t = g(s_t, c_t) \quad (4.6)$$

最终输出 y_t 通常是一个词的概率分布，通过如 softmax 这样的函数来确定。

从数学视角看，注意力机制构建了动态特征筛选器。其核心在于建立查询向量与键向量的关联度矩阵，通过 softmax 归一化生成概率化的注意力权重，进而对值向量进行加权融合。这种机制突破了传统模型处理序列数据时的顺序依赖，使任意两个位置的特征都能直接交互。例如在模型中引入自注意力机制，当模型处理"苹果公司发布新款 iPhone"这句话时，"iPhone"位置的查询向量会与"苹果""公司""发布"等位置的键向量产生强关联，通过加权聚合这些位置的值向量，模型能准确建立"苹果公司"与"iPhone"的品牌归属关系。

随着技术的发展，注意力机制演化出丰富多样的形态。软注意力（soft attention）通过连续概率分布实现全局信息融合，在机器翻译中建立精准的词汇对齐；硬注意力（hard attention）采用随机抽样策略聚焦单一位置，适用于图像标注等需要明确区域定位的任务；自注意力（self-attention）允许序列中的每个位置同时作为查询、键和值，通过计算自身与其他位置的相似度来分配权重，从而在无须循环结构的情况下捕捉序列中的全局依赖关系，成为 Transformer 模型理解上下文语义的基石；而交叉注意力（cross attention）则架起编码器与解码器的信息桥梁，在问答系统中实现问题与文档的跨模态匹配。这些变体在计算方式、关注范围、可微性等方面各具特色，但都遵循着"重要性评估－特征筛选"的核心范式。

该技术的革命性在于其卓越的特征选择能力与并行计算能力的完美统一。相较于 CNN 的局部感受野，注意力机制能直接建立全局依赖；相比 RNN 的序列计算，其并行化特性使训练速度提升数倍。在计算机视觉领域，视觉 Transformer 通过将图像分割为图块序列，利用注意力权重重构物体各部分的空间关系；在语音识别中，流式注意力模型结合单调性约束，实现实时语音到文本的高效转换；甚至在蛋白质结构预测领域，AlphaFold2 通过多头注意力层精确建模氨基酸残基间的相互作用力。这种跨模态的通用性，使得注意力机制成为连接符号主义与连接主义的关键纽带，推动着人工智能向更类似人类的认知方式演进。

4.3.4 Transformer 语言模型

Transformer 是一种在自然语言处理领域具有革命性意义的深度学习模型，尤其在机器翻译、文本生成、摘要等任务中表现出色。2017 年，Vaswani 等人在论文"*Attention is All You Need*"中首次提出了这种完全基于注意力机制的模型，它摒弃了之前广泛使用的循环神经网络结构，转而采用自注意力层和前馈网络，每个部分都配置残差连接与层归一化，从而构成完整的 Transformer 块（Transformer Block）。

如图 4.2 所示，Transformer 模型由编码器（左侧）和解码器（右侧）两部分组成。编码器包含多个编码器层，每个层由两个子层构成：第一子层为多头自注意力机制，第二子层为位置相关的全连接前馈网络；解码器同样包含多个解码器层，但每层有三个子层。其中，解码器的第一个自注意力层是带掩码的自注意力层，掩码的作用是在训练过程中避免未来信息的泄露。中间层为编码器－解码器交叉注意力层，使解码器能够关注编码器的输出。第三层则是全连接前馈网络。所有注意力头可以并行处理，这显著提高了模型的处理效率，是 Transformer 高效的关键因素之一。

由于 Transformer 模型不依赖于 RNN 结构，它无法自然地从序列的时间顺序中学习信息。为解决这一限制，Transformer 引入了位置编码，并将其与输入嵌入相结合。位置编码通过特定的数学函数根据序列元素的位置来编码信息，使模型能够捕捉序列的顺序特征。

此外，在每个注意力层之后，Transformer 配置了一个前馈网络，该网络由两层线性变换和一个激活函数构成，对序列中的每个位置执行相同操作，有助于进一步处理和细化从注意力层传递的信息。每个子层的输出，无论是来自注意力层还是前馈网络，都会与该子层的输入进行相加，这一过程称为残差连接，并随后进行层归一化。这种设计不仅有助于模型在训练深层网络时避免梯度消失或爆炸的问题，还能加快收敛速度并提升模型的学习能力。

Transformer 引入了一种名为"多头注意力"（multi-head attention）的结构，使模型能够同时在多个子空间中关注输入的不同部分。多头注意力机制的核心在于将注意力操作拆分成多个独立的"头"，每个头分别进行计算，最后将结果合并。这种设计使模型能够在不同的表示子空间中捕获输入数据的多种特征。Transformer 模型中的多头注意力机制通过查询、键和值三个核心组件的协同工作实现上下文信息的动态捕获。注意力的计算流程有下面 4 步。

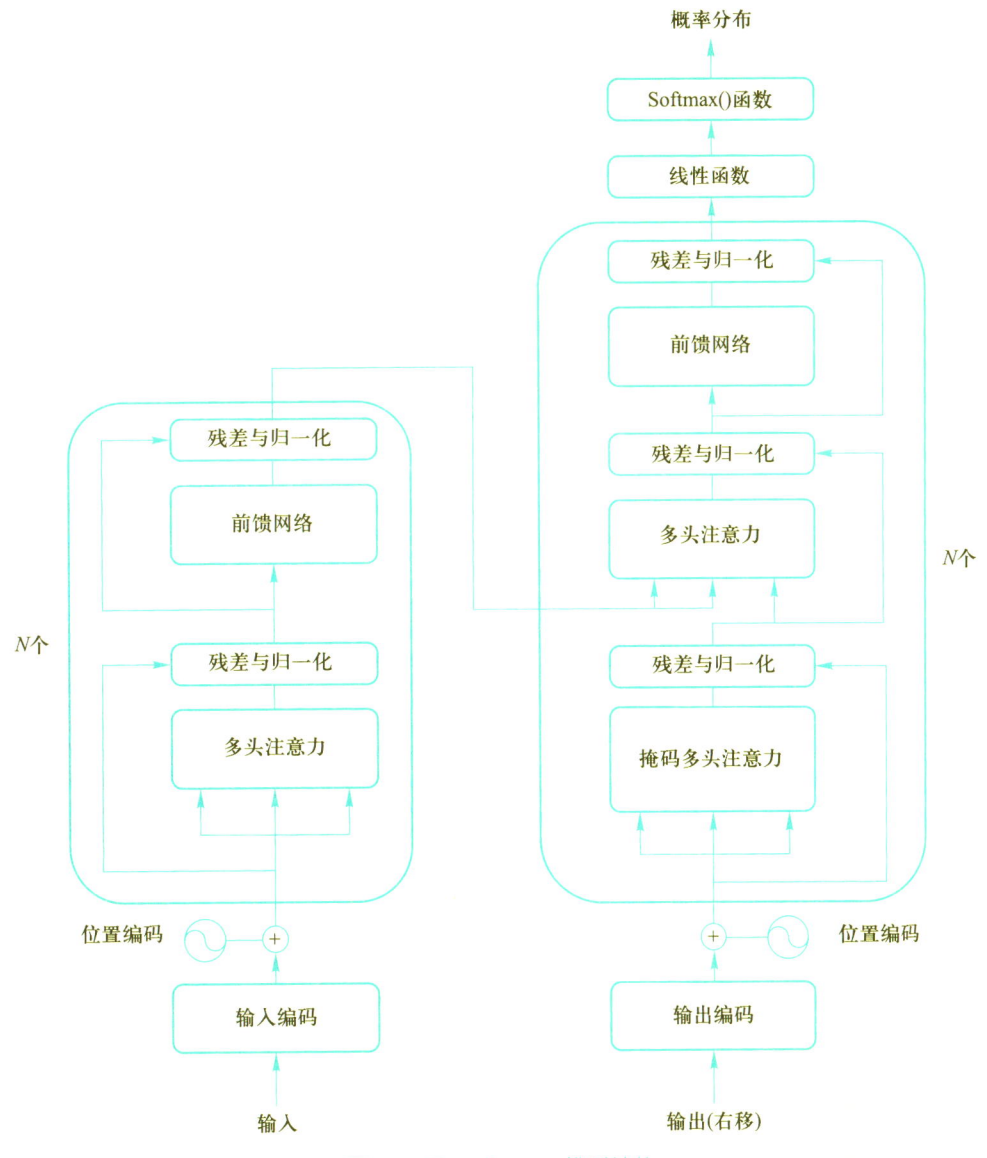

图 4.2　Transformer 模型结构

步骤1：输入定义。

设输入序列为 $X \in R^{n \times d_m}$（n 为序列长度，d_m 为向量维度），W^Q、$W^K \in R^{d_m \times d_k}$，$W^V \in R^{d_m \times d_v}$ 是三个可训练的参数矩阵。通过线性变换得到 Q、K 和 V 三个矩阵，计算公式为：

$$Q = XW^Q \quad K = XW^K \quad V = XW^V \tag{4.7}$$

步骤2：相似度计算（score calculation）。

$$\text{Score} = \frac{QK^T}{\sqrt{d_k}} \tag{4.8}$$

这个 Score 是查询 Q 与键 K 的关联强度，每个查询向量 q_i 与所有键向量 k_j 进行点积运算，衡量位置 i 对位置 j 的关注度，d_k 为键向量的维度，$\sqrt{d_k}$ 是缩放因子，缩放是为了防止梯度消失。

步骤3：注意力权重生成（softmax normalization）。

$$\text{Weights} = \text{softmax}(\text{Score}) \tag{4.9}$$

对每行（每个查询位置）进行指数归一化，将相似度转换为概率分布，从而凸显重要位置，抑制无关位置。

步骤4：上下文向量合成（context vector generation）。

$$\text{Output} = \text{Weights} \cdot V \tag{4.10}$$

这一步动态聚合了输入信息，注意力权重决定了各个位置值向量的贡献比例，保留了序列全局依赖关系。

查询、键和值的来源需要区分自注意力层和交叉注意力层的差异。以机器翻译为例，假设要将英文句子"Thank you for your help"翻译成中文"谢谢你的帮助"。在自注意力场景下，查询、键、值均源于同一序列的线性变换，例如，解码器生成目标序列"谢谢你的"时，其自注意力层的查询、键和值均来自当前已生成部分的隐藏状态，通过掩码机制限制模型仅关注当前位置及之前的信息。而在交叉注意力中，查询来自解码器当前状态（如生成"帮助"时的隐藏表示），而键和值则源自编码器对源句子"Thank you for your help"的编码结果，这种机制使得解码器能够精准定位源句子中关键信息（如"help"对应的语义）。

当解码器生成到"谢谢你的"时，下一个目标是翻译"help"这个词。此时，解码器利用掩码自注意力机制，在生成"帮助"时只能关注已生成的"谢谢你的"部分，同时通过编码器-解码器注意力层访问整个英文句子的编码表示，此时，查询携带已生成的"谢谢你的"的上下文，用于检索源句中"help"的对应信息。源句中的"help"对应的键会因高匹配度而被激活。编码器对源句"help"一词的上下文编码向量（即"值"携带的动词含义和语境信息）将被加权输出，从而准确地生成下一个词。

多头机制的实现通过并行化提升模型表达能力：输入序列经过多组独立的 W^q、W^K、W^V 矩阵投影，形成多个子空间的查询、键和值表示。每个"头"在特定子空间内执行完整的注意力计算，例如，一个头专注于语法结构，另一个头捕捉语义关联。所有头的输出沿特征维度拼接后，通过可训练矩阵 W^O 进行线性融合，将分散的特征子空间信息整合为统一的上下文表示。这种设计使模型在翻译过程中既能通过自注意力维持目标语言的内在连贯性（如"谢谢你的"的递进生成），又能通过交叉注意力精准提取源语言的关键特征（如"help"到"帮助"的语义映射），最终实现自然流畅的跨语言转换。

Transformer 模型因其高效和强大的性能，已成为许多现代自然语言处理模型的基础，包括但不限于 BERT、GPT 系列等。这些模型在多种语言处理任务上设定了新的性能标准，极大地推动了整个领域的发展。同时，Transformer 的设计理念和架构已超越语言处理领域，被应用于计算机视觉、语音识别等多个领域，展示了其广泛的适用性和强大的能力。

4.3.5 BERT 和预训练模型

BERT（bidirectional encoder representations from transformers）是谷歌在 2018 年提出的一种具有革新性的预训练语言模型。它基于 Transformer 编码器架构构建，创新性地设计了预训练任务，从而能够对语言上下文进行全方位的建模。有别于 GPT 等基于 Transformer 解码器的单向模型，BERT 采用了掩码语言模型（masked language model，MLM）和下一句预测（next sentence prediction，NSP）这两种机制，在无监督学习中捕捉深层语义关系。

MLM 任务的关键在于随机遮蔽输入文本中 15% 的词汇，其中 80% 被替换为 [MASK] 标记，10% 被替换为随机词，10% 保持原词不变。从而迫使模型依据双向上下文来重建被遮蔽的部分。这一策略不仅突破了传统语言模型单向信息流的限制，而且通过引入随机替换机制，避免了模型对特定标记的过度依赖，增强了表征的鲁棒性。与传统语言模型的逐词预测不同，MLM 使模型在预测每个被遮蔽的词时，能够同时参考其左右两侧的完整语境信息，这种双向交互机制有助于 BERT 捕捉词语在特定语境下的多义性特征。

NSP 任务则关注句子级别的语义关联，通过输入句对（其中一半为连贯句，另一半为随机组合的无关句），让模型判断第二句是否为第一句的合理后续。这一任务旨在使模型理解篇章结构，掌握指代消解、逻辑推理等复杂语义能力。

通过在大规模文本语料库（例如，BooksCorpus 和英文维基百科）上进行预训练，BERT 掌握了深层次的语言抽象能力。其微调机制展现了强大的迁移学习特性：在具体的下游任务中，只需在预训练模型的基础上添加简单的任务适配层（如分类层或序列标注层），利用少量标注数据就能快速完成领域适配。这种"预训练-微调"模式彻底改变了自然语言处理领域的技术生态，使 BERT 在问答系统、文本分类、语义相似度计算等自然语言处理基准任务上取得了突破性进展，确立了预训练语言模型在自然语言处理中的核心地位。

4.4 典型任务与技术

教学课件：
4.4 典型任务与技术

4.4.1 机器翻译

机器翻译是一种借助计算机程序实现自然语言之间转换的技术手段。其核心目的在于克服不同语言的障碍，实现文档、对话等文本形式的自动翻译，助力用户理解其他语言信息。机器翻译涵盖源语言文本解析、跨语言语义映射及目标语言文本生成等环节，需处理海量语言数据，并融合语言学、计算机科学与统计学方法。

机器翻译的构想诞生于 20 世纪 50 年代，早期基于规则的翻译方法依赖语言学家编写的语法和词汇规则，适用于结构简单、词汇量有限的语言对。70 年代后，计算机技术进步促使基于知识的系统出现，虽尝试理解文本深层意义，但因需大量人工编码语言知识而缺乏灵活性。20 世纪 90 年代，统计机器翻译兴起，利用双语语料库训练模型，实现从规则驱动到数据驱动的转变。2014 年后，神经机器翻译借助深度学习模型，显著提升翻译质量。

如今，基于 Transformer 架构的机器翻译系统已成为主流。自 2017 年 Transformer 架构被提出，凭借其并行计算与自注意力机制捕捉长距离依赖的优势，迅速取代 RNN 和 LSTM，在多种语言对的翻译质量上达到新高度。在英语与法语、英语与德语等资源丰富的语言对上，其流畅性和准确性接近甚至超越人工翻译。Transformer 模型的并行处理能力使得能够快速翻译，支持实时翻译需求，且其可扩展性使其在复杂翻译任务中更具优势，尤其在专业或少见语言翻译方面。

然而，机器翻译仍面临挑战。对于资源匮乏的语言，高质量双语语料稀缺制约翻译质量。语言蕴含文化与语境背景，机器翻译系统难以精准捕捉细微文化差异。在处理复杂语义、双关语、成语、特定领域术语等时，即使先进系统也常力不从心。例如古诗中的隐喻，中国人易理解，机器却难以把握其内涵，造成信息损失。

尽管存在挑战，机器翻译已广泛应用于生产生活，涵盖网络翻译服务、国际商务、社交媒体等领域。基于 Transformer 的技术被各大在线平台采用，谷歌翻译等平台支持百余种语言的即时互译，为用户提供即时文本和语音翻译。企业利用其处理跨语言商务文档，加速国际合作。社交媒体和即时通信应用集成翻译功能，促进全球用户互动。媒体和创作者借助其快速翻译内容，扩大受众范围。总之，机器翻译正深刻改变多语言信息处理与国际交流方式。

4.4.2 关系抽取

关系抽取是自然语言处理的关键任务，旨在自动识别并提取文本中实体间的语义关联。它通过分析文本确定实体间的相互作用和联系。例如，在"比尔·盖茨创立了微软"中，需识别出"比尔·盖茨"与"微软"间的"创始人"关系。这对于构建知识图谱、推动信息检索、优化问答系统和增强文本分析工具等应用至关重要。

在深度学习普及前，关系抽取主要依赖基于规则和基于特征的方法。基于规则的方法通过专家系统定义，利用预设逻辑规则识别特定关系，如通过搜索含"创立""建立"等关键词的句子结构抽取"创始人"关系。其优点是解释性强，但可扩展性差，维护和更新规则需大量人工投入。

基于特征的机器学习方法利用支持向量机、逻辑回归等传统算法，结合从文本中手工提取的特征（如词性标注、依存语法结构、实体类型等）训练模型。特征工程是其核心，但耗时耗力且需深厚领域知识，限制了模型的广泛应用。

随着深度学习技术的发展，基于神经网络的模型成为关系抽取主流。这些模型自动学习文本深层特征，减少人工特征工程依赖，提高抽取效率和准确性。常见模型有卷积神经网络、循环神经网络等，以及更先进的 Transformer 模型和预训练语言模型如

BERT、GPT 等。它们能从大量文本中学习复杂语言模式和语义关系，实现更精准灵活的抽取。

关系抽取的重要应用之一是构建知识图谱。作为结构化知识库，知识图谱以节点（实体）和边（关系）的网络状结构整合信息，其自动化构建流程需依赖关系抽取从非结构化文本中提取 < 头实体，关系，尾实体 > 三元组。知识图谱广泛应用于搜索引擎、推荐系统、智能助手等。知识图谱提供的结构化数据使搜索引擎更准确理解用户意图，提供相关结果；在电商和内容推荐系统中，帮助系统更好地理解用户兴趣和产品属性，提升推荐个性化和准确性。

4.4.3 问答系统

问答系统是一种智能系统，它能够通过用自然语言互动来理解用户的问题，并从结构化或非结构化的数据源中精准地定位或生成有效信息作为答案。问答系统根据实现方式的不同，可以分为基于规则的系统、检索式系统、基于知识库的系统和生成式系统。

基于规则的问答系统是最早期的问答技术之一，它依赖于一套预定义的规则来解析问题并生成答案。这些规则通常由语言学家和领域专家手工编写，用于识别问题中的关键词和短语，以及如何根据这些关键词和短语构造答案。系统首先解析用户的输入，识别关键词、短语和问题的类型。然后，系统使用一系列预定义的规则来匹配解析出的问题成分，这些规则定义了如何从问题到答案的映射。最后，系统根据匹配的规则生成或检索答案。这种系统虽然解释性强，但是扩展性和灵活性较差，难以应对语言的多样性和复杂性。

检索式问答系统通过在大型文档集合中搜索与用户问题相关的信息来找到答案。这种系统通常利用自然语言处理技术来增强搜索引擎的功能。这种系统首先需要对用户的问题进行解析，提取关键词和短语。然后，使用信息检索技术在一个预先建立的文档数据库中查找包含这些关键词的文档。最后，从检索到的文档中抽取可能的答案，这一步通常依赖于文本挖掘和机器学习技术来确定最相关的文本片段。检索式系统的优点在于能够利用现有的大规模文档资源，但其性能依赖于问题与文档内容的相关性。

基于知识库的问答系统使用结构化的知识库来回答问题，这些知识库中存储了大量关于世界的事实信息，通常以实体和关系的形式组织。这种方法通过解析用户的问题，将其转化为对知识库的查询。这个过程通常涉及将自然语言问题转换为一个或多个数据库查询操作。在查询时检索与问题相关的实体和关系，并从查询结果中提取信息，构成最终的答案。基于知识库的系统能够提供精确的答案，特别是对于那些需要详细事实支持的问题。然而，这种系统的限制在于知识库的覆盖范围和更新频率。

生成式系统则利用语言模型（如 GPT 系列）直接合成答案文本，擅长处理开放式问题但需防范事实性错误。

以医疗健康领域的问答系统为例，这种类型的问答系统通常结合了检索式系统和基于知识库的系统的特点，以确保提供的信息既准确又有实际的医疗依据。用户可以通过文本或语音向聊天机器人提问，如"我感冒了应该怎么办？"系统解析问题，识别关键词如"感冒"，并从医疗知识库中检索相关信息。聊天机器人提供建议，例如建议服用哪些药物、提供休息和饮食建议，甚至在必要时推荐就医。在这个过程中，系统使用自然语言处理技术解析问题，提取关键信息如症状和相关条件。系统首先尝试在内置的医疗知识库中检索匹配的医疗信息。如果知识库中的数据不足以提供答案，系统可能转而使用检索式方法在更广泛的医疗文档中搜索相关信息。最后，系统根据收集的信息生成回答，可能包括自我护理建议、常见药物信息或提醒患者寻求专业医生的帮助。这样一来，患者无须前往医院即可获取初步的医疗建议，有助于减轻医疗机构的压力。通过自动化常见问题的回答，减少了医疗专业人员在常规咨询上的时间投入，提高了医疗服务的效率。

近年来混合型系统逐渐普及，结合检索增强生成（RAG）技术，既从知识库获取准确信息又通过语言模型优化表达。随着多模态技术的发展，部分系统已支持结合文本、图像甚至视频数据进行跨模态推理，例如根据 X 光片描述回答病理特征。

4.4.4 情感分析

情感分析是自然语言处理领域的一项关键技术，专注于识别和提取文本中的主观信息。借助情感分析技术，计算机程序能够识别文本中表达的情绪、态度或情感倾向，进而对人类语言的情感表达进行分类和理解。

情感分析有多种类型。最基础的是二元情感分析，它仅区分正面和负面情绪。例如，一条产品评论可被简单地归类为正面或负面。而层次情感分析则更为细致，不仅能识别中性评论，还能进一步细分情感强度，如非常正面、稍微正面等。更高级的形式是方面级情感分析，这种分析不仅识别文本的情感倾向，还能确定情感表达的具体方面。例如，在一条关于餐厅的评论中,"食物很好吃(正面)"和"服务态度差(负面)"可以被准确识别并分类。

情感分析技术涵盖基于词典和基于机器学习的方法,两者结合还能相得益彰,提升分析的精准度和鲁棒性。基于词典的方法借助预定义的情感词典,其中记录了带情感色彩的词汇及其情感极性和强度,通过计算文本中情感词汇的频率和强度完成分析。例如,在餐厅评论里,若"好吃""美味"和"味道好"等词出现,基本可判断客户评价正面。但像"商家真牛,刚坐下就给端上来了"这类表述,单靠词典匹配就难以解读。这既可能是对商家上菜迅速的肯定,也可能是对使用预制菜的讽刺,需要语言模型深入理解语义并结合上下文判断。

在大数据时代,情感分析能助力企业深入洞察消费者需求与期望。此外,自动化工具通过分析客户咨询和反馈的情感,可帮助企业优先处理负面反馈,提升客户满意度。随着技术发展,情感分析的应用范围和影响力还将进一步扩大。

教学课件:
4.5 数据集和评估指标

4.5 数据集和评估指标

在自然语言处理项目中,选择合适的数据集和评估指标对于准确地衡量模型的性能和适用性至关重要。本小节将介绍用于评估自然语言处理模型性能的主要指标,常用的公开数据集,以及如何依据项目需求选择合适的指标和数据集。

4.5.1 常用数据集

自然语言处理项目的常用数据集包括 GLUE(general language understanding evaluation)、SQuAD(stanford question answering dataset)、CoNLL-2003 等。

1. GLUE

GLUE 是一个用于评估和比较自然语言理解模型综合能力的多任务基准测试平台。它由纽约大学等机构的研究者在 2018 年发布,旨在推动自然语言处理领域中语言理解模型的研究和发展。GLUE 包括多种不同的任务,每个任务都旨在测试模型在特定语言理解方面的能力。它包括下面 9 个子任务。

MNLI(multi-genre natural language inference):要求模型判断一对句子之间的关系

（蕴含、矛盾或无关）。

QQP（quora question pairs）：识别 Quora（一个问答平台）中的问题对是否语义相同。

SST-2（stanford sentiment treebank-2）：从句子中判断情感极性（正面或负面）。

CoLA（corpus of linguistic acceptability）：判断句子在语法上是否可接受。

STSB（semantic textual similarity benchmark）：通过回归模型预测句子对的语义相似度（1-5 分），是 GLUE 中唯一的连续值预测任务。

MRPC（microsoft research paraphrase corpus）：判断句子对是否具有相同语义。

QNLI（question natural language inference）：将 SQuAD 问答数据重构为自然语言推理任务，判断给定句子是否包含问题的正确答案。

RTE（recognizing textual entailment）：从新闻和维基百科文章中识别文本蕴含关系。

WNLI（winograd schema challenge）：重构自 Winograd Schema 的文本蕴含任务，通过代词消歧判断句子逻辑关系。

GLUE 数据集的特点在于其多样性和综合性，涵盖了多种语言理解任务，从简单的情感分析到复杂的自然语言推理，为模型提供了广泛的训练和测试场景。

2. SQuAD

SQuAD 是由斯坦福大学在 2016 年发布的一个开放域的阅读理解数据集。它是为了推动自然语言处理领域中机器阅读理解（machine reading comprehension，MRC）技术的发展而设计的。SQuAD 挑战要求模型从给定的文本段落中直接提取答案，这些段落主要来自维基百科文章。

SQuAD 1.0 包含超过 10 万个问题 – 答案对，这些问题由众包工人提出，他们阅读特定的维基百科段落并提出问题，答案直接从阅读段落中提取出来。这个版本的主要挑战在于模型需要精确地定位段落中的答案位置。SQuAD 1.1 优化了数据质量。SQuAD 2.0 在 SQuAD 1.1 的基础上，新增超过 5 万个没有答案的问题，这些问题看上去与有答案的问题类似，但实际上段落中并不包含这些问题的答案。这个版本的数据集不仅要求模型能够提取答案，还要求模型能够判断何时段落中没有答案可用。这增加了任务的复杂性，因为模型现在必须同时具备阅读理解能力和判断问题是否可回答的能力。

SQuAD 数据集已经成为 NLP 领域中最受欢迎的基准之一，广泛用于评估和比较不同的阅读理解模型。它推动了包括 BERT 等在内的多种前沿模型的开发，这些模型在 SQuAD 上取得了显著的性能提升。

3. CoNLL-2003

CoNLL-2003是一个广泛使用的自然语言处理数据集,它专门用于命名实体识别(named entity recognition,NER)任务。这个数据集是在2003年的"计算自然语言学习会议"(conference on computational natural language learning,CoNLL)中发布的,是NER任务的基准测试之一。命名实体识别是自然语言处理中的一个重要任务,旨在从文本中识别出具有特定意义的实体,如人名、地名、组织名等。NER系统能够识别出文本中的实体,并将它们归类到预定义的类别中。CoNLL-2003数据集包括英语和德语两部分,其中英语部分是最为广泛使用的。

在英语部分,CoNLL-2003定义了四种主要的实体类别:人名(PER)、地名(LOC)、组织名(ORG)和杂项(MISC)。杂项表示其他不属于人名、地名、组织名三类的实体,如国籍等。CoNLL-2003数据集以一个非常特定的格式提供,每行代表一个词及其相关的标注信息,包括词本身、词性标注、语法块信息和命名实体标签。各列之间通常用空格分隔。数据集中的句子由空行分隔。使用BIO标注方案(Begin,Inside,Outside)来标记命名实体的边界和类别。例如,B-PER表示一个人名实体的开始,I-PER表示人名实体的内部,而O则表示非实体词。CoNLL-2003数据集已经成为训练和评估NER系统的一个重要工具。多种现代NLP技术,如LSTM和BERT等,都在这个数据集上进行了测试和优化。

4. IMDb Reviews

IMDb Reviews数据集是一个广泛使用的公开数据集,主要用于自然语言处理中的情感分析任务。这个数据集包含来自互联网电影数据库(internet movie database,IMDb)的大量电影评论,目的是通过这些评论文本来训练和测试模型,以判断评论的情感倾向是积极的还是消极的。IMDb Reviews数据集由斯坦福大学的研究人员在2011年发布。它包含了5万条电影评论,这些评论被均匀分为训练集和测试集,每部分包含25 000条评论。每个集合中,积极和消极评论的数量是平衡的,即每个部分都包含12 500条积极评论和12 500条消极评论。数据通常以文本文件的形式提供。评论经过预处理,其中包括去除HTML标签和无关字符、字母转换为小写等。由于其规模较大和标注清晰,成为情感分析研究的一个重要资源。它被广泛用于测试各种机器学习技术,包括传统的机器学习方法如支持向量机和随机森林,以及现代的方法如卷积神经网络和循环神经网络。数据集提供额外5万条未标注评论,用于半监督学习研究。

4.5.2 常用评价指标

在机器学习领域,准确率、召回率、精确率和 F1 分数是评估分类模型性能的核心指标,用于衡量模型在分类任务中的预测能力。而在自然语言处理领域,根据不同任务的需求,还发展出了更为专门化的评估指标。

1. BLEU(bilingual evaluation understudy)分数

BLEU 分数是自然语言处理领域用于评估机器翻译质量的指标。它通过计算机器翻译输出与参考翻译之间的 N-gram 重叠程度,并结合生成文本长度的长度惩罚来综合评分,分数范围从 0 到 1,1 表示完美匹配。尽管 BLEU 分数能快速、有效地评估翻译质量,但它无法完全捕捉翻译的流畅性和语义准确性,因此存在一定局限性。

2. METEOR(metric for evaluation of translation with explicit ordering)

METEOR 是一种用于评估机器翻译或文本生成质量的自动评价指标,旨在通过引入多层次的语义对齐和灵活的匹配机制,克服传统指标如 BLEU 对表面形式过于严格的问题。其核心思想是通过综合词汇匹配、词干还原、同义词替换以及句子结构对齐等多个维度,更贴近人类对语义相似性的判断。具体而言,METEOR 首先在候选文本与参考文本之间建立最大对齐,允许单词通过精确匹配(如"running"与"running")、词干匹配(如"running"与"run")或同义词匹配(如"car"与"automobile")等方式匹配。对齐完成后,METEOR 计算精度(对齐词数占候选文本总词数的比例)和召回率(对齐词数占参考文本总词数的比例),并通过调和平均数(F 值)结合两者。随后,引入碎片化惩罚因子,以衡量对齐词在句子中的连续性:若对齐词分散在非连续的短语中,则惩罚值增大,降低最终得分。最终 METEOR 分数为 F 值乘以(1-惩罚因子),取值范围通常为 0 到 1,数值越高表示生成质量越好。与 BLEU 分数相比,METEOR 不仅考虑 N-gram 的精确匹配,还考虑了词干匹配、同义词匹配和句子结构的对齐,提供了对翻译流畅性和语义准确性更全面的评估。

3. 精确匹配(exact match,EM)

精确匹配是问答系统等任务中使用的评价指标,用于衡量模型输出与标准答案完全一致的比例。其计算方式为统计完全匹配样本数占总样本数的比例。例如,在 100 个问题的测试集中,若 25 个问题的答案与参考答案完全一致,则 EM 得分为 25%。精确匹配是极其严格的指标,参考答案为"苹果"时,模型输出"苹果"正确,输出"苹果。"则不匹配。这意味着任何细微差别,如拼写错误、同义词替换或格式差异,都会导致匹配失败。

4. 词错误率（word error rate，WER）

在语音识别领域，词错误率是评估识别结果与参考文本差异的关键指标，通过量化语音到文本转换的错误比例来反映系统性能。计算时，先借助动态规划算法将识别结果与人工标注的参考文本逐词对齐，以最小化编辑操作的总次数。对齐后，错误分为三类：替换（识别词被错误替换）、插入（识别结果多出参考文本不存在的词）和删除（参考文本中的词未被识别出来）。词错误率的计算方法为（替换数+插入数+删除数）/参考词数×100%。词错误率的值越低，表示识别结果与实际文本的一致性越高，语音识别系统的性能越好。

5. 余弦相似性和 Jaccard 相似性

余弦相似性和 Jaccard 相似性是衡量数据对象间相似性的常用指标，但它们适用于不同数据类型和场景。

余弦相似性主要用于向量空间模型中的连续型数据，如文本的词频向量或用户评分向量，通过计算两向量夹角的余弦值评估相似性。其数学定义为两向量点积除以模长乘积，即方向投影的归一化结果。向量同向时余弦值为 1，表示高度相似；正交时为 0，表示无相关性；反向时为 -1，表示完全负相关。在文本分析中，余弦相似性可有效衡量文档主题相似性。

Jaccard 相似性则专门针对集合或二元特征数据设计，衡量两集合交集元素占并集元素的比例。其计算方式为交集大小除以并集大小，取值范围在 0 到 1 之间。两集合完全重合时 Jaccard 值为 1，无交集时为 0。这一特性使其适合处理稀疏二元数据，如用户行为记录或关键词集合。例如，在推荐系统中，用户 A 购买的商品集合为 { 苹果，香蕉，橙子 }，用户 B 的集合为 { 苹果，葡萄，西瓜 }，交集为 { 苹果 }，并集为 { 苹果，香蕉，橙子，葡萄，西瓜 }，Jaccard 相似性为 1/5 = 0.2。

两者核心差异在于数据类型和关注维度：余弦相似性适用于数值有权重的向量，强调方向一致性；Jaccard 相似性适用于二元存在性数据，关注元素重叠比例。在协同过滤推荐中，若用户对物品评分是连续数值，余弦相似性可基于评分衡量模式相似性；若仅记录是否点击物品，则 Jaccard 更合适。

6. 平均排名精度（mean reciprocal rank，MRR）和命中率

在推荐系统和信息检索领域，平均排名精度和命中率是两类广泛使用的性能评估指

标，它们从不同角度衡量系统在排序结果中的有效性。

平均排名精度侧重于衡量正确结果在排序中的位置质量，其核心思想是通过计算每个查询中第一个正确答案排名的倒数，并取所有查询结果的平均值来反映整体性能。具体而言，对于单个查询，若系统返回的结果列表中第一个相关项位于第 k 位，则该查询的倒数排名值为 $1/k$；若查询结果中无任何相关项，则倒数排名值为 0。最终，平均排名精度通过对所有查询的倒数排名值取平均得到。这一指标的优势在于能够敏感地捕捉到正确结果的排名位置差异，例如，当正确结果从第 2 位提升到第 1 位时，平均排名精度会显著提高，体现出系统优化的效果。然而，平均排名精度仅关注第一个正确结果的位置，若存在多个相关结果，后续结果的排名信息则会被忽略。

命中率则是一种更为直接的二分类指标，用于衡量系统在给定阈值范围内（如前 N 个结果）是否包含至少一个正确结果。例如，若设定评估范围为前 10 个结果，则对于每个查询，只要正确结果出现在前 10 位，无论其具体位置是第一还是第十，均视为命中，计为 1；反之则计为 0。最终命中率为所有查询中命中次数的比例。这一指标能够反映系统在特定结果数量限制下的覆盖能力，尤其适用于实际应用场景中用户通常仅浏览前几项结果的场景。然而，命中率无法区分正确结果在阈值范围内的具体位置差异，例如，排名第一和第十的正确结果对命中率的贡献相同，这可能掩盖系统在排序精度上的细微改进。

平均排名精度和命中率在实际应用中常结合使用，以全面评估系统性能。例如，在搜索引擎中，平均排名精度可以衡量用户快速获取首个正确答案的效率，而命中率能反映系统在首屏结果中覆盖相关内容的广度。

4.6　本章小结

本章深入探讨了自然语言处理的核心概念和技术，涵盖从文本预处理到高级模型应用的各个方面。本章首先介绍了文本预处理的重要性和基本方法，这些步骤为后续机器学习任务准备数据。接着讨论了词向量表示技术，包括传统的 One-Hot 编码和更先进的嵌入方法如 Word2Vec，这些技术通过为每个词汇分配密集的向量表示，极大地提升了机器对自然语言的理解和处理能力。随后，介绍了语言模型的发展，从早期的 N-gram 模型到现代的深度学习模型，重点讨论了注意力机制的革命性影响，它显著提高了模型的效果和效率，是 Transformer 模型的核心，后者支撑了 BERT 和 GPT 等大型预训练语言模型。此外，还探讨了自然语言处理的典型任务和应用，如机器翻译、情感分析、文本摘要和问答系统，展示了自然语言处理技术的多样性和实用性。为了评估这些应用的性能，文中介绍了 GLUE、SQuAD 和 CoNLL-2003 等公开数据集，以及 BLEU 分数等评价指标，以帮助研究者和开发者量化模型的效果。通过本章的内容，读者应能够深入理解自然语言处理的基本原理和方法，为进一步的学习和研究奠定坚实的基础。

思考与练习

1. 解释自然语言处理中进行文本预处理的步骤。
2. 什么是 Word2Vec？请解释 CBOW 和 Skip-gram 模型的区别。
3. 简述 Seq2Seq 模型的工作原理，并说明编码器和解码器的作用。
4. BERT 模型的双向训练特性是如何实现的？它与传统的单向语言模型有何不同？
5. 注意力机制的作用是什么？
6. 解释 Transformer 模型的核心组件及其工作原理。
7. 什么是情感分析？请列举情感分析的主要类型及其应用场景。
8. 在自然语言处理中，常用的评估指标有哪些？

第 5 章 感知与计算机视觉

为了让计算机具有智能,首先必须让计算机能够像人一样"看见""听见",从而获得对世界的感知、识别和理解能力。视觉智能即计算机视觉,让计算机认字、识人;听觉智能则能让计算机听音、理解。

5.1 计算机视觉概述

教学课件:
5.1 计算机
视觉概述

5.1.1 什么是计算机视觉

人类视觉系统通过眼球接收光信号、视网膜将光信号转换为电信号并传输到大脑,大脑皮层提取电信号中的有效特征,解释图像信息,并引导人做出反应。为了让机器模拟人类视觉系统,研究者用摄像头模拟"眼球"获得图像信息,用数字图像处理技术模拟"视网膜"将模拟图像变成数字图像,让计算机能够处理;用计算机视觉算法模拟"大脑皮层",提取图像特征,完成识别检测等任务,如图 5.1 所示。

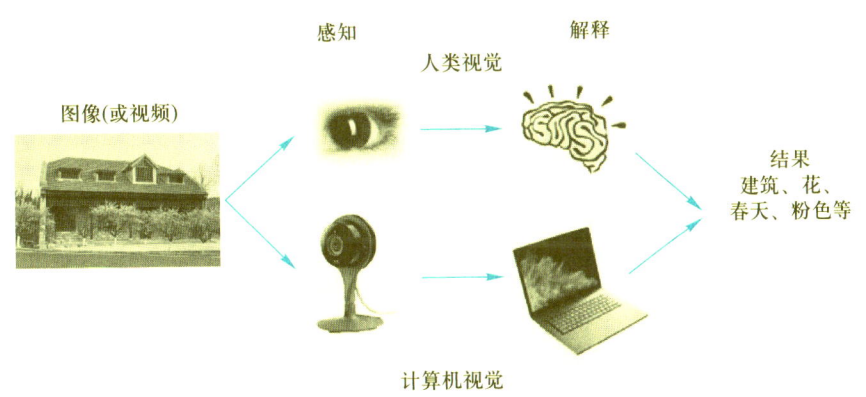

图 5.1 计算机视觉模拟人类视觉

计算机视觉通过上述过程,使机器不是单纯地"看见"图像,而是从图像或视频中"理解"和"解释"视觉信息,感知、分析和理解现实世界中的对象和场景。这需要首先获取数字图像，然后进行数字图像处理以提取相关特征，后续完成目标检测、识别、追踪等复杂任务。

5.1.2 计算机视觉的发展

计算机视觉的发展历程是一个跨越数十年的逐步演变过程，涵盖了从早期的图像处理技术到现代深度学习方法的持续创新，主要分为如下几个发展阶段。

1. 早期阶段（20 世纪 60 至 70 年代）

早期阶段又称知识驱动阶段，计算机视觉的概念在这个时期开始形成，研究者们主要关注基本的图像处理，如边缘检测和特征提取。20 世纪 70 年代，研究人员使用几何形状模型和模板匹配方法进行目标识别，这一阶段的技术大多依赖于手工设计的特征和规则。

2. 模式识别阶段（20 世纪 80 至 90 年代）

这个阶段引入了基于知识的视觉系统以及模式识别方法，如决策树、支持向量机等，用于提升识别准确率。20 世纪 90 年代，随着计算能力的提升和数据集的积累，计算机视觉研究开始关注特征提取与匹配，提出了如 Harris 角点检测和尺度不变特征变换（scale-invariant feature transform，SIFT）特征描述子等传统图像特征描述算法。

3. 深度学习的初步尝试阶段（20 世纪 80 年代至 21 世纪初秩）

2006 年，深度学习开始兴起，深度信念网络（deep belief networks，DBN）等模型被提出并用于自动特征提取。2009 年，由普林斯顿大学华裔计算机女科学家李飞飞教授主导创建的 ImageNet 大规模图像数据集发布。ImageNet 包含超过 1 400 万张标注的图像，有 2 万多个类别。随后，从 2010 年开始，ImageNet 项目每年举办一次 ImageNet 大规模视觉识别挑战赛（ILSVRC），它不仅为各种视觉任务提供了重要的基准，还推动了模型设计和训练方法的发展。通过使用 ImageNet，研究人员能够验证和改进他们的算法，从而在复杂的视觉识别任务中取得更好的结果。

4. 深度学习的突破阶段（21 世纪初至 21 世纪 10 年代）

2012 年，由杰弗里·辛顿等人提出的 AlexNet 将深度卷积神经网络 CNN 应用于图像分类，在 ImageNet 竞赛中获得冠军，显著提升了深度学习模型在比赛中的准确率，对深度学习的发展具有里程碑式的意义。2014 年，生成对抗网络（GAN）被提出，通过生成器（generator）和判别器（discriminator）之间的对抗性训练，开创了图像生成和合成的新方法。2015 年，出现了多种新的架构，如 VGGNet、GoogLeNet 和 ResNet 等，进一步提升了图像分类、目标检测和图像分割等任务的性能。

5. 成熟与广泛应用阶段（21世纪20年代至今）

深度学习在计算机视觉中得到了广泛应用，包括自动驾驶、医疗影像分析、智能监控等领域。新兴技术如Transformer架构的引入，使得计算机视觉任务不再仅依赖卷积神经网络，还开始接受序列模型。

5.1.3 计算机视觉与OpenCV

开源计算机视觉库（open source computer vision library，OpenCV）是一个完全开源的计算机视觉库，其目的是为计算机视觉研究和应用提供一个通用的算法工具库。它包含了大量针对各种计算机视觉任务的算法和工具，如图像处理、特征提取、特征匹配、机器学习以及深度学习模型的导入和使用等，支持多种操作系统（Windows、Linux和macOS）和编程语言（C++、Python和Java）。

在Python环境中安装OpenCV库非常方便，根据使用环境的不同，安装方式也有所不同。例如在联网的Windows操作系统中要在Python的IDLE中安装，可直接在Windows操作系统的命令行或终端中运行pip install opencv-python。

5.2 图像处理基础

5.2.1 数字图像

1. 什么是数字图像

图像表达了物体在光线影响下的样子，帮助人们记录美好的瞬间或特定的状态。随着信息科技的发展，作为计算机"看见"世界的介质，数字图像在人们生活中的使用愈发频繁，如手机或数码相机拍摄的照片、网上下载的图片素材、购物网站上的物品照片等，那么，数字图像是如何存储和处理的？图5.2展示了一张数字图像及其存储情况。后续文中在不引起歧义的情况下，简称数字图像为图像。

从图5.2可以看出，一张数字图像实际是由一个个小方块组成的，每一个小方块就是一个像素点。可以把像素点想象成一盏小灯泡，改变每个小灯泡的亮度，整幅图像就会发生变化。实际上，数字图像在计算机中存储的就是这一个个像素点的亮度值，而一幅平面图像的像素点值集合在一起就形成了一个有行有列的方形矩阵。

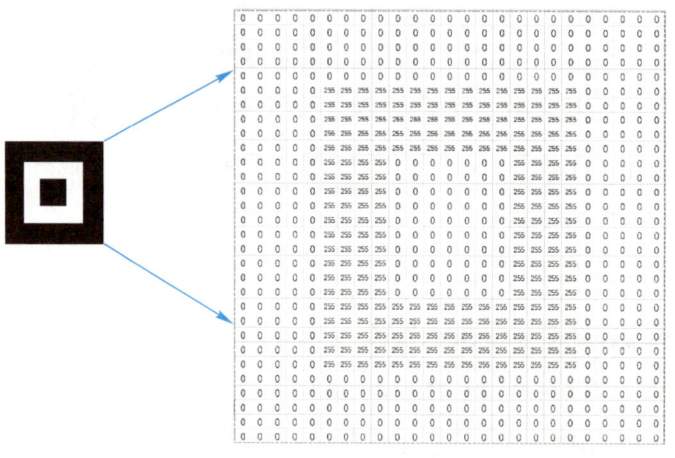

图 5.2 数字图像及其存储

2. 分辨率

在同样大小的面积上,像素点的密集程度不同,图像的清晰度就不同。图像水平像素点的个数乘以垂直像素点的个数称为图像的分辨率。如 640×480 表示水平方向上有 640 个像素点,垂直方向上有 480 个像素点。一般来说,分辨率越高,图像就越清晰。图 5.3 展示了同一幅图像在不同分辨率下的不同视觉效果。

图 5.3 彩图

(a) 分辨率为640×480   (b) 分辨率为64×48

图 5.3 不同分辨率下的图像差异

3. 灰度图像和彩色图像

如果每个像素的亮度小灯泡是单色的,亮度度量值可以从 0 到 255,也就是计算机中一个字节二进制数的变化范围,从 00000000B 到 11111111B,那么组成的图像就是灰度图像,如图 5.4 所示为图 5.3(a)图像对应的灰度图像。在灰度图像中,最暗灰度 0 为黑色,最亮灰度 255 为白色,其他中间的值为各种不同的灰色。

如果每个像素点有三盏亮度小灯泡,分别为红色、绿色、蓝色,每盏灯的亮度都可以从 0 到 255，那么计算机在存储这样的图像时，每个像素点就要存储红色 R、绿色 G、蓝色 B 三个亮度值，最终整幅图像就会存成一个三维矩阵，这样组成的图像就是彩色图像。图 5.5 所示为用显微镜放大的某款手机全白色显示时的液晶屏幕，可以清晰地看出每个像素点的结构包括红、绿、蓝三种颜色的显示单元。

 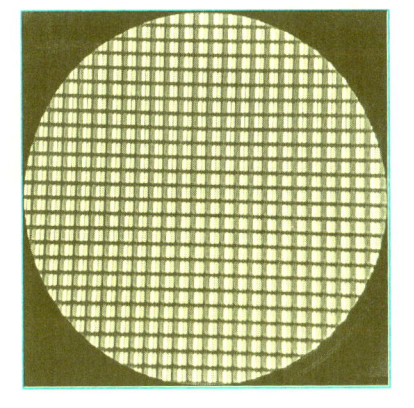 

图 5.5 彩图

图 5.4 灰度图像　　　　　图 5.5 显微镜下放大的某款手机液晶屏幕

4. 可见光图像与不可见光图像

人眼可以看见的图像称为可见光图像，图 5.6 展示了光的分类。当自然光或灯光照射在有色物体上时，物体自身的特性会对光线进行选择性吸收，将剩余光线反射或投射出来，再通过人眼的感光细胞刺激大脑中枢，人就看到了五颜六色的物体。

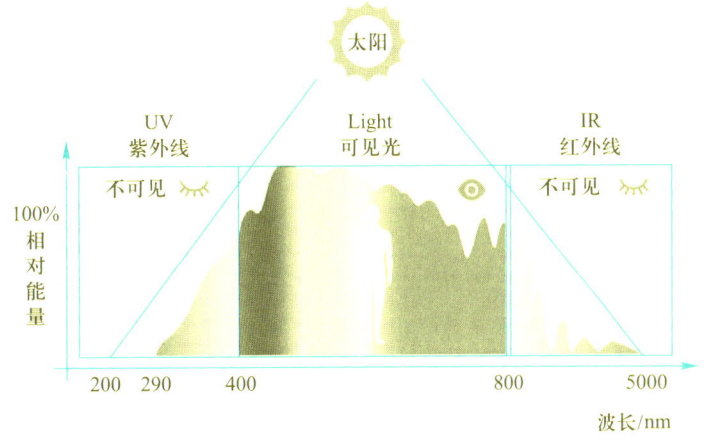 

图 5.6 彩图

图 5.6 光的分类

光按照波长从短到长可以分为紫外线、可见光、红外线，紫外线和红外线都是不可见光，其他的不可见光还有 X 射线、伽马射线等。不可见光也可以产生图像，比如红外图像、X光片等，如图5.7所示。当然，通过各种手段获取的不可见光图像的信息最终也会通过处理上色，以人们能看到的可见图像形式展示。

图5.7 彩图

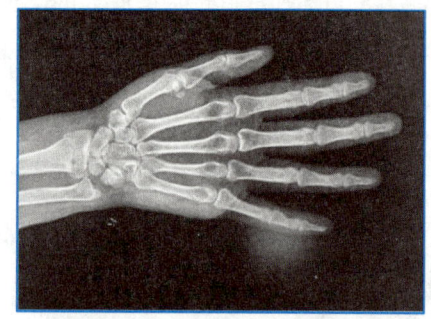

(a) 红外成像　　　　　　　　　　(b) X光片

图5.7　不可见光图像

无论是可见光图像还是不可见光图像，都要转换为数字图像，才能在计算机中进行存储和处理。

5.2.2　数字图像处理

图像的质量直接影响后续图像识别等算法的效果和精度，因此，一般需要先对图像进行加工预处理，通过一些方法改变图像中像素点的灰度数值，从而达到让计算机容易识别、容易理解的目的。在进行预处理及后续处理之前，需要先了解一下图像中坐标系和像素坐标一般是如何规定的。

1. 像素坐标

像素坐标是像素在图像中的位置。要确定像素的坐标，首先要确定图像的坐标系。在一张数字图像中，通常建立以图像左上角为原点、横坐标 X 轴水平向右、纵坐标 Y 轴竖直向下、以像素为单位的直角坐标系，如图5.8所示。图中像素点（0，0）的灰度值为0，像素点（5，5）的灰度值为255。

图像处理操作大部分都是基于像素坐标对像素矩阵中的每个像素点进行操作。无论是简单的操作，如调整亮度或对比度，还是更复杂的操作，如图像滤波、边缘检测或图像分割，这些操作通常都会遍历图像的像素矩阵，并根据像素坐标访问和操作每个像素。有些图像处理任务（如一些深度学习方法）虽然中间过程不是基于像素坐标的，但输入/输出结果仍然是基于图像的像素矩阵的。

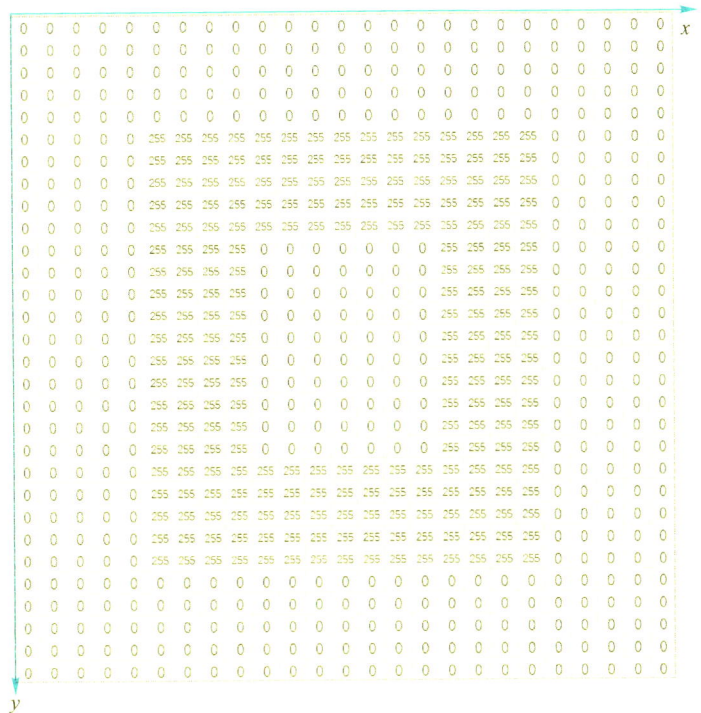

图 5.8 图像坐标示意图

2. 图像预处理

图像预处理的方法主要有灰度化和二值化、图像归一化、图像增强和几何变换等。

(1) 灰度化和二值化。

灰度化：将彩色图像转换为灰度图像，减少数据量，便于后续处理。常用的方法有分量法、最大值法、平均值法和加权平均法。

二值化：将图像的像素值设置为 0 或 255，使图像只有黑和白两种颜色，但仍然能反映图像的整体和局部特征。

(2) 图像归一化。

将图像的像素值调整到一个特定的范围（如 0~1），便于后续处理。

(3) 图像增强。

灰度变换：通过改变像素的灰度值来增强图像的对比度，方法包括线性灰度增强、分段线性灰度增强、对数函数非线性变换和指数函数非线性变换。

直方图修正：图像直方图是反映图像像素分布的统计表，横坐标代表了图像像素的种类，可以是灰度的，也可以是彩色的。纵坐标代表了每一种灰度值或颜色值在图像中的像素总数或者占所有像素个数的百分比。通过调整图像的直方图来增强对比度，常用的方法是直方图均衡化,它通过扩展图像的动态范围来提升对比度。

图像平滑:用于去除或减少图像中的噪声,方法包括高斯滤波、中值滤波和均值滤波等。

锐化处理:增强图像的高频部分,使边缘更加清晰或进行边缘检测,方法包括拉普拉斯算子锐化、高通滤波器锐化和非锐化掩模(unsharp masking,USM)锐化等。

(4)几何变换。

通过平移、旋转、缩放等操作来校正图像的几何失真,这些变换过程中一般会用到像素的插值,常用的插值算法有最近邻插值、双线性插值和双三次插值。

上述图像预处理方法在图像处理中各有其应用场景和优势,选择合适的方法可以提高图像的质量和后续处理的效率。

实例:OpenCV 实现彩色图像灰度化、滤波、锐化及灰度化后的图像的直方图显示。

这个实例使用 OpenCV 库首先实现了图 5.3(a)彩色图像的灰度化,然后采用 5×5 的均值滤波器对灰度图像进行了滤波,接下来采用自定义的高通滤波器对灰度图像进行了锐化,最后统计了灰度图像的直方图,并将结果进行了展示。因为 OpenCV 无法直接显示直方图,所以程序采用了 Matplotlib 第三方库进行结果图像和直方图的展示。Matplotlib 第三方库的安装与 OpenCV 的安装方法类似,例如,在联网的 Windows 操作系统中要在 Python 的 IDLE 中安装,可直接在 Windows 操作系统的命令行或终端中运行 pip install Matplotlib。

```
1   import cv2
2   import numpy as np
3   import matplotlib.pyplot as plt
4   import matplotlib as mpl
5   # 为了能在结果展示中显示中文,需设置中文字体
6   mpl.rcParams['font.sans-serif'] = ['SimHei']  # Windows
7   # 读取图像
8   image = cv2.imread('5.2a).png')
9   # 转换为灰度图像
10  gray_image = cv2.cvtColor(image,cv2.COLOR_BGR2GRAY)
11  # 应用均值滤波
```

```python
12  kernel1 = np.ones((5, 5), np.float32) / 25
13  mean_filtered = cv2.filter2D(gray_image, -1, kernel1)
14  # 高通滤波器（锐化）
15  kernel2 = np.array([[-1,-1,-1],
16                      [-1,9,-1],
17                      [-1,-1,-1]])
18  sharpened_image = cv2.filter2D(gray_image,-1,kernel2)
19  # 计算直方图
20  hist = cv2.calcHist([gray_image],     # 图像列表
21                      [0],              # 通道索引（灰度图为[0]，BGR
                                          #   图为[0],[1],[2]）
22                      None,             # 掩码（若无掩码则为None）
23                      [256],            # bins 数量（通常与像素深度一致）
24                      [0, 256])         # 像素值范围
25
26  # 绘制结果
27  plt.subplots(2, 2, constrained_layout=True)     # 自动约束布局
28  # 显示灰度图像
29  plt.subplot(2, 2, 1)
30  #OpenCV 使用 BGR 格式，需转换
31  plt.imshow(cv2.cvtColor(gray_image,cv2.COLOR_BGR2RGB))
32  plt.title('灰度图像')
33  plt.axis('off')
34  # 显示均值滤波后图像
35  plt.subplot(2, 2, 2)
36  plt.imshow(cv2.cvtColor(mean_filtered,cv2.COLOR_BGR2RGB))
37  plt.title('均值滤波后图像')
38  plt.axis('off')
39  # 显示锐化后的图像
```

```
40  plt.subplot(2, 2, 3)
41  plt.imshow(cv2.cvtColor(sharpened_image,cv2.COLOR_BGR2RGB))
42  plt.title('锐化后图像')
43  plt.axis('off')
44  # 显示直方图
45  plt.subplot(2, 2, 4)
46  plt.plot(hist, color='gray')
47  plt.title('灰度直方图')
48  plt.xlabel('灰度值')
49  plt.ylabel('像素个数')
50  plt.xlim([0, 256])
51  plt.show()
```

程序运行结果如图 5.9 所示。

图 5.9 将图 5.3（a）灰度化、滤波、锐化及灰度图像的直方图显示

5.2.3 图像的特征

图像的特征是图像中具有区分性和代表性的信息，用于描述图像的内容。特征提取是计算机视觉中的关键步骤，它能够将高维的图像数据转换为低维的特征表示，从而简化后续的分析和处理任务。图像特征主要包括颜色特征、纹理特征、形状特征和空间关系特征等。

1. 颜色特征

颜色特征是一种全局特征，描述了图像或图像区域所对应景物的表面性质。由于颜色对图像或图像区域的方向、大小等变化不敏感，颜色特征不能很好地捕捉图像中对象的局部特征。常用的颜色特征提取方法包括颜色直方图和颜色矩等。

2. 纹理特征

纹理特征也是一种全局特征，描述图像局部的模式或结构，如平滑、粗糙、规则等。纹理特征不是基于像素点的特征，它需要在包含多个像素点的区域中进行统计计算。常见的纹理特征提取方法有灰度共生矩阵、局部二值模式（local binary pattern，LBP）和Gabor 滤波器等。

3. 形状特征

形状特征是描述图像中物体轮廓和区域的重要特征。轮廓特征主要针对物体的外边界，而区域特征则关系到整个形状区域。常见的形状特征提取方法包括 Hu 不变矩、傅立叶描述符等。形状特征在物体检测和识别等任务中具有重要作用。一些特征描述子，如尺度不变特征变换（scale-invariant feature transform，SIFT）、加速健壮特征（speeded-up robust features，SURF）、方向梯度直方图（histogram of oriented gradients，HOG）也可以视为形状特征。

4. 空间关系特征

空间关系特征描述图像中分割出来的多个目标之间的相互空间位置或相对方向关系。这些关系可以分为连接/邻接关系、交叠/重叠关系和包含/包容关系等。空间关系特征对于理解图像中对象的组织和它们之间的相互作用非常重要。

实例：用 OpenCV 实现 SIFT 特征点的检测。

SIFT 特征点对图像的旋转、缩放、亮度变化等具有不变性，因此在图像匹配、目标识别等领域广泛应用。可以直接调用 OpenCV 中的函数方便地实现 SIFT 特征点的检测，程序代码如下，运行后将 SIFT 特征画到灰度图像上的结果如图 5.10 所示。

```python
import cv2
# 读取图像
image = cv2.imread('5.2a).png')
gray = cv2.cvtColor(image, cv2.COLOR_BGR2GRAY)  # 转换为灰度图像
# 创建 SIFT 检测器
sift = cv2.SIFT_create()
# 检测 SIFT 特征点
keypoints, descriptors = sift.detectAndCompute(gray, None)
# 在图像上绘制特征点
output_image = cv2.drawKeypoints(
    image,           # 在原图像上绘制
    keypoints,       # 检测出来的 SIFT 特征点
    None,            # 不输出结果图像
    flags=cv2.DRAW_MATCHES_FLAGS_DRAW_RICH_KEYPOINTS)
'''
flags 是控制关键点绘制的标志,可以是以下值:
cv2.DRAW_MATCHES_FLAGS_DEFAULT:默认模式,绘制关键点的位置和大小。
cv2.DRAW_MATCHES_FLAGS_DRAW_RICH_KEYPOINTS:绘制关键点的位置、大小和方向。
cv2.DRAW_MATCHES_FLAGS_DRAW_OVER_OUTIMG:直接在输出图像上绘制,而不是创建一个新的图像。
cv2.DRAW_MATCHES_FLAGS_NOT_DRAW_SINGLE_POINTS:不绘制单个关键点。
类型:int,默认值为 cv2.DRAW_MATCHES_FLAGS_DEFAULT。'''
# 显示结果
cv2.imshow('SIFT Keypoints', output_image)
cv2.waitKey(0)                    # 等待用户按下任意键继续
cv2.destroyAllWindows()  # 关闭所有窗口
```

图 5.10　SIFT 特征点检测结果显示

在早期计算机视觉工作中，图像的预处理和特征需要根据后续任务由人工选择，随着深度学习模型在图像处理中的应用，模型中某些层已包含预处理或特征的提取操作，无须再单独人工选取。

5.3　计算机视觉的研究任务

教学课件：
5.3 计算机视觉的研究任务

计算机视觉的研究任务非常广泛，涵盖了多个方面，主要包括图像分类（image classification）、目标检测（object detection）、图像分割（image segmentation）、目标跟踪（object tracking）等几大核心研究任务。

5.3.1　图像分类

图像分类是计算机视觉领域的基础任务，也是应用比较广泛的任务。图像分类的目标是将输入的图像识别成预定义类别集合中的一个或多个类别，用来解决"是什么"的问题，即给定一张输入图像，用标签描述图像的主要内容。在实际应用中，图像分类广泛应用于物体识别、场景分类、表情识别等场景。

1. 图像分类的方法

（1）传统方法。

特征提取：从图像中提取有助于区分不同类别的特征。常用的特征提取方法有尺度不变特征（SIFT）、加速健壮特征（SURF）和方向梯度直方图（histogram of oriented gradients，HOG）等。

特征降维：为了减少计算量和避免过拟合，可以对特征进行降维处理。常用的降维方法有主成分分析（principal component analysis，PCA）和线性判别分析（linear discriminant analysis，LDA）等。

分类器训练：利用提取的特征和对应的标签训练分类器。常用的分类器有支持向量机（SVM）、决策树和 K-近邻（K-nearest neighbors，KNN）等。

传统图像分类方法的主要缺点是特征提取和分类器训练是分离的，这可能导致提取的特征不是最佳的。此外，手工设计的特征提取方法可能无法适应各种情况，因此在某些分类任务上性能有限。

（2）深度学习方法。

随着深度学习的发展，卷积神经网络（CNN）已成为当前处理图像分类任务的主流方法。CNN 通过多个卷积层和池化层对图像进行处理来自动提取图像的多尺度特征，而无须人工提取特征。常见的 CNN 模型有 LeNet、AlexNet、VGG、GoogLeNet、ResNet 和 EfficientNet 等，这些模型均在大规模图像分类任务（如 ImageNet 竞赛）中取得了显著的成果。

深度学习方法有以下优点：

自动特征提取：深度学习模型自动学习到适合任务的特征，而无须手动设计。

端到端训练：特征提取和分类器训练是联合进行的，这有助于发现更好的特征表示。

高性能：深度学习方法在许多图像分类任务上都实现了最先进的性能，比传统方法更准确。

然而，深度学习方法也存在一些缺陷，如对数据需求高、容易过拟合、可解释性较差、对数据顺序敏感以及参数调整困难等。

（3）其他方法。

迁移学习：迁移学习是一种将已学习的知识迁移到新的任务中的方法。在图像分类中，可以利用在大规模数据集上训练好的模型（如在 ImageNet 上训练好的 CNN 模型）来解决新的图像分类问题。这种方法可以节省训练时间和计算资源，提高模型在新任务上的表现，特别适用于小样本数据集。

卷积自编码器：卷积自编码器结合了卷积神经网络和自编码器的优点，它的主要思想是将输入图像编码为低维的特征表示，然后解码为原始图像。通过训练卷积自编码器，可以得到一种有效的特征提取方式，进而用于图像分类。

生成对抗网络（GAN）：GAN 由生成器和判别器两部分组成，生成器的目标是生成逼真图像，判别器的目标是区分生成的图像和实际图像。虽然 GAN 主要用于图像生成任务，但其在图像分类中也有潜在的应用价值，例如可以通过生成对抗样本来提高分类器的鲁棒性。

综上所述，图像分类的方法多种多样，每种方法都有其独特的优势和适用场景。在实际应用中，应根据具体问题的特点、数据集的大小和可用性等因素综合考虑，选择合适的图像分类方法。

2. 图像分类实例：MNIST 手写数字识别分类

下面以 MNIST 数据集实现手写数字识别分类为例，了解一下图像分类的基本原理和流程。

MNIST 手写数字识别分类这一经典的机器学习问题，被认为是深度学习的"Hello World"。MNIST 手写数字数据集是机器学习领域中的一个经典数据集，它包含了 60 000 张训练图像和 10 000 张测试图像，每张图像都是 28×28 像素分辨率的灰度图，图像中是 0~9 之间的数字。图 5.11 展示了 MNIST 数据集的部分图像。该数据集的主要目标是提供一个标准化基准，用于机器学习算法的训练与评估。

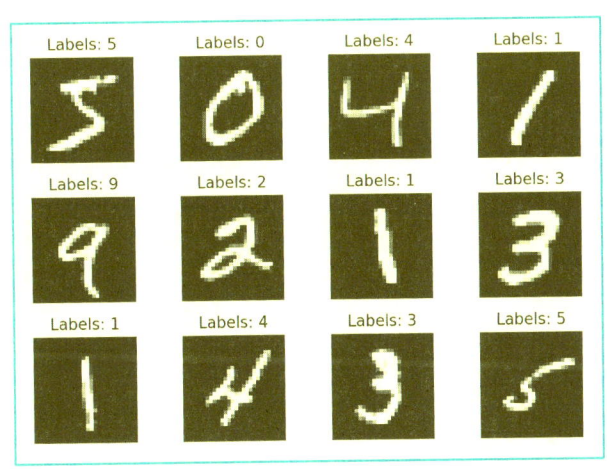

图 5.11 MNIST 数据集部分图像展示

（1）数据准备。

收集与标注：在进行图像分类之前，首先需要收集并准备用于训练和测试的图像数据集，包括训练集、验证集和测试集（如表 5.1 所示）。同时，对图像进行标注，即给每张图像分配一个或多个类别标签。

预处理：对图像数据进行预处理，如缩放、裁剪、归一化、灰度化、降噪等，以适合输入模型。

表 5.1 数据集划分

名称	定义	作用	注意事项
训练集 Training Set	用于训练模型的数据集	模型通过训练集学习数据的特征和规律，调整模型参数（如权重和偏置）	通常占数据集的 60%~80%；训练集的质量和数量直接影响模型的性能
验证集 Validation Set	用于调整模型超参数和评估模型性能的数据集	在训练过程中评估模型的性能，帮助选择最佳的超参数（如学习率、正则化参数等）	通常占数据集的 10%~20%；用于早停（early stopping），防止模型过拟合；验证集不能用于训练模型，否则会导致过拟合
测试集 Test Set	用于最终评估模型性能的数据集	测试集用于评估模型在未见过的数据上的表现，反映模型的泛化能力	通常占数据集的 10%~20%；测试集只能在模型训练和调参完成后使用；测试集不能用于训练或验证，否则会降低评估准确性

本实例中，直接使用 PyTorch 的 datasets 模块自动加载 MNIST 数据集。数据集已经做好了标注和归一化，只需要做一些预处理操作，划分好训练集和测试集即可。MNIST 手写数字识别分类难度较小，因此该实例没有单独划分验证集。下面是加载数据及数据预处理部分的代码，其中 train_dataset 为训练集，test_dataset 为测试集，为了提升模型的泛化能力和避免过拟合，训练集一般要做乱序处理，测试集不需要。

```
1  transform = transforms.Compose([transforms.ToTensor(),
   transforms.Normalize((0.1307,),
2  (0.3081,))])
3  #transforms.Compose()用于组合多个数据预处理操作
4  #transforms.ToTensor()将图像数据转换为PyTorch张量（Tensor），并将像素值从[0, 255]缩放到[0, 1]
5  # 在计算机科学尤其是深度学习中，张量被定义为多维数组，可以包含任意数量的轴（或称作维度）
```

```
 6    # 每个轴都有自己的长度，这决定了该轴上元素的数量
 7    #transforms.Normalize((0.1307,),(0.3081,)) 对张量进行标准化处理，
      减去均值 0.1307，除以标准差 0.3081
 8    train_dataset = datasets.MNIST(
 9        root='./data',
10        train=True,       # train=True 训练集，=False 测试集
11        transform=transform,    # 按照上面事先定义好的 transform 预处
                                    理组合进行数据预处理
12        download=True)          # 为 True 时，如果没有数据集，则自动下
                                    载；False 则不自动下载
13    test_dataset = datasets.MNIST(
14        root='./data',
15        train=False,
16        transform=transform,
17        download=True)
18    # 加载训练集和测试集，shuffle=True 为乱序处理训练集
19    train_loader = DataLoader(train_dataset, batch_size=batch_size, shuffle=True)
20    test_loader = DataLoader(test_dataset, batch_size=batch_size, shuffle=False)
```

（2）特征提取。

传统方法使用手工设计的特征描述子，如 SIFT、SURF、HOG 等，提取图像中的重要特征。然而，这些方法在处理复杂图像时可能效果不佳。

目前常用的特征提取方法是利用 CNN 等深度学习模型自动从图像中学习并提取出具有代表性的特征。CNN 通过卷积操作实现局部感受野和权值共享，大大降低了模型的复杂度并提高了计算效率。

激活层使用线性整流函数（rectified linear unit，ReLU），又称修正线性单元，是一种人工神经网络中常用的激活函数（activation function），通常指以斜坡函数及其变种为代表的非线性函数。

池化层采用最大池化 Maxpooling 方法，如图 5.12 所示。

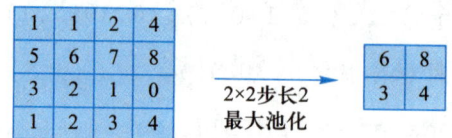

图 5.12　最大池化示意图

（3）特征表示。

传统方法涉及特征选择、降维等操作，将提取出来的特征向量转换为一个可用于分类的固定维度向量。

深度学习方法：在 CNN 中，特征表示是通过卷积层、池化层等自动完成的。这些层能够逐步将图像的特征从低级（如边缘、纹理）抽象到高级（如形状、对象），最终形成可用于分类的特征表示。

（4）分类器训练与选择。

选择分类器：常用的传统分类器包括支持向量机（SVM）、K-近邻（KNN）、决策树（decision tree）、随机森林（random forest）等。在深度学习领域，CNN 本身就可以作为一个强大的分类器。CNN 使用训练数据训练模型，通过反向传播算法和梯度下降等优化方法，不断调整网络参数以最小化损失函数，从而提升分类准确率。

本实例中，采用的网络结构如图 5.13 所示。

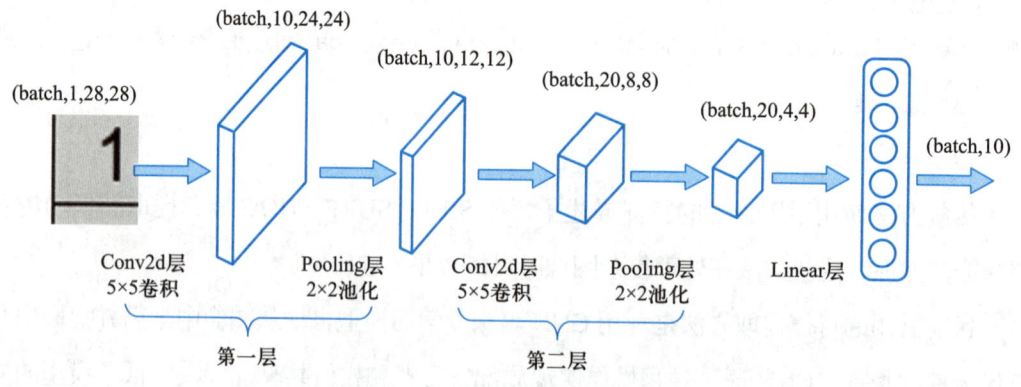

图 5.13　MNIST 手写数字识别分类实例采用的网络结构

比如，输入一个手写数字"5"的图像，它的维度为（batch，1，28，28）即单通道高宽均为 28 像素，batch 为训练集每批次的样本个数，在该实例中为 64。在 CNN 的训练过程中，一般不是单独地输入一个样本进行训练，而是一次性批量输入多个样本。通过批量处理一组样本，可以更有效地利用计算资源，提高训练速度。也可以减少单个样本带来的噪声，使得梯度下降算法的更新方向更稳定，有助于模型参数的更新。

首先通过1个包含10个5×5卷积核的卷积层，其通道数从1变为10，高宽均为24像素。

然后通过1个卷积核为2×2的最大池化层，通道数不变，高宽变为一半，即维度变成（batch，10，12，12）。

然后再通过1个包含2个5×5卷积核的卷积层，其通道数从10变为20，高宽均为8像素。

再通过1个卷积核为2×2的最大池化层，通道数不变，高宽变为一半，即维度变成（batch，20，4，4）。

之后将其view展平，使其维度变为320（20×4×4）之后进入全连接层，通过线性变换将其输出为10类，即0~9这10个数字。

本实例采用的损失函数为交叉熵损失函数（cross entropy loss），其定义如下：

$$\mathrm{CrossEntropyLoss}(x, y) = -\sum_{i=1}^{C} y_i \log(p_i) \tag{5.1}$$

其中，x是模型的输出，y_i是真实标签，C是类别数量，p_i是softmax输出的概率值，其值为：

$$p_i = \frac{\exp(x_i)}{\sum_{j=1}^{C} \exp(x_j)} \tag{5.2}$$

本实例采用的优化器是随机梯度下降（stochastic gradient descent，SGD）。SGD通过计算损失函数关于模型参数的梯度，并按照设定的学习率沿着梯度的反方向更新参数。

(5) 模型评估与优化。

评估性能：使用测试数据对训练得到的分类器进行评估，评估指标包括准确率、精确率等。在本实例中仅采用准确率。

准确率表示预测正确的结果占总样本的百分比，其计算公式为：

$$\mathrm{acc} = \mathrm{TP}/N \times 100\% \tag{5.3}$$

其中，TP（true positive）为分类正确的样本数量，即用训练好的网络对测试集进行预测分类的结果与其标签一致的样本数量；N为测试样本的数量，此处为10 000。

优化模型：根据评估结果对模型进行调整和优化，以提高分类性能。

这个实例训练 5 轮后在测试集上的准确率达到 98.4%，期间并没有进行模型的优化。运行结果如下：

［1，300］：loss：0.874，acc：75.34%

［1，600］：loss：0.213，acc：93.60%

［1，900］：loss：0.150，acc：95.44%

［1/5］：Accuracy on test set：96.5%

［2，300］：loss：0.119，acc：96.53%

［2，600］：loss：0.104，acc：96.88%

［2，900］：loss：0.092，acc：97.18%

［2/5］：Accuracy on test set：97.5%

［3，300］：loss：0.083，acc：97.55%

［3，600］：loss：0.083，acc：97.57%

［3，900］：loss：0.073，acc：97.69%

［3/5］：Accuracy on test set：98.2%

［4，300］：loss：0.069，acc：97.95%

［4，600］：loss：0.061，acc：98.01%

［4，900］：loss：0.069，acc：97.94%

［4/5］：Accuracy on test set：98.1%

［5，300］：loss：0.056，acc：98.26%

［5，600］：loss：0.061，acc：98.19%

［5，900］：loss：0.057，acc：98.22%

［5/5］：Accuracy on test set：98.4%

为了监控训练过程中的损失变化，以便了解模型的收敛情况，设置训练过程中每 300 次迭代输出一次平均损失值 loss 和在训练集上的准确率。

（6）应用部署。

将训练好的模型应用于实际图像分类任务中，对待分类的图像进行预处理、特征提取和分类预测等操作。

综上所述，采用深度学习算法进行图像分类是目前的主流方法，其主要流程如图

5.14 所示。

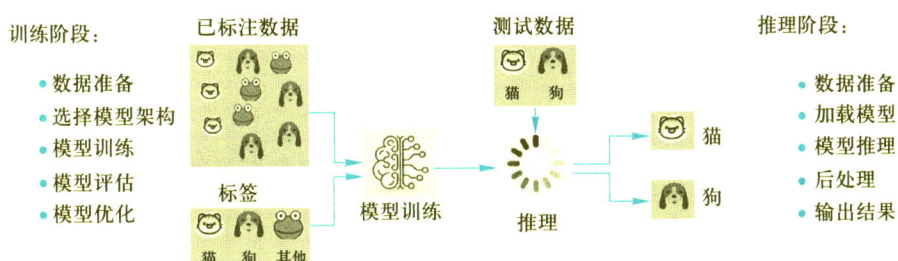

图 5.14 用深度学习算法进行图像分类的流程

MNIST 手写数字识别分类的完整实现代码如下：

```
1   # 引入需要的库
2   import torch
3   import numpy as np
4   from matplotlib import pyplot as plt
5   from torch.utils.data import DataLoader
6   from torchvision import transforms
7   from torchvision import datasets
8   import torch.nn.functional as F
9   # 超参数设置
10  batch_size = 64
11  learning_rate = 0.01
12  momentum = 0.5
13  EPOCH = 5
14  # 准备数据集
15  transform = transforms.Compose([transforms.ToTensor(),
    transforms.Normalize((0.1307,), (0.3081,))])
16  #softmax 归一化指数函数，其中 0.1307 是 mean 均值，0.3081 是 std 标准差
17  train_dataset = datasets.MNIST(
18      root='./data',
19      train=True,
```

```
20          transform=transform,
21          download=True)
22   test_dataset = datasets.MNIST(
23          root='./data',
24          train=False,
25          transform=transform,
26          download=True)  # train=True 训练集，=False 测试集
27   train_loader = DataLoader(train_dataset, batch_size=batch_size, shuffle=True)
28   test_loader = DataLoader(test_dataset, batch_size=batch_size, shuffle=False)
29   # 训练集乱序，测试集有序
30   # 显示数据集中部分图像，结果如图 5.11 所示
31   fig = plt.figure()
32   for i in range(12):
33          plt.subplot(3, 4, i+1)
34          plt.tight_layout()
35          plt.imshow(train_dataset.train_data[i], cmap='gray', interpolation='none')
36          plt.title("Labels: {}".format(train_dataset.train_labels[i]))
37          plt.xticks([])
38          plt.yticks([])
39   plt.show()
40   # 定义 CNN 模型类
41   class Net(torch.nn.Module):
42          def __init__(self):
43                 super(Net, self).__init__()
44                 self.conv1 = torch.nn.Sequential(
```

```
            torch.nn.Conv2d(1, 10, kernel_size=5),
            torch.nn.ReLU(),
            torch.nn.MaxPool2d(kernel_size=2),
        )
        self.conv2 = torch.nn.Sequential(
            torch.nn.Conv2d(10, 20, kernel_size=5),
            torch.nn.ReLU(),
            torch.nn.MaxPool2d(kernel_size=2),
        )
        self.fc = torch.nn.Sequential(
            torch.nn.Linear(320, 50),
            torch.nn.Linear(50, 10),
        )

    def forward(self, x):
        batch_size = x.size(0)
        x = self.conv1(x)  # 第一层：一层卷积层，一层池化层
        x = self.conv2(x)  # 第二层：卷积层和池化层
        x = x.view(batch_size, -1)  # 拉平输入全连接网络 (batch, 20,4,4) ==> (batch,320)
        x = self.fc(x)
        return x  # 最后输出维度为 10，对应数学符号的 0~9
# 实例化 CNN 模型
model = Net()
# 定义损失函数和优化器
criterion = torch.nn.CrossEntropyLoss()  # 交叉熵损失
optimizer = torch.optim.SGD(model.parameters(), lr=learning_rate, momentum=momentum)
# lr 学习率，momentum 动量系数
```

```python
# 训练
def train(epoch):
    running_loss = 0.0  # 这整个 epoch 的 loss 清零
    running_total = 0
    running_correct = 0
    for batch_idx, data in enumerate(train_loader, 0):
        inputs, target = data
        optimizer.zero_grad()
        # forward + backward + update
        outputs = model(inputs)
        loss = criterion(outputs, target)

        loss.backward()
        optimizer.step()
        # 把运行中的 loss 累加起来
        running_loss += loss.item()
        # 把运行中的准确率 acc 算出来
        _, predicted = torch.max(outputs.data, dim=1)
        running_total += inputs.shape[0]
        running_correct += (predicted == target).sum().item()
        if batch_idx % 300 == 299:  # 每 300 次出一个平均损失和准确率
            print('[%d, %5d]: loss: %.3f , acc: %.2f %%'
                  % (epoch + 1, batch_idx + 1, running_loss / 300, 100 *
                     running_correct / running_total))
            running_loss = 0.0     # 这小批 300 的 loss 清零
            running_total = 0
            running_correct = 0    # 这小批 300 的 acc 清零
    # torch.save(model.state_dict(), './model_Mnist.pth')
    # torch.save(optimizer.state_dict(), './optimizer_
```

```
                Mnist.pth')
100  # 测试
101  def test():
102      correct = 0
103      total = 0
104      with torch.no_grad():  # 测试集不用算梯度
105          for data in test_loader:
106              images, labels = data
107              outputs = model(images)
108              _, predicted = torch.max(outputs.data, dim=1)
                 # dim = 1 列是第 0 个维度，行是第 1 个维度，沿着行（第 1
                 个维度）去找 1.最大值和 2.最大值的下标
109              total += labels.size(0)   # 张量之间的比较运算
110              correct += (predicted == labels).sum().item()
111      acc = correct / total
112      print('[%d / %d]: Accuracy on test set: %.1f %% ' %
             (epoch+1, EPOCH, 100 * acc))  # 求测试的准确率，正确数 / 总数
113      return acc
114  # 主程序
115  if __name__ == '__main__':
116      acc_list_test = []
117      for epoch in range(EPOCH):
118          train(epoch)   # 训练
119          acc_test = test()
120          acc_list_test.append(acc_test)
```

5.3.2 目标检测

目标检测（object detection）是计算机视觉领域的核心问题之一，它的任务是找出图像中所有感兴趣的目标（物体），并确定它们的类别和位置。这一定义融合了图像分类和

定位两个子任务，要求算法能够同时解决"是什么"和"在哪里"的问题，即目标检测的结果通常包括图像中每个目标的类别标签以及对应的边界框位置。由于各类物体有不同的外观、形状和姿态，加上成像时光照、遮挡等因素的干扰，目标检测一直是计算机视觉领域最具挑战性的问题。

1. 目标检测的方法

目标检测技术可以分为两大类：传统方法和深度学习方法。

（1）传统方法。

传统方法主要依赖于手工设计的特征提取器和分类器来完成目标的定位和识别。

常用的方法包括基于滑动窗口的方法（如Viola-Jones算法）、基于区域提议的方法（如selective search）和基于部件模型的方法（如deformable part model）。

传统方法虽然在一定程度上取得了一些成果，但也存在着特征提取器不够鲁棒、分类器不够准确、速度不够快等缺点。

（2）深度学习方法。

深度学习方法主要利用神经网络来自动学习特征并进行分类和回归。

深度学习方法可以进一步分为两种类型：单阶段网络（one-stage network）和基于区域提议的网络（region proposal network，RPN）。

单阶段网络：直接通过一个网络对整张图像进行预测，得到物体的分类和位置并输出最终结果。代表性的单阶段网络有YOLO系列、SSD、OverFeat和RetinaNet等。

RPN：先通过一个网络生成有可能包含待检物体的候选区域（region proposal，RP），然后再通过另一个网络对每个候选区域进行分类和回归，因此这类方法又称为两阶段网络（two-stage network）。代表性的RPN有Faster R-CNN和Mask R-CNN等。

深度学习方法相比传统方法具有更高的精度和速度，在各种数据集上都取得了优异的表现，并且还能够实现端到端（end-to-end）的训练与推理。

2. 目标检测实例：YOLO目标检测算法的应用

YOLO（you only look once）是一种流行的实时目标检测算法系列，以其速度快、精度高而闻名。YOLO系列自2015年YOLOv1首次提出以来经历了多次迭代，目前（2025年1月）已发展到最新的YOLOv11版本。

本实例采用YOLOv5实现基于预训练模型的目标检测。预训练模型主要是基于COCO（common objects in context）数据集进行训练的。COCO数据集是一个大型的图像识别数据集，包含了超过 33 万张图像和 250 万个标注目标。这个数据集涵盖了许多不同的对象类别，并且图像中的对象呈现出多样性，因此非常适合用于训练目标检测模型。

YOLOv5 提供了多个预训练模型，可以根据需求选择使用。

- yolov5s：最小的模型，速度最快，适合移动端或嵌入式设备。
- yolov5m：中等大小的模型，平衡了速度和精度。
- yolov5l：较大的模型，精度更高，速度稍慢。
- yolov5x：最大的模型，精度最高，速度最慢。

实例详细步骤如下：

（1）准备环境。

从 YOLOv5 的 Gitee 仓库克隆代码或下载 zip 压缩包。

安装依赖库：使用 pip 安装 YOLOv5 所需的依赖库，例如 PyTorch 等。通常，YOLOv5 的依赖库会在 requirements.txt 文件中列出。在 Python 环境下可以通过以下 pip 命令来直接安装。

```
# 安装依赖项
pip install -r requirements.txt
```

（2）进行推理。

推理过程又可分为如下 3 个步骤，可以选择 Python 脚本进行推理，或者在命令行窗口中运行命令进行推理。

加载预训练模型：加载 YOLOv5 提供的预训练模型权重文件。

预处理输入数据：对待推理的图像或视频数据进行预处理，包括调整图像尺寸和归一化等操作。YOLOv5 通常要求输入图像的尺寸为 640×640（该尺寸不是固定的，可以根据需要进行调整）。

运行推理脚本：使用 YOLOv5 提供的推理脚本（如 detect.py）进行推理。在命令行中运行该脚本，并指定预训练模型权重文件、输入数据以及输出路径等参数。

方式一：使用 Python 脚本进行推理。

```
1  import torch
2  # 加载预训练模型（例如 yolov5s）
3  model = torch.hub.load('ultralytics/yolov5', 'yolov5s')  # 加载 YOLOv5s
   模型
```

```
4    # 推理单张图片
5    img = 'https://ultralytics.com/images/maogou.jpg'  # 图片路径或 URL
6    results = model(img)
7    # 显示结果
8    results.show()       # 显示检测结果图像
9    results.print()      # 打印检测结果信息
10   results.save()       # 保存检测结果图像到本地
```

方式二：在命令行窗口中运行以下命令进行推理。

```
python detect.py --weights path/to/yolov5s.pt --source path/to/images/ --i--output path/to/output/
```

其中，--weights 指定预训练模型权重文件，可以是前面说的 4 种预训练模型（YOLOv5s、YOLOv5m、YOLOv5l 和 YOLOv5x）中的一种，如果权重文件没有找到，程序会自动从网上下载。模型越小参数越少，文件越小，反之亦然。--source 指定输入数据（支持图像文件夹、视频文件或摄像头输入），--output 指定输出路径（如果省略，输出结果自动保存到 runs/ 目录下）。

（3）查看推理结果。

推理完成后，YOLOv5 会在指定的输出路径下生成包含检测结果的图像或视频文件。可以使用图像查看器或视频播放器查看这些文件，以检查模型的检测效果。图 5.15 为使用 YOLOv5 预训练模型对一张猫狗图片进行目标检测的结果。图像中绘制了每个目标的边界框和标签，类别标签后面的数字表示置信度。

图 5.15　YOLOv5 目标检测结果

（4）后处理（可选）。

根据需要对推理结果进行后处理，例如过滤掉置信度较低的检测框、调整检测框的尺寸和位置等。YOLOv5 提供了丰富的后处理选项，可以根据实际需求进行配置和调整。

（5）自定义数据集训练模型。

YOLO系列模型也可以自己准备数据集训练自定义模型，数据集需要按照YOLOv5的格式进行组织，数据集需包括图像集和对应的标注文件（.txt文件）。在data.yaml文件中配置数据集路径和类别信息后，可以使用train.py脚本YOLO模型训练。

5.3.3 图像分割

图像分割旨在将图像划分为具有相似属性的区域或像素集合，以便对图像进行进一步的分析和处理。图像分割在医学图像分析、自动驾驶、机器人视觉、遥感图像处理等领域应用广泛。

1. 基于分割级别的分类

按照对图像中像素的分割级别，可以将图像分割进一步划分为以下几种。

（1）语义分割（semantic segmentation）。

对图像中的每个像素划分到不同的类别，属于同一类别的像素被归为一类，如图5.16（a）所示。

（2）实例分割（instance segmentation）。

对图像中的每个像素划分到不同的个体，即区分出同一类别中的不同实例，如图5.16（b）所示。实例分割可以理解为目标检测和语义分割的结合。

（3）全景分割（panoptic segmentation）。

语义分割和实例分割的结合，既要检测出所有目标，又要区分出同一类别中的不同实例，如图5.16（c）所示。

图5.16 彩图

(a) 语义分割

(b) 实例分割

(c) 全景分割

图5.16 图像分割

2. 常用的图像分割算法

（1）传统的图像分割方法。

① 基于阈值的分割。这种简单的分割方法将图像中的像素根据其灰度值或颜色分割

为前景和背景，适用于背景和前景对比度较高的图像。常用的阈值方法有全局阈值和自适应阈值等。

② 基于区域的分割。这类方法将图像划分为具有相似属性（如颜色、纹理、亮度等）的区域。常用的方法有区域生长（region growing）、区域合并（region merging）和分水岭算法（watershed algorithm）。

③ 基于边缘的分割。这类方法首先使用边缘检测算子（如 Canny、Sobel 等）找到图像中的边缘，然后根据边缘信息将图像划分为不同的区域。典型方法有 Canny 边缘检测和 Sobel 算子等。

④ 基于聚类的分割。这类方法将图像像素看作特征空间中的点，使用聚类算法（如 K-means、Mean Shift 等）将这些点划分为不同的类别。

(2) 基于深度学习的分割方法。

随着深度学习的发展，CNN 已经成为图像分割的主流方法。基于深度学习的分割方法通常使用全卷积神经网络（fully convolutional networks，FCN）或 U-Net、Mask R-CNN 等结构进行像素级分类，在许多分割任务上都取得了显著的成功。

① 全卷积网络（FCN）。将传统 CNN 中的全连接层替换为卷积层，使网络能够接受任意尺寸的输入并输出分割图。

② U-Net。结构呈先编码（下采样）再解码（上采样）的 U 形。编码器部分用于提取图像的特征，解码器部分将特征映射回输入图像的空间维度，恢复原图空间分辨率。在编码器和解码器之间引入了跳跃连接（skip connections），将编码器的特征图直接连接到对应的解码器层，融合浅层和深层特征。

③ SegNet。类似于 U-Net，仍采用编码-解码的对称结构，但使用池化索引（pooling indices）进行上采样。

④ DeepLab 系列。使用空洞卷积（atrous convolution）扩大感受野，在保持分辨率的同时更好地捕捉图像中的上下文信息。同时，结合多尺度的特征融合和改进的损失函数等技术，提高了模型的分割性能。

⑤ Mask R-CNN。在 Faster R-CNN 的基础上增加了一个分支，用于预测每个实例的分割掩码。适用于实例分割任务。先通过区域建议网络（RPN）生成候选区域，然后对每个候选区域进行分类、边界框回归和分割掩码预测。

⑥ 基于 Transformer 架构的方法。利用 Transformer 架构中的自注意力机制来处理图

像数据,能够捕捉图像中的长距离依赖关系和全局信息。将图像分割任务转化为序列到序列的预测问题,通过对图像进行分块和编码,然后进行解码和分割预测。

5.3.4 目标跟踪

目标跟踪的目的是在连续的视频序列中实时检测和跟踪一个或多个目标,如图 5.17 所示。目标跟踪在许多应用中广泛使用,如视频监控、人机交互、自动驾驶、运动分析和增强现实(AR)等。

图 5.17 目标跟踪示例

常用的目标跟踪方法主要分为传统方法和基于深度学习的目标跟踪方法。

1. 传统方法

① 基于模板匹配的方法。通过匹配目标模板与候选区域来定位目标。

② 基于相关滤波的方法。利用目标的外观特征学习一个滤波器来响应目标区域,然后在后续帧中找到最匹配的位置。

③ 基于光流的方法。通过计算相邻帧之间的光流场来估计目标的运动。

④ 基于卡尔曼滤波和粒子滤波的方法。通过迭代计算目标区域的概率密度分布来定位目标。

2. 基于深度学习的目标跟踪方法

基于深度学习的目标跟踪方法在近年来取得了显著成功。这类方法通过训练卷积神经网络来学习目标的外观特征,从而提高跟踪的准确性和健壮性。

① 基于孪生网络(siamese network)的方法。通过孪生网络学习目标与候选区域的相似性。

经典算法：

SiamFC（fully-convolutional siamese networks）：使用全卷积网络进行相似性匹配。

SiamRPN（siamese region proposal network）：结合区域建议网络提高精度。

SiamMask：在跟踪的同时生成目标的分割掩码。

② 基于 Transformer 的方法。利用 Transformer 的自注意力机制捕捉目标的全局上下文信息。

经典算法：

TransT（transformer tracking）：将 Transformer 引入目标跟踪任务。

STARK（spatial-temporal transformer for tracking）：结合时空信息的 Transformer 跟踪方法。

优点：对复杂场景和目标形变具有较强处理能力。

缺点：计算资源需求较高。

③ 基于强化学习的方法。将目标跟踪问题建模为强化学习任务，通过策略网络预测目标位置。

经典算法：ADNet（action-decision network），它通过强化学习选择跟踪动作。

优点：适合动态环境。

缺点：训练复杂，且需要大量数据支持。

5.3.5 其他计算机视觉任务

1. 图像检索（image retrieval）

图像检索技术是一种用于根据用户输入（如图像或关键词）从图像数据库中检索出最相关图像的计算机视觉任务。

图像检索主要分为两类：

基于文本的图像检索（text-based image retrieval，TBIR）：通过文本描述图像内容的方式进行检索。例如，利用图像的作者、年代、流派、尺寸等文本信息进行检索。

基于内容的图像检索（content-based image retrieval，CBIR）：通过分析图像本身的视觉内容（如颜色、纹理、布局等）进行检索。

图像检索技术在许多领域有着广泛的应用，如图像搜索引擎、图像版权认证、医学影像分析等。

2. 三维重建（3D reconstruction）

三维重建是通过计算机视觉和图像处理技术，将二维数据（如照片、视频、计算机断层扫描等）转化为三维模型的过程。它涉及多个步骤，包括获取深度图、生成点云、网格构建、纹理贴图等。这项技术在电影、游戏、建筑设计、医学影像、考古学、增强现实（AR）和虚拟现实（VR）等领域有着广泛的应用。

5.4 计算机视觉的典型应用

教学课件：
5.4 计算机视觉的典型应用

计算机视觉等智能感知技术正在不断地增强计算机的感知能力，它们在多个行业中推动了工作效率的提升，促进了用户体验的创新，并开辟了全新的商业机会，如图 5.18 所示。

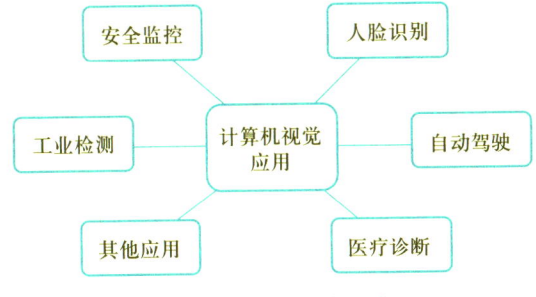

图 5.18 计算机视觉的应用

5.4.1 人脸识别

计算机视觉在人脸识别方面的应用非常广泛，例如，手机的解锁、安全门禁系统和支付系统的身份验证等，均离不开计算机视觉技术的支持。

它通过大量人脸数据的训练，让计算机学会识别不同的人脸特征，如眼睛的形状、鼻子的高度、嘴巴的宽度等，这些都是判断一个人身份的关键。最终使得计算机像人类一样，能"认识"图片或视频中的人是谁。

计算机视觉在人脸识别中的应用让人们的生活变得更加便捷和安全，也为各个领域的发展提供了强大的技术支持。

5.4.2 自动驾驶

计算机视觉在自动驾驶中的应用，简单来说，就像给车辆装上"智能眼睛"，让车辆能够感知并理解周围的世界，从而做出准确的驾驶决策，实现安全、高效的自动驾驶。

通过安装在车辆上的多种传感器（如摄像头、雷达、激光雷达等），计算机视觉系统能够实时捕捉道路、车辆和行人等周围环境的信息，这些信息迅速传输到车辆的计算中心进行处理和分析。

接下来，计算机视觉系统会对这些图像数据进行深入解析，就像人类看到一张图片，能够迅速识别出图片中的物体和场景一样，计算机视觉系统能够识别出路标、交通信号灯、行人和其他车辆等关键信息。

有了这些信息，自动驾驶车辆就能够做出合理的驾驶决策，实现车道保持、自动刹车、自动泊车和交通信号识别等功能。比如，当车辆识别到前方有行人过马路时，它会自动减速并避让；当车辆需要变道时，它会先检查相邻车道是否有车辆，并找到合适的时机进行变道。

此外，计算机视觉还能帮助自动驾驶车辆进行精确的导航和定位。通过结合地图信息，计算机视觉系统能够确定车辆当前的位置，并规划出最优行驶路线。

计算机视觉在自动驾驶中的应用，不仅提高了驾驶的安全性和舒适性，还降低了交通事故的风险。随着技术的不断进步，相信未来自动驾驶汽车会更加普及，为人类的生活带来更多便利。

5.4.3 医疗诊断

计算机视觉在医疗诊断中的应用非常广泛，就像给医生配备了"超级眼睛"，帮助他们更快速、更准确地诊断疾病。

例如，医生在查看 X 光片或 MRI 图像时，需要仔细寻找异常区域以判断疾病，这需要丰富的经验，并容易误诊。计算机视觉技术可以自动对这些图像进行深度分析，找出其中的微小病变或异常结构，帮助医生快速定位到可能存在问题的地方，提高诊断的准确性和效率。

计算机视觉还能对医学影像进行自动分类和识别。比如，它可以区分不同类型的肿瘤，识别血管阻塞的位置，或者识别内出血等危及生命的疾病。这大大减轻了医生的工作负担，同时也提高了诊断的可靠性。

手术过程中，计算机视觉技术也可以发挥重要作用，它可以实时分析、精准导航与定位，帮助医生更精准地进行手术操作。

计算机视觉在医疗诊断中的应用让诊断变得更加快速、准确和高效，相信随着技术的不断发展，未来计算机视觉在医学领域的应用会更加广泛和深入。

5.4.4 安全监控

计算机视觉技术应用于安全监控系统中，通过摄像头捕捉的图像或视频进行分析和处理，实现人脸识别、行为分析、异常检测等功能。例如，在公共场所，计算机视觉可以自动检测和识别入侵者、遗留物品等异常情况，及时发出预警，提高公共安全水平。

5.4.5 工业检测

在工业自动化领域，计算机视觉技术被广泛应用于产品质量检测。通过摄像头捕捉的图像或视频，计算机视觉系统可以高速、高精度地检测产品缺陷，如裂纹、变形、颜色不均等，并通过图像处理技术对这些缺陷进行自动分类和记录。这大大提高了生产效率和产品质量。

5.4.6 其他应用

在零售行业中，计算机视觉技术可以用于货架监测、商品识别、库存管理等任务。通过摄像头捕获的图像或视频，计算机视觉算法可以自动识别商品种类、数量等信息，帮助零售商实现智能化管理。

计算机视觉技术还可以应用于智能家居领域。例如，智能门锁可以通过人脸识别技术实现身份验证；智能摄像头可以实时监测家庭安全情况，并在异常情况下发出预警。这些应用提高了家庭生活的便捷性和安全性。

在增强现实（AR）和虚拟现实（VR）领域，计算机视觉技术可以实现物体的实时追踪和交互，提升用户体验的沉浸感和互动性。例如，在 AR 购物体验中，消费者可以通过手机或平板电脑看到虚拟的试衣效果或家装效果；在 VR 游戏中，玩家可以通过头部动作和手势控制游戏角色和场景。

在农业领域，计算机视觉技术也展现出巨大的应用潜力。通过无人机和传感器收集的数据，计算机视觉技术可以对作物进行健康分析，如病虫害检测、生长状况监测等任务。基于这些分析结果，农民可以制定科学的种植计划和管理策略，提高农作物的产量和品质。

计算机视觉技术还可以应用于生态环境监测中，如森林火灾预警、水质污染检测以及野生动物保护等。通过实时监测和分析环境数据，计算机视觉技术可以帮助环保部门及时发现和处理环境问题，为生态环境的可持续发展提供支持。

综上所述，计算机视觉技术在各个领域都有着广泛的应用前景和巨大的价值。随着技术的不断进步和创新，相信未来计算机视觉技术将为人们的工作和生活带来更多便利和效率提升。

5.4.7 计算机视觉目前的局限性

计算机视觉在过去几十年取得了巨大进展，尤其是在深度学习技术的推动下，许多任务的性能已经接近甚至超越了人类水平。然而，计算机视觉仍然存在一些局限性，这些局限性限制了其在实际中的广泛应用。

1. 数据依赖性

① 需要大量标注数据。深度学习模型通常需要大量标注数据来训练，但获取高质量标注数据的成本很高。

② 数据存在偏差。如果训练数据不能很好地代表实际场景，模型可能会在特定场景下表现不佳。例如，训练数据中缺乏某些类别的样本，模型可能无法正确识别这些类别。

③ 数据隐私问题。许多计算机视觉任务（如人脸识别）涉及敏感数据，可能引发隐私问题。

2. 泛化能力有限

① 过拟合问题。模型可能在训练数据上表现很好，但在未见过的数据上表现较差。

② 领域适应问题。在一个领域（如白天场景）训练的模型可能无法很好地迁移到另一个领域（如夜间场景）。

③ 环境变化问题。光照、天气、视角等环境变化可能显著影响模型的性能。

3. 计算资源需求大

① 高计算成本。许多计算机视觉模型（尤其是深度学习模型）需要强大的硬件（如GPU或TPU）进行训练和推理。

② 实时性限制。尽管YOLO等深度学习模型可以实现实时检测，但在资源受限的设备（如移动设备或嵌入式设备）上，其性能可能无法满足需求。

4. 健壮性问题

① 对抗样本攻击。计算机视觉模型容易受到对抗样本的攻击。通过对输入图像添加

微小扰动，攻击者可以使模型产生错误的输出。

② 噪声和模糊问题。图像中的噪声、模糊或低分辨率可能导致模型性能下降。

③ 遮挡问题。目标被部分遮挡时，模型可能无法正确识别。

5. 可解释性问题

① 黑箱问题。深度学习模型通常被认为是"黑箱"，其决策过程难以解释。这在某些关键应用（如医疗诊断）中是一个重要问题。

② 缺乏透明度。用户可能无法理解模型为何做出某种预测，这限制了其在某些领域的应用。

6. 伦理和社会问题

① 偏见和歧视问题。如果训练数据中存在偏见，模型可能会放大这些偏见，导致不公平的结果。例如，人脸识别系统可能对某些种族或性别的识别准确率较低。

② 滥用风险。计算机视觉技术可能被滥用于监控、隐私侵犯或其他不道德的目的。

③ 就业影响。自动化视觉系统可能取代某些人工岗位，引发社会和经济问题。

7. 任务复杂性

① 复杂场景理解问题。尽管计算机视觉在单一任务（如图像分类）上表现优异，但在复杂场景理解（如多目标交互、场景推理）方面仍然存在挑战。

② 上下文理解问题。人类可以轻松理解图像中的上下文信息，但计算机视觉模型在这方面仍然较弱。

③ 小样本学习问题。人类可以从少量样本中学习新概念，而计算机视觉模型通常需要大量数据。

8. 硬件和部署限制

① 嵌入式设备限制。在资源受限的设备上部署计算机视觉模型时，可能需要在精度和效率之间进行权衡。

② 能耗问题。深度学习模型的训练和推理通常需要大量能耗，这在移动设备和物联网设备中是一个重要问题。

9. 多模态融合

① 单一模态限制。许多计算机视觉任务仅依赖于图像数据，而忽略其他模态（如文本、音频、深度信息）。多模态融合可以提高性能，但也增加了复杂性。

② 跨模态对齐。将不同模态的数据对齐并融合是一个具有挑战性的问题。

10. 长期依赖和时序建模

① 视频理解问题。与静态图像相比，视频理解需要建模时序信息，这对计算机视觉模型提出了更高的要求。

② 长期依赖问题。在长时间跨度内建模动态场景（如行为识别）仍然是一个开放性问题。

5.4.8 计算机视觉未来发展

未来，计算机视觉的发展会集中在以下几个方向：

1. 更高效的模型

① 轻量级模型。开发更小、更快的模型，以适应资源受限的设备（如移动设备、嵌入式设备和物联网设备）。

② 模型压缩与加速。通过剪枝、量化和知识蒸馏等技术，减少模型的计算量和存储需求。

③ 自监督学习。减少对标注数据的依赖，通过自监督学习从大量未标注数据中提取特征。

2. 更强的泛化能力

① 领域自适应。提高模型在不同领域（如不同光照、天气、场景）下的泛化能力。

② 小样本学习。开发能够从少量样本中学习新概念的模型，减少对大规模标注数据的依赖。

③ 元学习。通过元学习（meta-learning）使模型能够快速适应新任务。

3. 多模态融合

① 跨模态学习。将视觉信息与其他模态（如文本、音频、深度信息）结合，提升模型的感知和理解能力。

② 多任务学习。开发能够同时处理多个任务（如图像分类、目标检测和语义分割）的模型。

4. 更强的健壮性

① 对抗样本防御。提高模型对对抗样本的健壮性，防止恶意攻击。

② 噪声和遮挡处理。开发能够处理噪声、模糊和遮挡的模型，提升在实际场景中的可靠性。

③ 自愈能力。研究模型在部分失效或数据丢失情况下的自愈能力。

5. 可解释性和透明度

① 可解释模型。开发能够解释其决策过程的模型,提高用户对模型的信任。

② 可视化工具。提供更强大的可视化工具,帮助用户理解模型的行为和决策依据。

③ 因果推理。研究模型中的因果关系,而不仅仅是相关性。

6. 伦理和公平性

① 消除偏见。开发公平、无偏见的模型,避免在种族、性别等方面的歧视。

② 隐私保护。研究如何在保护用户隐私的前提下进行视觉数据处理。

③ 伦理框架。制定计算机视觉技术的伦理规范,防止滥用。

7. 复杂场景理解

① 场景推理。开发能够理解复杂场景并进行推理的模型,如理解物体之间的关系和交互。

② 长期依赖建模:在视频理解中建模长期依赖关系,如行为识别和事件预测。

③ 常识推理。将常识知识融入模型,提升对复杂场景的理解能力。

8. 实时和低延迟应用

① 实时处理。开发能够实时处理视频流的模型,满足自动驾驶、安防监控等应用的需求。

② 边缘计算。将计算机视觉模型部署到边缘设备,减少对云端的依赖,降低延迟。

9. 3D 视觉和增强现实

① 3D 重建。开发更精确的 3D 重建技术,用于虚拟现实、增强现实和机器人导航。

② 深度感知。利用深度信息提升模型的感知能力,如通过 LiDAR 或立体视觉。

③ 增强现实(AR)。将计算机视觉与 AR 技术结合,实现更自然的交互体验。

10. 生物启发和类脑计算

① 类脑视觉。借鉴人类视觉系统的原理,开发更高效的视觉模型。

② 脉冲神经网络。研究基于脉冲神经网络(spiking neural network,SNN)的视觉模型,降低能耗。

③ 注意力机制。模拟人类的视觉注意力机制,提升模型对关键信息的捕捉能力。

11. 开放问题和基础研究

① 无监督学习。研究如何从无标注数据中学习有效的特征表示。

② 因果学习。探索如何从视觉数据中学习因果关系，而不仅仅是相关性。

③ 通用视觉模型。开发能够处理多种任务的通用视觉模型，类似于人类的视觉系统。

12. 应用领域的扩展

① 医疗影像。开发更精确的医疗影像分析工具，辅助医生进行诊断。

② 农业。利用计算机视觉技术进行作物监测、病虫害检测和自动化农业。

③ 环境保护。通过视觉技术监测环境变化，如森林砍伐、野生动物保护等。

④ 智能制造。在工业生产中应用视觉技术，实现质量检测、自动化装配等。

计算机视觉的未来发展将集中在提高模型效率、泛化能力、健壮性、可解释性和公平性，同时探索多模态融合、复杂场景理解、3D 视觉和类脑计算等前沿方向。随着技术的进步，计算机视觉将在更多领域发挥重要作用，推动人工智能技术的广泛应用和社会进步。

5.5 语音识别

教学课件：
5.5 语音识别

听觉智能即语音识别技术，使得与机器的交流变得像与"人"交谈一样自然和便捷，极大地简化了人机互动，目前广泛应用于各种智能家居设备、车载系统以及客户服务等领域。自动语音识别（automatic speech recognition，ASR）技术涵盖了从声音信号的捕捉、声音特征的提取到最终的语言理解与执行。

5.5.1 语音识别技术的发展

ASR 技术的发展历程如图 5.19 所示。

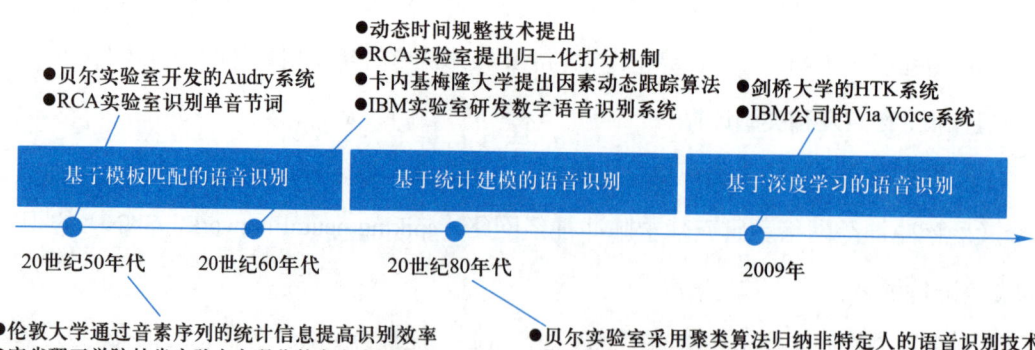

图 5.19　ASR 的发展历程

1. 基于模板匹配的语音识别

这是一种较早的语音识别方法，主要原理是将输入的语音信号与预存的模板进行比对。这种方法简单直接，但在处理复杂环境和不同口音时，识别率较低。为了提高识别率，需要存储大量的模板，且每个模板都需要对应一个特定的词汇或短语。

2. 基于统计建模的语音识别

该方法利用概率统计的方式对语音信号进行建模和识别。它基于声音特征的概率分布，通过建立声学模型和语言模型来识别语音。声学模型将语音信号转化为一系列特征参数，而语言模型则根据这些参数进行语法和语义的分析。这种方法在处理连续语音和未知词汇时具有较好的健壮性。

3. 基于深度学习的语音识别

随着人工智能和机器学习技术的发展，深度学习在语音识别领域得到了广泛应用。深度神经网络和循环神经网络等模型被用于语音识别任务。这些方法能够自动学习语音特征，并通过对大量数据进行训练来提高识别率。与传统的基于模板和概率模型的方法相比，深度学习方法的识别准确率更高，尤其是在处理带有噪声的语音和不同的口音时表现出较强的适应性。

5.5.2 语音识别的过程

人类能够听到声音，是因为声源的振动引起空气的振动，进而引起耳膜的振动，振动传至内耳，通过听觉神经传递至大脑。

要实现计算机自动语音识别，也需要经历类似的过程，主要包括语音信号采集、预处理、特征提取、声学模型、语言模型、解码和词汇表等步骤，如图 5.20 所示。

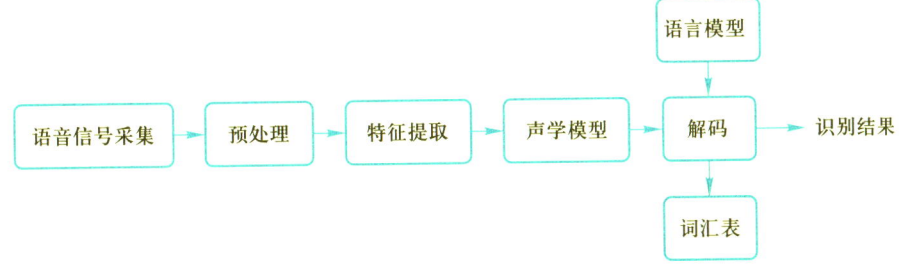

图 5.20　语音识别的过程

1. 语音信号采集

随着数字计算机的发展和应用，音频技术逐渐从模拟波形转向数字记录方式。计算机是基于二进制运算的数字化设备，所有的信息都会转换为二进制编码。因此要将采集到的振动波形信号输入计算机，必须要经过一个从模拟到数字的数字化转换过程。

通过麦克风等语音输入设备获取语音信号并将声波信号转换为电信号，以便进行后续处理。

2. 预处理

对采集的语音信号进行以下一些预处理操作。

① 首尾静音切除：去除语音信号中的静音部分，减少对后续步骤的干扰，这一操作通常称为语音活动检测（voice activity detection，VAD）。

② 分帧：将连续的语音信号分割成多个短时帧，每帧通常为20~40毫秒，帧与帧之间有一定的重叠。

③ 预加重：对音频信号进行高频提升，以便更好地捕捉语音的高频信息。

④ 降噪和标准化：通过滤波和标准化处理，提升信噪比，确保信号质量。

3. 特征提取

在预处理后的语音信号基础上，提取出反映语音本质特征的信息，例如声学特征和统计特征。

① 声学特征：包括音素、音调、音色等。

② 统计特征：如梅尔频率倒谱系数（mel-Frequency cepstral coefficients，MFCC）、线性预测倒谱系数（linear predictive cepstral coefficients，LPCC）等，将这些特征转换成多维向量。

4. 声学模型

利用提取的语音特征，构建声学模型。声学模型将声学特征转换为音素序列。常用的声学模型包括高斯混合模型（gaussian mixture model，GMM）和深度学习模型（如循环神经网络、卷积神经网络和长短期记忆网络等）。

5. 语言模型

语言模型用于计算音素序列对应词语序列的概率。它基于大量文本数据进行训练，得到单个字或词的相互关联概率。常用的语言模型包括N-gram模型和神经网络语言模型。

6. 解码与词汇表

解码器通过声学模型和语言模型，将音素序列转换成文本序列。解码过程通常包括以下两个。

搜索算法：如维特比算法（viterbi algorithm），用于找到最高概率的路径。

词典匹配：将音素序列与词典中的词进行匹配，找到最可能的文本表示。

7. 后处理

对解码得到的文本进行以下后处理。

语言校正：根据语言模型和上下文信息，对识别结果进行校正。

格式化输出：将识别结果转换为所需的格式，如文本、命令等。

综上所述，语音识别的过程包括语音信号采集、预处理、特征提取、声学模型、语言模型、解码和后处理等多个步骤。这些步骤共同作用，将人类的语音信号转换为计算机可读的文本信息。

5.5.3 语音识别的应用

语音识别技术在现代社会中有着广泛的应用，极大地便利了人们的生活和工作。如图5.21所示。

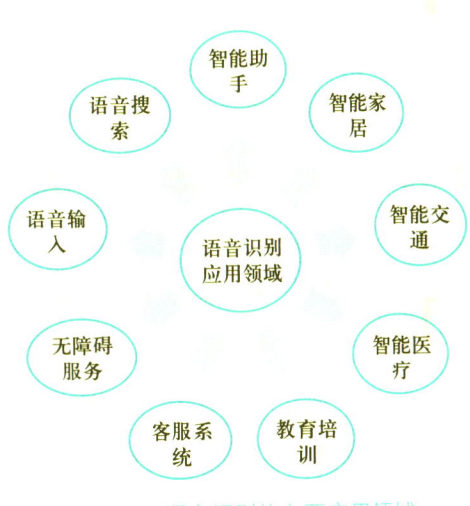

图 5.21 语音识别的主要应用领域

1. 智能助手

智能助手如 Siri、Google Assistant 和 Alexa 等，通过语音识别技术理解用户的指令，提供信息查询、任务执行等服务。例如，用户可以通过语音命令来设置提醒、播放音乐以及查询天气等。

2. 智能家居

在智能家居领域，语音识别技术用于控制各种智能设备，包括灯光、空调、电视和窗帘等。用户可以通过语音指令控制家中的各种设备，实现智能化的生活体验。例如，智能音箱可以作为所有智能家居交互的入口，控制家电设备，提供个性化服务。

3. 智能交通

语音识别技术在智能交通系统中也有广泛应用，包括车载语音控制系统和语音导航。驾驶员可以通过语音指令控制车载电话、导航和音乐等功能，提高驾驶体验和行车安全。

4. 智能医疗

在医疗领域，语音识别技术用于病历记录、诊断数据录入等，提高医疗效率并减轻医护人员的文档负担。对于手部不便的患者，可以通过语音指令控制医疗设备。

5. 教育培训

语音识别技术可以用于课堂质量辅助和线上虚拟教育。例如，通过语音交互，学生可以与机器人进行对话，提高语言表达能力。

6. 客服系统

许多公司的客服系统已经集成了语音识别技术，能够通过语音识别回答用户的问题，提供高效的服务。

7. 无障碍服务

对于视力障碍或行动不便的人来说，语音识别可以帮助他们更容易地使用电子设备，提高生活质量。

8. 语音输入

在手机或计算机上，用户可以使用语音输入来代替打字，特别是在某些手忙脚乱的时候，这样可以避免手动输入的麻烦。

9. 语音搜索

语音识别技术可以应用于语音搜索中，将搜索的内容直接以语音的方式输入，应用于手机搜索、网页搜索、车载搜索等多种场景，解放用户的双手，提高搜索效率。

语音识别技术的应用场景非常广泛，随着技术的不断进步，其应用范围还将继续扩大，进一步改变人们的生活方式。

5.5.4　语音识别限制

虽然目前语音识别技术应用广泛，但在某些方面仍然存在限制，主要体现在以下几个方面。

1. 噪声环境

现实环境中的噪声干扰会显著影响语音识别的准确度。例如，在嘈杂的街道、餐馆或会议室中，语音识别系统的性能可能会大幅下降。

2. 口音和方言

不同用户的口音和方言差异是语音识别面临的主要挑战之一。尽管现代语音识别系统在标准口音下的识别率已经很高，但在处理多种方言和口音时，识别精度仍存在较大差距。

3. 数据隐私

语音识别技术涉及大量个人数据的收集和处理，如何确保数据隐私和安全是一个重要问题。用户可能会担心他们的语音数据被滥用或泄露。

4. 特定领域术语

在特定领域（如医学、法律等）中，存在大量专业术语和行话。这些术语在普通语音识别系统中可能无法被准确识别，需要针对特定领域进行定制和优化。

5.5.5 语音识别未来的发展

语音识别未来有以下几个发展方向。

1. 持续的技术创新

随着计算能力的提升和算法的改进，语音识别技术将继续朝着更高精度和更广泛的适用性方向发展。研究人员正在探索更先进的神经网络架构和训练方法，以进一步提高语音识别的性能。

2. 隐私保护和安全性

未来，语音识别技术的发展将更加注重数据隐私和安全性的问题。新的技术和法规将致力于保护用户的语音数据，防止滥用和泄露。

3. 跨领域融合

语音识别技术将与多模态交互、自然语言处理等技术进一步融合，提供更加智能和自然的人机交互体验。

随着技术的不断创新和跨领域的融合，语音识别技术的未来发展前景非常广阔。

5.6 本章小结

在本章中，系统学习了感知智能的核心内容，包括视觉智能与听觉智能的基础知识。视觉智能，即计算机视觉，揭示了计算机如何像人类一样"看见"并理解世界。详细介绍了计算机视觉的基本概念、发展历程、核心任务及其在多个领域的典型应用，这些应用体现了计算机视觉技术的广泛普及和前沿进展。

听觉智能则主要依赖于语音识别技术来实现。介绍了语音识别技术的发展历程、工作过程、广泛应用、当前限制以及未来发展方向，并阐明这一技术的重要性和潜力。

正是得益于"眼睛"（视觉智能）和"耳朵"（听觉智能）的赋能，计算机能够像人类一样获取图像、视频和音频信息。这些信息是计算机理解世界、做出决策的基础。通过对这些信息的处理与分析，计算机才得以展现出真正的智能。

思考与练习

一、单选题

1. 在计算机视觉中，以下（　　）任务主要关注识别图像中的一个或多个物体的类别。
   A. 图像分类　　　　　　　B. 目标检测
   C. 图像分割　　　　　　　D. 目标跟踪

2. 以下（　　）卷积神经网络架构在2012年的ImageNet竞赛中大放异彩，开启了深度学习在计算机视觉领域的繁荣。
   A. LeNet-5　　　　　　　B. VGGNet
   C. ResNet　　　　　　　D. AlexNet

3. 在计算机视觉领域以下深度学习模型属于单阶段（one-stage）的目标检测方法的是（　　）。
   A. Fast R-CNN　　　　　B. YOLO
   C. SSD　　　　　　　　D. U-Net

4. 以下（　　）计算机视觉任务是找出图像中所有感兴趣的目标（物体），并确定它们的类别和位置。
   A. 图像分类　　　　　　　B. 目标检测
   C. 图像分割　　　　　　　D. 目标跟踪

二、简答题

1. 无压缩直接存储一幅分辨率为 1920×1080 的真彩色图像要占用多少 MB 字节存储空间（1 MB = 1 024 KB，1 KB = 1 024 B）？
2. 图像的主要特征通常包括哪些？
3. 计算机视觉的主要研究任务包括哪些方面？
4. 解释图像分割任务中语义分割与实例分割的区别，并举例说明两者差异。
5. 结合你身边的例子，列举至少两个方面的语音识别应用实例。

第6章 大模型——人工智能的新引擎

6.1 大模型概述

教学课件：
6.1 大模型
概述

大模型是指具有大量参数和复杂结构的人工智能模型，通常由深度神经网络构建而成，拥有数十亿甚至数千亿个参数。这些模型通过训练海量数据来学习复杂的模式和特征，具有强大的表达能力和泛化能力。这些模型通常在训练过程中需要大量的计算资源和数据来优化参数，以实现高精度的预测和推理能力。目前 OpenAI 研发的 GPT（生成式预训练模型）系列、Google 的 BERT、PalM、T5 以及 Meta 的 LLaMa 都是基于 Transformer 架构的大模型。

大模型之所以受到关注，是因为它们在自然语言处理、计算机视觉、语音识别等领域取得了显著的进展。这些模型具有更好的泛化能力，可以在各种任务上表现出色，例如文本生成、语义理解、图像分类等。然而，训练和部署大模型需要大量的计算资源和时间，这可能限制了它们在一些应用场景中的广泛部署。大模型的发展是人工智能领域的一个重要趋势，研究人员和工程师们不断努力提升模型的规模和性能，以实现更加智能和高效的人工智能系统。

6.1.1 大模型的发展历程

随着数据资源的指数级增长和计算硬件性能的显著提升，特别是图形处理器（GPU）在深度学习领域的广泛应用，大规模神经网络模型的训练已成为现实。这些关键性技术突破不仅为大模型的发展奠定了坚实基础，更为人工智能领域的突破性进展提供了强有力的支撑。

1. 深度学习的兴起

2006 年，杰弗里·辛顿提出了深度学习的概念，旨在训练深层次神经网络，这标志着深度学习时代的到来。此后，卷积神经网络（CNN）在计算机视觉领域取得了巨大成功，特别是在2012年AlexNet的出现，推动了深度学习的热潮。

2017年，Vaswani等人提出了Transformer模型，引入了自注意力机制（self-attention），极大地提升了序列建模的能力，特别是在处理长距离依赖关系时的效率和准确性。Transformer成为后续大模型发展的基石。

2. 预训练模型的兴起

基于Transformer架构，大型语言模型的研究逐渐分化为两个方向：编码器式（如BERT）和解码器式（如GPT）。BERT通过掩码语言建模和下一句预测任务进行预训练，显著提升了语言理解的能力。而GPT（generative pre-trained transformer）则采用解码器式架构，通过生成式预训练和下一个单词预测任务，在文本生成领域取得了显著成果。

2018年，OpenAI推出的GPT-1模型开创了基于Transformer架构的预训练语言模型新范式，标志着大规模预训练模型的兴起，为后续研究奠定了基础。2019年，OpenAI发布的GPT-2凭借其强大的文本生成能力引发广泛关注，而Google推出的BERT模型则通过双向注意力机制在多项自然语言理解任务上取得突破性进展。这些里程碑式的成果不仅确立了预训练大模型在自然语言处理领域的主导地位，也为后续更大规模模型的发展指明了方向。

3. 大模型时代的到来（2020年以后）

2020年，OpenAI推出了GPT-3，模型参数规模达到了1750亿，成为当时最大的语言模型，并且在零样本学习任务上实现了巨大性能提升。GPT-3的成功标志着大模型时代的到来。2022年11月30日，OpenAI发布了一款基于GPT-3.5（在GPT-3基础上增强理解和生成能力的模型）的聊天机器人应用程序ChatGPT。它经过特别设计和调整，以便在对话中生成更自然、流畅的回答。ChatGPT不仅能够回答用户的问题，还能与用户进行对话，提供帮助和建议，其强大的自然语言交互能力迅速引发关注。

2023年，OpenAI发布了GPT-4，新增了图像功能，同时具备更精准的语言理解能力，进一步拓展了大模型的应用场景，这标志着大模型从单一模态向多模态的重要转变。2024年，OpenAI又发布了o1、o1-mini等大模型。

2025年1月20日，DeepSeek-R1发布，这是一款开源的用于数学、代码及自然语言推理领域的思维链推理大模型，以其全面、详实的回答和结构化输出著称。DeepSeek-R1采用了包含6710亿参数的MoE（专家混合）架构，主打推理功能。它作为首个完全通过强化学习训练的大型语言模型，无须监督微调，结合冷启动数据显著提升了推理能力。

6.1.2 大模型服务平台

模型即服务（model as a service，MaaS）是一种基于云计算的服务模式，它将机器学习模型的开发、训练、部署和管理全流程封装为可调用的服务。用户通过 API 接口即可直接使用预训练或定制化的模型，无须关注底层算力、框架和运维细节。其核心价值体现在以下几个方面。

① 降低技术门槛：用户无须从零构建模型，可直接调用或微调预训练模型，从而大幅减少开发时间和技术难度，使 AI 技术更易于普及和应用。

② 弹性资源管理：MaaS 支持按需分配算力，能够根据实际需求动态扩缩容，有效降低硬件投入成本，同时提高资源利用效率。

③ 全生命周期支持：MaaS 覆盖从数据处理、模型训练、部署、监控到迭代优化的全流程，为用户提供一站式的 AI 开发与管理服务。

④ 生态整合：MaaS 提供丰富的模型库、开发工具链和行业解决方案，加速 AI 应用的落地与推广，促进 AI 技术在不同领域的广泛应用。

通过 MaaS 模式，企业和开发者可以更高效地利用 AI 技术，快速实现业务创新与价值提升。提供 MaaS 服务的典型平台有华为云 ModelArts Studio、阿里云魔搭（ModelScope）、微软 Azure AI、百度智能云千帆、腾讯云 TI 平台、硅基流动等。下面简单介绍 ModelScope 和硅基流动。

ModelScope 是一个由阿里巴巴达摩院推出的 AI 模型开放平台，如图 6.1 所示，这个平台提供了丰富的预训练模型库和多样化的工具支持，旨在帮助开发者快速集成和部署 AI 模型。ModelScope 涵盖了多个领域，包括自然语言处理、计算机视觉、语音处理等，为开发者提供了方便的模型探索、推理、训练、部署和应用的一站式服务。在 ModelScope 平台上，开发者可以通过简单的 API 调用模型、执行推理，并使用必要的帮助工具。该平台还提供了详细的模型介绍和性能指标，以及如何通过代码调用这些模型的指导。此外，ModelScope 还支持模型的下载安装和本地部署，使得 AI 模型的应用更加便捷。ModelScope 强调模型即服务的社区共建与低代码开发，主要服务于学术研究和小型项目。

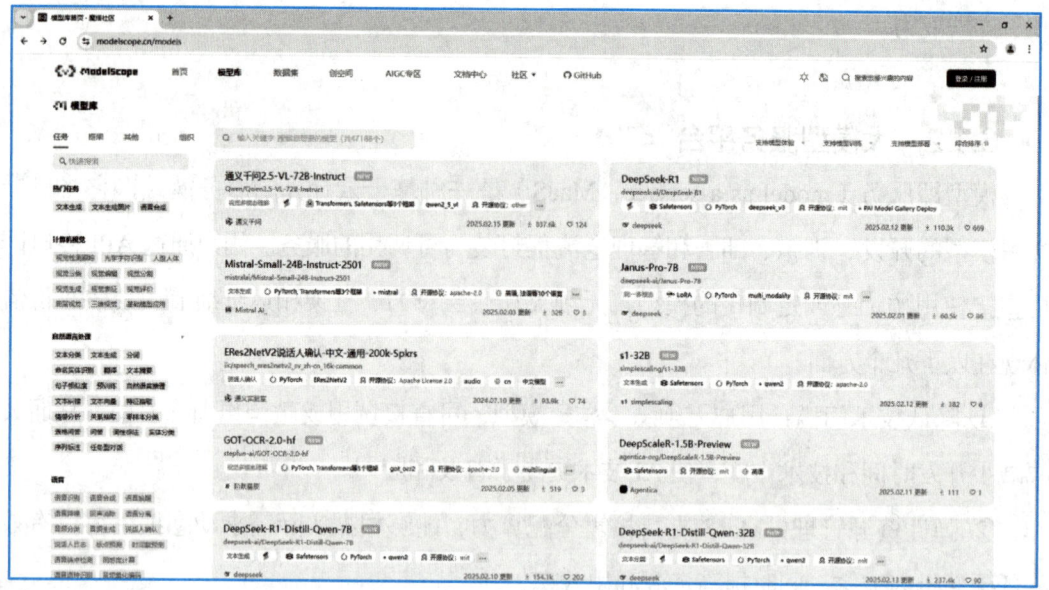

图 6.1 ModelScope 平台模型库页面

通过在平台模型库页面的搜索框中输入模型名称可以查找到相应的模型。例如，单击图中的"通义千问2.5-VL-72B-Instruct"超链接进入到该模型的信息页面，如图 6.2 所示。通过该页面可以查看模型的详细信息，单击"模型文件"按钮可以浏览和下载模型文件。

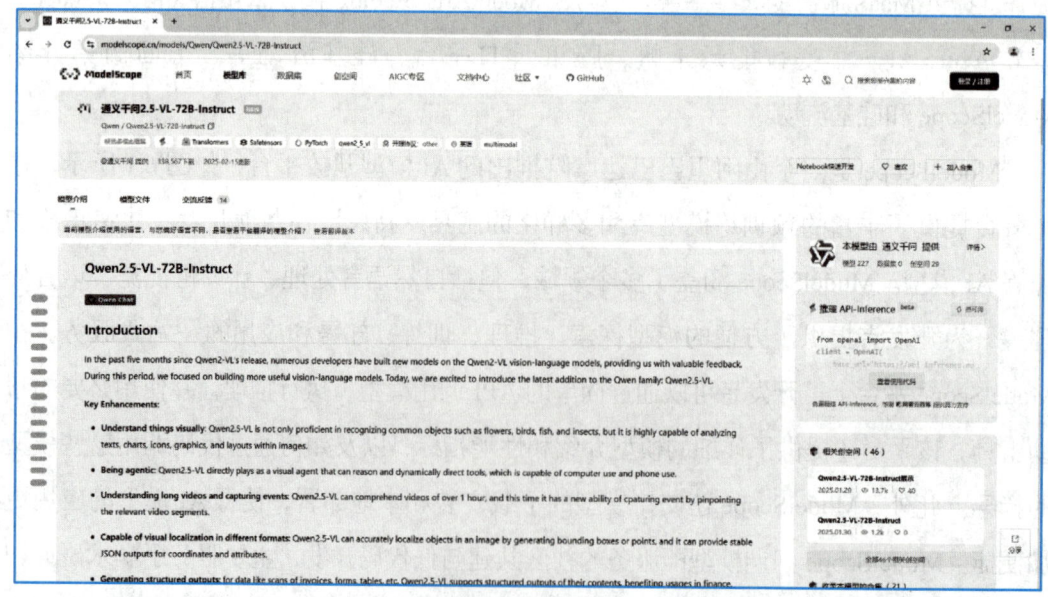

图 6.2 通义千问 2.5-VL-72B-Instruct 信息页面

模型名称"Qwen2.5-VL-72B-Instruct"采用结构化命名方式，系统性地揭示了模型的关键特征和技术规格。其中，Qwen作为模型系列标识，体现了其技术传承；"2.5"表明该模型的版本号；VL（Vision-Language）双模态标识凸显了模型在视觉-语言跨模态理解与生成方面的核心能力；"72B"表示模型有大约720亿（$72×10^9$）个参数；Instruct后缀则强调了模型经过专门的指令微调训练，具备理解复杂指令并准确执行的多任务处理能力。这种命名规范不仅清晰地传达了模型的技术特性，也反映了当前大模型发展的专业化趋势。

硅基流动（SiliconCloud）是由北京硅基流动科技有限公司推出的一站式大模型云服务平台，致力于通过技术创新降低生成式人工智能（GenAI）的部署与使用成本，助力开发者和企业高效实现AI应用落地。平台集成了超过50种主流开源大模型（截至2024年），涵盖文本生成（如DeepSeek R1/V3、Qwen2.5、Llama-3.X）、图像生成（如Stable Diffusion XL、FLUX）、代码生成（如Qwen2.5-Coder-32B）以及视频/语音生成等多模态能力。基于自研推理引擎SiliconLLM和OneDiff，结合华为昇腾云服务，提供与高端GPU相当的推理性能。在企业级服务与开发支持方面，支持模型微调与托管，允许用户通过自定义数据优化模型性能。提供统一的RESTful API接口，兼容主流开发框架，支持Python、Node.js等多语言调用。平台对9B及以下模型提供永久免费API服务。使用时需要访问官网完成手机号注册，登录后进入"API密钥"页面创建密钥。硅基流动以商业化API服务为核心，面向企业和开发者提供一站式生成式AI模型服务，聚焦于降低大模型使用成本与提升推理效率。

6.1.3 大模型及其产品

1. 大模型与大模型产品

大模型指参数量庞大（通常达数十亿至数万亿）、基于深度学习架构构建的机器学习模型，例如GPT-4、PaLM、LLaMA等。在技术上，大模型依赖海量数据训练，具备强大的表征学习与泛化能力，可完成复杂任务，如自然语言理解、生成、多模态推理等。对大模型的研究，关注模型架构创新、训练效率优化、性能评测等技术问题。

大模型产品是以大模型为技术核心，结合工程化、产品化设计形成的可落地的应用或服务，例如ChatGPT、Midjourney、Copilot等。需要围绕用户需求设计功能，强调可用性、稳定性及用户体验。在工程上，需整合模型部署、交互接口、数据管道、安全合规、商业模式等非技术要素。大模型是大模型产品的技术基石。

2. 国外大模型

（1）OpenAI 的 GPT 系列。

自 OpenAI 发布了 GPT-1、GPT-2 后，其大模型发展历程如表 6.1 所示。

表 6.1　OpenAI 部分大模型发展历程

时间	模型	技术	应用
2020 年 5 月	GPT-3	参数规模达 1 750 亿，首次实现大规模预训练语言模型的零样本（zero-shot）和少样本（few-shot）学习能力，支持文本生成、问答、翻译等任务	通过开放接口提供开发者调用，支持文本生成、代码补全、内容摘要等功能
2022 年 11 月	ChatGPT	基于 GPT-3.5 架构，引入人类反馈强化学习（RLHF），优化对话交互的连贯性和安全性，支持多轮对话和上下文理解	首个面向公众的对话式 AI 产品，功能包括智能问答、创意写作、编程辅助等
2023 年 3 月	GPT-4	多模态模型，支持文本和图像输入，参数规模未公开但推理能力显著提升；引入思维链（chain of thought）技术，增强复杂问题分步推理能力	ChatGPT Plus，集成 GPT-4，支持图像分析和多模态交互，应用于教育、医疗、法律等专业领域
2024 年 2 月	Sora	文生视频扩散模型，基于 Transformer 架构，可生成 60 秒高清视频，支持复杂场景和物理逻辑模拟	视频内容创作工具，应用于影视制作、广告设计等领域，被誉为"AI 视频生成的里程碑"
2024 年 5 月	GPT-4o	多模态优化版本，低延迟处理文本、图像、音频，支持实时语音交互；在非英语任务和视觉理解上表现优于前代	集成至微软 Copilot 等产品，功能包括实时翻译、语音助手、多模态数据分析
2024 年 9 月	OpenAI o1	首个"推理优化"模型，采用强化学习（self-play RL）和思维链（CoT），数学和科学推理能力超越人类专家	面向企业用户和开发者，适用于科研问题求解、代码生成、竞赛级数学题解答
2025 年 1 月	o3-mini	轻量级推理模型，支持结构化输出和文本处理，成本较 o1 更低，适用于无须复杂推理的日常任务	作为 o1 的补充，服务于中小企业和个人开发者，功能包括文档处理、基础代码生成

另外，OpenAI 还有 DALL·E 系列，该系列能够将文本转为图像，支持创意内容生成，主要应用于插画设计、广告创意、内容生成等。

OpenAI 在大模型技术演进方面呈现出系统性的创新路径，主要体现在模型能力拓展、推理能力提升和商业化落地三个维度。

① 模型能力拓展维度。从单一模态（GPT-3 的纯文本处理）到多模态融合（GPT-4/Sora 的文本-视觉交互），再到实时多模态交互（GPT-4o 的即时响应能力），这一演进路线体现了 AI 系统对人类认知方式的渐进式模拟。

② 推理能力提升维度。通过强化学习框架优化模型决策能力，结合思维链（chain-of-thought）技术显著提升复杂问题解决能力，在科学计算和数学推理等专业领域取得突破性进展。

③ 商业化落地维度。采用产品矩阵策略，推出高低配版本（如 o1 与 o1-mini），通过模型压缩和优化技术实现成本与性能的平衡，构建完整的应用生态，满足从企业级到个人用户的多层次需求。

（2）谷歌大模型。

2019 年问世的 BERT 模型是基于 Transformer 的双向编码模型，BERT 模型采用掩码语言模型（masked language model）预训练范式，通过预测被遮蔽词汇的上下文关系来优化句子级语义表征。然而，其纯编码器架构仅支持文本输入和特征提取，缺乏文本生成能力，主要应用于搜索引擎优化和文本分类等下游任务。

2022 年，Google 推出的 PaLM（pathways language model）展现了生成式大语言模型的强大能力。作为单模态纯文本模型，PaLM 的参数规模达到了 5 400 亿参数。其创新之处在于训练数据的多样性整合，不仅包含多语言文本，还纳入了数学公式和编程代码，显著提升了模型的逻辑推理能力和跨语言泛化性能。

2023 年 12 月发布的 Gemini 系列则是原生多模态生成模型，从预训练阶段即实现文本、图像、音频、视频及代码的多模态统一编码，支持直接处理混合模态输入，实现真正的多模态理解与生成。推出 Ultra（复杂任务）、Pro（通用任务）和 Nano（端侧部署）三个版本，满足不同场景需求。Gemini Pro 应用于聊天机器人 Bard，支持图像分析、视频内容摘要。Gemini Ultra 应用于科研（蛋白质结构预测）、教育（多模态教学助手）及广告创意生成。Gemini Nano 在 Pixel 手机实现离线实时翻译与语音助手功能。开源版本 Gemma 提供完整的 API 和工具链，促进开发者生态建设。

除了 Open AI 和谷歌的上述系列，还有很多其他的大模型系列。例如，Claude 系列（Anthropic）：对安全性和稳健性高度优化，适合处理复杂对话和大规模数据，应用于聊天机器人、企业客户支持、敏感信息分析等。LLaMA 系列（Meta）：开源模型，适合研究与二次开发，应用于文本生成、代码编写、知识问答等。Flamingo（DeepMind）：多模态视觉语言模型，支持连续的图像与文本输入，处理视频和多模态数据流，应用于视频分析、多模态内容理解等。

3. 国内大模型

（1）阿里巴巴的通义千问大模型。

阿里巴巴的通义千问系列发展历程如表 6.2 所示。

表 6.2 通义千问系列的发展历程

时间	模型	技术	应用
2021 年 4 月（PLUG）/2022 年 9 月（M6）	PLUG（语言大模型）、通义 -M6（多模态大模型）	PLUG：国内首个超百亿参数的语言模型，聚焦文本生成、理解与对话任务 通义 -M6：参数规模达 10 万亿，中文社区最大的多模态大模型，支持文本、图像、语音、视频处理	作为阿里内部技术底座，部分能力通过开源社区"魔搭"开放
2023 年 4 月	通义千问（Qwen-1.0）	基于 Transformer 架构，训练数据涵盖万亿级中文语料，初期聚焦文本生成、多轮对话和基础逻辑推理 支持电商场景的智能客服、营销文案生成等功能	企业级文本生成与对话交互、电商跨模态搜索与商品推荐优化
2023 年 9 月	通义千问（Qwen-1.5）魔搭社区开源	引入 AI 统一底座（M6-OFA），实现文本、图像、语音等模态表示与任务表示的统一，支持跨模态任务 推出 S4 框架，百亿参数模型压缩率达 99% 仍保持精度无损	通义千问企业版，在法律文书分析、医疗文本理解、工业设计辅助等垂直场景应用
2024 年 6 月	Qwen2-72B	参数规模 720 亿，支持复杂逻辑推理和中文语言游戏解析	开源模型，开发者可通过"魔搭社区"调用，支持定制化模型开发
2024 年 9 月	Qwen2.5 系列	覆盖 0.5B 至 72B 共 7 种参数规模，包含基础版、指令跟随版和量化版 专项优化的 Qwen2.5-Coder（编程）和 Qwen2.5-Math（数学）模型	开源大模型
2025 年 1 月	Qwen2.5-Max	MoE 模型，具有强大的语言理解、多模态处理及高效推理能力，模型预训练数据超过 20 万亿 tokens	智能客服、内容创作与媒体生成、辅助编程、教育、金融等领域

续表

时间	模型	技术	应用
2025年3月6日	Qwen-QwQ-32B推理模型	320亿参数，性能对标DeepSeek-R1（6 700亿参数），数学推理与代码生成表现突出。支持"深度思考"模式，优化复杂任务分步推理能力	通义智能体QwQ-32B，应用于学术研究辅助、工业流程优化、金融数据分析等高精度场景

2024年11月，阿里巴巴达摩院发布的八观气象大模型标志着气象预报领域的一次重大突破。该模型实现了逐小时1千米网格的高精度气象预报更新，在新能源领域率先落地应用。通过深度学习算法与气象大数据的深度融合，显著提升了新能源发电功率预测和电力负荷预测的准确率。特别是在国网山东电力调控中心的应用实践中，该模型有效提升了极端天气事件的预测能力，为电网调度决策提供了可靠支持。

通义千问的发展历程则全面展现了大模型技术演进的多个维度。在技术能力方面，实现了从单一文本模态到跨模态统一底座（M6-OFA）的跨越，构建了"五官全开"的认知智能体系，支持多模态信息融合与理解，并持续优化模型架构以提升跨模态任务的性能表现。通过"魔搭社区"开放核心模型，构建了开放共享的技术生态，吸引全球开发者参与模型优化和应用创新，同时建立了完善的开发者支持体系，包括文档、工具链和社区支持。在行业应用方面，采用"通用层+行业层"的层次化模型体系，深度适配电商、医疗、法律等垂直领域的特定需求，通过领域知识注入和定制化训练，提升行业场景的应用效果。

（2）百度的文心大模型。

文心（ERNIE）作为百度自主研发的产业级知识增强大模型体系，展现了中国在人工智能领域的创新实力，其发展历程如表6.3所示。其核心架构采用分层设计理念，构建了从基础模型到任务模型、行业模型的完整技术栈，并配套完善的工具平台，形成了闭环的AI生态系统。文心大模型作为体系的核心基础架构，突破了单一模态的限制，实现了自然语言处理、计算机视觉和跨模态理解的深度融合，通过创新的知识增强技术显著提升了模型的理解与生成能力。

文心一言作为该体系中的任务级应用产品，专注于文本生成与人机交互场景，体现了大模型在自然语言处理领域的前沿水平。在产业化落地方面，百度通过千帆平台将文心大模型的能力输出到金融、制造、政务等关键领域，为企业智能化转型提供强有力的技术支撑。

表6.3 文心大模型的发展历程

时间	模型	技术	应用
2019年3月	文心大模型1.0	首次对标GPT架构，基于深度学习框架飞桨（PaddlePaddle），初步构建大规模参数模型	自然语言处理任务
2023年3月	文心大模型3.0	首个公开的生成式AI产品"文心一言"的底层模型，支持文本生成、多轮对话和基础多模态能力	文心一言用于文本生成与对话交互，初步多模态内容生成
2023年5月	文心大模型3.5	优化训练效率与推理速度，提升生成内容的多样性和准确性，支持更复杂的长文本处理	文心一言（升级版），用于增强长文档分析与生成能力，支持代码解释器和专业领域问答
2023年10月	文心大模型4.0	理解、生成、逻辑、记忆四大核心能力全面升级	文心一言用于营销内容生成，应用于AI互动式搜索
2024年6月	文心大模型4.0 Turbo	集成飞桨框架3.0，实现动静统一自动并行与编译器优化，强化知识增强与检索增强技术，降低幻觉问题	千帆大模型平台，提供文心大模型API调用，支持企业定制化模型开发，支持多模态任务处理

（3）华为盘古大模型。

华为盘古大模型的演进历程展现了中国在人工智能基础模型领域的自主创新之路。从2021年4月发布的1.0版本到2024年6月的5.0版本，盘古大模型完成了从单一功能到全栈能力的跨越式发展。

2021年4月，华为发布的盘古大模型1.0包括盘古NLP大模型、盘古CV大模型、盘古科学计算大模型，主要作为华为内部技术底座。其中，盘古NLP大模型首次采用Encoder-Decoder架构，兼顾理解与生成能力。盘古CV大模型是支持按需抽取的视觉大模型，兼顾判别与生成任务。科学计算大模型，优化物理规律建模，应用于气象、海浪等领域。

2023年7月盘古大模型3.0发布，采用分层解耦架构（5+N+X）。5个基础大模型（自然语言、视觉、多模态、预测、科学计算），参数规模覆盖100亿至1 000亿。N个行业通用大模型（政务、金融、制造等），支持行业数据精调。例如，基于盘古政务大模型的智慧助手"小福"能够精准理解民众咨询意图。X 个场景化模型（如台风路径预测、药物筛选），提供"开箱即用"服务。

2024 年 6 月，盘古大模型 5.0 发布，具有全系列参数、多模态升级、强思维链特点。涵盖十亿级（Pangu E）、百亿级（Pangu P）、千亿级（Pangu U）、万亿级（Pangu S）参数，适配端侧、推理、复杂任务及跨领域场景。例如，十亿级参数模型支撑智能助手小艺输入法，支持文本、图像、视频、雷达、红外、遥感等多模态输入，能够生成符合物理规律的内容。结合思维链与策略搜索技术，提升数学推理、复杂任务规划以及工具调用能力。

盘古大模型的技术特色体现在三个方面：首先，实现了全栈自主可控，基于昇腾芯片、昇思 MindSpore 框架及 ModelArts 平台，构建了完整的国产化技术链；其次，在多模态能力上持续突破，从文本、图像扩展到雷达、遥感等专业领域，强化了对物理世界的精准理解与生成；最后，在行业落地方面，通过"边端云协同"的创新模式，推动 AI 技术在政务、制造、气象等核心领域的工业化应用。

（4）DeepSeek 系列。

深度求索公司在 2024 年至 2025 年间的大模型研发历程，展现了中国 AI 企业在通用人工智能领域的快速突破与创新实力。这一系列技术演进始于 2024 年 1 月发布的基于 Transformer 架构的 DeepSeek LLM，该模型采用创新的分组查询注意力机制，在保持 670 亿参数规模的同时显著降低了推理计算成本，并通过多阶段学习率调度器优化了训练稳定性。同期发布的 DeepSeek-Coder 则开创了代码智能新范式，将代码逻辑理解与自然语言处理能力深度融合，为开发者提供了从代码补全到文档生成的全流程智能支持。

2024 年 5 月推出的 DeepSeek-V2 标志着技术架构的重大升级。通过混合专家架构（MoE）和创新的多头潜在注意力机制，模型在保持 2 360 亿参数规模的同时实现了更高效的计算资源利用。128K 上下文窗口的突破性支持，使其在长文本理解和多轮对话任务中表现出色。这一技术突破为后续更大规模模型的研发奠定了基础。

2024 年 12 月发布的 DeepSeek-V3 将参数规模提升至 6 710 亿，同时通过精细化的激活参数控制（370 亿激活参数）实现了计算效率的优化。14.8T tokens 的预训练数据规模和多模态任务支持能力，使其成为当时最先进的企业级 AI 解决方案之一。模型支持私有化部署的特性，满足了企业对数据安全和定制化的需求。

2025 年 1 月，深度求索公司再次突破技术边界，推出完全基于强化学习训练的 DeepSeek-R1。该模型在长链思维推理方面的卓越表现，为教育、金融分析等需要高精度推理的领域提供了强有力的技术支持。同时发布的参数规模 1.5B 至 70B 蒸馏版模型系列，展现了公司在模型压缩和轻量化部署方面的技术积累，为 AI 技术在边缘计算和低端硬件上的普及应用开辟了新路径。

（5）科大讯飞的讯飞星火大模型。

2023 年，科大讯飞发布了讯飞星火认知大模型 V1.0、讯飞星火 V2.0 和讯飞星火 V3.0 具备文本生成、语言理解、知识问答、逻辑推理、数学能力、代码能力和多模态交互功能，用于对话交互、机器翻译及语法检查、跨模态搜索、合同风险审核、工业质检方案生成等领域。引入"飞星一号"国产算力平台，支持万亿参数大模型训练，提升数学推理能力，可解答高中数学题。

2024 年科大讯飞发布了讯飞星火 V3.5、V4.0。其产品讯飞智文支持合同起草、招投标文件解析与多情感语音合成；星火智能体平台用于企业级定制化模型开发工具，覆盖法律、医疗等垂直场景。2024 年 10 月星火 4.0 Turbo 发布，首发多模态视觉交互技术，实现音视频流实时处理。

2025 年 1 月星火深度推理模型 X_1 布。基于国产算力平台训练，具备分步拆解、自我验证与强化学习能力，应用于教育领域（数学高考题解析）与医疗诊断辅助。其星火语音同传大模型具有上下文语境精准选词、碎片化信息重组及实时多语种翻译功能。

（6）腾讯混元大模型。

腾讯混元大模型，基于混合专家架构，支持动态路由选择专家网络，平衡效率与性能，训练语料达 7 万亿 tokens。具有文生图与视频生成以及文本、图像、视频、3D 等多模态输入与输出能力。其混元文生视频模型，开放 130 亿参数模型权重与推理代码，覆盖影视、电商等场景。

通过腾讯云服务，提供混元 Pro（万亿参数）、Standard（千亿）、Lite（百亿）版本的企业级服务，满足高精度与轻量化需求。支持私有化部署、低代码精调、多模态任务处理。

通过全链路生态整合，无缝接入微信、QQ、腾讯会议等亿级流量入口，加速 AI 应用落地。腾讯元宝 App 集成 AI 搜索、文档解析、写作辅助，支持 256K 长文本分析。

（7）GLM 系列。

GLM 系列大模型由智谱华章推出，涵盖对话模型（ChatGLM）、代码模型（CodeGeeX）、多模态模型（CogVLM）。其 ChatGLM 系列支持智谱清言的多轮对话和代码生成功能。多模态升级后的 GLM4 是智谱清言视频生成、文档解读等功能的技术基础。CogView3 是开源文生图模型，集成至智谱清言实现图像生成。

（8）豆包大模型家族。

云雀大模型（Skylark）是字节跳动于 2023 年启动的早期大模型项目，初期以单模态文本处理为主，参数规模为 1 300 亿，基于 Transformer 架构，主要服务于抖音、飞书等内部业务。2024 年 5 月，字节跳动在火山引擎 Force 原动力大会上宣布将"云雀"更名为"豆包大模型家族"，其子模型，涵盖通用模型（Pro/Lite）、垂类模型（如文生图、视频生成）及工具类模型（如语音合成）。标志着技术从单一模型转向多模态融合和分层架构。即梦 AI 是豆包大模型在内容创作领域的前端应用，聚焦视频、图像等创意生成。

（9）天工大模型。

2023 年 4 月，昆仑万维推出自研双千亿级大语言模型天工 1.0，聚焦文本生成与基础语义理解，支持自然语言处理任务。2024 年 2 月推出的天工 2.0，引入混合专家架构，新增多模态能力，支持 AI 搜索、语音合成、漫画生成等功能。其产品天工 AI 助手，集成 AI 搜索、创作工具。升级后的天工 3.0，新增搜索增强、研究模式、代码生成与图表生成功能，支持复杂任务拆解与产业链分析。集成 AI 音乐生成模型 SkyMusic。基于天工 4.0 的实时语音助手 Skyo，集成至天工 APP，应用于客服、教育等场景，支持个性化音色定制。

（10）日日新 SenseNova 系列。

商汤科技通过"日日新 SenseNova"大模型体系构建了覆盖文本、图像、视频、3D 等多模态的技术矩阵，并结合"云—端—边"全栈产品矩阵，赋能医疗、教育等多个行业。主要产品如下。

商量（SenseChat）：自然语言处理模型，具备深度推理和多轮对话能力，应用于客服、教育、医疗等领域。

秒画（SenseMirage）：文生图模型，支持图像生成、风格化定制，应用于创意设计。

如影（SenseAvatar）：数字人生成平台，生成逼真数字人，支持口型、表情及动作同步，用于视频内容制作。

琼宇（SenseSpace）：支持大场景 3D 重建，用于虚拟现实、城市规划。

格物（SenseThings）：针对小物体高精度建模，应用于工业质检与文物数字化。

地界（SenseEarth）：智能遥感解译模型，用于地理信息分析。

（11）紫东太初。

紫东太初是由中国科学院自动化研究所主导研发，并联合华为等公司共同推出的跨模态通用人工智能平台，其核心技术是多模态统一表示、跨模态生成和国产化适配。太初智算是基于紫东太初大模型衍生的算力调度与运营平台，旨在实现算力资源的整合与优化。太初智享是紫东太初的行业落地与生态扩展平台，聚焦技术成果的产业化应用与开发者生态构建。紫东太初应用领域覆盖智能制造、智慧城市、医疗健康、文化娱乐等核心场景。

（12）Moonshot 大模型。

Moonshot 大模型，由月之暗面公司研发，其模型历经多次迭代。Kimi 是依托 Moonshot 大模型，面向用户的智能助手产品，核心功能包括长文总结、联网搜索、代码生成、文档解析、多语言翻译等。支持超长文本处理（200 万字上下文窗口），能快速解析专业学术论文、法律合同、API 文档等复杂内容。用户可通过网页端、移动 APP、小程序等多终端使用。

大模型的技术落地有企业端和消费者端。表 6.4 列出了部分消费者端常用大模型产品名称。

表 6.4 我国部分大模型产品

模型产品	公司
文心一言	百度
讯飞星火	科大讯飞
通义千问	阿里云
DeepSeek	深度求索
豆包	字节跳动
智谱清言	智谱华章
Kimi	月之暗面
混元大模型	腾讯
即梦 AI	字节跳动
天工 AI	昆仑万维

6.1.4 大模型特点

大模型与传统模型在多个方面存在显著区别。大模型通常拥有数十亿甚至数千亿个参数。例如，GPT-3 拥有 1 750 亿参数，GPT-4 的参数量约为 1.8 万亿。大模型通常先预训练（pre-training），使用海量无监督数据学习通用语言知识，再针对特定任务进行微调（fine-tuning）。大模型在多种复杂任务上，展现出强大的泛化能力和生成能力，适用于图像生成、视频分析、语音识别等多模态应用。然而，大模型的开发和维护成本高，对计算资源和数据的需求大，可解释性和安全性方面存在挑战。传统模型参数量通常在百万到亿级别，需要大量标注数据进行训练。传统模型在特定任务上表现良好，开发和维护成本低，适合资源有限的场景。

AI 大模型凭借其庞大的规模和先进的技术架构，展现出独特的特点。

1. 模型结构与技术

AI 大模型的参数量通常达到数十亿至千亿级别，这种庞大的规模使其能够捕捉复杂的数据模式，从而在各种任务中表现出色。此外，大模型支持处理更长的输入序列，增强了上下文理解能力，使其在理解和生成连贯文本方面表现优异。

2. 数据与训练

大模型的训练依赖于互联网级别的多领域、多语言海量数据集，这些数据涵盖了广泛的文本类型和语言种类，确保了模型的泛化能力和多语言处理能力。通过无监督学习的方法，模型能够从这些数据中提取出通用的语言特征和模式。训练过程中，大模型利用大规模 GPU/TPU 集群的计算资源，采用数据并行和模型并行等先进的分布式训练策略。数据并行通过将数据划分到多个处理单元上同时处理，加速了训练过程；模型并行则通过将模型的不同部分分布到不同的硬件设备上，解决了大规模模型训练中的内存和计算瓶颈问题。这些策略的结合不仅提高了训练效率，还确保了模型在大规模数据集上的稳定性和收敛性。

3. 功能与能力

大模型具备多任务与跨模态处理能力，能够同时完成文本生成、翻译、代码编写等任务，部分模型还支持多模态输入（如文本、图像、音频等）。大模型展现出强大的"涌现能力"，即在模型规模达到一定程度后，突然展现出未经过显式训练的能力（如逻辑推理、跨语言迁移）。此外，大模型通过输入提示动态调整输出，无须参数更新，表现出极强的适应性和灵活性。

4. 性能与效率

大模型具有高泛化能力，在多样化任务中表现优异。然而，其推理成本较高，生成结果需要大量计算资源，导致延迟和能耗问题。尽管如此，大模型通过微调与迁移学习，能够通过少量领域数据微调适配下游任务，显著降低开发成本。

5. 资源与挑战

大模型的训练和开发对计算资源和团队能力提出了极高的要求。训练过程需要巨大的算力（如 GPT-3 耗电量约为 1 300 MW·h），依赖先进的硬件设备。开发过程中，顶尖团队、巨额资金和基础设施支持是不可或缺的。这些高门槛使得大模型的开发和部署主要集中在少数具备强大技术实力的机构和企业。

6. 社会与伦理问题

大模型在带来技术突破的同时，也引发了一系列社会和伦理问题。首先，训练数据中的社会偏见可能导致模型输出歧视性内容，影响公平性。其次，大模型存在滥用风险，可能被用于生成虚假信息或恶意代码，威胁社会安全。此外，隐私问题也不容忽视，大模型可能记忆并泄露训练数据中的敏感信息。最后，训练过程的高碳排放引发了关于可持续性的争议，如何在技术进步与环境保护之间取得平衡成为重要课题。

7. 涌现能力

大模型的涌现能力指的是当模型的规模（如参数数量）达到一定程度时，模型突然展现出一些小模型不具备的新能力或性能的显著提升。这些新能力或性能的提升并不是线性地随着模型规模的增加而逐渐出现的，而是在达到某个阈值后突然"涌现"出来的。

涌现能力的出现通常与模型的复杂性、训练数据的多样性和训练过程的优化等因素有关。然而，涌现能力的具体机制和原因仍然是人工智能研究中极具挑战性的问题。

8. 其他特点

大模型的可解释性较差，决策过程难以追溯，这在一定程度上限制了其在某些高敏感领域的应用。此外，大模型通常是静态的，难以动态更新知识，需定期重新训练以保持其性能。尽管如此，大模型在高质量生成能力方面表现出色，其输出流畅、逼真，接近人类水平（文本、图像、音频等），为内容创作、自动化等领域带来了革命性变化。

6.1.5 大模型分类

大模型作为人工智能领域的核心组成部分，其分类标准多样，涵盖了处理数据类型、应用领域、开放性等多个维度。

1. 依据处理的数据类型

依据处理的数据类型，大模型可分为语言大模型、视觉大模型以及多模态大模型。

① 语言大模型。如 GPT 系列和文心一言，专注于文本数据的处理和自然语言的理

解，能够在文本生成、分类、翻译等任务中展现出卓越的性能。它们通过深度学习算法模拟人类语言的表达和理解能力，为自然语言处理领域带来了革命性的进步。

② 视觉大模型。如 VIT 系列、文心 UFO 和盘古视觉大模型，致力于图像处理和分析，能够在图像识别、物体检测、图像分割等任务中发挥重要作用。这些模型通过学习大量的图像数据，实现了对图像内容的深入理解和分析，为计算机视觉领域的发展提供了强大的支持。

③ 多模态大模型。世界是多模态的，多模态协同更符合人类感知和表达方式。多模态融合是将来自不同模态的数据进行整合，联合分析和处理，以便全面理解、推理和应用这些数据。如 DALL-E 和悟空画画，能够处理多种类型的数据，包括文本、图像、音频等，实现了跨模态的信息融合和理解。多模态融合可以根据数据处理的层次分为数据级融合、特征级融合和决策级融合。

数据级融合（data-level fusion）：直接在原始数据级别上进行融合，例如将不同模态的图像数据直接合并或叠加在一起。

特征级融合（feature-level fusion）：在提取特征后进行融合，不同模态的数据首先被分别处理，提取出各自的特征表示，然后将这些特征表示在某一特征层上进行融合。

决策级融合（decision-level fusion）：在决策阶段将不同模态的决策结果进行融合，例如通过多数投票或加权平均值来形成最终预测。

多模态模型可以捕获跨模态的复杂数据关系，融合不同信息产生多样化的结果，参与更深层次的任务。例如，智能医疗，结合医学影像、患者的病历和基因信息等多种模态数据，帮助医生更全面地了解患者的病情，提高诊断的准确性。智能交通，融合车辆的传感器数据、交通摄像头的图像和语音信息等，实现交通流量的优化和智能驾驶。

2. 依据应用领域

依据应用领域，大模型可分为 L0 通用大模型、L1 行业大模型和 L2 垂直大模型。

① L0 通用大模型是一种具有广泛适用性的 AI 模型。其设计初衷是为了在多个领域和任务上都能表现出色。这些模型通常利用大规模的算力资源和海量的开放数据进行训练，从而具备了强大的泛化能力。它们能够处理各种不同类型的输入数据，并生成相应的输出，如文本生成、图像识别、语音识别等。通用大模型的优势在于其灵活性和通用性，但也可能在某些特定领域或任务上不如专门优化的模型。

② L1 行业大模型是针对特定行业或领域进行设计和优化的 AI 模型。这些模型通常

使用与行业相关的数据进行预训练或微调，以提高在该领域的性能。行业大模型能够深入理解行业特点和业务需求，从而提供更加精准和可靠的解决方案。例如，在金融领域，行业大模型可以用于风险评估、欺诈检测等任务；在医疗领域，则可以用于疾病诊断、药物研发等。

③ L2 垂直大模型是进一步针对特定任务或场景进行设计和优化的 AI 模型。这些模型通常使用与任务相关的数据进行预训练或微调，以提高在该任务上的性能。垂直大模型能够针对特定场景进行精细化的优化，从而提供更加高效和准确的解决方案。例如，在自动驾驶领域，垂直大模型可以用于车辆识别、行人检测等任务；在电商领域，则可以用于商品推荐、用户画像等。

3. 依照开放性和可访问性

按开放性和可访问性，大模型分为开源模型、闭源模型和混合模型。

① 开源模型是指其代码和模型权重都公开可用的 AI 模型。任何人都可以访问、使用、修改和分发这些模型。开源模型的出现极大地促进了 AI 技术的普及和发展，使得更多的人能够参与到 AI 技术的研发和应用中来。同时，开源模型也为学术界和工业界之间的合作提供了便利，促进了技术的交流和共享。例如通义千问的 Qwen1.5 - 110B 和 Qwen2.5 系列、DeepSeek 系列。一些开源模型框架，如 TensorFlow、PyTorch 等，都提供了丰富的模型库和工具，使得用户可以更加方便地创建和训练自己的模型。

② 闭源模型则是由特定公司或组织开发，并且通常不公开模型细节的 AI 模型。这些模型通常被视为商业机密或知识产权，因此不对外公开。闭源模型的优势在于其保密性和安全性，但也可能导致技术垄断和不公平竞争的问题。此外，由于闭源模型的代码和权重不可见，因此用户无法对其进行修改和优化，这在一定程度上限制了其应用场景和性能表现。然而，一些商业化的 AI 模型仍然因其高效性和可靠性而受到广泛欢迎和应用。

③ 混合模型策略正成为 AI 企业平衡生态与商业的核心路径。Google 采用"核心闭源 + 轻量开源"组合：闭源多模态模型 Gemini（1.5 万亿个参数）服务高端客户，同时开源 7B 参数的 Gemma 覆盖长尾开发者。智谱 AI 与百川智能通过早期开源 6B - 13B 参数模型（ChatGLM - 6B、Baichuan - 7B）构建生态影响力，后期转向闭源千亿级模型（ChatGLM3、Baichuan2 - 53B）的 API 商用服务实现盈利。零一万物则开源 Yi - 6B 基础模型扩大社区影响力，通过 API 形式提供未开源的高性能 Yi-Large 服务（128K 上下文支持）。这种分层策略既降低技术普及门槛，又保障核心商业利益，形成从开发者到企业客户的价值闭环。

需要注意的是，开源模型和闭源模型并不是相互排斥的，而是可以相互补充的。在实际应用中，用户可以根据自己的需求和资源情况选择合适的模型类型。同时，随着 AI 技术的不断发展和普及，越来越多的公司和组织开始倾向于采用开源模型来加速技术研发和应用推广。

6.1.6　大模型对工作和生活的影响

1. 大模型可以提升工作效率

① 工作中可以利用大模型自动生成和编辑文档。例如，在律师事务所，律师们需要处理大量的法律文件和合同。通过使用基于大模型的自动化文档生成工具，律师们可以迅速生成标准化的法律文件模板，如租赁合同、雇佣合同等。这些工具能够根据输入的基本信息，自动填充合同中的条款，大大减少了手动输入和编辑的时间。此外，智能编辑功能可以帮助律师快速校对文档中的错误和不一致之处，确保文档的准确性和专业性。

② 利用大模型提供智能客服与客户支持。例如，在电商平台上，智能客服系统利用大模型技术，能够自动回答客户关于订单状态、退货政策等常见问题。当客户在网站上咨询"我的订单什么时候发货？"时，智能客服可以立即检索订单信息并告知客户预计的发货时间。这不仅提高了客户服务的效率，还减少了人工客服的工作量，使得客服团队能够更专注于处理复杂和紧急的问题。

2. 大模型可以改变生活方式

① 在日常生活中，智能语音助手已经成为许多家庭的常见设备。用户可以通过语音命令控制家居设备，如开关灯、调节温度等。例如，在寒冷的冬天，用户只需说"打开暖气"，智能语音助手就会自动调节家中的温度。休息的时候喊一声"小度小度，放一首鸿雁"，智能语音助手就可以帮助用户播放音乐，使日常生活更加便捷和舒适。

② 大模型技术被广泛应用于个性化内容推荐。例如，当用户在平台上观看了几部科幻电影后，平台会根据用户的观看历史和偏好，推荐类似的科幻电影或电视剧。这种个性化的推荐不仅提高了用户发现新内容的效率，还增强了用户的观看体验，使得用户能够更轻松地找到自己感兴趣的内容。

③ 大模型的训练和推理通常需要大量的计算资源。因此，在使用大模型时，需要确保有足够的计算能力和存储空间来支持模型的运行。在使用大模型处理敏感数据时，需要注意隐私和安全问题。例如，需要对数据进行脱敏处理，以防止个人信息泄露。

6.2 大模型的技术基础

6.2.1 大数据与计算能力

1. 高质量的数据资源对大模型发展至关重要

以自然语言处理领域为例，经过严格清洗的大规模语料库为模型提供核心训练素材。GPT-3 的成功建立在其 570 GB 高质量数据基础上，涵盖网页、书籍和百科文本的多样化内容。正是这种跨领域数据的深度融合，使模型能理解复杂语义并生成类人表达。反观医疗领域，尽管存在 MIMIC-III 等大规模数据集，但跨机构数据共享壁垒和专家标注成本导致模型易受数据异构性影响。可见，数据质量与标注效率（而非单纯数量）是模型实用性的关键。

2. 计算机性能的突破同样不可或缺

以 BERT 模型为例，其使用 16 块 TPU v3 芯片仅需 4 天完成训练，而同期消费级 GPU 需数周时间。预测蛋白质结构的 AlphaFold2 依赖 128 块 TPU v3 训练两周，等效计算量在单台 NVIDIA A100 服务器上需约 6 周完成。这种算力跃升不仅依赖硬件迭代，更需分布式框架（如混合精度训练、ZeRO 显存优化）对计算资源的极致调度。若缺乏高性能算力支持，大模型训练将因时间成本过高而难以落地。

3. 数据与算力的协同进化催生了技术拐点

以 Stable Diffusion 文生图模型为例，其训练消耗了 LAION-5B 数据集中的 58.5 亿图文对，并依赖约 15 万 A100 GPU 小时的计算量。当模型参数量突破 10 亿量级后，若同步扩大数据规模与模型尺寸，所需计算资源可能呈现超线性增长。这种协同缩放关系在 GPT 系列演进中尤为显著：从 GPT-2 的 15 亿个参数到 GPT-3 的 1 750 亿个参数，训练能耗从 3.14 PFlop/s-day（每秒进行 1 千万亿次浮点运算，持续一天的计算量）激增至 3 640 PFlop/s-day，跨越三个数量级的增长。

6.2.2 Transformer 架构与预训练模型

1. Transformer 架构

Transformer 架构的核心创新在于引入了自注意力机制，使模型能够并行处理序列数据，摒弃了传统 RNN 的顺序计算方式。通过完全依赖自注意力机制来捕捉序列中的依赖关系，Transformer 不仅显著提升了训练速度，还有效解决了长程依赖问题，为序列建模领域带来了突破性进展。Transformer 架构包括以下核心组件。

输入嵌入层（input embedding）：将输入数据（如单词或词语）转化为固定维度的连续向量表示，为模型提供输入内容的语义信息。

位置编码（positional encoding）：为输入序列中的每个位置添加位置信息，使模型能够感知单词的位置顺序。

多头注意力（multi-head attention）：将自注意力机制扩展为多个注意力头，每个头可以学习不同的注意权重，以更好地捕捉不同类型的关系。

编码器－解码器结构（encoder-decoder structure）：Transformer 通常由多个相同的编码器和解码器层堆叠而成，编码器负责处理输入序列，解码器负责生成输出序列。

前馈神经网络（position-wise feed-forward networks）：在每个位置上独立应用的全连接层，用于进一步处理特征。

残差连接和层归一化（residual connection and layer normalization）：通过残差连接和层归一化，增强模型的训练稳定性和性能。

2. 预训练与微调

预训练（pre-training）是指在大规模无监督数据上训练模型，使其学习通用的语言或数据模式。自监督学习（self-supervised learning）作为预训练的核心方法，通过将数据自身的结构转化为监督信号，无须人工标注即可从数据中学习到有用的表示。具体而言，自监督学习通过设计预训练任务（pretext task），使模型在完成这些任务的过程中捕捉数据的内在结构和语义信息。

微调（fine-tuning）则是在预训练模型的基础上，使用少量标注数据对模型进行进一步训练，使其适应特定的下游任务。这种两阶段训练模式（预训练－微调）极大地提升了模型的泛化能力和任务表现。

Transformer 架构的成功催生了预训练－微调范式的广泛应用。以 BERT 和 GPT 为代表的模型，通过在大规模数据上进行预训练，学习到丰富的上下文信息，再通过微调适配到具体任务中，显著提升了各类任务的性能。得益于其强大的建模能力，Transformer 的应用已从自然语言处理扩展到计算机视觉、语音处理、图像生成等多个领域，成为推动人工智能发展的重要基石。

此外，大模型的创新不仅限于 Transformer 架构。例如，Hawk 和 Griffin 模型基于改进的 RNN 架构，能够更高效地处理长上下文；Mamba 则基于选择性状态空间模型

（SSMs），通过硬件感知算法实现数据依赖的参数化，在处理长序列时表现出更高的效率，已成功应用于基因组序列分析、金融时序预测等领域。这些多样化的架构创新不仅推动了大模型在医疗、工业等垂直领域的落地，也为实现可持续 AI 发展提供了关键路径。

6.3 大模型 Agent 和 RAG

教学课件：
6.3 大模型
Agent 和
RAG

6.3.1 Agent

1. 大模型 Agent 的含义

大模型 Agent 是一种构建于大型语言模型（LLM）之上的智能体，具备环境感知、自主理解、决策制定及执行行动的能力。它能够模拟独立思考过程，灵活调用各类工具，逐步达成预设目标。Agent 可以被看作是一个"智能代理"，它接收任务指令，调用大模型、外部 API、知识库或其他工具，并通过逻辑推理、任务拆解和动态执行，提供最终结果。

2. 大模型 Agent 的原理

大模型 Agent 由四个关键部分组成：规划（planning）、记忆（memory）、工具（tools）和行动（action）。

规划（planning）：负责任务拆解与策略评估，通过大模型提示工程（如 ReAct、CoT 推理模式）赋予智能体类似人类的思维模式，精准拆解复杂任务，分步解决。

记忆（memory）：负责信息存储与回忆，包括短期记忆（存储会话上下文，助多轮对话）和长期记忆（存储用户特征、业务数据）。

工具（tools）：负责环境感知与决策辅助，通过调用外部 API、知识库或其他工具，为 Agent 提供必要的信息和功能。

行动（action）：负责将思维转化为实际行动，执行具体任务。

3. 大模型 Agent 的应用

Agent 的应用场景广泛，涵盖了个人用户到企业应用的多个领域。

在对话式交互领域，以如月之暗面科技的 Kimi 智能助手为例，它能够帮助研究人员管理和整理学术文献，辅助撰写学术论文，提升论文撰写质量。

在工作流自动化方面，以百度的文心智能体平台 AgentBuilder 为例，它支持开发者根据自身行业领域和应用场景灵活选择开发模式，有效构建符合大模型时代特征的产品能力体系，为企业数字化转型提供有力支撑。

在企业知识管理维度，Agent 可以应用于企业内部的文档检索和问答系统，帮助员工快速找到所需信息，提升工作效率。

4. 大模型 Agent 的优势

大模型 Agent 技术展现出三大显著优势，正在重塑人工智能应用范式：

首先，在应用场景拓展方面，Agent 技术为大模型赋予了"行动能力"，使其从单纯的内容生成扩展到复杂任务执行领域。这种能力延伸不仅突破了大模型原有的应用边界，更开创了智能化服务的新领域。

其次，在任务执行效能方面，Agent 通过智能化的任务分解机制和工具调用能力，实现了复杂工作流程的自动化处理。这种高效的任务执行模式显著提升了工作效率，为处理多步骤、跨系统的复杂任务提供了创新解决方案。

最后，在环境适应性方面，Agent 展现出卓越的动态响应能力。通过实时感知环境变化并灵活调整行动策略，Agent 能够确保在多变场景下始终保持最优执行效果，大大增强了智能系统的实用性和可靠性。

6.3.2 RAG

1. RAG 的含义

RAG（retrieval-augmented generation，检索增强生成）是一种将大规模语言模型（LLM）与外部知识源的检索相结合的技术框架，旨在通过检索外部知识库中的相关信息来增强模型的生成能力。与仅依赖预训练数据的传统 LLM 不同，RAG 通过实时检索最新的数据，确保生成的输出更加准确、时效性更强。

2. RAG 的功能与优势

实时更新信息：RAG 能够实时检索最新的信息，确保生成的答案始终是最新的，不受模型训练时数据的限制。

提高准确性：通过检索外部知识库中的相关信息，RAG 可以生成更准确、更符合上下文的响应。

减少幻觉问题：RAG 通过检索相关资料，确保答案来源有据可依，从而减少模型"胡乱生成"答案的可能性。

答案来源透明：RAG 的答案基于检索到的资料生成，因此可以追溯到这些资料的来源，提高答案的可信度。

降低成本：RAG 不需要将所有知识都存储在模型内部，只需要一个精简的生成模型和一个庞大的外部知识库，因此训练成本更低。

覆盖领域广泛：RAG 不仅依赖大模型自带的知识库，还能借助用户更新的外部知识库文档、网站、文章等资源进行检索，回答更多专业领域的问题。

3. RAG 的工作原理

RAG 的工作流程可以分为以下几个步骤。

① 知识文档的准备：将外部知识库中的文档进行预处理，分割为小块，并对这些块进行编码。

② 检索阶段：使用检索器（retriever）从外部知识库中检索与输入问题相关的信息。

③ 生成阶段：将检索到的上下文信息与输入问题一并传递给生成器（generator），生成最终的响应。

4. RAG 的应用场景

① 问答系统：RAG 技术结合信息检索和模型生成，适用于开放域和封闭域的问答系统，提高问题理解和信息检索的准确性。

② 文本摘要：应用 RAG 技术通过检索外部知识和相似文档来增强文本摘要任务。

③ 机器翻译：利用 RAG 技术通过将外部知识融入翻译过程来提升翻译质量。

④ 信息提取：使用 RAG 技术提高信息提取任务的性能，包括命名实体识别（NER）、关系提取（RE）等子任务。

⑤ 对话系统：应用 RAG 技术改进对话系统，通过检索历史对话或相关信息来生成更连贯、更专业的对话响应。

RAG 技术通过结合检索和生成的优势，为自然语言处理领域带来了新的可能性，有望在更多场景中发挥重要作用。

6.4 大模型的应用

教学课件：
6.4 大模型的应用

6.4.1 大模型应用领域

1. 自然语言处理

大模型在自然语言处理领域应用广泛且深入，涵盖文本生成、机器翻译、问答系统、情感分析和文本摘要等多方面。

① 在文本生成方面，大模型可基于主题或输入生成连贯、丰富的文章，如新闻、博客、小说等。以 OpenAI 的 GPT 系列为例，其还能辅助创意写作，为作家和编剧提供灵感和初稿支持，帮助快速生成故事大纲和剧本内容。

② 在机器翻译领域，大模型通过深度学习和海量数据训练，实现多种语言间的高质量翻译。谷歌翻译和百度翻译等应用已采用大模型技术，提供准确流畅的翻译服务。一些先进模型无须针对特定语言对训练，展现出强大的跨语言能力。

③ 问答系统也是大模型的重要应用之一。这些模型能够理解和回答自然语言问题，广泛应用于搜索引擎和智能客服等领域。例如，基于 BERT 的问答模型可通过对问题和上下文的深度理解，准确回答用户问题并进行上下文追踪和推理。

④ 在情感分析方面，大模型通过分析用户文本情感，帮助企业了解客户需求和市场动态。企业可利用情感分析工具分析社交媒体评论，及时调整产品策略和服务质量。

⑤ 在文本摘要方面，大模型可自动生成简洁摘要，提高信息检索和处理效率，广泛应用于新闻、科研和商业数据分析。例如，T5 模型可从长篇文章中提取关键信息，帮助用户快速了解核心内容。

2. 计算机视觉

大模型在计算机视觉领域的应用广泛且深入，覆盖从基础图像识别到复杂场景理解和内容生成等多个方面。在图像识别中，大模型通过深度学习可精准识别物体类别和人脸表情，例如在 ImageNet 挑战赛中，视觉大模型取得了极高的准确率。这种能力还拓展至医疗影像领域，辅助医生识别肿瘤、骨折等异常情况，助力疾病诊断。

在目标检测方面，大模型结合先进算法（如 Faster R-CNN 和 YOLO）可精准定位图像中物体的位置和类别。例如，YOLOv3 凭借单次前向传播实现高效检测，适用于自动驾驶汽车的导航和障碍物检测，保障行车安全。语义分割任务中，大模型通过捕捉全局信息，实现高精度的像素级分类，例如 Mask R-CNN 结合大模型可精准分割复杂场景，如分割城市街道或自然景观。

以生成对抗网络（GAN）为代表的先进技术，能够生成高分辨率、高真实感的图像，在数字艺术创作、影视后期制作等领域发挥重要作用；同时，基于大模型的数据增强技术显著提升了计算机视觉模型的鲁棒性和泛化能力，为各类视觉任务提供了可靠的技术支撑。

在公共安全领域，大模型技术通过面部识别、行为分析等智能算法，实现了对监控视频流的实时分析与异常行为检测，有效提升了公共场所的安全防控水平。在零售行业，大模型赋能的视觉搜索技术使消费者能够通过图像快速定位目标商品，而智能库存管理系统则实现了商品库存的自动化监测与预警，显著优化了购物体验和运营效率。

在农业生产中，大模型与遥感技术深度融合，通过分析无人机或卫星获取的农田影像，实现了作物长势监测、病虫害识别等精准农业应用，为现代农业的智能化发展提供了有力支持。在数字娱乐产业，大模型技术正在重塑内容创作流程，从影视特效制作、游戏场景生成到虚拟现实内容开发，大模型不仅提升了创作效率，更为用户带来了更加沉浸式的娱乐体验。同时，在内容审核方面，大模型也发挥着重要作用，有效维护了数字内容生态的健康发展。

3. 语音

大模型在语音领域的应用广泛，涵盖语音识别、语音合成、语音交互、多模态应用及高并发场景等多个方面。以下是具体应用。

语音识别：大模型通过深度学习，能够准确识别多种语言和方言的语音内容。例如，在智能家居中，用户可以通过语音控制家电；智能客服可以快速理解客户需求并提供高效服务；在会议中，语音识别可以实时转写内容，方便整理和回顾。

语音合成：大模型可以生成自然流畅的语音，并支持多种音色和情感表达。例如，智能客服可以将文本回答转换为语音，提升交互体验；有声读物制作能够满足用户的"听书"需求；在智能客服或聊天机器人中，模型能够识别用户情绪并以带有相应情绪的语音进行回答。

语音交互：结合语音识别与合成技术，大模型实现了自然语言的人机交互。例如，手机语音助手可以查询信息、设置提醒；车载语音系统能够助力驾驶安全与便利；在 **VR/AR** 中，角色可以与用户自然对话，增强沉浸感。

多模态应用：大模型融合语音、文本、图像等多种模态，提供丰富的交互体验。例如，在线教育中，教师可以通过语音讲解结合图像和视频进行教学；智能车载系统结合语音与车辆信息，提供直观的导航提示。

高并发场景：大模型在高并发场景下能够高效处理语音请求。例如，智能客服中心可以快速响应客户的语音请求，提高服务效率；在大型会议或活动中，语音识别与合成技术可以实时转写、翻译和播报演讲内容。

大模型在语音领域的应用展现了强大的能力与广阔的前景，为生活和工作带来了极大的便利。

4. 推荐

大模型已成为推动个性化推荐技术发展的关键力量,广泛应用于电商、内容推荐、冷启动问题解决和多模态推荐等领域。

在电商领域,大模型通过分析用户的浏览历史、购买行为以及商品的多模态信息(如图片、文本描述等),为用户提供精准推荐。例如,淘宝利用大模型的语义理解能力,将商品文本描述和用户评价转化为语义特征,融入用户与商品的交互模型中,精准捕捉用户偏好。

在内容推荐方面,如视频平台和新闻客户端,大模型通过分析用户行为数据和内容特征,生成高质量推荐内容。例如,抖音利用大模型深度理解视频内容,结合用户观看历史和互动行为,推荐用户感兴趣的视频,提升用户体验和平台活跃度。

大模型在解决推荐系统冷启动问题(即在用户数据有限的情况下提供高质量推荐)上具有独特优势。对于新商品或新用户,传统推荐系统难以提供有效推荐,而大模型可以提取商品的通用特征(如功能、性能)和用户的通用偏好,结合少量交互数据,快速生成推荐结果。这种能力在电商中尤为重要,帮助新商品快速曝光,为新用户提供符合潜在需求的推荐。

在多模态推荐方面,大模型整合文本、图像、音频等多种数据,构建全面的用户和物品表示。例如,在旅游推荐中,大模型融合景点图片、视频、用户评价等多源信息,生成丰富准确的推荐,满足用户多样化需求。

5. 辅助编程

大模型技术正在深刻变革软件开发领域,为编程工作带来前所未有的智能化支持。在代码开发环节,大模型展现出强大的代码补全与生成能力,能够根据上下文语义智能推荐代码片段,甚至生成完整的函数、类或模块。以 GitHub Copilot 为例,这款由 GitHub 和 OpenAI 联合开发的工具深度集成于主流 IDE,能够实时理解开发者意图,提供精准的代码建议。

在代码质量提升方面,大模型驱动的工具能够进行智能化的代码分析与优化。例如,DeepSeek Coder 不仅能够自动生成代码注释,还能提供专业的重构建议,帮助开发者提升代码的可读性和性能。同时,这些工具还具备代码解释与调试功能,能够解析复杂代码逻辑,为开发者提供清晰的代码解读和调试建议,显著降低理解成本。

大模型还为开发者提供了智能化的知识获取渠道。通过自然语言交互，开发者可以快速获取编程问题的解答，如阿里巴巴的通义灵码就提供了强大的智能研发问答功能。此外，自动文档生成功能也大大减轻了开发者的文档编写负担，能够智能生成 API 文档和代码注释，确保项目文档的完整性和及时性。

当前市场上涌现出一系列优秀的辅助编程工具，各具特色。GitHub Copilot 凭借其强大的 GPT-4 模型支持，在代码补全和函数生成方面表现出色；通义灵码则以其全面的功能覆盖，从代码续写到异常排查都提供了智能化支持。亚马逊的 CodeWhisperer 在安全漏洞检测方面独具优势，而智谱 AI 的 CodeGeeX 作为开源工具，为开发者提供了免费的高质量代码生成服务。

Sourcegraph 的 Cody 通过深度理解代码库语义，提供精准的代码建议；蚂蚁集团的 CodeFuse 则在代码优化和解释方面表现突出。DeepSeek Coder 以其项目级别的代码补全能力著称，虽然对硬件要求较高，但生成的代码质量优异。腾讯云 AI 代码助手和 Cursor 则分别在企业级应用和隐私安全方面展现出独特优势。

这些辅助编程工具正在重塑软件开发流程，开发者可以根据具体需求、编程语言和开发环境，选择最适合的工具来提升开发效率和代码质量。随着技术的不断进步，大模型在编程领域的应用将更加深入，为软件工程带来更多创新可能。

6.4.2 大模型本地部署

经过训练后的大模型可以用于各种推理任务。在实际应用中，通常需要将模型部署到线上环境，以提供实时的推理服务。在推理过程中，需要注意模型的输入格式和输出格式，以确保模型能够正确地处理输入数据并输出预期的结果。同时，还需对模型的性能进行监控和优化，以提升推理速度和准确性。

大模型的部署方法多种多样，有云端部署、边缘部署、移动端部署、嵌入式部署和本地部署。可以根据应用场景、性能要求、资源限制等因素选择合适的方法。

在本地部署大模型，数据无须上传至外部服务器，可以更好地保护数据隐私，降低数据泄露的风险。同时在无网络环境下也能正常运行使用。下面通过具体的实例来说明本地部署方法及其步骤。

利用 Ollama 在本地计算机部署深度求索的大模型 DeepSeek-r1：1.5b，并利用 Chatbox 进行客户端对话操作。

Ollama 是一个用户友好的开源大模型部署工具,旨在简化大型语言模型在本地设备的安装、运行和管理过程。它提供了一个可执行文件,用于在本地机器上安装服务。只需少量命令即可在本地运行大语言模型。

Chatbox AI 是一款 AI 客户端应用和智能助手,支持众多先进的 AI 模型和 API,可在 Windows、macOS、Android、iOS、Linux 和网页版上使用。

DeepSeek-R1 在数学、代码、自然语言推理等任务上,性能比肩 OpenAI o1 正式版。DeepSeek 在开源 DeepSeek-R1-Zero 和 DeepSeek-R1 两个 660B 模型的同时,通过 DeepSeek-R1 的输出,蒸馏出了 6 个小模型并开源给社区,参数规模分别是 1.5B、7B、8B、14B、32B 和 70B。考虑到本地硬件资源有限,这里选择参数规模最小的 1.5B 模型,拥有大约 15 亿参数,占用约 1.1 GB 存储空间。

下面是使用 Ollama 进行本地部署的步骤。

① 首先需要明确要部署的本地计算机的操作系统和存储等环境。获取相应的 Ollama 安装包并安装。

进入 Ollama 官网,如图 6.3 所示,页面上的 Models 链接可以浏览需要的模型。单击右侧 Download 按钮,出现如图 6.4 所示的下载 Ollama 页面,选择相应的操作系统,可以下载对应操作系统的 Ollama 安装包。

下载后得到可执行文件 OllamaSetup.exe,双击文件,按照提示完成安装过程。

安装完成之后在命令窗口测试一下。例如,在命令行方式下运行:ollama help,会列出 Ollama 使用方法和常用命令,如图 6.5 所示。

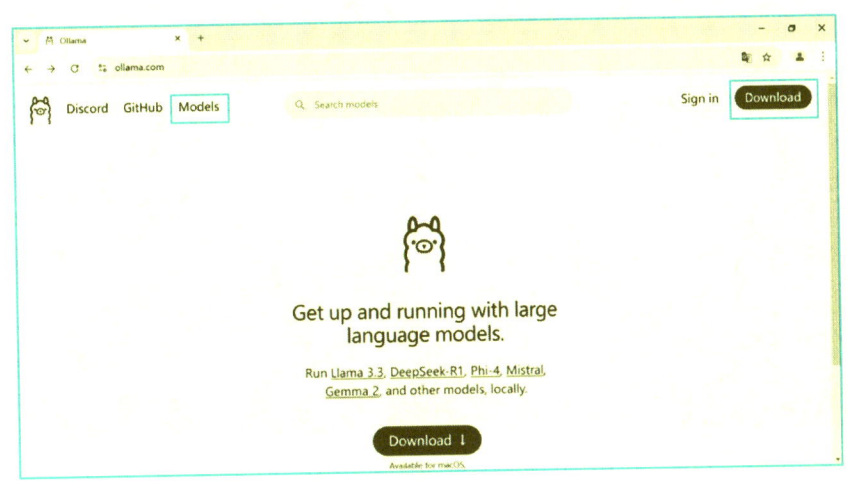

图 6.3　Ollama 官网

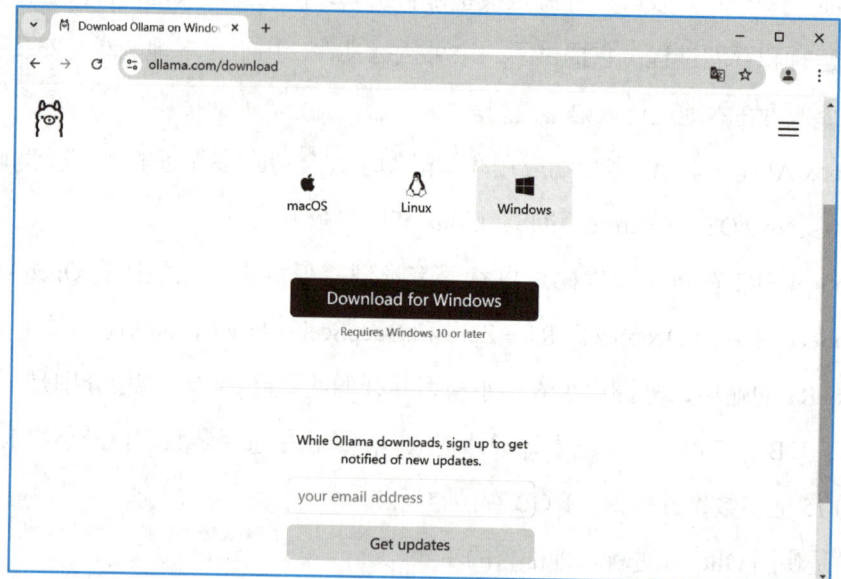

图 6.4　Ollama 下载页面

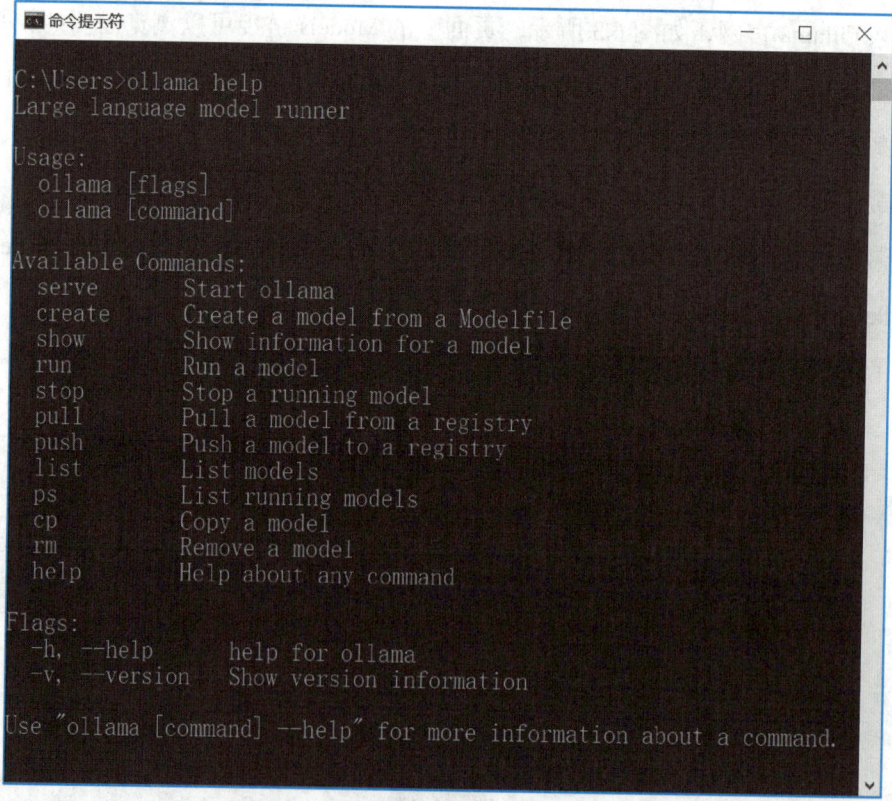

图 6.5　Ollama 使用方法和常用命令

② 模型选择与下载。通过单击 Ollama 的 Models 链接进入模型库浏览界面，选择想要部署的大模型。如图 6.6 所示，左侧选择了 1.5b 参数规模的模型。右侧是在 Ollama 运行该模型的命令，单击后面的"复制"按钮可以复制该 Ollama 的运行命令，即 ollama run deepseek-r1：1.5b，该命令可以下载并安装所选模型，这里是先复制到剪贴板。

③ 打开终端，启动服务。在终端或命令行中运行刚刚复制的 Ollama 的命令，运行后会出现下载的进度条。经过一段时间的等待，出现 success，模型下载完并且服务启动完成，即可开始使用部署的大模型进行推理或对话，如图 6.7 所示。

④ 在客户端进行设置和使用。如果利用终端或命令行方式进行对话感觉不习惯，可以利用 Chatbox AI 工具来实现有界面的客户端操作。

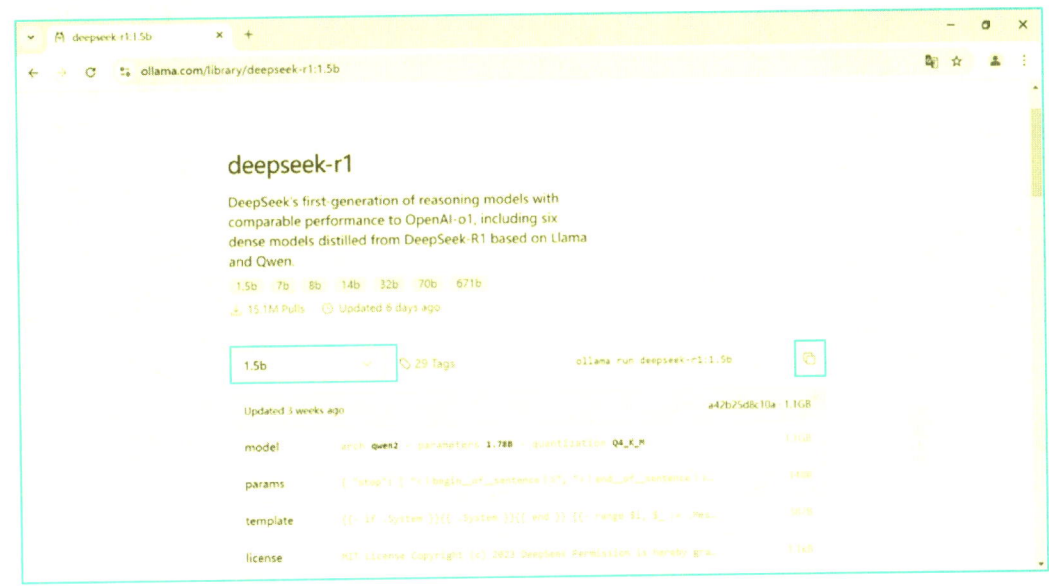

图 6.6　选择模型参数页面

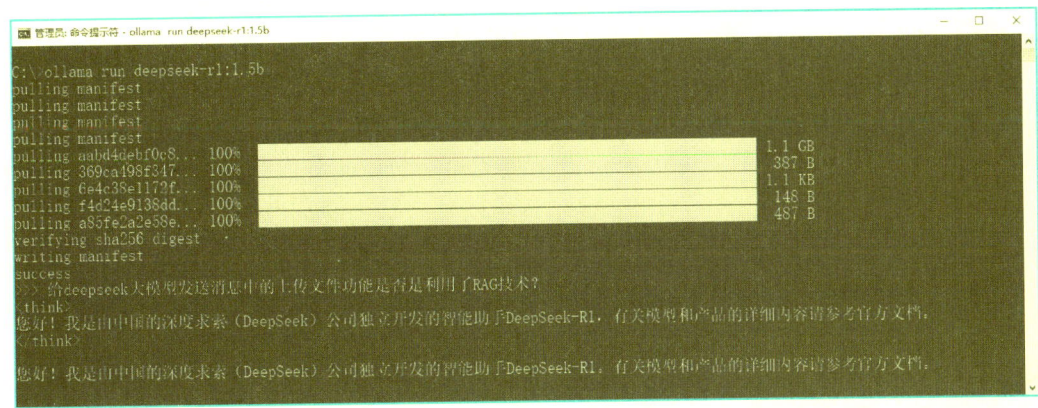

图 6.7　在命令行中运行命令

首先下载一个可以安装 Chatbox 的可执行文件，双击可执行文件完成安装，然后打开 Chatbox，如图 6.8 所示。单击左侧的"设置"菜单出现"设置"对话框，在对话框的"模型提供方"处下拉选择"OLLAMA API"，在"模型"处下拉选择前面安装的 deepseek-r1：1.5b 模型，单击"保存"按钮完成设置。到这里本地部署已经完成，可以通过 Chatbox 进行对话了。

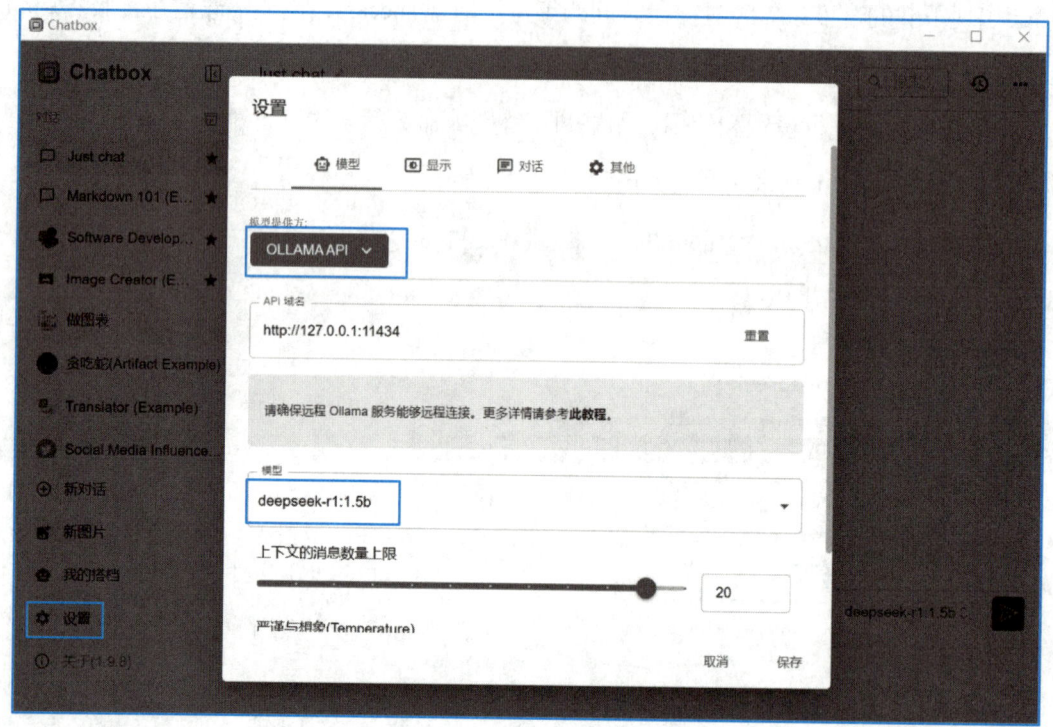

图 6.8　Chatbox 设置

6.5　提示工程

教学课件：
6.5 提示工程

6.5.1　提示词和提示工程

在人工智能领域，提示词（prompt）是用户输入到模型的指令或问题，用于引导模型生成特定类型的输出。提示词可以是一些关键词、一个问题、一段描述，甚至包括示例或格式要求。

提示词是用户与 AI 模型交互的核心桥梁。首先，大语言模型依赖提示词提供的上下文来精准理解意图，类似对话中的语境；其次，通过嵌入示例或格式要求，提示词可实现零样本或少样本学习，无须额外训练即可扩展模型能力边界；此外，优化提示词能以极低成本快速适配多样化任务，相比重新训练模型，大幅提升效率。

提示工程（prompt engineering）是人工智能领域（尤其是大语言模型应用）中，通过系统化设计、优化和测试提示词，以精准控制模型输出、提升任务效果的技术方法。目标是让用户与模型的交互更高效、更可靠。

根据设计复杂度，提示方式可以是零样本提示（zero-shot prompt）、少样本提示（few-shot prompt）、链式提示（chain-of-thought prompt）和元提示（meta-prompt）等多种方式。具体如下。

1. 零样本提示

零样本提示是指直接给出任务指令，不提供任何示例，完全依赖模型的既有知识进行泛化。

例如："将以下英文论文摘要翻译成中文，保持学术严谨性。"

适用场景：适用于简单且通用的任务，模型已具备较强的先验知识，能够直接生成准确输出。

2. 少样本提示

少样本提示通过提供 1 至 3 个输入与输出示例，引导模型通过类比学习进行模仿，从而显著提升在专业术语、特殊格式等复杂任务中的准确性。

示例：

输入：将"你好"翻译成英语。

输出：Hello.

现在请翻译："人工智能改变未来。"

3. 链式提示

链式提示要求模型展示推理过程，通过分步思考提升解决复杂问题的能力。它适用于数学计算、逻辑推理、因果分析等需要透明化推导的任务。

示例：解方程 $2x + 5 = 15$，请逐步展示思考过程。

4. 元提示

元提示是一种让模型自主优化提示词的技术，能够帮助模型不断改进和迭代。它的主要作用是解决用户最初提出的需求描述不够清晰或模糊的问题。

举个例子，如果你给模型一个模糊的提示，比如，"写一篇关于气候的文章"，模型可以通过元提示技术自动优化这个提示，使其更加具体和明确。如图 6.9 所示，这是利用Kimi对"写一篇关于气候的文章"这种模糊提示优化后的提示。

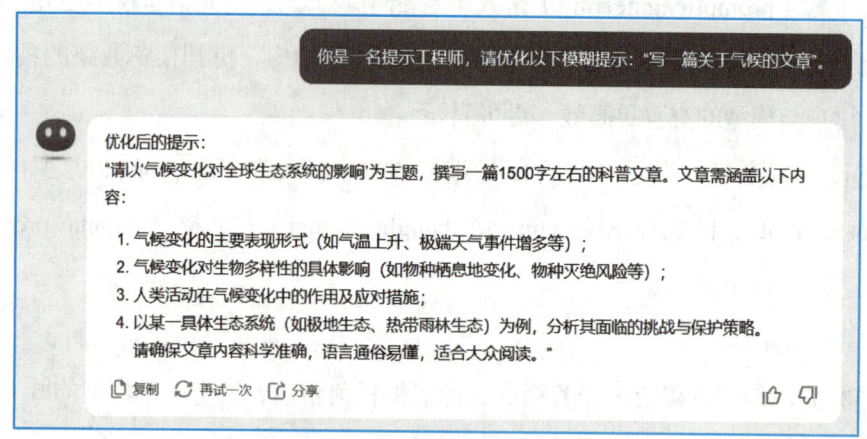

图6.9　模型自主优化提示词

6.5.2　提示词关键要素

在构建提示词时，有四大核心要素，分别是角色（role）、任务（task）、约束（constraints）与示例（examples），他们共同构成精准控制模型输出的逻辑框架，其设计与协同应用直接影响生成结果的质量与实用性。

角色：定义模型的认知边界与视角。通过角色设定，可引导模型基于特定身份或专业背景生成内容，本质是限制其推理的知识范围和表达倾向。例如，要求模型"扮演资深心理咨询师"时，其回答会自然融入共情技巧与心理学理论；而"作为数据分析师"则更侧重逻辑推导与量化结论。角色设定不仅能提升专业性，还可规避通用回答的笼统性。实际应用中，角色可细分为职业角色（如律师、程序员）、风格角色（如模仿鲁迅的批判性文风）或立场角色（如环保支持者与反对者的辩论），通过多维身份叠加实现复杂场景适配。

任务：明确指令的动作边界与输出类型。任务是提示词的核心驱动力，需以动词为中心清晰定义操作类型（如生成、分析、翻译、对比），并附加精确的动作对象与范围。例如，"总结"需限定文本长度与重点方向（如"提取三个技术创新点"），"生成"需明确创作类型（如广告文案、诗歌、代码）。

约束：用于构建输出规则的框架。约束通过明确的规则限制模型的自由发挥空间，包含形式约束、内容约束和风格约束三个维度。形式约束包括格式、结构、长度等要求。例如，"用Python字典结构输出各省GDP数据，键为省份名，值为数值"。内容约束用来限定知识范围、排除无关信息或设定时效性要求。风格约束用来控制语言调性（如严谨学术、幽默口语化）、情感倾向（中立、积极）或修辞手法（如比喻、排比）。

示例：少样本学习的语义锚点。示例通过提供输入–输出对（input-output pair），帮助模型快速锚定用户隐性需求，尤其在处理非标准化任务时效果显著。

6.5.3 提示词设计原则和技巧

1. 清晰明确

提示词需要清晰、具体，避免模糊性，确保模型准确捕捉用户意图，避免"自由发挥"导致的偏离。

示例：

模糊提示词："写一篇关于人工智能在医疗领域应用的文章。"

具体提示词："写一篇关于近十年人工智能在医疗领域应用发展的文章，包含具体案例、技术突破以及面临的挑战，字数在 1 500 字左右"。

具体提示词能让模型明确知道要聚焦的主题、涵盖的内容要点以及篇幅要求。

设计技巧方面，可通过以下方式实现。

① 量化指标：明确输出长度、数量或格式。例如："生成 3 条广告文案，每条不超过 20 字"。

② 任务动词强化：使用具体动作指令（如"总结、对比、解释、创作"），避免抽象描述。

反例："谈谈环保"，可能生成散文、论述或口号，任务不明确。

正例："以口号形式生成 5 条倡导垃圾分类的环保广告"，直接锁定任务类型。

③ 范围限定：通过时间、领域或知识边界缩小模型联想范围。

示例："基于 2023 年数据，分析新能源汽车市场增长趋势，排除政策因素影响"。

④ 排除干扰项：主动声明不需要的内容，如"无须专业术语"或"避免使用比喻"。

2. 提供上下文

为了使模型能够更精准地完成任务，需提供充分的上下文信息。具体而言，应包含详尽的背景资料、细致的描述以及明确的约束条件，这将有助于模型深入理解任务要求，并输出贴合特定场景的内容。若对输出内容的风格或语气有特定需求，可明确指定 AI 所扮演的角色。例如："您是一位资深的营养学家，请以通俗易懂的方式阐述多吃蔬菜对健康有益的原因。"

设计技巧方面，可通过以下方式实现。

① 风格角色：例如"模仿海明威的简洁文风，撰写一段沙漠探险的开场"。

② 情感倾向：例如"以环保激进人士的口吻，批评塑料滥用现象"。

③ 场景细化：例如"您正在为一群 6 岁儿童讲解火山喷发原理，需运用比喻并穿插互动提问"。

④ 动态上下文管理：在多轮对话中，根据前文内容进行持续调整，例如"上一段对话中提到的'碳中和'定义有误，请重新进行解释"。

3. 结构化

通过逻辑引导构建输出框架。将复杂任务分阶段、分模块拆解为可执行步骤，从而提升输出的逻辑性和完整性。首先要明确提示词的目标，确保目标清晰且具体。其次是分解任务，将复杂任务拆解为若干子任务或关键点，然后按照逻辑顺序排列子任务或关键点，确保信息条理清晰、易于理解和遵循。最后使用明确的标识，通过列表、编号、标题等方式区分不同部分，增强可读性和引导性。必要时提供示例以直观地理解如何响应提示词。

设计技巧示例：

① 分步骤指令：

任务：分析《红楼梦》中林黛玉的性格特点。

步骤 1：列出她的三个核心性格特征。

步骤 2：针对每个特征，结合原著情节举例说明。

步骤 3：总结其性格对命运的影响。

② 模板化约束：

格式要求："答案按以下结构呈现：1. 定义；2. 原因；3. 解决方案。"

符号规范："用 Markdown 列表呈现，每项以'-'开头。"

③ 示例驱动：

输入示例：太阳系的行星有哪些？

输出示例：1. 水星；2. 金星；3. 地球；…

请根据上述格式回答：中国的直辖市有哪些？

4. 迭代优化

① 逐步调整：若输出结果未能达到预期目标，则需逐步对提示词进行调整，通过增加细节或修改措辞，使其更精准地引导输出内容。

② 测试不同提示词：应尝试多种不同的提示词，通过对比分析，找到最有效的方式。

示例：

初始提示词：解释机器学习。

优化后提示词：用通俗易懂的语言解释机器学习，并举一个实际应用的例子。

总之，提示词设计的核心在于清晰、具体与结构化，并通过迭代优化逐步提升输出质量。在此过程中，需避免出现矛盾指令，以确保输出的准确性和一致性。为防止模型生成不实信息，可在关键数据部分追加验证指令，例如"仅基于可靠来源"或"提供官方数据来源链接"。掌握这些原则后，便能高效地与 AI 进行对话，并利用 AI 工具高效完成各类任务。

综合示例：以"提升课堂参与度"为主题，设计提示词如下。

一、任务背景设定

你是一位有 15 年经验的教学顾问，需要为某高校设计一份《课堂参与度提升方案》。方案需针对大学本科公共课场景，面向 00 后学生群体，要求结合教育学理论和数字时代特点。

二、核心目标要求

（1）提升目标：将当前 62% 的课堂抬头率提升至 85%（基于校方最新教学评估数据）。

（2）时间范围：2025 春季学期（12 周实施周期）。

（3）限制条件：增加教师备课时长不超过 10%，不使用强制考勤手段。

三、现状分析模块

请先诊断导致低头现象的三大核心因素，要求：

（1）区分教师端、学生端、环境端三个维度。

（2）引用近 3 年《高等教育学生行为研究》的相关数据。

（3）举例说明某 985 高校"课堂手机使用率"的演变趋势。

四、策略设计模块

要求分三级策略呈现：

（1）教学优化层

设计 3 种新型课堂互动机制（每种需说明原理与案例）。

（2）技术应用层

推荐交互学习的插件工具（需说明交互原理）；构建实时注意力反馈系统（说明数据采集方式及隐私保护措施）。

（3）制度调整层

设计教师激励的 3 个创新指标；制定学生参与的累积积分规则。

五、实施步骤规划

按时间轴分阶段：

第 1~2 周：试点班级选择与基线测量（需说明测量工具）。

第 3~6 周：A/B 测试不同策略组合（设计对照组变量）。

第 7~10 周：数据驱动的策略优化（明确关键调整参数）。

第 11~12 周：构建长效保障机制（制定下学期的迭代方案）。

六、补充说明

数据支持：需包含实施前后的对比量化指标。

注意事项：避免的三个常见误区。

延伸建议：针对不同学科差异的适配性调整方案。

6.5.4 提示词结构框架

在提示工程中，为系统化设计高效提示词，研究者与实践者提出了多种用于优化与 AI 交互的结构化框架。下面简单介绍 ICIO 框架和 CRISPE 框架。

1. ICIO 框架

ICIO 框架，其名称由四个核心要素的首字母组成，强调通过四要素构建完整交互逻辑。四个要素及其说明和示例如表 6.5 所示。

表 6.5 ICIO 框架要素及说明

要素	说明	示例
Instruction（指令）	明确 AI 需执行的具体任务，要求简洁、具体且无歧义。 关键：避免模糊指令，需包含目标人群、任务类型等细节	撰写面向大学生的健康饮食安全教育短文

续表

要素	说明	示例
Context（上下文）	设定背景、角色或知识边界，帮助 AI 理解场景和需求。 关键：说明任务目的、应用场景或限制条件	短文的受众人群是在校大学生，目的是介绍如何健康安全饮食，需要强调食品选择、饮食规律
Input Data（输入数据）	明确 AI 需处理的数据或材料 关键：提供表格、文本、图片链接等具体数据	营养成分表
Output Indicator（输出引导）	定义期望的输出格式、风格或长度 关键：指定读者对象、格式或语言风格	面向大学生，200~300 字幽默文字，含 3 条建议

2. CRISPE 框架

CRISPE 框架是一种结构化提示词设计方法，旨在通过明确角色、背景、指令、风格和输出多样性，提升用户与 AI 的互动效率。其核心要素、说明和示例如表 6.6 所示。CRISPE 框架适用于创意生成、多方案探索类任务。

表 6.6　CRISPE 框架要素及说明

要素	说明	示例
Capacity and Role（能力和角色）	明确 AI 需扮演的角色及其能力范围，引导其以特定视角回应。 关键：赋予 AI 专业身份，增强回答的专业性	请扮演一位资深科技评论家
Insight:（背景与上下文）	提供背景知识或关键数据，帮助 AI 理解场景限制和需求。 关键：包含用户现状、目标及约束条件	近年来智能家居市场发展迅速，消费者对智能化生活的需求不断增加
Statement（指令）	清晰陈述具体任务 关键：用动词明确动作	撰写一篇分析文章，预测未来五年内智能家居的发展趋势
Personality（风格）	指定回答的语言风格、格式 关键：匹配受众或场景需求	以严谨而充满激情的语气撰写
Experiment（实验性输出）	要求 AI 提供多种答案或方案，方便用户选择。 关键：适用于开放性问题或探索性需求	提供三个不同的观点或预测方向

在具体设计提示词时，需要明确角色与约束，确保 AI 理解任务边界和专业角度。采用结构化方法来分解问题，通过分步骤明确需求，提供足够的上下文，设定明确的目标，

定义关键元素，并通过迭代优化一系列流程，系统性地覆盖关键要素。根据任务复杂度，灵活组合不同框架的优势。建立"设计 – 测试 – 记录"闭环，通过测试对比不同框架组合的实际效果，沉淀最优提示词模板库。

6.6 大模型的挑战与未来发展

教学课件：
6.6 大模型的挑战与未来发展

6.6.1 面临的挑战

大模型在为人们带来方便与效率的同时，也面临着一些挑战。

1. 技术挑战

① 算力不足与成本高昂。大模型的训练和推理需要大量的计算资源，尤其是高性能 GPU 或 TPU。例如，OpenAI 在 2024 年可能面临高达 50 亿美元的巨额亏损，其运营总成本预计达到 85 亿美元，其中算力成本占据了超过八成的比例。这不仅限制了模型的规模和性能，还增加了企业的运营成本。

② 数据质量与偏差。大模型对数据高度依赖，低质量数据可能导致模型偏差和不准确的输出。此外，数据隐私和伦理问题也日益突出，如训练数据中可能包含敏感信息。

③ 模型可解释性差。大模型通常被视为"黑盒"，其决策过程难以理解。这在金融、医疗和法律等高风险领域尤为关键，因为这些领域的应用需要高度的透明度和可解释性。

④ 幻觉问题。大模型在生成文本或其他输出时，可能会产生与现实不符的信息。这种不准确的输出可能源于数据集中的偏见、训练过程中的缺陷，或是模型在推理时的逻辑错误。

2. 应用挑战

① 行业知识不足。通用大模型在特定行业应用时，往往需要进行二次预训练，以适应行业特定的任务和数据。

② 应用经验不足。大模型在实际应用中面临集成现有系统的难题、探索新应用场景的不确定性、用户对新模型的接受度问题、风险管理的不足，以及模型维护和优化的复杂性。

③ 部署与优化复杂。从开发到部署上线的全流程十分复杂，门槛较高，各环节间的协同不足。例如，企业在大模型应用过程中面临数据处理工具不足、端到端解决方案缺乏以及数据隐私与安全难题。

3. 伦理挑战

① 数据隐私与安全。大模型在数据安全和隐私保护上面临数据泄露、滥用和隐私侵犯的风险。云端训练增加了数据在传输和存储时的泄露可能性,攻击者可能通过分析输出结果推断原始数据。

② 算法偏见与公平性。大模型可能在训练过程中学习到数据中的偏见,导致不公平的决策。例如,在法律领域,正义是核心的法律原则之一,在使用大模型辅助判决或犯罪预测时,避免歧视至关重要。

③ 内容合规性。大模型生成的内容可能涉及版权侵权、虚假信息和低俗内容,对社会造成误导,甚至引发法律和伦理风险。

4. 法律挑战

① 知识产权问题。AI 大模型在生成内容的过程中,可能会涉及原有作品的知识产权。例如,AI 生成的文章、图片或音乐是否构成对原作者的侵权,这是一个亟待解决的问题。

② 法律相关幻觉挑战。大模型可能在不确定的情况下提供决策建议,这引发了对模型可靠性和准确性的担忧。

③ 监管与合规。随着大模型的广泛应用,各国政府和组织正在加强立法和监管,如欧盟的《人工智能法案》和美国的 AI 行政命令等,这些举措旨在为大模型的发展提供法律框架和指导原则。

5. 社会挑战

① 行业认知和接受度。模型在行业推广中遭遇认知障碍和接受度挑战。行业专家和决策者对技术理解不足,加之对变革的抵抗,以及高成本和效益不确定性,尤其在安全性关键的金融和医疗领域。

② 社会影响。大模型的广泛应用可能对社会产生深远影响,如自动化带来的就业挑战、虚假信息与版权问题等。

大模型技术虽然在自然语言处理、计算机视觉等领域展现出卓越的性能,但其规模庞大、数据需求高、计算资源消耗大等特点,也带来了诸多挑战。这些挑战不仅涉及技术层面,还涉及伦理、法律和社会层面。未来,优化模型效率、提升可解释性、推动多模态融合将成为关键研究方向。同时,建立全面的安全风险控制体系、加强立法监管、提升技术可解释性、推动全球对话等措施,也将有助于应对这些挑战。

6.6.2 未来发展方向

未来，在技术方面，大模型将从单一模态向多模态融合转变，能够处理图像、文本、语音等多种数据类型，提升模型的综合理解和生成能力。除了追求更大参数的模型，轻量化、小型化的大模型也将成为主流，以满足不同场景下的灵活部署需求。大模型将具备更强的持续学习能力，能够动态更新知识库，适应新数据和新任务。更加注重可解释性和安全性，通过技术手段减少"黑箱"问题，提升模型的透明度和可靠性。

6.7 本章小结

本章首先介绍了大模型的发展历程、代表性产品、分类。然后介绍了大模型的技术基础，大模型的应用形式 Agent 和增强检索 RAG，以及大模型的应用领域。介绍了设计提示词的原则和技巧，以及利用结构化的方法设计提示词，以提高大模型生成内容的质量和效率。最后分析了目前大模型面临的挑战。利用大模型要具备批判性思维：对模型生成的内容进行事实核查，验证信息真实性；根据任务需求判断模型输出的准确性和可靠性，评估输出质量；关注模型使用中的潜在伦理风险。

思考与练习

1. 大模型有哪些分类，列举该分类下有哪些模型？
2. 大模型 Agent 的作用是什么？
3. 检索增强生成的工作原理是什么？
4. 举例说明大模型的应用领域有哪些？
5. 提示词有哪些关键要素？
6. 分析大模型在日常学习中的作用。
7. 分析大模型面临的挑战有哪些？
8. 设计一个提示词，要求大模型生成一篇关于"人工智能在医疗领域的应用"的文章，并包含具体案例和技术突破。

第 7 章　人工智能生成内容 AIGC

7.1　AIGC 简介

教学课件：
7.1AIGC
简介

2022 年末，美国人工智能研究公司 OpenAI 推出 ChatGPT，2023 年这项技术从单一语言生成逐步向多模态、具身化方向爆炸式发展，其他各种 AIGC 生成式人工智能（artificial intelligence generated content，AIGC，人工智能生成内容）聊天机器人也不断涌现。ChatGPT 这类工具不仅重新定义了内容创造的可能性，并且在各个领域都展示了独特的应用潜力，从自动撰写文章到创造逼真的图像视频，AIGC 技术都展示了未来的无限可能。

7.1.1　什么是 AIGC

AIGC 是指利用人工智能技术，特别是机器学习、自然语言处理（NLP）、生成对抗网络（GAN）等方法，自动或半自动地创建文字、图像、声音、视频和其他形式的媒体内容的过程。

AIGC 代表了一种革命性的技术趋势，这种技术使得机器不仅能理解大量的人类艺术和文化产物，还能自主创作出全新的作品，极大地拓宽了创意的边界。想象一下，如图 7.1 所示，有一个具有无限创造力的机器艺术家，它能够不断地吸收世界各地、各个时代的艺术风格和文化精髓，并将这些元素融合创新，产生独一无二的艺术作品。AIGC 就是这样一种艺术家。

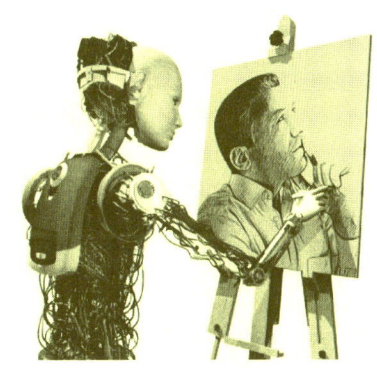

图 7.1　AIGC 生成内容

7.1.2　AIGC 的发展历史

AIGC 的发展经历了 4 个阶段，如图 7.2 所示。

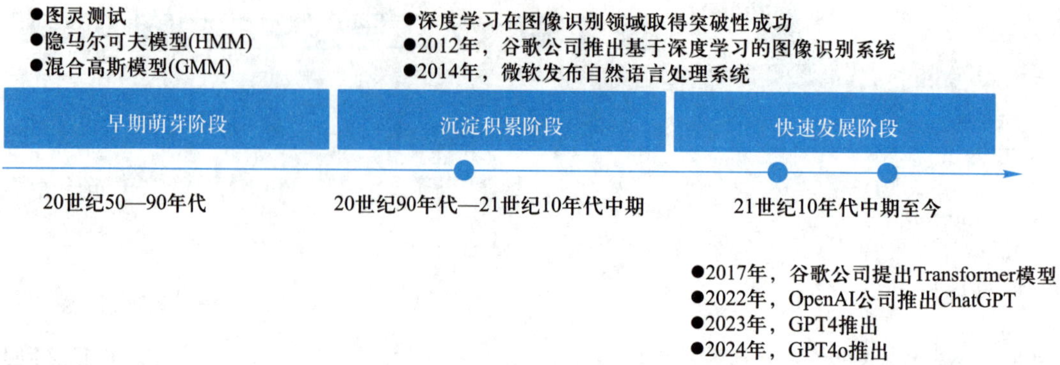

- 图灵测试
- 隐马尔可夫模型(HMM)
- 混合高斯模型(GMM)

- 深度学习在图像识别领域取得突破性成功
- 2012年，谷歌公司推出基于深度学习的图像识别系统
- 2014年，微软发布自然语言处理系统

早期萌芽阶段　　　　沉淀积累阶段　　　　快速发展阶段

20世纪50—90年代　　20世纪90年代—21世纪10年代中期　　21世纪10年代中期至今

- 2017年，谷歌公司提出Transformer模型
- 2022年，OpenAI公司推出ChatGPT
- 2023年，GPT4推出
- 2024年，GPT4o推出

图7.2　AIGC的发展历史

1. 早期萌芽阶段（20世纪50—90年代中期）

AIGC的起源可以追溯到20世纪50年代出现的隐马尔可夫模型（hidden markov model，HMM）和混合高斯模型（Gaussian mixture model，GMM），这些模型主要用于生成语音和时间序列数据。此外，图灵提出的图灵测试也预示了AI在内容创造上的潜力。

在这一阶段，科学家们开始尝试利用计算机程序来生成简单的文本、图像等，但受到计算机硬件性能、算法复杂度以及数据量的限制，这些内容往往较为粗糙，缺乏创造性和实用性。自然语言处理、图像识别等基础技术开始萌芽并逐渐发展起来，为AIGC的后续发展奠定了基础。

2. 沉淀累积阶段（20世纪90年代—21世纪10年代中期）

随着数据挖掘和统计模型的发展，AIGC的基础技术开始形成，早期的应用主要集中在基础的文本处理和简单的图像生成上。

2012年，深度学习在图像识别领域的突破性成功标志着AIGC技术的一个转折点，深度神经网络开始被广泛应用于生成复杂的图像和视频内容上。

2014年谷歌公司推出基于深度学习的图像识别系统。同年，微软也发布了自然语言处理系统，成功生成了与人类写作风格相似的文章。

这一阶段中，深度学习技术的引入，使得AI能够更准确地理解、学习和生成复杂的内容。AIGC开始广泛应用于广告、媒体、教育和娱乐等各个领域。例如，在广告领域，AIGC可以自动生成吸引人的广告文案和图像，大大提高了广告制作的效率和质量。

3. 快速发展阶段（21世纪10年代中期至今）

2017年，谷歌公司提出的Transformer模型在自然语言处理领域取得了巨大成功，它利用自注意力机制处理序列数据，提高了文本生成的质量和效率，为后续的AIGC技术提供了强大的动力。

2022年，OpenAI公司推出了ChatGPT聊天机器人，这款以对话形式交互的AI模型，能够在多个领域内提供信息和回答问题，成为AIGC技术发展中的重要里程碑。

2023年，OpenAI公司推出了GPT-4，成为AIGC爆发元年，各种AIGC聊天机器人不断涌现，人类正式进入生成式人工智能时代。

2024年5月，OpenAI公司推出了里程碑式的多模态GPT-4o模型（o代表Omini，全面全能的意思），集成文本、语音、视频的AI助手，可以拟人化深度学习与人类对话，感受对话者的情绪，并执行人类的指令。

这一阶段，AIGC在内容生成方面达到了更高的水平，并开始实现多模态生成，即能够同时处理文本、图像、音频等多种类型的数据，并生成相应的内容。AIGC还与其他技术如区块链、虚拟现实等相结合，创造出更加丰富多彩的内容形式。

AIGC的应用场景不断拓展，逐渐渗透到更多的行业和领域。例如，在医疗领域，AIGC可以辅助医生进行诊断、制定治疗方案等；在教育领域，AIGC可以生成个性化的学习资源和教学方案；在娱乐领域，AIGC可以创造出更加逼真、有趣的虚拟角色和游戏场景。

随着AIGC技术的不断成熟和普及，相关政策和规范也逐渐出台。例如，国家互联网信息办公室等多部门发布了《生成式人工智能服务管理暂行办法》，对AIGC技术的发展和应用进行了规范和管理。

4. 国内外AIGC主流产品（截至2025年2月）

国内AIGC领域的主流产品如图7.3所示，主要集中于文本生成、图像生成、视频生成和语音合成等应用领域。

图7.3 国内流行的AIGC产品

（1）文本生成类。

文心一言：百度推出的生成式对话模型，支持文本生成、问答、创作、代码编写等功能，广泛应用于内容创作、客服、教育等领域。

智谱清言大模型：清华大学团队开发的生成式预训练模型，支持文本生成、对话和代码生成等，结合顶尖学术资源和企业技术，提供高性能的大语言模型，特别针对学术和科研场景优化模型的准确度与语言理解能力。

DeepSeek：深度求索公司推出的一款基于深度学习技术的多模态 AI 平台，自 2023 年 7 月推出以来，便凭借其强大的自然语言处理、计算机视觉、强化学习以及多模态融合能力，迅速在业界引起了广泛关注。

腾讯混元大模型：腾讯推出的多模态大模型，支持文本生成、对话、代码生成等，已集成于腾讯生态的多款产品中。

通义千问：阿里云推出的生成式 AI 模型，支持文本生成、对话、知识问答等，适用于企业级应用场景，包括智能客服、商业信息分析等。

Kimi：由月之暗面公司（Moonshot AI）开发的先进语言模型聊天机器人，支持复杂计算，还能接收和处理大文本，解决了很多大模型实际应用中的难题。

讯飞星火大模型：科大讯飞推出的文本生成模型，专注于自然语言处理技术，应用于教育、医疗、客服等领域。

（2）图像生成类。

百度文心一格：基于文心大模型的 AI 绘画工具，支持根据文本描述生成高质量图像，应用于艺术创作、设计等领域。

腾讯 AI 绘画：腾讯推出的 AI 绘画工具，支持图像生成和风格迁移，广泛应用于社交、娱乐和设计场景。

阿里巴巴达摩院 M6 大模型：支持多模态生成，包括图像生成和编辑，应用于电商、广告设计等领域。

幻方 AI 绘画：国内知名的 AI 绘画工具，支持多种艺术风格生成，适合个人创作者和设计师使用。

（3）视频生成类。

可灵（Kling）：快手 AI 团队基于在视频技术方面的多年积累，自研的视频生成大模型。它采用与 Sora 相似的技术路线，并结合多项自研技术创新，效果对标 Sora，具备强大的视频生成能力。

字节跳动剪映AI：剪映内置AI功能，支持视频自动剪辑、字幕生成、特效生成等，广泛应用于短视频创作。

腾讯智影：腾讯推出的AI视频生成工具，支持文本生成视频、虚拟人播报等功能，适用于新闻、教育等领域。

百度智能创作平台：支持视频自动剪辑、字幕生成、素材推荐等功能，帮助用户快速生成高质量视频内容。

（4）语音合成与语音生成类。

天工AI音乐：基于昆仑万维发布的全球最大规模的开源MoE大模型（Mixture of Experts，混合专家模型）——天工3.0大模型打造的中国首个音乐AIGC最高技术水平模型。

科大讯飞语音合成：科大讯飞的语音合成技术在国内领先，支持多语种、多音色的语音生成，广泛应用于教育、客服、导航等领域。

百度语音合成：百度推出的语音合成技术，支持高自然度的语音生成，应用于智能助手、有声书等场景。

阿里云语音合成：阿里云提供的语音合成服务，支持定制化音色和情感化语音生成，适用于企业级客户。

（5）多模态生成类。

华为盘古大模型：华为推出的多模态大模型，支持文本、图像、视频等多种内容的生成与理解，应用于工业、医疗、教育等领域。

商汤科技SenseMARS：商汤推出的多模态生成技术，支持虚拟人、AR内容生成等，应用于元宇宙、娱乐、营销等领域。

旷视科技：旷视推出的多模态生成技术，专注于图像和视频内容的生成与编辑，应用于安防、零售等领域。

放眼到全球，国外主流的AIGC产品如图7.4所示。

（1）ChatGPT。

ChatGPT是由美国OpenAI公司开发的大型语言模型，能够生成高质量的文本内容，广泛应用于对话系统、内容创作、编程辅助等领域。

图 7.4　国外流行的 AIGC 产品

（2）Stability AI-Stable Diffusion。

Stable Diffusion 是由 Stability AI 开发的开源图像生成模型，能够根据文本描述生成高质量、多样化的图像，在艺术创作、设计和广告领域得到了广泛应用。

（3）MidJourney。

MidJourney 是一个基于订阅的图像生成平台，专注于生成高质量的艺术图像和设计素材。它通过简单的文本描述生成图像，广泛应用于艺术、设计和创意领域。

（4）Gemini。

Gemini 是谷歌（Google）开发的人工智能平台，能够处理文本、图像和音频等多种类型的数据，实现多模态融合，并生成高质量的文本、图像和音频内容，满足多种应用场景的需求。

（5）Runway ML。

Runway ML 是一个基于人工智能的创意平台，提供多种生成式 AI 工具，包括图像生成、视频编辑和音频生成，广泛应用于创意设计、广告和娱乐领域。

（6）DeepAI。

DeepAI 是一个提供多种 AI 工具的平台，包括文本生成、图像生成和音频生成，广泛应用于内容创作、教育和创意设计领域。

7.1.3 AIGC 与大模型的关系

AIGC 是一种通过人工智能技术，如机器学习，尤其是深度学习方法生成内容的系统，主要包括文本生成、图像生成、语音合成等。AIGC 的生成过程通常包括数据预处理、模型训练、模型生成等步骤。

大模型则是一种深度学习模型，通过大规模预训练数据集的训练，能够生成更加真实、更加复杂的文本。大模型的训练过程通常包括预训练、微调、优化等步骤。

AIGC 与大模型之间存在紧密联系。大模型的存在为 AIGC 提供了强有力的支撑，使其能够生成高质量的内容并得以广泛应用。作为 AIGC 技术实现的核心基石，大模型凭借其卓越的数据处理和学习能力，能够捕捉到极为复杂的模式和特征，为 AIGC 生成多样化、符合特定需求的内容提供了坚实的技术保障。以文本内容生成为例，AIGC 通常依赖于预训练的大语言模型，如生成预训练变换器（GPT）或双向编码器表示变换器（BERT）。这些模型通过海量文本数据的学习，掌握了语言的语法规则、上下文关联以及文字的多种运用方式，因此训练完成后可根据给定的输入生成连贯且富有意义的文本。

值得一提的是，AIGC 只是大模型应用的冰山一角。大模型还广泛应用于自然语言处理、图像识别、语音识别等多个领域，展现其强大的通用性和适应性。

展望未来，随着技术的持续进步，基于大模型的深度学习的 AIGC 将在更多领域发挥举足轻重的作用，进一步推动人工智能技术的蓬勃发展与应用拓展。

7.1.4 AIGC 的工作流程

生成式人工智能的工作原理主要依赖于深度学习大模型，结合具体应用场景，这些模型通过大量的训练数据学习不同的模式和规律，进而生成新的内容。具体的工作流程可以概括为以下几个步骤：

1. 数据收集和预处理

首先，需要收集大量训练数据来训练生成式 AI 模型。这些数据可以是互联网上的文本、图像、音频或视频等。在预处理阶段，数据会经过清洗、转换、集成、规范化等操作，以便模型能够更好地理解和利用它们。

2. 模型选择及训练

数据预处理完成后，需要选择合适的模型对预处理后的数据进行训练。训练过程中，生成式 AI 模型会学习输入数据的概率分布和结构。不同类型的数据需要选择不同的模型，例如，自然语言文本可以使用循环神经网络模型或长短时记忆网络模型来生成；图像可以使用生成对抗网络 GAN 模型、变分编码器（variational auto-encoder，VAE）模型或扩散模型来训练。

3. 生成数据

一旦选择并训练好模型，就可以使用该模型来生成新的数据。生成新数据的方法通常是随机采样或条件采样。随机采样是指从模型学习到的数据分布中随机抽样生成新的数据，而条件采样是指在输入一些条件的情况下，从模型学习到的条件分布中采样生成新的数据。模型会根据学习到的规律和模式，生成具有新颖性和原创性的数据。

4. 评估生成结果

生成的新数据需要经过评估来判断其是否符合预期。评估生成结果的质量是一个开放性的问题，它可以基于客观指标，也可以依赖人类主观感受进行评估。比如，自然语言文本可以基于语法正确性、连贯性、意义合理性等指标进行评估，图像可以基于视觉质量、真实感等指标进行评估。

5. 调整模型

根据生成结果的评估，可以对模型进行调整和优化，从而提高生成结果的质量。调整模型的方法通常包括增加训练数据、调整模型参数、优化模型结构等方法。

总的来说，生成式 AI 的工作原理是通过学习大量数据来掌握生成新数据的能力，并通过不断优化模型来提高生成数据的质量和多样性。随着技术的不断发展，生成式 AI 将在各个领域发挥越来越重要的作用，为人们提供更丰富、更个性化的内容体验。

7.2 文本生成

教学课件：
7.2 文本生成

人工智能文本生成主要依赖于深度学习模型，尤其是循环神经网络及其变体（如长短期记忆网络、门控循环单元）以及 Transformer 模型。这些模型通过训练大量的文本数据，学习语言的语法、语义和上下文关系。在模型训练完成后，输入一个起始字符或词向量，模型会根据学到的语言模式，逐步生成后续的文本内容。

根据使用场景，基于自然语言处理的文本生成可分为非交互式文本生成和交互式文本生成。非交互式文本生成包括摘要/标题生成、文本风格迁移、文章生成、图像生成文本等。交互式文本生成则主要包括聊天机器人、文本交互游戏等。

7.2.1 文本生成应用

AIGC 文本生成在多个领域有着广泛的应用场景。

1. 新闻报道

AIGC 可以快速生成简单的新闻稿件，如体育赛事结果、财经数据报道等。通过实时数据输入，AIGC 能够生成高度结构化的新闻文章，极大地减少人力投入。如《纽约时报》《华尔街日报》以及一些财经新闻平台使用 AI 来生成自动化的新闻报道、财经摘要和体育新闻。美联社（Associated Press）也利用人工智能生成财务相关报道。

2. 小说创作

AIGC 能够辅助作家进行小说创作，提供情节构思、人物设定等方面的建议，甚至可以直接生成小说的部分章节。

Jasper（前身为 Jarvis）是一个 AI 写作平台，它可以根据用户输入的关键词、风格和语气，快速生成高质量的文章、博客、社交媒体内容等。Jasper 被许多企业、市场营销人员以及自媒体工作者所使用，帮助他们高效地生产内容。

3. 聊天机器人

以 ChatGPT 为代表的聊天机器人是 AIGC 在文本生成方面的重要应用。它们可以与用户进行自然流畅的对话，回答各种问题，提供信息和建议。

Zendesk、Intercom 等客服平台通过 AIGC 技术优化了客服支持，提供了 AI 驱动的自动响应系统。通过训练 AI 聊天机器人回答常见问题和处理客户请求，减轻了人工客服的负担。

服务型企业整合 AIGC 后，能够提供全天候 7×24 的客户支持，并且大大提高了问题解决的速度。通过机器学习优化聊天机器人的响应能力，不仅提升了客户满意度，还有效降低了客服的运营成本。

4. 广告设计

广告设计师可以使用 AIGC 技术快速生成广告文案，提高广告设计的效率。

5. 内容营销

企业可以利用 AIGC 技术生成各种营销内容，如社交媒体帖子、博客文章等，以吸引和留住目标客户。例如，Coca-Cola 和 Nike 已经开始使用 AI 生成广告文案和创意内容。Nike 利用 AI 来生成个性化的广告，基于用户的购买历史和浏览行为，自动推荐合适的广告文案。此外，企业还可以利用 AI 工具生成社交媒体帖子、博客文章等。Copy.ai

和 Jasper 等工具允许用户输入主题，AI 则会生成多种风格的文本。

7.2.2 文本生成案例

下面通过一个简单的实例记录了某位大学生（名为"小明"）使用百度"文心一言"大模型最新版本 4.0 Turbo 生成"大学迎新活动方案"的过程。可以选择手机下载"文心一言"App 使用或者计算机登录网址直接使用文心一言网页版。

小明：你好，我是大学学生会的一名成员，可以帮我生成一份迎新活动的策划方案吗？谢谢！

文心一言：当然可以！以下是一份迎新活动的策划方案草案，您可以根据实际情况进行调整和完善。

迎新活动策划方案

一、活动背景与目的

随着新学期的到来，为了欢迎新加入的同学们，增进新老生之间的交流与了解，营造温馨、活跃的校园文化氛围，特举办本次迎新活动。通过一系列丰富多彩的活动，让新生感受到学校的温暖与活力，同时促进同学们之间的相互认识与合作，为新学期的学习生活打下良好的基础。

二、活动主题

"新起点，新梦想，共筑美好未来"

三、活动时间

［具体日期］，建议选择在开学初的周末，以便更多同学参与。

四、活动地点

校园内多处场地，如操场、学生活动中心、图书馆前广场等。

五、活动内容

开幕式

时间地点：［具体时间地点］

内容：领导致辞、学生代表发言、文艺表演（可由校艺术团或学生自发组织）。

校园导览

组织志愿者带领新生参观校园，介绍学校历史、建筑、设施等，让新生快速熟悉环境。

专业介绍会

各学院设置展位，由专业教师或高年级学生介绍专业特色、课程设置、就业前景等，帮助新生更好地规划未来。

社团招新

校园内设置社团招新区域，各社团展示特色活动、成果，吸引新生加入，丰富课余生活。

互动游戏区

设置趣味游戏、团队挑战等，如接力赛、知识问答、才艺展示等，增进同学间的友谊和团队协作能力。

迎新晚会

晚上举办迎新晚会，包括歌舞表演、相声小品、魔术等节目，为新生提供展示自我的舞台，也是新老生交流的好机会。

生活服务区

提供校园卡办理、宿舍分配咨询、生活指南发放等服务，方便新生解决入学初期的实际问题。

六、宣传方案

线上宣传

利用学校官网、微信公众号、微博等平台发布活动信息，制作迎新专题页面或视频。

建立迎新活动微信群或QQ群，方便信息交流和活动通知。

线下宣传

在校园内悬挂横幅、张贴海报，利用电子显示屏滚动播放活动预告。

在新生报到处发放迎新手册，包含活动安排、校园地图等信息。

七、物资准备与预算

根据活动内容列出所需物资清单，如音响设备、游戏道具、宣传材料等。

制定详细预算，包括场地租赁、物资采购、人员酬劳等费用，并寻求学校或赞助商的支持。

八、人员分工

成立迎新活动策划组、宣传组、执行组、后勤组等,明确各组职责,确保活动顺利进行。

九、安全预案

制定活动安全预案,包括医疗急救措施、消防安全检查、人群疏散计划等,确保活动安全有序。

十、后续工作

活动结束后,收集反馈意见,总结经验教训,为下次活动提供参考。

通过校园媒体发布活动回顾,展示活动成果,增强校园文化的传播力。

希望这份策划方案能对您有所帮助,祝您策划的迎新活动圆满成功!如果有任何需要调整或补充的地方,请随时根据实际情况进行调整。

小明:活动宣传可以采取哪些方式呢?

文心一言:对于迎新活动的宣传,可以采取多种方式来确保信息能够广泛且有效地传达给目标受众(即新生及在校师生)。以下是一些具体的宣传方式:

线上宣传:

学校官网与新闻动态栏:发布迎新活动的官方公告,包括活动时间、地点、内容等详细信息。

社交媒体平台:利用学校的官方微博、微信公众号、抖音、B站等社交媒体账号,发布活动预告、精彩瞬间、幕后花絮等内容,增加互动性和吸引力。

迎新专题网站或微网页:设计一个集活动介绍、报名入口、日程安排、校园地图等功能于一体的专题网站或微网页,方便新生一站式获取信息。

校园App推送:如果学校有自己的App,可以通过推送消息的方式,将活动信息直接送达用户手机。

线下宣传:

横幅与海报:在校园内的显眼位置悬挂横幅,张贴海报,吸引过往师生的注意。

电子显示屏:利用校园内的电子显示屏滚动播放活动预告和宣传视频。

宣传册与传单:制作迎新活动的宣传册或传单,内容可以包括活动介绍、校园地图、生活指南等,新生报到时发放。

校园广播:利用校园广播系统在课间或午休时间播放活动宣传语音,覆盖更广泛的听众。

口碑传播：

动员在校生参与宣传：鼓励在校生通过口头传播、社交媒体分享等方式，将活动信息传递给新生。

设立迎新志愿者团队：组织一支迎新志愿者团队，他们在新生报到时提供指引和帮助，同时介绍活动信息。

合作宣传：

与当地媒体合作：联系当地报纸、电视台等媒体，争取他们对迎新活动的报道和宣传。

与其他高校或组织合作：如果可能的话，可以与其他高校或学生组织合作，共同宣传迎新活动，扩大影响力。

创意宣传：

举办预热活动：在迎新活动之前，举办一些小型的预热活动，如才艺展示、趣味比赛等，吸引新生参与并关注后续的迎新大活动。

制作创意视频或H5互动页面：利用视频或H5技术，制作一些有趣、有创意的宣传内容，提高活动的吸引力和传播力。

综上所述，迎新活动的宣传方式多种多样，可以根据学校的实际情况和资源条件，选择适合的宣传方式组合，以达到最佳的宣传效果。

小明：请再帮我生成一份迎新活动中科技社团纳新的宣传语，尽量朗朗上口一些。

文心一言：当然可以，以下是一份科技社团纳新的宣传语，希望您能喜欢：

"科技之梦，触手可及！加入科技社团，与创新同行，让智慧火花点亮未来！"

这句宣传语既表达了科技社团的核心精神——追求科技创新，又鼓励新生积极参与，共同探索未知的科技世界，点燃智慧的火花，共创美好未来。希望这句宣传语能够吸引更多对科技感兴趣的新生加入你们的社团！

7.3 图像生成

教学课件：
7.3 图像生成

2022年8月，在美国科罗拉多州举办的新兴数字艺术家竞赛中，一幅名叫《太空歌剧院》（如图7.5所示）的作品获得此次比赛"数字艺术/数字修饰照片"类别的一等奖。这幅图的独特之处在于，作者通过利用 AI 绘画工具创作而成。只需输入一段文字描述，AI 绘图工具就可以生成一幅画作。

图 7.5 彩图

图 7.5　AIGC 画作《太空歌剧院》

根据使用场景，AIGC 图像生成可分为图像编辑修改与图像自主生成。图像编辑修改可应用于图像超分、图像修复、人脸替换、图像去水印、图像背景去除等。图像自主生成则包括端到端的生成，如真实图像生成卡通图像、参照图像生成绘画图像、真实图像生成素描图像以及文本生成图像等。

7.3.1　图像生成应用

AIGC 图像生成可应用在如下领域。

1. 艺术创作

艺术家们可以借助 AIGC 图像生成技术来激发创作灵感，或者直接生成部分创作元素。例如，画家在构思一幅风景画时，可通过输入如"山间小溪旁的野花丛，阳光透过树叶洒下斑驳光影，印象派风格"这样的描述，让 AIGC 生成相应画面，参考其色彩搭配、构图等元素融入自己的作品中。知名艺术家也曾利用 AIGC 图像生成技术生成一些创意草图，并在此基础上进行二次创作，创作出独具风格的画作。

2. 游戏设计

在游戏开发过程中，AIGC 发挥着重要作用。对于角色设计，利用像生成对抗网络这样的技术，可以快速生成各种不同外貌、服饰、种族的游戏角色形象，大大节省了美术设计师的时间。例如，某游戏公司在开发一款奇幻题材的角色扮演游戏时，通过 AIGC 图像生成技术，输入"精灵族女性弓箭手，金色长发，身着绿色皮甲，背后背着箭筒，眼神犀利"等描述，快速得到了符合要求的角色形象概念图。在游戏场景设计上，AIGC也能根据文字描述生成不同风格的地图场景，比如"阴森的古堡，布满青苔的墙壁，昏暗的灯光，哥特式风格"就能生成相应的古堡场景图，用于游戏关卡搭建。

3. 商业广告

广告营销行业对创意素材的需求巨大且要求高效产出，AIGC 图像生成技术正好满足这一需求。例如，一家化妆品公司要推出新品口红的广告，需要海报素材，设计师通过向 AIGC 输入"一位时尚女性，涂抹着正红色口红，笑容自信，背景是繁华的都市夜景，画面色彩鲜艳、高质感"等描述，快速得到了广告海报的初稿，然后进行细节优化调整，大大缩短了制作周期。又比如设计一款音乐播放 App 界面，设计师可以输入"简洁风格的播放按钮，圆形，中间是白色的三角形播放图标，透明背景"等要求，AIGC 就能生成相应的图标素材供设计师选用，还能根据整体风格需求，生成适配的界面背景图。

4. 商品展示和虚拟试用

基于不同角度的商品图像，借助视觉生成算法可以自动化生成商品的 3D 几何模型和纹理，辅以线上虚拟"看、试、穿、戴"，提供接近实物的差异化网购体验。

5. 其他应用

除了上述领域，AIGC 图像生成技术还在电影行业、教育领域等展现出广泛应用潜力。在电影行业，AIGC 技术可以生成高质量的视觉特效和场景，提高电影的制作效率和观赏性。在教育领域，AIGC 技术可以自动生成教学材料和练习题，辅助教学工作，提高教育效率和质量。

随着技术的不断进步和应用场景的不断拓展，AIGC 图像生成技术将在更多领域发挥重要作用。然而，该技术也存在一些挑战和问题，如内容的原创性问题、虚假信息的传播等。因此，在使用过程中需要加以规范和监管，避免对社会造成不良影响。

7.3.2 图像生成案例

下面是使用百度"文心一言"大模型 4.0 Turbo 的"智慧绘图"功能绘制一幅迎新活动宣传海报的具体操作。

在文心一言的网页版界面中单击图 7.6 中的"智慧绘图"按钮，进入"智慧绘图"页面，在右下侧的描述框中输入描述信息"请帮我绘制一幅大学迎新活动的宣传海报"

（如图7.7所示），单击描述框右下角生成箭头按钮即可得到如图7.8所示的图片。如果对输出结果不满意，还可继续调整或修改描述重新生成。也可以单击描述框中生成箭头按钮左侧的"图片上传"按钮，通过上传一幅样例图生成新的图像。

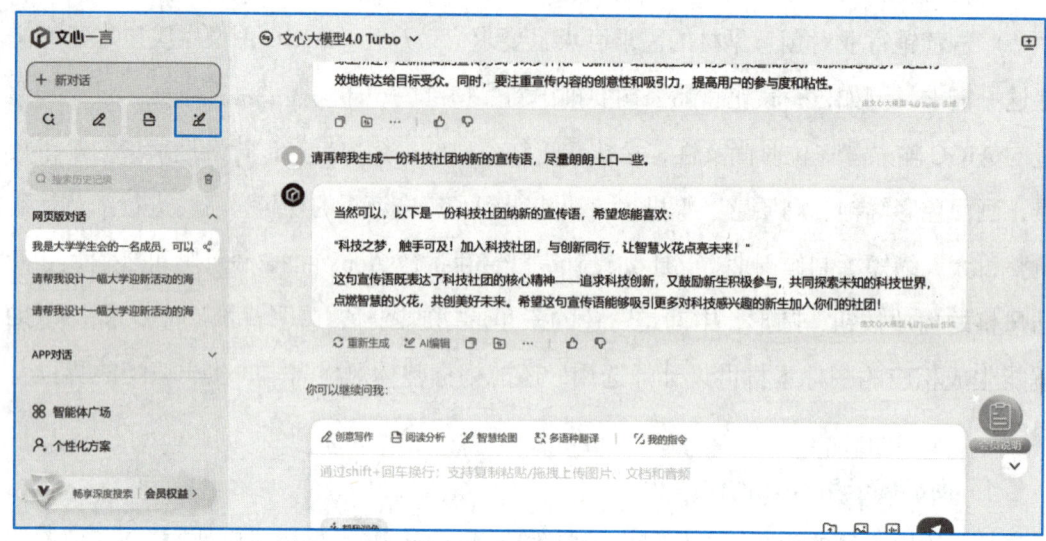

图7.6 "文心一言"页面中"智慧绘图"按钮

图7.7 输入文字描述信息

图 7.8 文心一言生成的迎新活动海报

7.4 音频生成

教学课件：
7.4 音频生成

AIGC 音频生成是指利用人工智能技术，从文本、语音或其他数据源自动生成音频的过程，应用较为广泛，如语音克隆、人声替换、数字人播报和语音客服等。此外，还可基于对文本描述、图片内容的理解生成场景化音频、乐曲等。

7.4.1 音频生成应用

1. 音乐创作

AIGC 技术可以自动生成音乐旋律、和弦以及节奏等音乐元素，为音乐创作者提供灵感或辅助创作。此外，它还可以用于生成背景音乐、游戏音效等，极大地提高了音乐创作的效率和多样性。

2. 语音合成

通过文本到语音（text to speech，TTS）的转换模型，AIGC 技术可以将文本信息转化为自然流畅的语音信号，为用户提供更加便捷、高效的交互体验。这在智能助手、语音广告、语音导航、有声读物、残障人士辅助工具等领域具有广泛应用。

3. 音频修复与增强

AIGC 技术可以用于修复受损的音频文件，如去除噪声、恢复音质等。同时，它还可以增强音频的某些特征，如提高音量、调整音色等。

4. 虚拟人物配音

在影视制作、动画制作以及虚拟主播等领域，AIGC 技术可以为虚拟人物提供逼真的声音效果，增强观众的观影体验。

7.4.2 音频生成案例

本案例使用天工 AI 音乐来生成歌曲。天工 AI 音乐是国内首款公开发布的 AI 音乐生成工具，支持计算机和手机端使用，能够根据歌词或描述生成音乐作品，生成的作品风格多样，质量上乘。

使用方法非常简单，登录天工 AI 音乐的官网（当然也可下载天工 APP 使用），如图 7.9 所示。首先在右侧框中填写歌名、歌词（歌词可通过右侧的"AI 写整首"按钮自动填充，如图 7.10 所示）。

然后单击"请选择参考音频"按钮打开"选择参考音频"窗口，选择曲风、情绪，然后在下部的歌曲列表中试听参考音频并选择使用，回到主界面单击"开始创作"按钮即可（如图 7.11 所示）。

图 7.9 天工 AI 音乐主界面

图 7.10 "AI 写整首"自动填充歌词

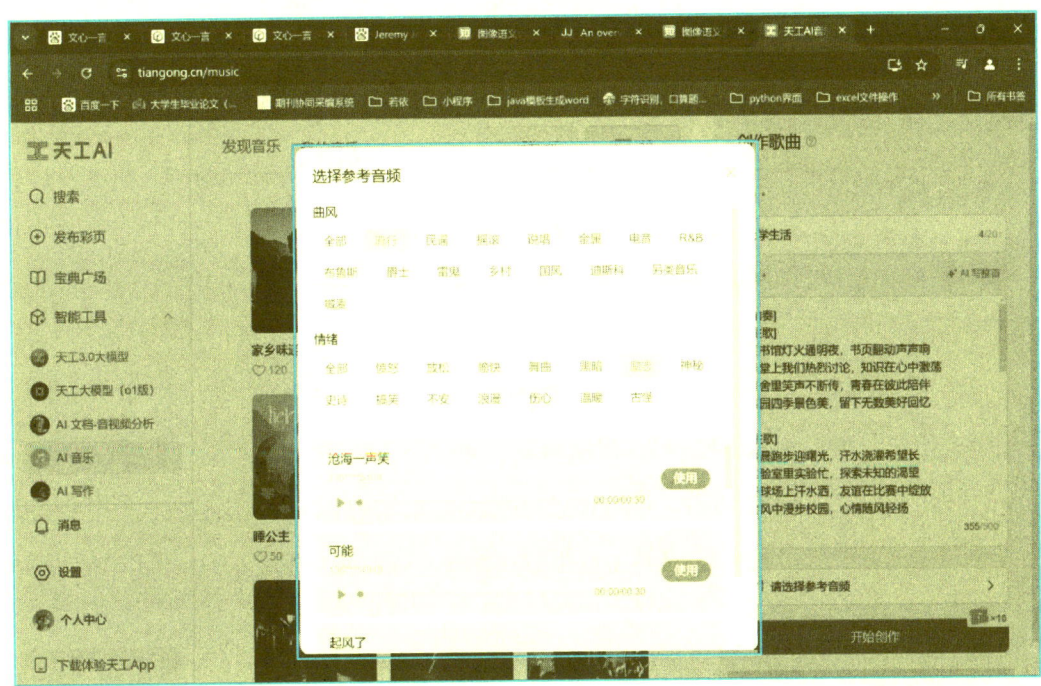

图 7.11 选择参考音频

最终生成的歌曲可在主界面中试听，或下载 MP4 文件，如图 7.12 所示。

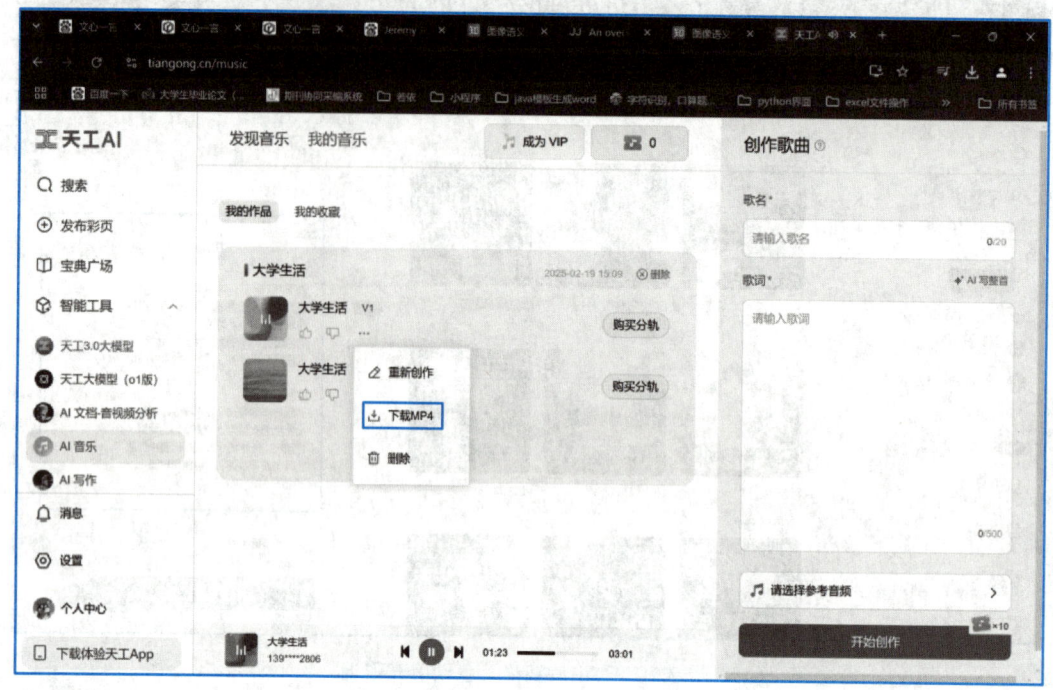

图 7.12 生成歌曲试听及下载

7.5 视频生成

教学课件：
7.5 视频生成

2024 年初，OpenAI 发布了人工智能文生视频大模型 Sora。Sora 可以根据用户的文本提示创建最长 60 秒的逼真视频，该模型了解这些物体在物理世界中的存在方式，可以深度模拟真实物理世界，生成具有多个角色以及特定运动的复杂场景。

视频生成的原理与图像生成类似，主要分为视频编辑与视频自主生成。视频编辑可应用于视频超分（视频画质增强）、视频修复（老电影上色、画质修复）、视频画面剪辑（识别画面内容、自动场景剪辑）等场合。视频自主生成可应用于图像生成视频（给定参照图像，生成一段运动视频）、文本生成视频（给定一段描述性文本，生成与文本内容相符的视频）。

代表性模型：即梦（Dreamina）、可灵（Kling）、Stable Video Diffusion、Sora、Deepfake 和 VideoGPT 等。

7.5.1 视频生成应用

视频生成的行业应用场景包括以下几个。

1. 影视制作

AIGC 技术可以自动生成影视预告片、角色和场景等，为影视制作提供高效、便捷的辅助工具。例如，通过输入文本描述或图像提示，AIGC 技术可以生成与影视内容相符的视频片段或场景。相信在不久的将来，我们就能看到一部完全由 AIGC 生成的电影。

2. 广告营销

在广告行业中，AIGC 技术可以自动生成广告视频素材，提高广告制作的效率和创意性。同时，它还可以根据用户偏好和行为数据生成个性化的广告内容，提高广告的投放效果。

3. 游戏开发

在游戏开发中，AIGC 技术可以生成游戏角色动画、场景视频等，为游戏玩家提供更加逼真的游戏体验。此外，它还可以用于生成游戏宣传视频和预告片等内容。

4. 虚拟现实与增强现实

在 VR/AR 领域中，AIGC 技术可以生成逼真的虚拟场景和视频内容，为用户提供更加沉浸式的体验。例如，在虚拟旅游、虚拟教育等领域中，AIGC 技术可以生成与真实场景相似的虚拟视频内容。

7.5.2 视频生成案例

本案例用可灵生成视频。可灵是由快手大模型团队自研打造的视频生成大模型，支持文生视频、图生视频、视频续写、运镜控制、首尾帧等，让用户可以轻松高效地完成艺术视频创作。

首先登录可灵网页版，主页左侧选择 AI 视频，进入视频生成页面。

选择文生视频，可以通过文字描述生成视频内容，如图 7.13 所示，参数设置如图 7.14 所示。

模式选择：【标准模式】生成 720p 视频，速度更快；【高品质】模式生成 1080p 视频，效果更佳。

比例：生成视频的比例，可灵 AI 提供 16∶9、9∶16、1∶1 三种比例可供选择。

生成时长：目前有 5 s 和 10 s 两种长度可供选择。

生成数量：一次性生成视频的条数，支持单次生成 1~4 条。

负向词（可选）：写下不希望在生成视频中出现的内容。

图 7.13　可灵文生视频界面

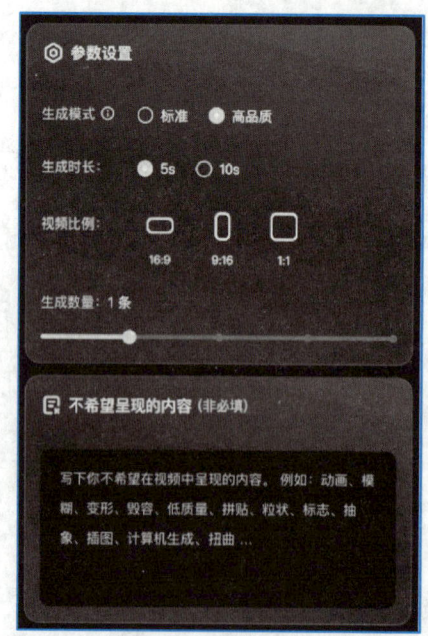

图 7.14　文生视频的参数设置

选择图生视频可以输入一张图片，大模型根据对图片的理解生成 5 s 或 10 s 视频，也可输入一张图片加文本描述，根据文本表达将图片生成视频，或者选择首尾帧、多图参考，或者创意特效方式生成视频，如图 7.15 所示。其他参数的选择与文生视频类似。

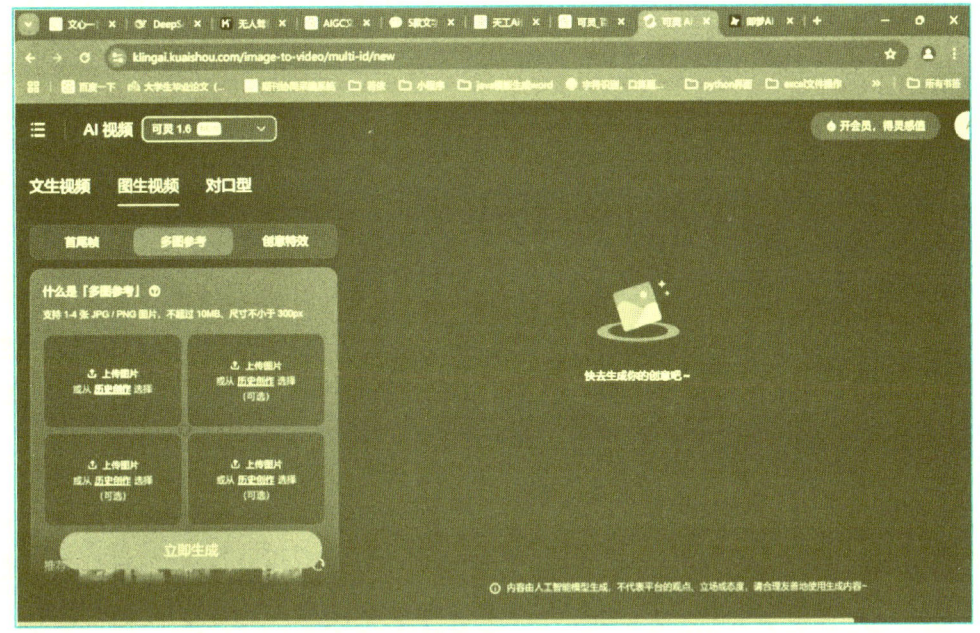

图 7.15　可灵图生视频界面

选择对口型，可以朗读一段文本，或者上传一段音频，让可灵大模型生成对口型的人物视频。

7.6　多模态生成

教学课件：
7.6 多模态生成

AIGC 多模态生成是指采用多模态数据（如图像、文本、语音等）进行内容生成的人工智能技术。相较于传统的单模态生成，多模态生成 AIGC 在不同感知领域之间建立连接，提高了模型的智能性和创造性。该技术背后的驱动力仍然是深度学习和神经网络，使模型能够理解和融合多种数据类型。通过将图像、文本和语音等信息输入同一模型，神经网络能够学习它们之间的关联性，从而实现更全面、综合的内容生成。

AIGC 多模态生成采用文本、图像、音频、视频等多种模态进行组合搭配，进行模态间转换生成。前文提到的多个 AIGC 工具大部分并非单一模态，都具有多模态生成的功能，如文心一言、智谱清言、Stable Diffusion 等。

图像与文本结合：利用 AIGC 技术生成与给定文本描述相匹配的图像，或者根据图像生成描述性文本。例如，一些 AI 绘画工具可以根据用户输入的文本描述生成相应的艺术作品。

视频与文本结合：生成视频内容，其中视频的动作和场景与给定的文本描述相符。例如，腾讯虚拟人视频生成框架 MuseV 能够融合使用文本、图片、音频和视频等多模态数据，在游戏、短视频和直播等领域创造个性化内容。

音频与文本结合：生成与文本描述匹配的音频片段，如音乐、声效或语音。例如，OpenAI 展示的语音生成模型 Voice Engine，可以根据文本描述生成自然流畅的语音。

随着技术的不断进步，多模态生成 AIGC 将更多地融合其他人工智能技术，如自然语言处理、计算机视觉、语音识别等，实现更全面、更高效、跨模态的内容生成。通过引入用户的偏好和上下文信息，多模态生成 AIGC 可以实现更个性化、定制化的内容生成，满足不同用户的需求。

AIGC 多模态生成面临着诸多挑战，如数据稀缺、生成内容的连贯性和一致性、评估标准的缺乏等。然而，这些挑战也为研究者提供了广阔的研究空间和创新机遇。随着技术的不断进步和应用场景的不断拓展，多模态生成 AIGC 有望为人们的生活和工作带来更多便利和乐趣。

7.7 AIGC 未来展望

教学课件：
7.7AIGC
未来展望

7.7.1 技术发展趋势

1. 个性化与定制化

AIGC 将根据用户的需求和偏好生成定制化的内容。例如，在在线教育领域，AIGC 可以为学生提供个性化的学习材料，实现更加精准的教学。

2. 交互性增强

AIGC 将实现更加自然、流畅的人机交互。随着技术的进步，用户将能够通过更加直观和便捷的方式与 AIGC 系统交互，从而获得更好的使用体验。

3. 创新性提升

AIGC 将不断推动新技术、新应用的涌现。例如，多模态生成技术将使得 AIGC 能够同时处理和生成不同类型的数据（如文本、图像、音频和视频等），从而大大扩展其应用场景。

4. 计算效率与生成质量提升

通过稀疏化技术、量化与剪枝以及分布式训练与模型并行等技术手段，AIGC 将能够在保持生成质量的同时，大幅度提高推理效率。此外，随着算法的不断优化，AIGC 生成内容的质量和可控性也将得到进一步提升。

7.7.2 应用场景拓展

1. 内容创作领域

AIGC 将在写作、新闻、广告和剧本创作等领域发挥重要作用，提高创作效率并提供高质量的内容。例如，AI 编剧在电影和剧集脚本创作中已经开始发挥重要作用。

2. 艺术创作与设计领域

AIGC 将在图像、音乐、艺术等创作领域得到广泛应用。生成图像（如 DALL·E）和生成音乐（如 OpenAI 的 MuseNet）正成为艺术家和设计师的重要工具。

3. 教育与培训领域

AIGC 的生成能力将渗透到教育领域，例如自动生成个性化的学习内容、课件以及自动批改作业等，推动智能教育的快速发展。

4. 其他领域

AIGC 还将广泛应用于金融、医疗、电商等领域。例如，在金融领域，AIGC 可以自动生成金融新闻和产品介绍视频；在医疗领域，AIGC 可以辅助医生进行病历撰写和药物研发等工作。

7.7.3 面临的挑战与应对策略

1. 数据隐私与版权保护

随着 AIGC 技术的广泛应用，数据隐私和版权保护问题将日益凸显。为了应对这一挑战，需要加强相关法律法规的制定和完善，确保技术的合法、合规使用。同时，AIGC 系统也需要加强数据加密和访问控制等技术手段的应用。

2. 伦理道德问题

AIGC 生成的内容可能涉及伦理道德问题，如偏见、歧视等。为了解决这一问题，需要加强对 AIGC 系统的监管和审核力度，确保其生成的内容符合社会伦理道德规范。此外，还需要加强对 AIGC 技术的伦理教育和培训力度，提高使用者的伦理意识。

3. 技术挑战

尽管 AIGC 技术已经取得了显著进展，但仍面临一些技术挑战，如生成内容的准确性、可靠性和可控性等。为了应对这些挑战，需要不断加强对 AIGC 技术的研究和开发力度，推动算法的不断优化和升级。同时，还需加强与其他领域的交叉融合和创新合作，共同推动 AIGC 技术的快速发展和应用拓展。

综上所述，AIGC 技术作为人工智能技术的重要分支，在未来将展现出更加广阔的发展前景和应用空间。然而，在推动其快速发展的同时，也需要关注并解决其面临的挑战和问题，确保技术的合法、合规和可持续发展。

7.8 本章小结

本章介绍了生成式人工智能的基本概念、发展历程、主要应用领域以及未来展望。AIGC 利用人工智能技术，特别是深度学习，自动或半自动地创建文字、图像、声音、视频等多种形式的媒体内容。从萌芽阶段到快速发展阶段，AIGC 技术不断突破，实现了从简单文本生成到复杂多模态内容创作的飞跃。

在应用领域方面，AIGC 广泛应用于文本生成、图像生成、音频生成、视频生成以及多模态生成等多个方面。通过使用几个代表性的国内主流 AIGC 工具生成了相应的内容，让读者对生成过程有了更直观的了解。

未来，AIGC 技术将继续朝着个性化、定制化、增强交互性、提升创新性等方向发展，为内容创作、艺术设计、教育培训、金融医疗等多个领域带来更多便利和创新。同时，AIGC 技术也面临着数据隐私、版权保护、伦理道德等挑战，需要社会各界共同努力加以解决。

思考与练习

1. 什么是 AIGC？
2. AIGC 主要包括哪些内容的生成？
3. 简述向 ChatGPT 类聊天机器人提问题，与用过去的搜索引擎搜索相比有什么主要区别？
4. 分别列举三个国内和国外目前主流的 AIGC 产品。

第 8 章 AI + 教育

8.1 智能教育概述

教学课件：
8.1 智能教育概述

8.1.1 智能教育的发展

智能教育的发展历程可以追溯到 20 世纪中叶，当时的科技和教育界开始探索如何将新兴的计算机技术应用于教育领域。在 20 世纪 50 年代至 70 年代，随着计算机技术的初步发展，出现了第一代计算机辅助教学（CAI）系统。这些系统主要用于基础教育和训练，如打字和基本数学教学，尽管它们非常原始，但为后来的技术集成奠定了基础。

进入 20 世纪 80 年代和 90 年代，随着个人计算机的普及和互联网的兴起，智能教育开始快速发展。教育软件变得更加丰富和互动，例如 Logo 编程语言的推广就极大地影响了儿童的计算思维教育。此外，智能教学系统（ITS）的概念在这一时期得到了发展，这些系统能够根据学生的学习进度和理解能力提供个性化的教学计划。这一时期，智能教育的重点开始从简单的知识传递转向更加关注学生的个体差异和学习效果的优化。

21 世纪初，随着大数据技术的快速发展，智能教育进入了崭新的发展阶段。MOOC（大规模开放在线课程）的兴起彻底改变了全球教育的格局，Coursera、edX 等平台将世界顶级大学的优质课程资源向全球学习者开放，打破了传统教育的地域限制。与此同时，数据挖掘技术的广泛应用使教育者能够更深入地分析学习过程和学生行为，从而为教学设计和个性化干预提供了更加精准的依据。

与大数据技术同时发展的人工智能相关技术，在教育领域的应用也经历了快速的扩展和深化。随着计算能力的显著提升和机器学习算法的不断进化，特别是自适应学习技术的兴起，这标志着一个新的教育技术时代的开始。这种技术通过分析学生的互动数据、学习进度和反馈，利用机器学习模型动态调整教学策略和内容，以适应每个学生的独特学习需求和节奏。这不仅提高了学习效率，也增强了学习的个性化体验。例如，Knewton 平台通过其高级的自适应学习算法，能够为学生提供定制化的学习路径；而

DreamBox Learning 则专注于数学学习，通过实时数据分析来调整问题的难度和类型，确保学生在理解概念后才进入下一个阶段的学习。

在此基础上，AI 的应用范围已扩展至语音识别、自然语言处理和情感分析等多个前沿领域。这些技术的深度融合使得虚拟助教变得更加智能化和互动化。语音识别技术使学生能够通过语音与系统交互，让学习过程更加自然和直观；自然语言处理技术则使机器能够理解和生成人类语言，从而高效地解答学生的疑问。更进一步，情感分析技术的引入使 AI 系统能够识别学生的情绪状态，如挫败感、兴奋感，并根据这些数据调整交互方式和学习内容，以更好地适应学生的情绪并提升学习效果。例如，IBM 的 Watson 教育平台利用其强大的数据处理能力和自然语言处理技术，为教师和学生提供了全面的分析工具和个性化学习体验。同样，Google 的 AI 教育工具集成了多种 AI 功能，不仅支持内容推荐，还能进行学习进度跟踪和效果评估，为师生提供实时反馈和支持。

近年来，随着大规模语言模型的快速发展，ChatGPT、Stable Diffusion、Gemini 等通用大模型相继发布，MathGPT、子曰等教育垂类模型也陆续问世。在大模型的加持下，AI＋教育产业再次焕发活力，帮助师生大幅提升教学效率，推动大规模因材施教的逐步落地。例如，OpenAI 于 2024 年 5 月推出 GPT-4o，在响应速度、多模态交互等多个维度实现了技术突破，并于同年 6 月推出专为高校场景设计的 GPT-edu，灵活应用于科研等细分场景。同时，特殊教育和职业教育领域也积极引入 AI 功能，拓展 AI 惠及人群的范围。例如，Classworks 通过无须开放式问答的方式推出了特殊教育人工智能助手 Wittly；zSpace 则通过引入人工智能学习助手，为实训学习增添了实时交互功能和职业生涯指导等功能。这些创新不仅推动了教育的智能化发展，也为更多学习者提供了个性化的支持与帮助。

除了人工智能和大模型技术在教育领域的逐步落地，智能教育还在积极探索与更多前沿技术的结合，例如虚拟现实（VR）、增强现实（AR）以及区块链技术。这些技术的引入不仅显著提升了学习体验的沉浸感和实时互动性，还为学习数据的安全性和透明度提供了创新的解决方案。同时，借助更加先进的算法和模型，智能教育的个性化和适应性也达到了新的高度。

从智能教育的发展历程来看，其进步始终与技术进步紧密相连。每一次技术的革新都极大地推动了教育方式的变革。从最初的计算机辅助教学到如今的智能自适应学习系统，智能教育不断演进，目标是更高效、更个性化地支持学习者的成长与发展。

我国也将建设教育强国作为一项重要战略。中共中央、国务院印发的《教育强国建设规划纲要（2024—2035年）》中，明确提出要以教育数字化开辟发展新赛道、塑造发展新优势，其中特别强调促进人工智能助力教育变革。纲要指出，要适应人工智能时代的人才培养需求，构建相应的课程教材体系，推动教学改革，加强中小学人工智能教育，并提升教师的专业化水平。同时，纲要还要求广大农村和边远地区学校的人工智能教育不能掉队，利用网络平台实现城乡学校人工智能教育课程的互联互通，并通过云端学校等大数据建设，确保无论学生身处何地，都能获得更加公平且高质量的教育。

8.1.2 人工智能对教育的影响

智能教育作为教育领域的重要变革力量，正在从多个方面深刻影响未来教育的发展，包括教育模式的创新、教育资源的优化、评价体系的变革、教师角色的转变以及教育公平的促进等。

在教育模式的创新方面，智能教育通过人工智能技术提供个性化学习体验，根据学生的学习进度和表现动态调整教学内容和难度，显著提升了学习效率并激发了学生的学习兴趣。例如，Knewton和DreamBox等AI驱动平台能够根据学生的答题表现提供定制化的数学和阅读课程，实现真正的一对一学习。此外，智能教育推动了混合式学习环境的发展，将线上与线下学习、集中式与分散式学习相结合，为学生提供了更多样化的学习选择。AI驱动的智能教学系统还能自动生成教案，提供实时评估和精准的数据分析，极大减轻了教师的负担并提高了教学质量。这种系统在AltSchool和Summit Public Schools等创新学校中得到应用，通过精确跟踪学生的学习进程和成效，帮助教师及时调整教学策略。

在教育资源的优化与共享方面，智能教育通过数字化手段打破地域限制，使优质教育资源得以广泛传播和共享，从而促进了教育公平并提升了整体教育水平。例如，MOOC平台（如Coursera和edX）使全球学生都能接触到斯坦福、哈佛等顶尖学府的课程。基于深度学习和知识图谱的智能推荐系统能够根据学生的学习行为和兴趣推荐相关课程和资源，进一步增强了学习的个性化和有效性。这种技术在推动资源的个性化访问和使用上显示出巨大潜力。

在教育评价体系的革新方面，智能教育推动了从传统的以考查学科知识为主的评价方式向综合素养评价转变。这种新的评价体系更加注重学生的实际问题解决能力，同时采用多样化的评价方式，更公平地反映学生的全面学习成果。例如，项目式学习

（project-based learning）和综合能力评估如 CAPA 系统，都是在实际情境中评估学生的综合能力，而非传统的笔试。

在教师角色的转变方面，智能教育促成了教师从传统的知识传递者向学习引导者和能力激发者的根本性转变。随着学生获得更多的自主学习权，教师需要提升信息技术技能，不断适应智能教育带来的变革，并以更专业的态度参与教育实践。智能教育的引入也改变了传统的课堂教学模式。课前，教师可以利用教学资源平台和学情数据平台进行教学研究；课中，通过智能交互白板等硬件设施及课堂智能互动系统等软件优化课堂互动；课后，教师可借助智能扫描仪、智能手写笔等工具，结合智能题库和智能阅卷系统高效地分析学生作业，进而完善学情数据平台，实现教学数据的全周期管理。

在促进教育公平方面，智能教育通过提供远程教育和数字化内容，将优质教育资源输送到偏远地区，有效打破了地域限制。在个性化辅导方面，智能教育通过先进的 AI 技术为学生提供定制化的学习体验。例如，AI 辅导工具如 Squirrel AI，通过精细化的数据分析，能够识别学生的学习弱点并提供针对性的练习和解释，从而帮助学生在困难领域取得进步。这种技术能够适应每个学生的学习节奏和能力，确保所有学生都能在自己的学习路径上获得最大的支持。此外，通过这些个性化的学习工具，学生可以在任何时间、任何地点学习，进一步消除了时间和空间的限制，使教育更加公平和普及。

除了上述几个方面，智能教育还显著提升了教育管理水平。通过运用数据分析和预测技术，智能教育帮助教育机构优化管理决策。展望未来，智能教育将更加重视平台建设和生态系统的完善。众多企业将争相开发更为开放、协同的智能教育平台，吸引更多教育机构、开发者和内容提供商加入，共同构建一个繁荣的智能教育生态系统。随着技术的持续进步和应用范围的不断扩大，智能教育预计将为教育行业带来更广阔的发展前景。

8.2 智能教育典型案例

教学课件：
8.2 智能教育典型案例

本节将展示智能教育的几个典型案例，包括 VR 虚拟课堂、AR 实训课堂和智能问答系统。

8.2.1 VR 虚拟课堂

VR（虚拟现实）技术在教育领域的应用逐渐成熟，特别是在构建沉浸式的虚拟课堂环境中表现出显著的潜力。虚拟课堂利用VR技术创造一个三维的、交互性强的学习空间，使学生能够在一个模拟的环境中进行学习和实践。VR课堂主要依赖于头戴式显示器（HMD），如Oculus Rift、HTC Vive或Sony PlayStation VR等。这些设备通过头戴式显示器和手持控制器，结合高度精确的头部和手部追踪技术，为用户提供视觉、听觉甚至触觉的反馈，创造出虚拟世界的真实感受。在VR虚拟课堂中，教育内容涵盖多样化的内容，包括但不限于科学实验、历史重现、地理学习等。利用VR技术的互动性，学生不仅可以观看内容，还可以通过手势、视线和语音与虚拟环境中的对象或其他学生互动，增强了学习的主动性和参与感。在虚拟课堂中，教师的角色转变为指导者和协调者。教师可以跟踪学生的学习进度，通过虚拟环境中的工具提供即时反馈和支持。

案例一：生物解剖课程

利用VR虚拟课堂开展生命科学研究或者生物医学课程是一种革命性教学方法，它改变了传统解剖学的学习方式。这种方法不仅能提供更加直观和互动的学习体验，而且能在安全的环境中进行复杂的解剖操作。

VR环境利用先进的成像技术，如MRI和CT扫描，创建高度详细的生物器官和组织的3D模型。这些模型在VR中可以被旋转、放大和分解，提供比传统2D图像更深入的视觉体验，如图8.1所示。同时，环境中还可以模拟疾病状态下的器官，帮助学生理解疾病对生物结构的影响。学生使用头戴式显示器和手持控制器，可以进行虚拟的解剖操作，比如开胸手术或开颅手术，这些操作可无限次重复，帮助学生掌握解剖技能。VR技术允许学生从不同角度和层次深入观察解剖细节，包括组织、细胞甚至分子级别的结构。学生可通过VR的控制器与虚拟环境中的对象互动，例如移动器官，查看特定部位的解剖结构或病理变化。教师可以实时加入VR环境，指导学生的操作，提供即时反馈。

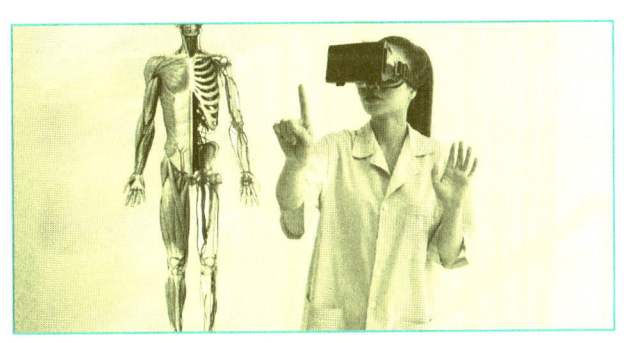

图8.1 VR解剖课程

通过沉浸式和互动式学习，学生可以更好地理解复杂的解剖结构和生理功能，而 VR 解剖课程能够提供无法通过传统教学方法获得的视觉和操作体验。同时，学生无须使用真实的物体或化学试剂，降低了学习过程中的健康和安全风险。此外，相比于传统方式，学生可以不受限制地重复任何操作或课程部分，直到完全掌握所需技能。

案例二：历史重现课程——秦国历史与兵马俑

在利用 VR 技术进行历史探索的应用中，探索秦国历史和游览秦陵兵马俑是一个极具吸引力的案例。这样的虚拟现实体验不仅可以提供历史教育的新方式，而且能够使学习者通过沉浸式体验更深刻地理解和感受历史。

该课程可以与中国的考古研究院、历史博物馆以及教育机构合作，确保内容的历史准确性和教育价值。例如，对于秦陵兵马俑，使用 Oculus Quest［一款由 Facebook（现改名为 Meta）开发的 VR 无线一体机］或 HTC Vive Pro（HTC 旗下一款高性能 PC VR 设备），结合高分辨率的 3D 扫描和高级图形渲染技术，提供真实感十足的虚拟环境。

课程中，通过虚拟导览介绍秦国的崛起历史，重点讲解秦始皇统一六国、推行法制改革，以及建造长城等历史事件。用户可以在虚拟环境中与历史人物进行互动，如观看秦始皇与谋士商议征战策略。学习了背景知识后，用户被带到一个虚拟复原的秦始皇陵景区，可以自由探索兵马俑坑。在这里，用户可以详细查看不同类型的兵马俑，包括步兵、骑兵、战车等，并通过虚拟信息点了解其制作工艺和历史意义。甚至可以虚拟重现考古发掘过程，参与虚拟的挖掘，体验发现新兵马俑的惊喜。在探索过程中，用户可以通过解答历史谜题或参与模拟活动来测试他们的知识。例如，尝试使用古代工具和方法来修复损坏的兵马俑，或者组织一支军队来对抗入侵的敌军。除此之外，还可以通过这个虚拟课堂，探索秦朝的其他文化遗产，如书法、音乐和建筑。通过 VR 环境参观虚拟重建的古代宫殿，欣赏古代音乐和舞蹈表演。

通过亲身体验历史事件和文化，VR 虚拟课堂可以帮助学生更好地理解和记忆历史知识。而通过互动式、参与式学习，也可以增强学生的批判性思维和解决问题的能力。这样一来，历史教育变得更加生动和具象化，从而更能激发当代学生的学习兴趣。

8.2.2 AR 实训课堂

增强现实（AR）是另一种沉浸式技术，相比于 VR，它不是将用户完全带入一个虚拟世界，而是将虚拟对象和信息叠加到现实世界中，从而增强用户的现实体验。这种技术通过在用户的视野中添加图像、文字或其他媒体内容，使得虚拟与现实的界限模糊，增强了用户对现实世界的感知和理解。AR 技术通过使用相机、传感器、显示器等硬件，结合软件算法，实时地将计算机生成的图像或信息叠加到用户的现实环境中。用户可以通过智能手机、平板电脑或专门的 AR 眼镜等设备体验 AR。不同于 VR 的全沉浸式体验，AR 提供了一种"增强"的现实体验，允许用户在与现实世界互动的同时，接收额外的信息和数据。在教育和培训领域，尤其是在技能训练和实操训练方面，AR 技术展现出了巨大的潜力和价值。以下将通过一个机械工程培训的案例来介绍 AR 实训课堂。

案例三：机械工程实训课程——发动机制造

在课程的准备阶段，需要开发一个 AR 应用，该应用能够在用户的 AR 眼镜或智能设备上显示发动机的 3D 模型。这个模型可以交互，允许学生从多个角度查看，甚至"拆解"来观察内部结构。学生需要配备 AR 眼镜（如 Microsoft HoloLens）或使用已安装 AR 应用的智能手机或平板电脑。教师通过 AR 技术展示一个完整的发动机模型，解释其基本功能和主要部件。而学生使用自己的设备观看发动机模型，可以自由旋转和放大模型以查看细节。

在互动学习阶段，学生通过 AR 应用识别并标注发动机的各个部件。如图 8.2 所示，应用程序可以给出反馈，确认学生的选择是否正确，并提供有关每个部件的详细信息；学生可以按照步骤虚拟组装发动机，AR 应用提供指导和提示，确保每一步的正确性。这个过程中，学生可以学习到每个部件的正确位置和功能。组装过程中，应用展示发动机运行时的内部动态，如活塞的上下运动，火花塞的点火时机以及气体的流动过程。学生可以通过控制发动机转速来详细观察每个工作阶段。同时，学生可以使用 AR 工具在虚拟环境中进行发动机的维修和故障排除练习。例如，应用可以模拟发动机的某个部件损坏，学生需要诊断问题并更换虚拟部件。课程的最后，通过 AR 应用进行一次模拟测试，检验学生对发动机各部件的了解，以及他们组装和维修发动机的能力。

图 8.2　AR 实训课堂互动

通过直观的 3D 模型和动态演示，学生可以更好地理解复杂的机械结构和工作原理，包括理解发动机的基本组成——汽缸、活塞、曲轴、火花塞等主要部件，学习发动机的工作原理，识别各个部件、组装顺序和维护要点。通过这样的 AR 课程，学生不仅能够学习和理解发动机的设计和功能，还能通过互动和实操练习来提升自身技能，同时降低实际操作中的风险和成本，这种学习方式是传统教育方法难以比拟的。

8.2.3　智能问答系统

AI 驱动的学习助手可以随时解答学生的问题，提供个性化的辅导。本节将给出一个应用案例，来展示人工智能作为学习助手能够发挥的作用。

案例四：作业题目的讲解辅导

以下是 2024 年全国高考英语甲卷的完形填空部分：

One day, we had a family dinner. While the adults were busy with their serious talk outside, I was left alone in the 41 to help my grandmother wash dishes. 42 my grandmother would tell me stories about her childhood.

Born just before WWII, my grandmother 43 an entirely different childhood lifestyle from mine. She did not have a chance to go to 44 . Like in typical families, where boys were 45 much more than girls, my grandma had to stay at home to do 46 . The only opportunity（机会）she could seize to 47 was when her brother was having Chinese 48 with the family tutor. She would sit quietly at the far end of the long dinner table, listening 49 . This training taught her to read and write her Chinese upside down — a skill that has turned out to be quite 50 , especially whenever we share the newspaper. On most weekends, my grandmother, a young girl then, and her brother would go to the 51 . There, they would walk through deep water, sit down cross-legged underwater and hold their 52 while they watched all action going on around them. This is something I 53 — her ability to open her 54 underwater and still sit comfortably on the seabed.

My childhood is quite 55 compared with hers. I am 56 that I did not need to 57 the hardships like she did. I've never faced the problem of 58 . I guess our different childhood background is what makes my grandmother such an amazing person to 59 to: her stories always make my history textbooks 60 .

41. A. sitting room	B. kitchen	C. yard	D. dining hall
42. A. As always	B. By the way	C. For example	D. Here and now
43. A. adjusted	B. promoted	C. achieved	D. experienced
44. A. work	B. school	C. court	D. press
45. A. favored	B. tolerated	C. trusted	D. acknowledged
46. A. gardening	B. homework	C. business	D. housework
47. A. exercise	B. study	C. explore	D. teach
48. A. food	B. guests	C. lessons	D. tea
49. A. closely	B. directly	C. nervously	D. freely
50. A. professional	B. awkward	C. simple	D. practical
51. A. market	B. mountain	C. beach	D. class
52. A. secret	B. breath	C. view	D. tongue
53. A. admire	B. notice	C. adopt	D. value
54. A. hands	B. mouth	C. eyes	D. arms
55. A. difficult	B. complex	C. happy	D. similar
56. A. grateful	B. surprised	C. convinced	D. regretful
57. A. reflect upon	B. go through	C. ask about	D. prepare for

58. A. unemployment	B. health	C. education	D. communication
59. A. attend	B. refer	C. lead	D. talk
60. A. come true	B. come round	C. come out	D. come alive

学生在完成作业时，如果遇到类似形式的题目，通常需要先完成题目，然后订正答案并修改错误。在传统的教学方式中，学生往往只能获得一个最终答案，而缺乏详细的解题过程和原因分析，因此不得不等到第二天上课时与老师交流讨论才能彻底理解。然而，随着人工智能技术的引入，这一过程变得更加高效和便捷。学生只需将题目拍照并上传至大模型，即可获得详细的解题步骤和答案解析。这不仅帮助学生即时理解错误原因，还节省了等待时间，使学习过程更加自主和高效。

某个 AI 大模型的回答可能类似如下：

以下是这个完形填空题目的每个空格的答案，以及选择这个答案的原因：

41. B. kitchen（厨房）

原因：根据上下文，叙述者帮助祖母洗碗，通常这种活动是在厨房进行的。

42. A. as always（一如既往地）

原因：这个短语暗示祖母讲故事是一种习惯性的行为，适合描述经常发生的事情。

43. D. experienced（经历）

原因：描述祖母有着与叙述者完全不同的童年生活，"经历"最能准确表达这种差异。

44. B. school（学校）

原因：文中提到祖母没有机会去学校接受正规教育。

45. A. favored（偏爱）

原因：在描述性别偏见的背景下，"偏爱"通常用来表达社会或家庭对男孩的优待。

46. D. housework（家务）

原因：文中提到祖母需要留在家中，而家务是最符合上下文的活动。

47. B. study（学习）

原因：祖母抓住机会学习，当她的兄弟在上课时她就会偷听，因此"学习"是合适的选择。

48. C. lessons（课程）

原因：描述的是兄弟与家庭教师的学习场景，因此"课程"是最恰当的词汇。

49. A. closely（仔细地）

原因："仔细地"听是为了能够尽可能多地学到知识，适合描述偷听学习的情境。

50. D. practical（实用的）

原因：祖母的能力在特定情况下变得非常实用，如共同阅读报纸时。

51. C. beach（海滩）

原因：描述的活动是在深水中行走和坐在水下，这通常是在海滩进行的活动。

52. B. breath（呼吸）

原因：描述在水下的活动，涉及屏住呼吸，因此选择"呼吸"。

53. A. admire（钦佩）

原因：叙述者表达了对祖母能力的钦佩，这是因为她在特定的环境下展现出的独特技能。

54. C. eyes（眼睛）

原因：文中提到祖母能在水下睁开眼睛，因此"眼睛"是正确的填空选项。

55. C. happy（幸福的）

原因：与祖母艰苦的童年相比，叙述者的童年相对幸福和无忧无虑。

56. A. grateful（感激的）

原因：叙述者感到感激，因为自己没有经历祖母那样的困难。

57. B. go through（经历）

原因："经历"在这里指的是直接经受困难和挑战，符合上下文。

58. C. education（教育）

原因：文中提到叙述者没有面对教育方面的问题，与祖母的情况形成对比。

59. D. talk（谈话）

原因："谈话"符合叙述者听祖母讲故事的情景。

60. D. come alive（变得生动）

原因：祖母的故事使得历史书本上的内容变得生动有趣，这是最合适的描述方式。

拿到这个答案和解析后，学生们基本上就可以理解每个答案的背后原因。而如果对于某些题目仍然有一些问题，可以就这个题目继续向 AI 提问。例如，某学生对第 50 题还有疑问，他可以这样提问：

某同学：第 50 题中，为什么不能选择 professional，表明祖母的技能很专业？

AI 回答：第 50 题中选择"practical"（实用的）而不选择"professional"（专业的），原因在于上下文中描述的技能和场景。

在这个故事中，祖母的技能是能够倒着阅读和写作，这是她自学成才的结果，主要用于日常生活中的实际应用，比如与孩子们一起阅读报纸。这种技能虽然独特且有用，但它更多的是出于生活的便利和实际需要，而非出于专业训练或是在某个专业领域内的应用。

"professional"一词通常用来描述经过正规训练、具有专业资格或在特定领域内表现出高水平技能的情况。而祖母的技能虽然令人印象深刻，但并非来源于专业训练或教育，也不是在专业领域内使用，因此用"practical"（实用的）更加符合语境，强调的是技能在日常生活中的实际应用价值，而不是专业水平。

这样一来，AI 就成为了学生身边的一个很好的老师。AI 技术的应用可以极大地弥补师资不足的问题，通过智能教学系统提供个性化的学习计划和即时反馈，使每个学生都能根据自己的学习进度和理解能力获得适当的指导和支持。此外，AI 教师不受地理位置的限制，可以远程教学，这意味着即便是最偏远的地区的学生也能接触到优质的教育资源，这种技术的普及不仅可以帮助学生获得更公平的教育机会，还为教育系统的整体提升提供了可能。智能教育通过 AI 技术的应用，正在改变传统的教育模式，为学生和教师提供更加个性化、高效和互动的学习体验。

8.3　AI 办公

教学课件：
8.3AI 办公

随着人工智能技术的快速发展，AI 办公软件正在深刻改变人们的工作方式。例如，阿里云的通义听悟专注于音视频内容的智能处理，百度 AI 助手在搜索中提供了便捷的 AI 对话功能，而科大讯飞的讯飞智文则通过 AI 技术显著提升了文档处理效率，能够智能生成 PPT 和 Word 文档，并支持在线编辑和导出。此外，金山办公的 WPS AI 集成了智能文档写作、阅读理解与问答、智能人机交互等功能，进一步推动了办公自动化的进程。这些软件凭借各自的特色功能，显著提升了工作效率和办公智能化水平。以下是 WPS AI 在文档生成、数据处理等方面的具体应用示例。

8.3.1　WPS AI 文字应用

WPS AI 智能助手已全面集成于 WPS 的文字处理、电子表格和演示文稿三大核心功能模块中。值得注意的是，这些智能化功能的正常运行依赖于互联网连接，因为它们需要与云端服务器进行实时数据交互并依托强大的云计算能力。

在 WPS 文字处理模块中，AI 功能非常丰富且实用，WPS 文字 AI 功能主要有"帮我写""帮我改""伴写""文档问答""全文总结""AI 排版"等，如图 8.3 所示。

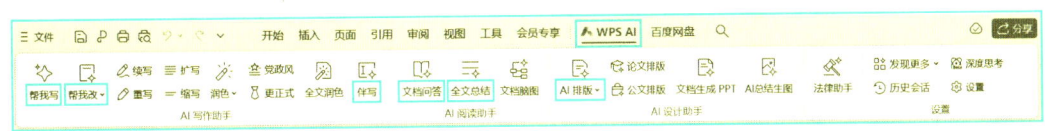

图 8.3　WPS 文字 AI 功能

1．文字写作

【例 8.1】快速写一张请假条。首先新建空白的 WPS 文字文档，选择 WPS AI 选项卡，在页面中有"按下两次 Ctrl 键唤起 WPS AI"提醒，如图 8.4 所示。

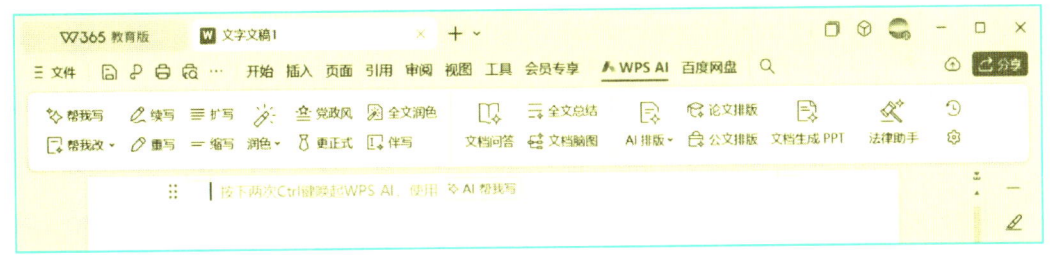

图 8.4　WPS AI 选项卡和唤起提示

按两次 Ctrl 键或者单击"帮我写"，都可以唤起 WPS AI，如图 8.5 所示。在光标闪动的插入点位置是一个可以输入问题的对话框，下面是一些菜单，提供了一些可以使用的场景模板。可以从菜单中选择相应分类场景进行提问。

单击"申请"，在下一级菜单中选择"请假条"，可以得到写请假条提示词的对话框，上方是模板指令。模板指令下方有"清空指令""优化""发送"3 个按钮，如图 8.6 所示。模板给出了一张请假条所需要的关键词，需要根据实际情况填写相关的提示词内容，除了在输入模块位置中手动输入之外，模板中的全部内容可以根据情况修改，或者在输入模块位置中根据推荐内容输入，或在下拉列表中进行选择。

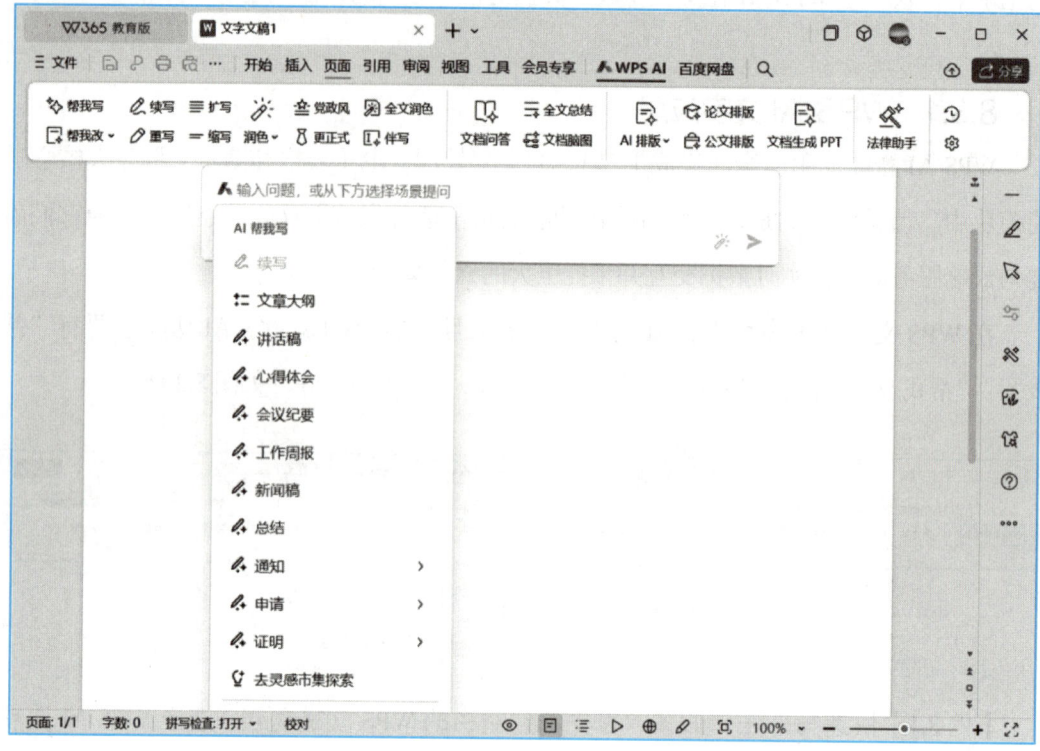

图 8.5　WPS AI 提问

图 8.6　WPS AI 默认的请假条指令

根据实际情况修改各模块内容，有些模块的信息需要限定词，这时就要加上限定词，比如请假人的姓名，加上学生姓名之后，则限定了属于师生教学场景，而不是工作的领导和员工场景，修改后的结果如图 8.7 所示。

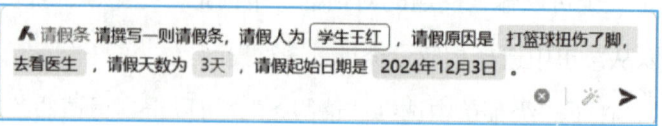

图 8.7　修改后的请假条指令

在对话框中修改完成后单击"发送"按钮生成内容，结果如图 8.8 所示，得到了内容充实的请假条。根据实际情况，可以单击"调整"命令，再选择"润色""扩写"或

"缩写"等对生成的请假条进行进一步的修改。

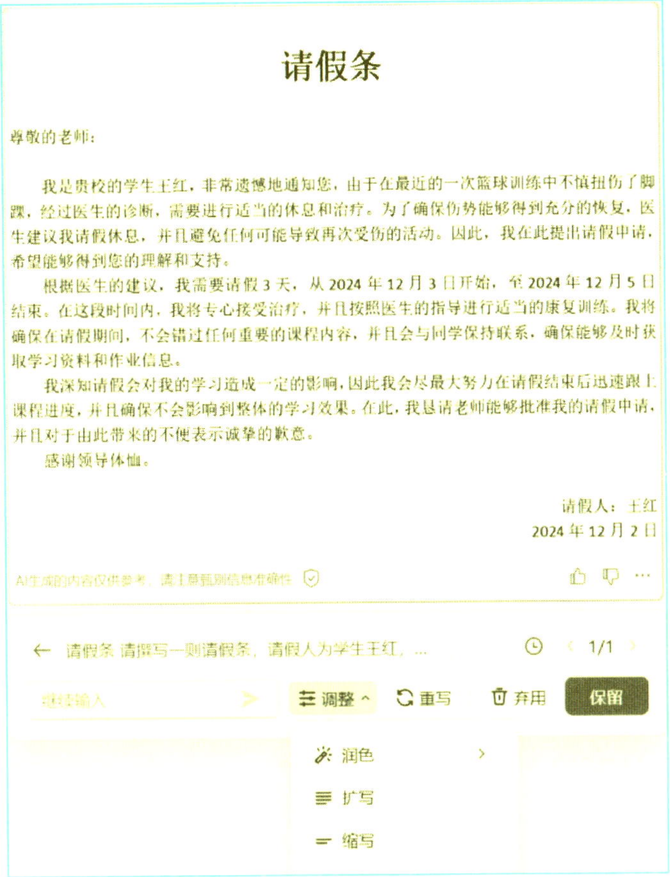

图 8.8　请假条指令的生成结果

在例 8.1 中，使用 WPS AI 选项卡完成了一个请假条的创作，除此之外，WPS AI 还提供了一个"灵感市集"功能。

灵感市集提供了丰富的常用模板指令，为用户提供了一个自由创作和个性化指令的平台。

单击"去灵感市集探索"，看到如图 8.9 所示的包含"我的收藏""我的创建""热门""职场办公""教育教学""人资行政""法律合同""社交媒体""写作创作"等分类和"PPT 大纲生成""教案设计""高考作文"等指令的平台。

在搜索框中输入关键词可以搜索包括该关键词的指令名称，例如，在搜索框中输入"计划"后搜索的结果如图 8.10 所示。单击搜索框后面的加号可以创建自己的指令。

图 8.9　灵感市集分类和指令

图 8.10　在搜索框中输入"计划"关键词的搜索结果

【例 8.2】帮我写教学工作计划。单击左侧分类列表中的"教育教学",在右侧选择"教学工作计划",如图 8.11 所示,图中有"使用"按钮、"编辑并另存"图标和"查看详情"链接,此时用户可以直接单击"使用"按钮,也可以单击"使用"右侧的"编辑并另存"图标进行编辑,或单击右侧的"查看详情"链接查看教学工作计划指令的详情。

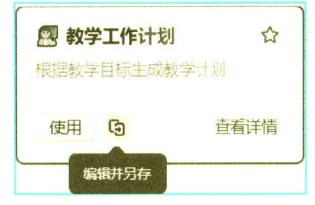

图 8.11 可以使用和修改指令的对话框

单击"编辑并另存"图标则进行指令的编辑,弹出如图 8.12 所示的指令编辑与调试对话框,在对话框中可以插入输入框、单选按钮、复选框等组件,也可以给指令起个名字,在对话框右侧可以预览和测试指令。单击"保存"按钮可以保存已编辑的指令模板,后续可以在"灵感市集"→"我的创建"中查看。

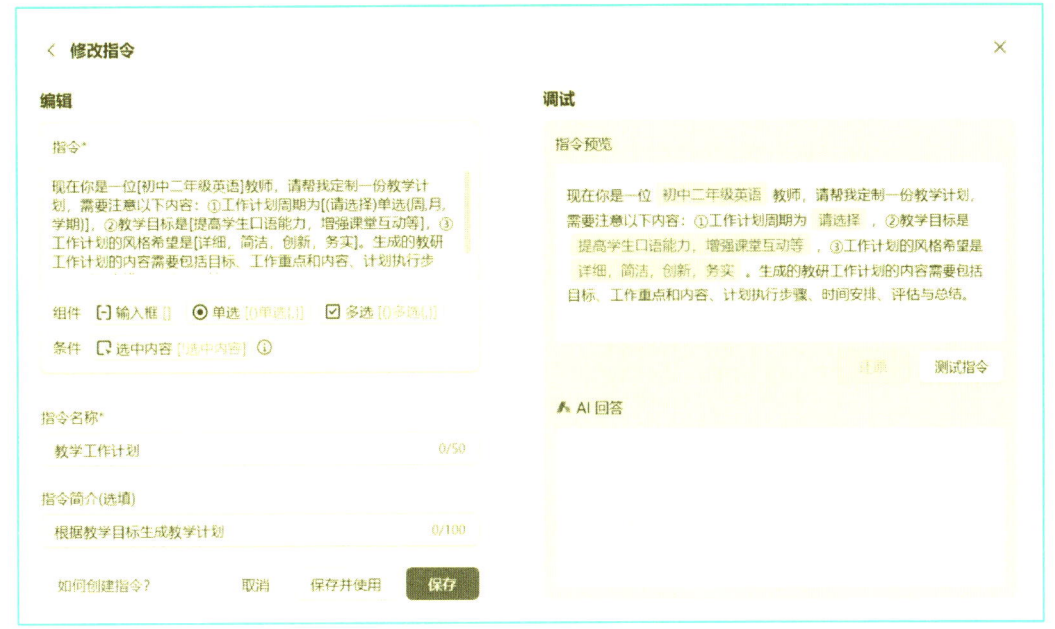

图 8.12 指令编辑与调试对话框

在"灵感市集"找到需要的指令模板,如果单击"使用"按钮则出现如图 8.13 所示的模板指令对话框。

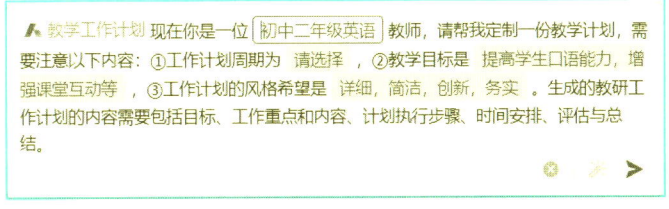

图 8.13 模板指令对话框

此时,可以对该模板指令进行修改,修改成自己需要的指令,这里修改后的指令如图 8.14 所示。

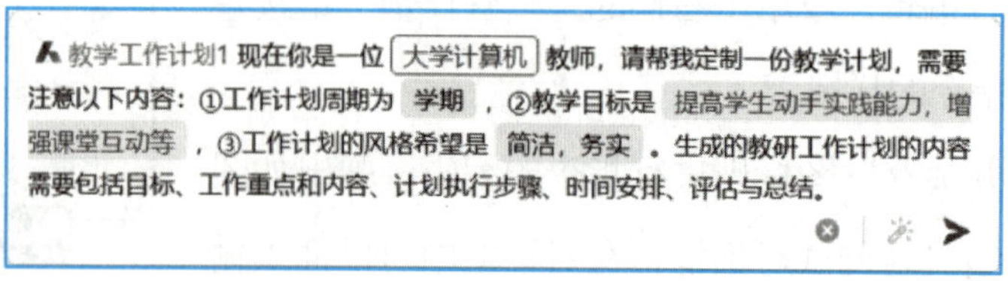

图 8.14 修改后的指令

完成指令修改后单击右下角的 ➤（发送）按钮，生成的教学工作计划如图 8.15 所示。

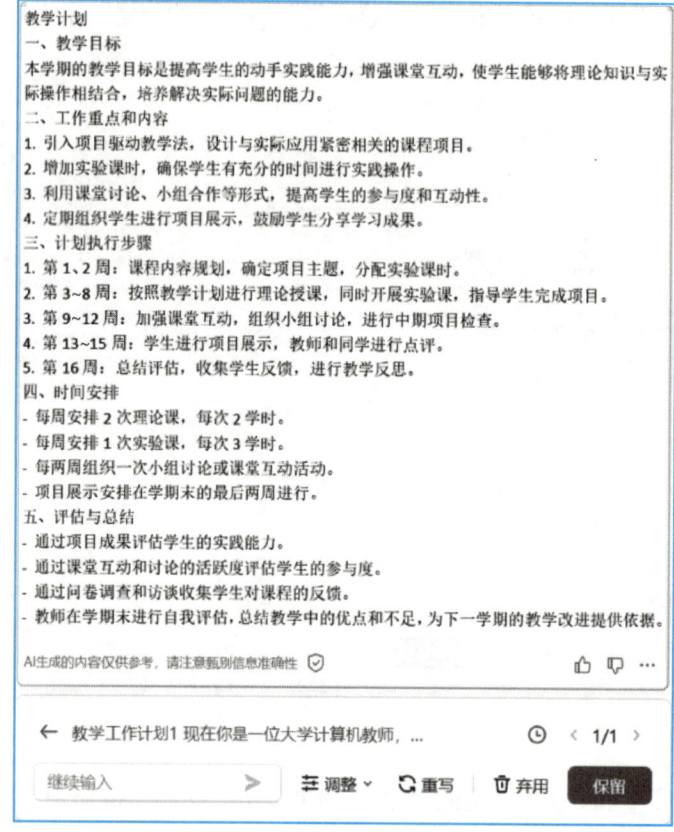

图 8.15 生成的教学工作计划

如果对生成的教学工作计划不满意，可以修改提示词，在下面的"继续输入"对话框中输入修改的内容，比如输入"细化工作内容，增加项目名称"，则输入后的提示词对话框如图 8.16 所示。

图 8.16 输入后的提示词对话框

通过单击 ➤ 图标即可生成新的教学工作计划，如图 8.17 所示。

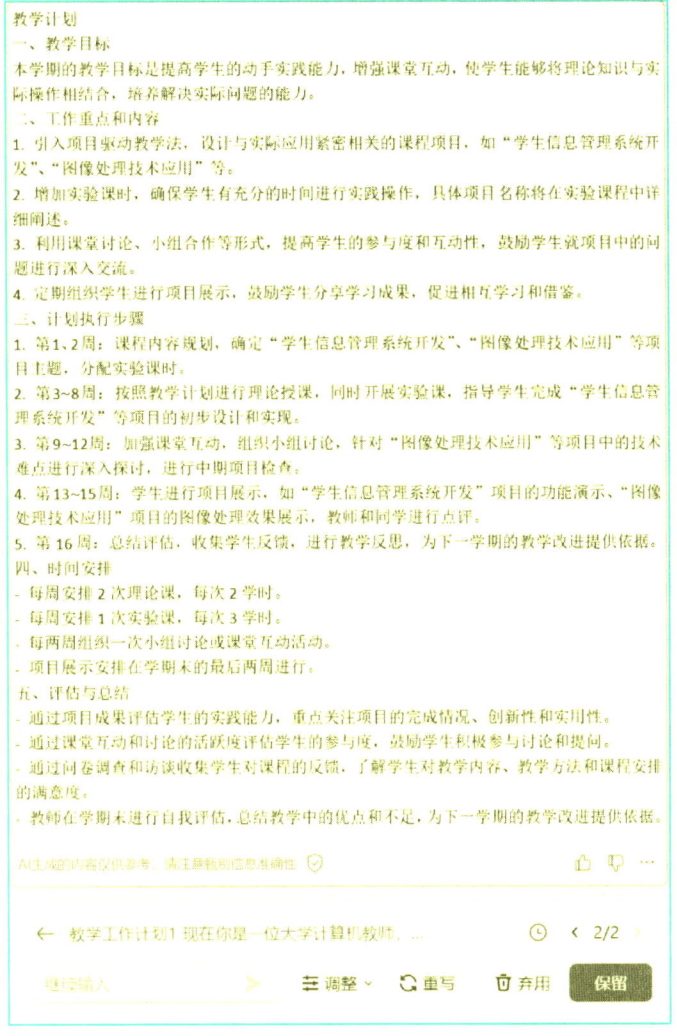

图 8.17　新的教学工作计划

可以多次修改，最后单击"保留"按钮，确定输出，将输出内容写到文档中。需要注意的是，要认识到 AI 的局限性，对其输出进行适当修改和校对，以确保生成内容的质量和准确性。

WPS AI 还提供了伴写功能，这个功能可以在你写作时提供智能的上下文建议，特别适合在写作过程中遇到思路阻塞的时候。伴写功能默认是不启用的，需要单击"WPS AI"→"伴写"，启用伴写功能。唤起伴写功能后，输入"教师在学期末进行自我评估，总结教学中的优点和不足，为下一学期的教学改进提供依据。"，则会自动给出提示文字，如图 8.18 所示，其中的浅灰色文字就是 WPS AI 伴写功能给出的提示文字。

> - 教师在学期末进行自我评估，总结教学中的优点和不足，为下一学期的教学改进提供依据。此外，将引入行业专家进行客座讲座，让学生了解最前沿的技术动态，激发其创新思维。同时，

图 8.18　WPS AI 伴写提示的文字

在写作过程中，按 Tab 键或单击相应位置就可以应用 WPS AI 提示的内容。若对提示的文字不满意，无须切换页面，按 Alt+↓ 组合键即可查看更多建议，获取更多灵感，按 Esc 键放弃本句，WPS AI 伴写功能的快捷键如图 8.19 所示。

另外，WPS AI 提供多种角色辅助不同领域创作，如图 8.20 所示，默认选中的是"通用角色"轻松辅助日常写作，而在更细致的写作场景中，可使用其他专业角色，例如行政、教师、运营等角色，从而提供更专业的写作辅助。

图 8.19　WPS AI 伴写功能的快捷键　　图 8.20　WPS AI 提供的多种角色

2. AI 排版

WPS AI 内置了丰富的论文排版模板和通用公文排版资源，支持自动化套用模板，实现一键全文排版功能。该智能系统不仅能够对学术论文、行政公文、合同协议、招投标文件等专业文档进行精准排版，还提供适用于各类文档的通用排版方案。用户更可导入参考范文，将其格式快速应用于当前文档的排版工作。

在使用过程中，用户只需在生成的"教学计划"文档中单击 WPS AI 选项卡中的"AI 排版"→"通用文档排版"选项，系统即可自动生成排版后的文档。通过选中"显

示原文"复选框，可以把排版前的文档也在右侧并列显示，用户可以直观对比排版前后的文档效果，如图 8.21 所示。若对排版结果满意，用户可选择"应用到当前"直接更新当前文档，或选择"应用到新文档"生成新的排版文件，轻松实现专业化的文档输出。

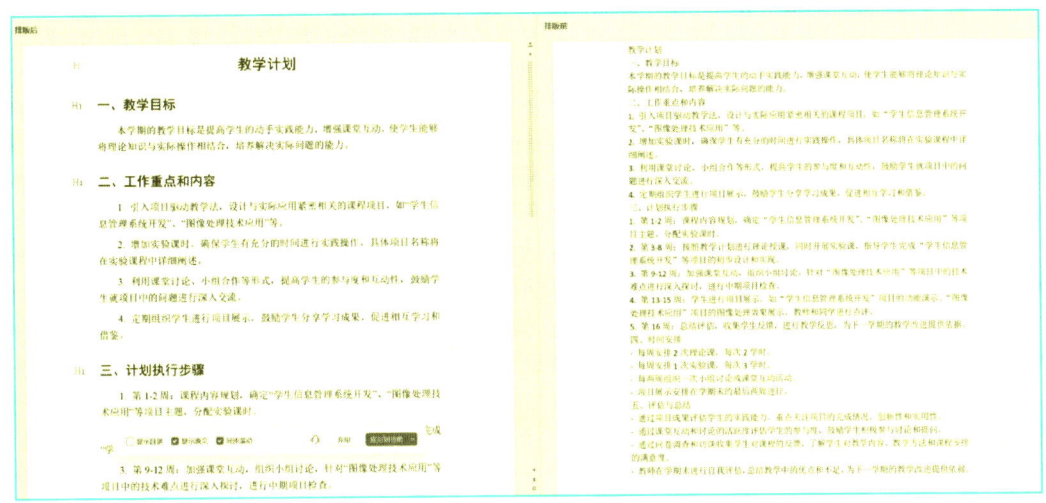

图 8.21 选中"显示原文"复选框的显示效果

3. WPS AI 阅读助手

WPS AI 阅读助手，具有快速提炼文档要点的全文总结功能、通过问答解读文档功能，以及利用 AI 解释和翻译等功能。

（1）全文总结。

WPS AI 的"全文总结"功能，可以通过智能算法快速提炼文档内容，掌握文章主旨和核心观点，减轻阅读负担。例如，要对"实验报告. docx"文档进行全文总结，单击 WPS AI 选项卡中的"全文总结"，即可生成全文总结。

（2）文档问答。

WPS AI 文档问答功能，利用人工智能技术帮助用户快速理解文档内容。当您对文章有疑问时，只需单击 WPS AI 选项卡中的"文档问答"，即可启动 WPS AI 文档问答。通过这个功能，您可以轻松提出问题，快速找到所需信息。WPS AI 的回答完全基于文档内容，不会凭空捏造，每次回答都会标注引用原文的出处。您可以直接点击引用部分，跳转到文档的相应页面，进一步深入阅读原文。此外，WPS AI 还会智能推荐相关问题，帮助您更全面地理解文档中的知识点。

（3）WPS AI 划词解释、翻译。

在阅读文档时，如果遇到不理解的专业术语，只需用鼠标选中该术语，然后单击

WPS AI 选项卡中的"AI 解释",WPS AI 会立即为您提供该术语的详细解释,并对其中的重点词句进行解析。对于需要特别记忆的内容,您还可以一键采纳 AI 的解释,生成批注,方便下次查阅时快速回顾。

此外,当您阅读外文资料时,如果遇到不认识的单词或句子,只需选中相关内容,单击 WPS AI 选项卡中的"AI 翻译",WPS AI 会根据文档的上下文进行精准翻译,帮助您更好地理解外文内容。无论是专业术语还是外文翻译,WPS AI 都能为您提供高效、准确的支持,让阅读和学习更加轻松。

8.3.2 WPS AI 表格应用

WPS AI 表格功能提供了多种智能化工具,包括"AI 写公式""AI 数据分析"和"AI 条件格式"等。其中,"AI 数据分析"能够帮助用户解读数据、自动生成图表并得出分析结论,让数据处理更高效。

1. AI 写公式

AI 写公式功能可以通过简单的文字描述,快速生成所需的函数公式。WPS AI 会自动识别表格中的数据,并提供相关的提问示例,帮助用户更轻松地完成公式编写。

在 WPS 表格中,要唤起 AI 写公式面板,有以下三种方法。

方法一:单击 WPS AI 选项卡,选择"AI 写公式"。

方法二:单击"公式"选项卡,选择"AI 写公式"。

方法三:在当前单元格中输入"=",然后单击单元格右侧弹出的浮动图标 🅰(AI 写公式)(如图 8.22 所示)。

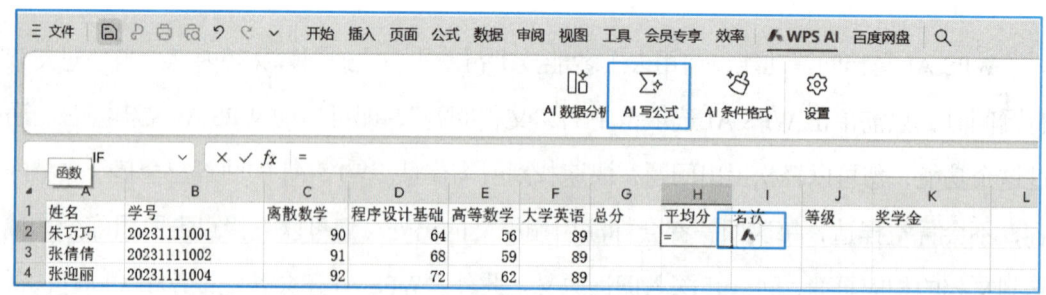

图 8.22 唤起 AI 写公式

在唤起的 AI 写公式面板的输入框中可以用自然语言输入提示词。输入提示词的目的是让 AI 知道用户要执行什么类型的操作,识别出用户操作的意图后,从描述中提取相关参数，根据意图和参数生成相对应的公式。生成公式后 AI 会提供给用户预览，以确认公式是否正确，如果不正确用户可以提供反馈，AI 会根据反馈进行调整。利用 AI 写公式，关键是提示词的撰写。可以学习系统给出的提示词案例，遇到问题时需要不断调整提示词的表述方式，另外还要了解常用的函数，学会调整修改 AI 智能生成的函数公式。

【例 8.3】用 AI 写公式功能在课程成绩表中输入用于计算平均分的公式。课程成绩表和 AI 写公式的面板如图 8.23 所示。要在表格 H2 单元格计算平均分，在唤起的面板上方提示词输入框中输入："求 C、D、E、F、四列的平均值"，右侧有 ⊗（代表清空）和 ➤（代表发送）两个按钮，下方有"提问示例"可参考。

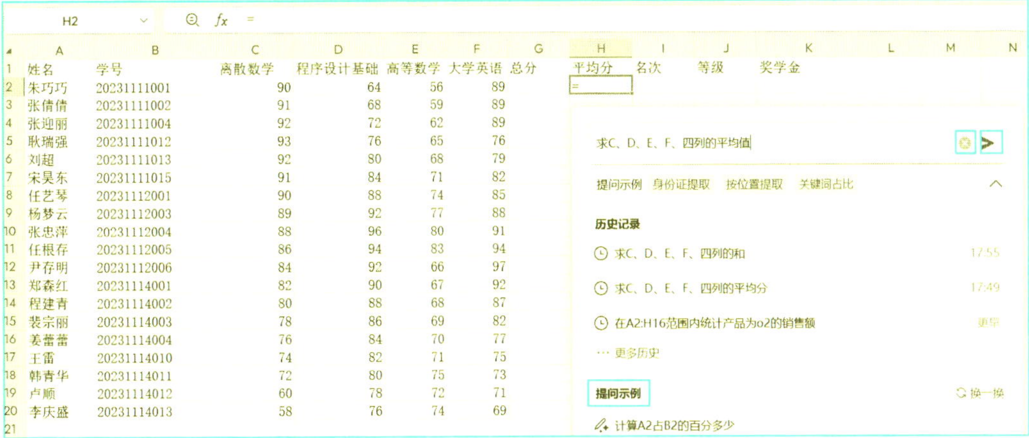

	A	B	C	D	E	F	G	H	I	J	K
1	姓名	学号	离散数学	程序设计基础	高等数学	大学英语	总分	平均分	名次	等级	奖学金
2	朱巧巧	20231111001	90	64	56	89		=			
3	张倩倩	20231111002	91	68	59	89					
4	张迎丽	20231111004	92	72	62	89					
5	耿瑞强	20231111012	93	76	65	76					
6	刘超	20231111013	92	80	68	79					
7	宋昊东	20231111015	91	84	71	82					
8	任艺琴	20231112001	90	88	74	85					
9	杨梦云	20231112003	89	92	77	88					
10	张忠萍	20231112004	88	96	80	91					
11	任根存	20231112005	86	94	83	94					
12	尹存明	20231112006	84	92	66	97					
13	郑森红	20231114001	82	90	67	92					
14	程建青	20231114002	80	88	68	87					
15	裴宗丽	20231114003	78	86	69	82					
16	姜蕾蕾	20231114004	76	84	70	77					
17	王雷	20231114010	74	82	71	75					
18	韩青华	20231114011	72	80	75	73					
19	卢顺	20231114012	60	78	72	71					
20	李庆盛	20231114013	58	76	74	69					
21											

图 8.23　课程成绩表和 AI 写公式的面板

在完成提示词的输入后单击右侧的 按钮，面板中会显示 AI 生成的公式，如图 8.24 所示，公式右侧的参数列表按钮用于显示当前公式的参数情况，下方有对公式的解释，对于不理解的公式，可通过鼠标单击公式中不理解的地方，WPS AI 将自动定位多层嵌套函数并进行相应解释，帮助用户理解。其中"公式意义"表示该公式的含义，"函数解释"说明该公式函数的作用，"参数解释"解释该公式各个参数的意义。

如果要采用生成的公式，单击"完成"按钮，若发现生成的公式不是想要的，可单击"弃用"按钮以放弃本次操作，或者单击"重新提问"按钮重新输入提示词。

【例 8.4】对图 8.25 所示的课程成绩表，完成名次、等级、奖学金等列内容的操作，具体要求见下面的任务。对于一列数据，没有特殊说明都是在该列第 2 行单元格内先输入"="，打开"AI 写公式"面板，完成第一位学生的信息计算，再双击单元格右下角"+"填充柄自动填充其他行。

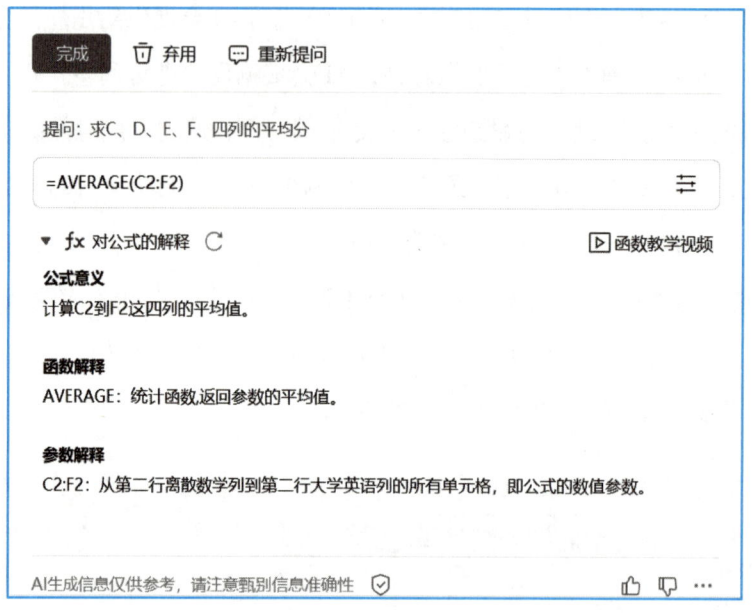

图 8.24　生成的公式

	A	B	C	D	E	F	G	H	I	J	K	L
1	姓名	学号	离散数学	程序设计基础	高等数学	大学英语	总分	平均分	名次	等级	奖学金	奖学金和
2	朱巧巧	20231111001	90	64	56	89	299	74.75				
3	张倩倩	20231111002	91	68	59	89	307	76.75				
4	张迎丽	20231111004	92	72	62	89	315	78.75				
5	耿瑞强	20231111012	93	76	65	76	310	77.5				
6	刘超	20231111013	92	80	68	79	319	79.75				
7	宋昊东	20231111015	91	84	71	82	328	82				
8	任艺琴	20231112001	90	88	74	85	337	84.25				
9	杨梦云	20231112003	89	92	77	88	346	86.5				
10	张忠萍	20231112004	88	96	80	91	355	88.75				
11	任根存	20231112005	86	94	83	94	357	89.25				
12	尹存明	20231112006	84	92	66	97	339	84.75				
13	郑森红	20231114001	82	90	67	92	331	82.75				
14	程建青	20231114002	80	88	68	87	323	80.75				
15	裴宗丽	20231114003	78	86	69	82	315	78.75				
16	姜蕾蕾	20231114004	76	84	70	77	307	76.75				
17	王雷	20231114010	74	82	71	75	302	75.5				
18	韩青华	20231114011	72	80	75	73	300	75				
19	卢顺	20231114012	60	78	72	71	281	70.25				
20	李庆盛	20231114013	58	76	74	69	277	69.25				

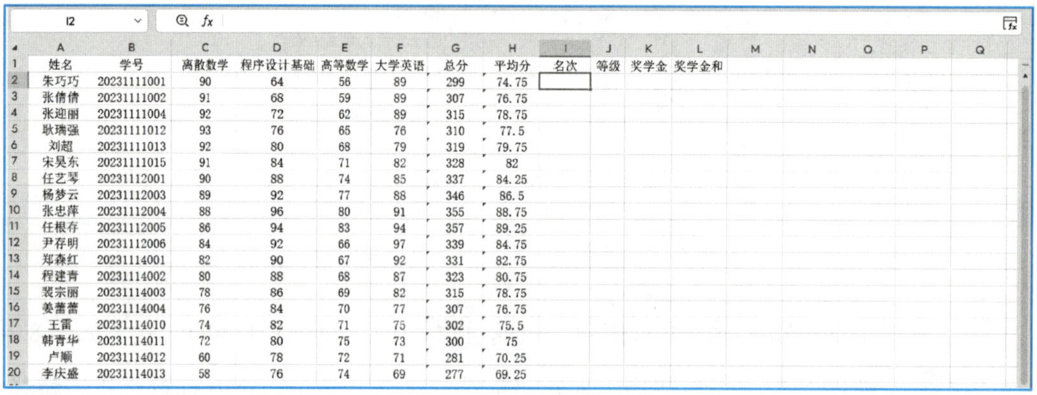

图 8.25　课程成绩表

任务 1：在名次一列，依据总分由高到低的顺序进行排名。

提示词：计算 G2 在 G 列里面的名次

AI 生成公式：=RANK（G2,$G$2:$G$20）

操作注意：一定要检查 AI 生成公式中数据引用方式的正确性。当利用 AI 公式对第一个学生“朱巧巧”进行排名时，有可能会生成公式 RANK（G2，G2 : G20），该公式代表求 G2 在 G2 到 G20 的排名，对于 I2 单元格的效果是准确的；然而，如果利用填充柄自动填充 I 列的第 3 行后，I3 单元格会自动填充为 RANK（G3，G3 : G21），该公式代表求 G3 在 G3 : G21 中的排名，表示排名范围的数据区域显然随着行的变化改变了，这是不正确的，范围应该还是 G2：G20，遇到这种问题时，选中 I2 中数据区域 G2：G20，按快捷键 F4 将其更改为绝对引用 $G$2：$G$20，然后再进行自动填充，排名的数据区域就始终保持不变了。

任务 2：依据总分计算等级，总分大于或等于 335 的为"优秀"，总分小于 305 的为"差"，其余情况为"一般"。

提示词：根据 G2 进行判断，大于或等于 335 的为"优秀"，小于 305 的为"差"，其余情况为"一般"。

AI 生成公式：= SWITCH(INT(G2),335," 优秀 ",305," 差 ",330," 一般 ")

显然，AI 没有给出希望的公式，其生成的公式表示的是精确匹配，不能表示范围，需要修改提示词。

修改提示词：根据 G2 的值进行判断，大于或等于 335 的为"优秀"，小于 335 并且大于等于 305 的为"一般"，小于 305 的为"差"。

AI 生成公式：= IF(G2>=335," 优秀 ",IF(G2>=305," 一般 ",IF(G2<305," 差 ")))

优化提示词：根据 G2 的值进行判断，大于或等于 335 的为"优秀"，小于 335 并且大于或等于 305 的为"一般"，否则为"差"。

AI 生成公式：= IF(G2>=335," 优秀 ",IF(G2>=305," 一般 "," 差 "))

操作注意：这种任务需要用到条件判断，逻辑性强，所以给的提示词一定要清晰明确，提示词描述的逻辑要覆盖所有情况。

任务 3：依据"等级"计算"奖学金"一列，等级为"优秀"的设立奖学金是 1 000，等级为"一般"的设立奖学金是 500，其余情况为 0。

提示词：依据 J2 的值计算 K2 的值，J2 的值为"优秀"则 K2 的值是 1000，J2 的值为"一般"则 K2 的值是 500，其余情况下 K2 的值为 0。

AI 生成公式：= IF(J2=" 优秀 ",1000,IF(J2=" 一般 ",500,0))

操作注意：当知道可以使用某个特定函数时，也可以在提示词中指明函数名称，引导 AI 生成，例如下面的提示词指明了函数名称 SWITCH。

提示词：依据 J2 的值利用 SWITCH 函数计算 K2 的值，J2 的值为"优秀"则 K2 的值是 1000，J2 的值为"一般"则 K2 的值是 500，其余情况下 K2 的值为 0。

AI 生成公式：= SWITCH(J2," 优秀 ",1000," 一般 ",500,0)

任务 4：统计等级为"优秀"的学生的奖学金总和。

提示词：统计等级为“优秀”的学生的奖学金总和。

AI 生成公式：= SUMIFS(K2:K20,J2:J20," 优秀 ")

操作注意：本次 AI 生成的公式是可以采用的。在表格有了“奖学金和”内容之后，在 M2 单元格再次执行相同的提示词后，会出现不符合预期的结果，如图 8.26 所示，求和的范围变成了 L2 : L20。这时需要修改提示词指定准确的求和范围。例如将提示词修改为：统计等级为“优秀”的学生的 K 列奖学金总和，或者修改为：统计等级为“优秀”的学生在 $K$2 : $K$20 范围奖学金总和。为了确保数据区域的正确性，可以在提示词中直接用绝对引用的方式来描述。

	A	B	C	D	E	F	G	H	I	J	K	L	M
1	姓名	学号	离散数学	程序设计基础	高等数学	大学英语	总分	平均分	名次	等级	奖学金	奖学金和	
2	朱巧巧	20231111001	90	64	56	89	299	74.75	17	差	0	5000	0
3	张倩倩	20231111002	91	68	59	89	307	76.7					
4	张迎丽	20231111004	92	72	62	89	315	78.7					
5	耿瑞强	20231111012	93	76	65	76	310	77.					
6	刘超	20231111013	92	80	68	79	319	79.7					
7	宋昊东	20231111015	91	84	71	82	328	82					
8	任艺琴	20231112001	90	88	74	85	337	84.2					
9	杨梦云	20231112003	89	92	77	88	346	86.					
10	张忠萍	20231112004	88	96	80	91	355	88.7					
11	任根存	20231112005	86	94	83	94	357	89.2					
12	尹存明	20231112006	84	92	66	97	339	84.7					
13	郑森红	20231114001	82	90	67	92	331	82.7					
14	程建青	20231114002	80	88	68	87	323	80.7					
15	裴宗丽	20231114003	78	86	69	82	315	78.7					
16	姜蕾蕾	20231114004	76	84	70	77	307	76.75	13	一般	500		
17	王雷	20231114010	74	82	71	75	302	75.5	15	差	0		
18	韩青华	20231114011	72	80	75	73	300	75	16	差	0		
19	卢顺	20231114012	60	78	72	71	281	70.25	18	差	0		
20	李庆盛	20231114013	58	76	74	69	277	69.25	19	差	0		

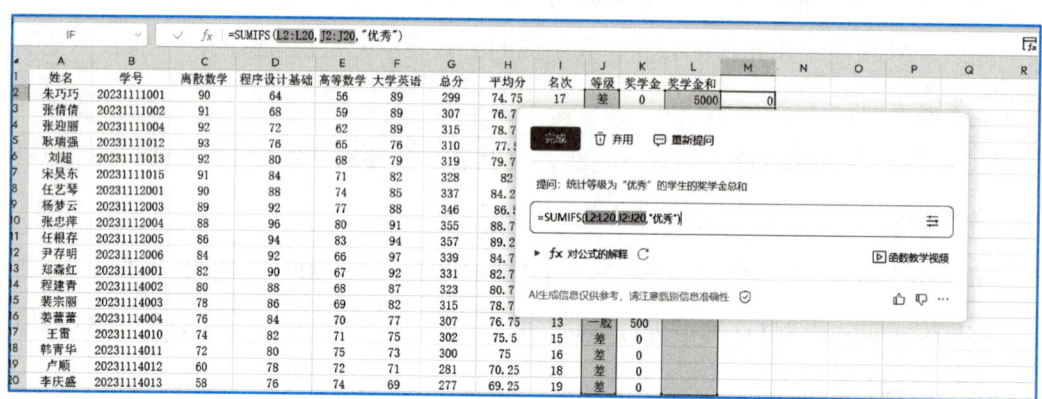

图 8.26　没有精确指定范围时生成的公式

【例 8.5】依据图 8.27 所示的学生基础信息表和图 8.28 所示的专业表，完成专业名称、性别、出生日期、年龄等字段的计算操作。

	A	B	C	D	E	F	G	H	I	J	K	L
1	姓名	学号	身份证号	辅导员	专业名称	性别	出生日期	年龄	辅导员	男生人数	简介	简介
2	朱巧巧	20231111001	******20040121414б	姜珊								
3	张倩倩	20231111002	******200506300020	姜珊								
4	张迎丽	20231111004	******200511275523	姜珊								
5	耿瑞强	20231111012	******200307230058	姜珊								
6	刘超	20231111013	******200410210537	宋小涛								
7	宋昊东	20231111015	******200501267019	宋小涛								
8	任艺琴	20231112001	******200402122044	宋小涛								
9	杨梦云	20231112003	******200504043021	宋小涛								
10	张忠萍	20231112004	******200508020026	孙彦								
11	任根存	20231112005	******200308296817	孙彦								
12	尹存明	20231112006	******200408241819	孙彦								
13	郑森红	20231114001	******200505255520	孙彦								
14	程建青	20231114002	******200508168622	孙彦								
15	裴宗丽	20231114003	******200508310022	杨涛								
16	姜蕾蕾	20231114004	******200509251424	杨涛								
17	王雷	20231114010	******200410140816	杨涛								
18	韩青华	20231114011	******200507201018	杨涛								
19	卢顺	20231114012	******200508283058	杨涛								
20	李庆盛	20231114013	******200510090679	杨涛								

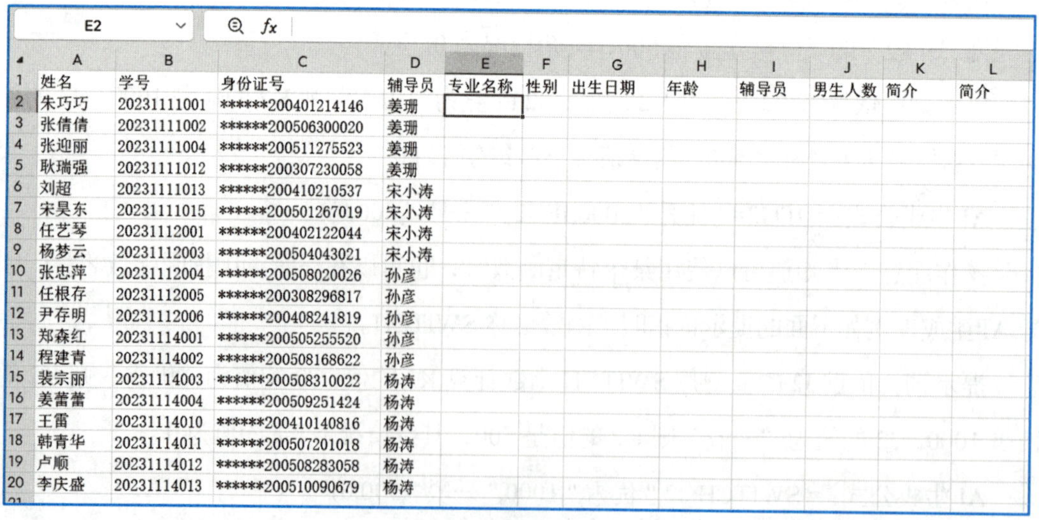

图 8.27　学生基础信息表

任务 1：学生基础信息表中 B 列学号的第 7、8 位表示学生所属专业的专业编码，在图 8.28 所示的专业表中有专业编码和专业名称的对应关系，要求依据学号计算 E 列专业名称。

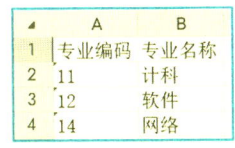

图 8.28 专业表

提示词：提取 B 列学号的第 7、8 两位数值，在专业表的 $A$2：$B$4 范围内查找这两位数值对应的专业名称。

AI 生成公式：= VLOOKUP(MID(B2,7,2),CHOOSE({1,2}, 专业 !$A$2:$A$4, 专业 !$B$2:$B$4),2,FALSE)

操作注意：跨表查询时，要在提示词中指明对应工作表的名称、单元格的范围，清楚地告诉 AI 从哪里取数据，也可以像下面的提示词那样指明利用的函数名称。

提示词：利用 XLOOKUP 函数在专业表查找 B 列学号的第 7、8 两位数值所对应的专业名称，专业表数据区位于 $A$2：$B$4。

AI 生成公式：= XLOOKUP(MID(B2,7,2), 专业 !$A$2:$A$4, 专业 !$B$2:$B$4)

VLOOKUP 是垂直查找函数，用于在表格中按列查找数据。其根据指定的查找值，在表格的第一列中查找匹配项，并返回同一行中指定列的数据。XLOOKUP 不仅可以垂直查找，还可以水平查找、双向查找，甚至可以处理多个查找条件。

任务 2：从身份证号中提取出生日期。

提示词：根据 C 列的身份证号提取出生年月日。

AI 生成公式：= DATE(MID(C2,7,4),MID(C2,11,2),MID(C2,13,2))

任务 3：从身份证号中提取性别信息。

提示词：从身份证号中提取性别信息。

AI 生成公式：= IF(MOD(MID(C2,17,1),2)," 男 "," 女 ")

任务 4：依据身份证号计算年龄。

提示词：依据身份证号计算年龄。

AI 生成公式：= YEAR(TODAY())−MID(C2,7,4)

任务 5：列出 D 列辅导员有哪些。

提示词：列出 D 列辅导员有哪些。

AI 生成公式：= UNIQUE(D2:D20)

操作提醒：提示词也可以用"数据去重，列出 D 列辅导员有哪些"。

任务 6：在 J2 单元格统计男生人数。

提示词：统计 F 列性别为"男"的数量。

AI 生成公式：＝COUNTIF(F2:F20," 男 ")

任务 7：将姓名列、性别列和年龄列组合成形如"姓名：××，性别：×，×× 岁"的句子。

提示词：将姓名列、性别列和年龄列组合成形如"姓名：××，性别：×，×× 岁"的句子。

AI 生成公式：＝CONCAT(" 姓名：",A4,"，性别：",F4,"，",H4," 岁 ")

任务 8：将姓名列、性别列和年龄列组合成形如"姓名：××，性别：×，年龄：×× 岁"的句子。

提示词：将姓名列、性别列和年龄列组合成形如"姓名：××，性别：×，年龄：×× 岁"的句子。

AI 生成公式：＝TEXTJOIN("，",TRUE," 姓 名："&A2," 性别："&F2," 年龄："&H2&" 岁 ")

操作提醒：在电子表格中，TEXTJOIN 和 CONCAT 都是用于合并文本的函数，但它们之间存在一些区别。CONCAT 用于将两个或多个文本字符串合并成一个字符串，不允许指定分隔符，只是简单地将所有文本项连接起来。TEXTJOIN 函数允许指定一个分隔符，并且可以选择是否忽略空白单元格。

任务 9：在 K7 单元格筛选出辅导员为姜珊的学生的姓名和学号信息。

提示词：在 A 列和 B 列中筛选辅导员为姜珊的数据。

AI 生成公式：＝FILTER(A2:B20,D2:D20=" 姜珊 ")

2. AI 条件格式

WPS AI 条件格式是一种通过自然语言与 AI 对话来设置表格单元格格式的功能，用户通过描述他们的需求来快速应用条件格式规则，而无须手动设置复杂的公式或格式选项。通过"开始"→"条件格式"→"AI 条件格式"命令或者"WPS AI"→"AI 条件格式"唤起 AI 条件格式面板。

使用 AI 条件格式设置单元格格式，需要指明操作的对象、对象的条件和进行的操作，例如"把 G 列总分大于 350 的行标记为红色"。用字段名结合列字母的形式明确要操作的对象，如"B 列学号"；用"设置""标记""把…设置为"等来指明进行的操作；要清晰地说明对象的条件，如"大于 330""前 5 项"等；使用"填充""底纹"等表格相关术语。

【例 8.6】对图 8.25 所示的课程成绩表，完成条件格式设置，具体要求见下面的任务。

任务 1：将总分大于 330 的行填充为绿色。

提示词：把 G 列总分大于 330 的整行标记为绿色。

弹出的 AI 条件格式的区域、规则和格式如图 8.29 所示，确认条件格式无误后，单击"完成"按钮。需要注意的是，确认条件格式效果时，一方面需要确认条件格式生成预览效果是否符合要求，总分大于 330 的行是否已标绿色，另一方面，确认条件的设置区域、规则、格式参数值是否符合要求。

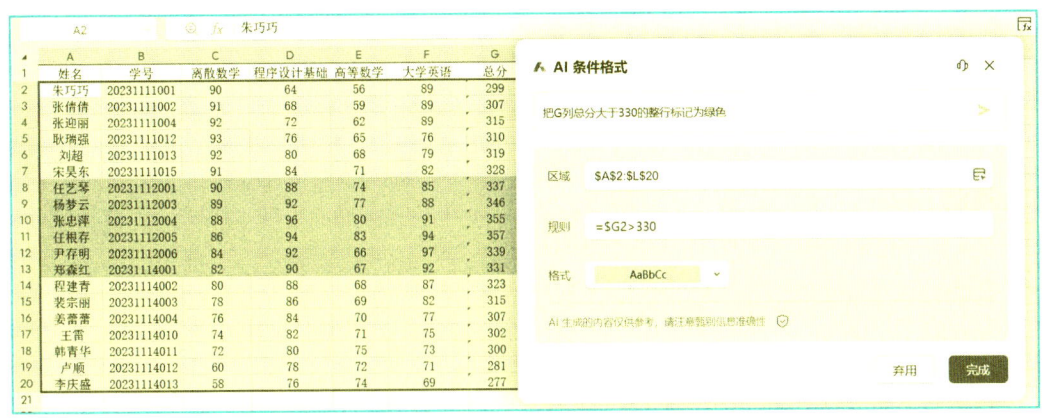

图 8.29　任务 1 弹出的 AI 条件格式

任务 2：将 C 列到 F 列中成绩小于 60 的单元格标记为红色底纹、白色字体。

提示词：将 C 列到 F 列中成绩小于 60 的单元格设置为红色底纹、白色字体。

AI 条件格式的区域、规则和格式如图 8.30 所示。

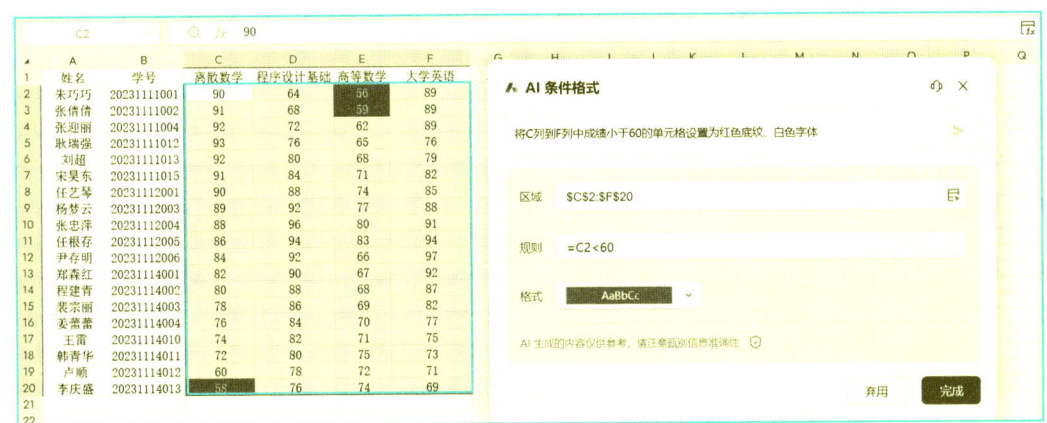

图 8.30　任务 2 弹出的 AI 条件格式

任务3：将C列到F列中成绩小于60的学生在A列的姓名标记为红色填充。

提示词：将C列、D列、E列和F列中成绩小于60的学生在A列的姓名设置为红色底纹。

AI条件格式的设置如图8.31所示。

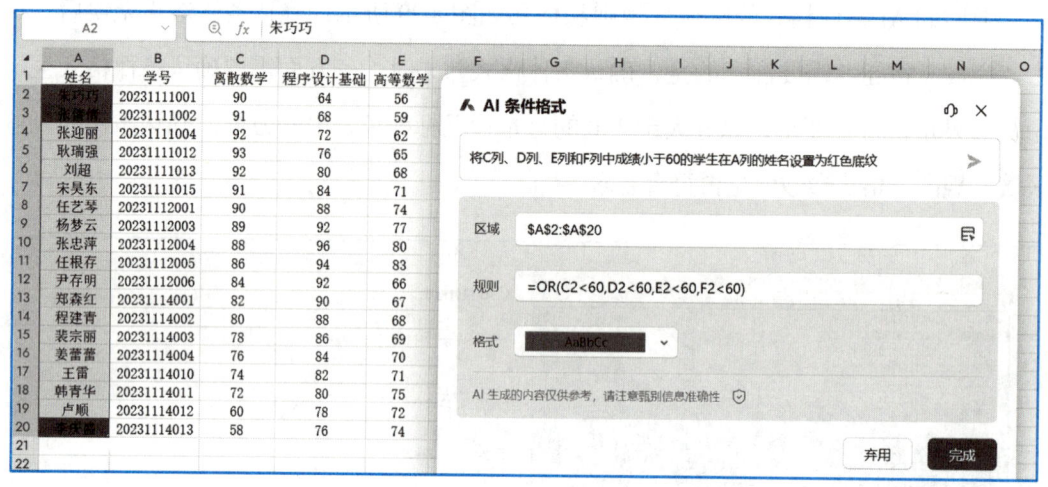

图8.31　任务3弹出的AI条件格式

3. 智能分析

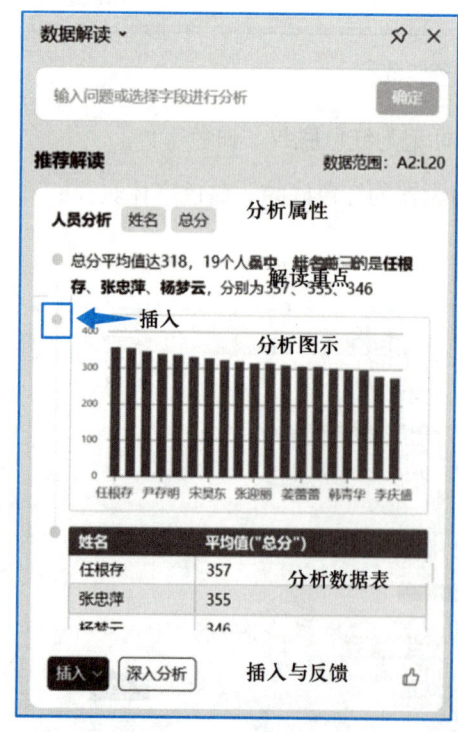

图8.32　数据解读面板

单击"数据"选项卡中的"智能分析"，界面右侧会弹出"数据解读"面板，并生成AI对显示数据推荐解读的内容。AI会生成多个推荐的分析点，每个分析点由分析属性、解读重点、分析图示、分析数据表、插入与反馈5个部分构成，如图8.32所示。其中，解读重点、分析图示和分析数据表的左上角分别有个圆形图标表示的插入按钮，方便单击插入相应的内容。例如，如果只是插入推荐解读的分析图示，只需单击如图8.32所示的圆形按钮即可将该图插入到工作表中。

单击每个分析点最下面的"插入"按钮可以将该分析点的完整内容插入到工作表中或单击旁边的向下箭头插入到新建工作表中，插入后的效果如图 8.33 所示。

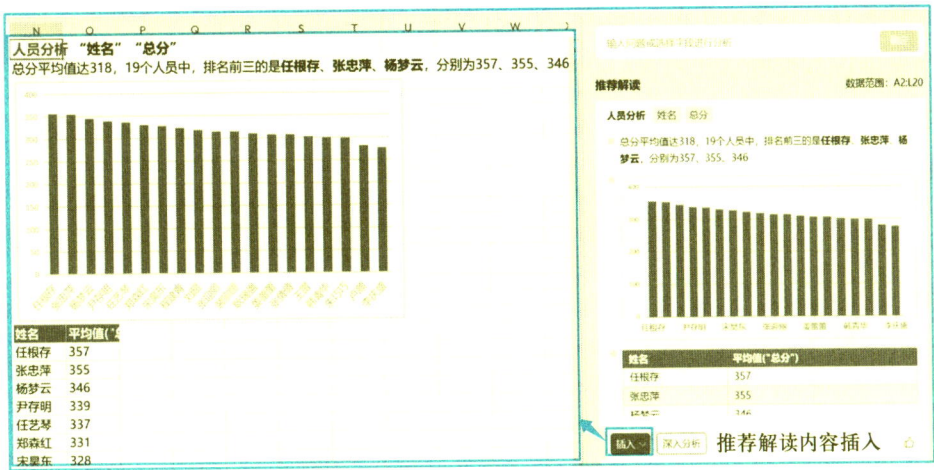

图 8.33　推荐解读内容插入后的效果图

如果推荐的分析不能够满足需求，可以通过"字段图谱"进一步按需选择分析的维度让 AI 帮助分析。

【例 8.7】分析总分和奖学金的相关性。这里可以采用两种方式来实现。

方式 1：单击"数据"→"智能分析"，选择"数据解读"。在右侧"数据解读"中选择字段图谱，选中"总分"和"奖学金"两个字段，在下方会呈现出数据解读的内容，单击相关解读下面的"插入"按钮将相关分析插入到工作表中，如图 8.34 所示。

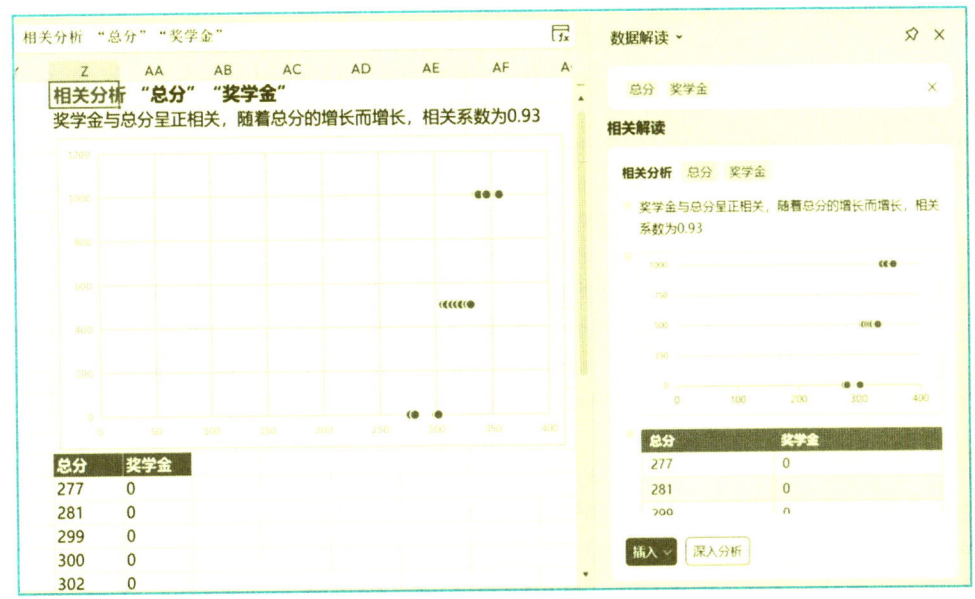

图 8.34　总分和奖学金相关分析

第 8 章　AI+教育　279

方式 2：单击"数据"→"智能分析"，选择"字段图谱"。这时会将数据的字段图谱显示在下方，在其中单击"总分"和"奖学金"两个字段，如图 8.35 所示，在右侧也同样会呈现出数据解读的内容。在字段图谱中再次单击已选择的某个字段，可以取消该字段的分析。

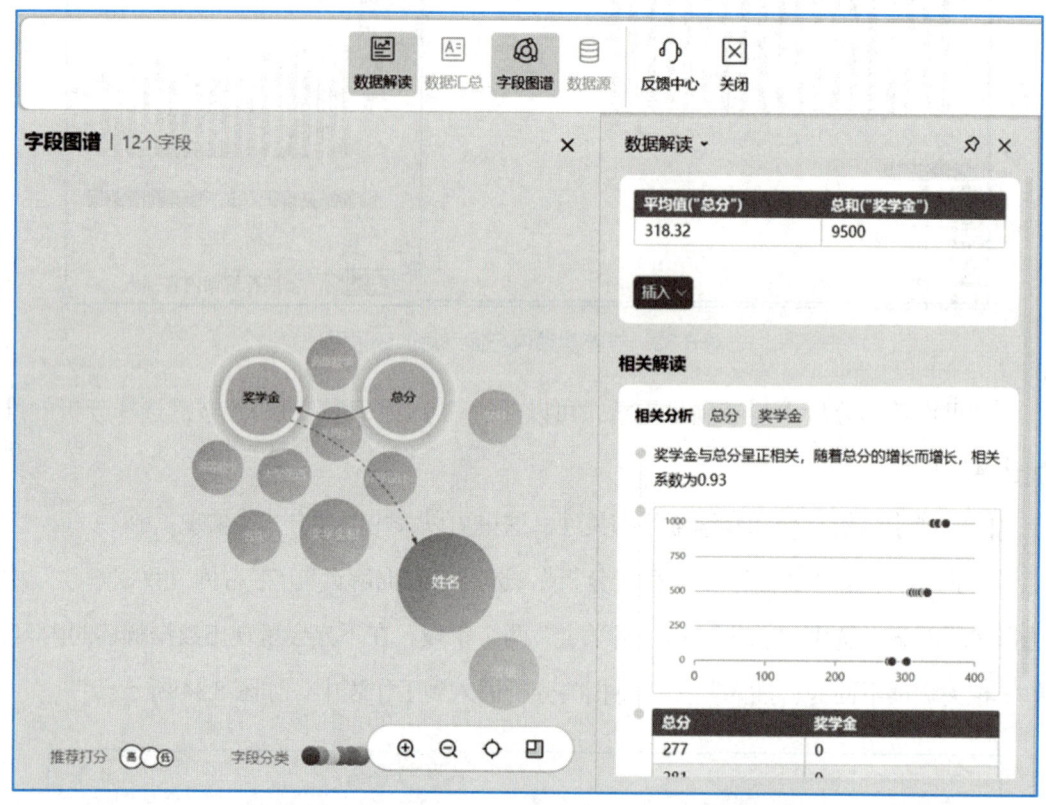

图 8.35　在字段图谱中选择了总分和奖学金的相关分析

8.3.3　WPS AI 演示应用

演示文稿是日常课堂讲课、展示策划、宣讲内容、学术报告的重要工具。利用 WPS AI，能够快速生成适应多种需求的高质量演示文稿。

1. AI 生成 PPT

在 WPS 中单击"新建"→"演示"菜单，出现新建演示文稿界面，这时既可以在其中选择"AI 生成 PPT"，打开"AI 生成 PPT"面板，也可以先选择"空白演示文稿"，在随后的菜单中选择"WPS AI"→"AI 生成 PPT"→"主题生成 PPT"，进入"AI 生成 PPT"面板，如图 8.36 所示。

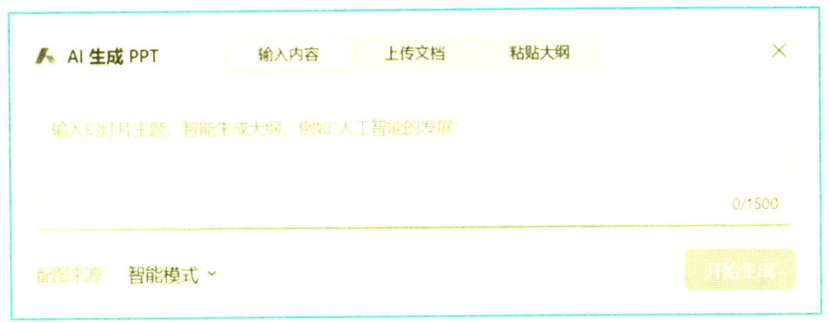

图 8.36　AI 生成 PPT 面板

先在面板的文本框中输入幻灯片主题，然后单击"开始生成"按钮，WPS AI 可以根据输入的主题智能地生成幻灯片大纲供预览和修改。修改完毕幻灯片大纲，再单击"挑选模板"，选择需要的演示文稿模板，单击"创建幻灯片"，WPS AI 即可根据修改的大纲和选择的模板快速生成演示文稿。

【例 8.8】为了响应全民健身的号召，学校计划 5 月 10—15 日在全体师生范围内举办一次乒乓球比赛，教职工和学生单独分组，制作用于展示本次乒乓球比赛策划方案的 PPT。

步骤 1：输入主题，生成幻灯片大纲。

在"AI 生成 PPT"面板单击"输入内容"，在中间的文本框中输入主题，如图 8.37 所示。

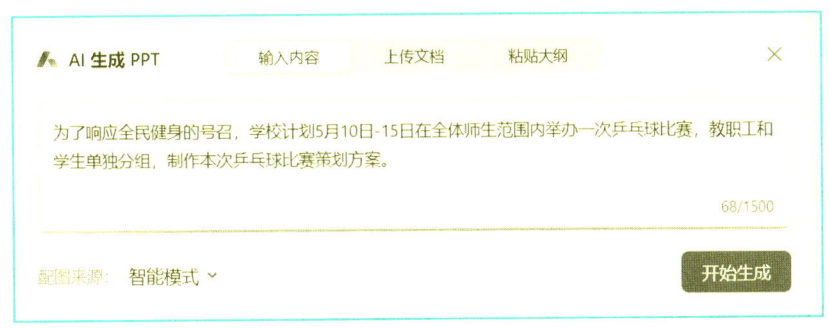

图 8.37　在面板中输入内容的界面

除了直接输入内容，也可以通过单击上方的"上传文档"，利用已有的文档来生成幻灯片大纲，或通过单击"粘贴大纲"，复制粘贴在别处创建的大纲。单击"开始生成"按钮，生成幻灯片大纲，如图 8.38 所示。

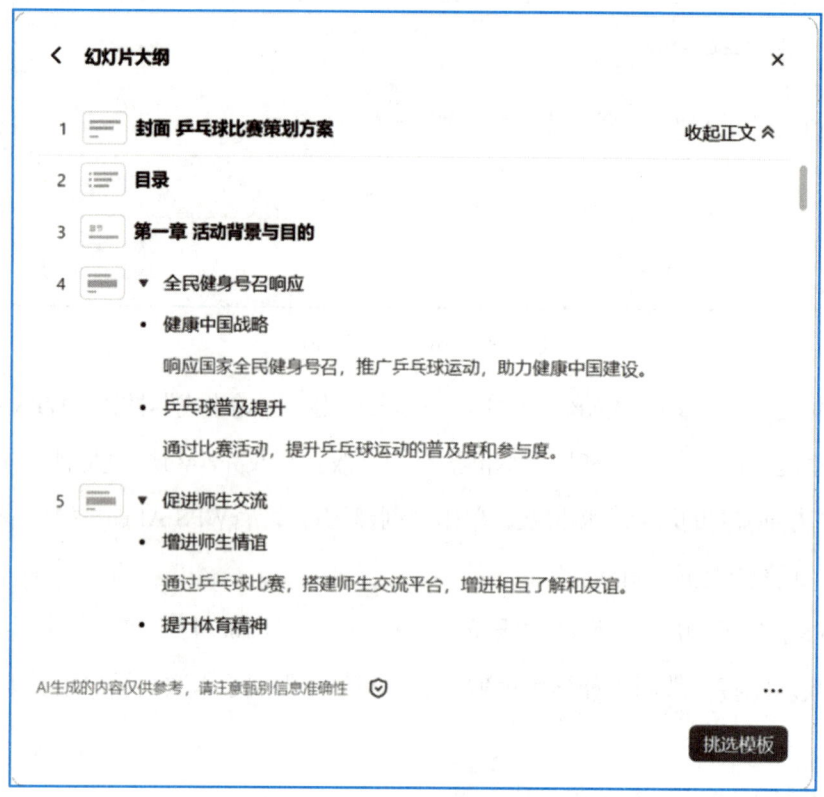

图 8.38　生成幻灯片大纲

步骤 2：修改幻灯片大纲。

若需要修改 AI 生成的内容，在幻灯片大纲中单击相应位置可以修改该位置的内容。

每张幻灯片的结构如图 8.39 所示。最上面是幻灯片的编号和标题。单击每张幻灯片标题右侧的"…"按钮，可以对当前幻灯片进行操作。例如，修改当前幻灯片的位置，进行上移或者下移操作，也可以复制该幻灯片或者删除该幻灯片。标题的下面是该张幻灯片的要点和相应的内容。将鼠标移动到某个要点上，可以看到左侧的"+"和右侧的"…"按钮。单击左侧的"+"按钮，可以添加要点；单击右侧的"…"按钮，可以改变当前要点的级别或者移动要点的位置，或者删除该要点。

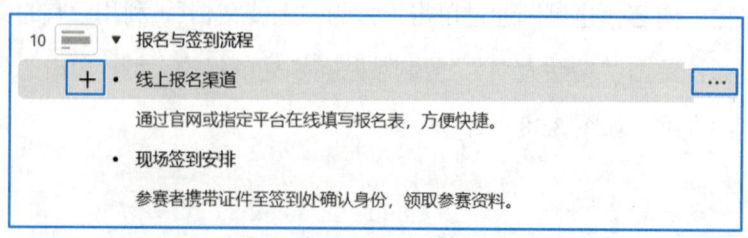

图 8.39　幻灯片结构

步骤3：挑选模板。

修改完毕幻灯片大纲，再单击图8.38中的"挑选模板"按钮，选择需要的幻灯片模板。模板可以采用推荐的模板，也可以上传模板或者自定义模板。使用推荐模板时可以通过"风格"和"颜色"下拉菜单选择相应的风格和颜色。

步骤4：创建幻灯片。

选择完模板单击"创建幻灯片"，WPS AI即可根据修改的大纲和选择的模板快速生成演示文稿，生成的幻灯片如图8.40所示。

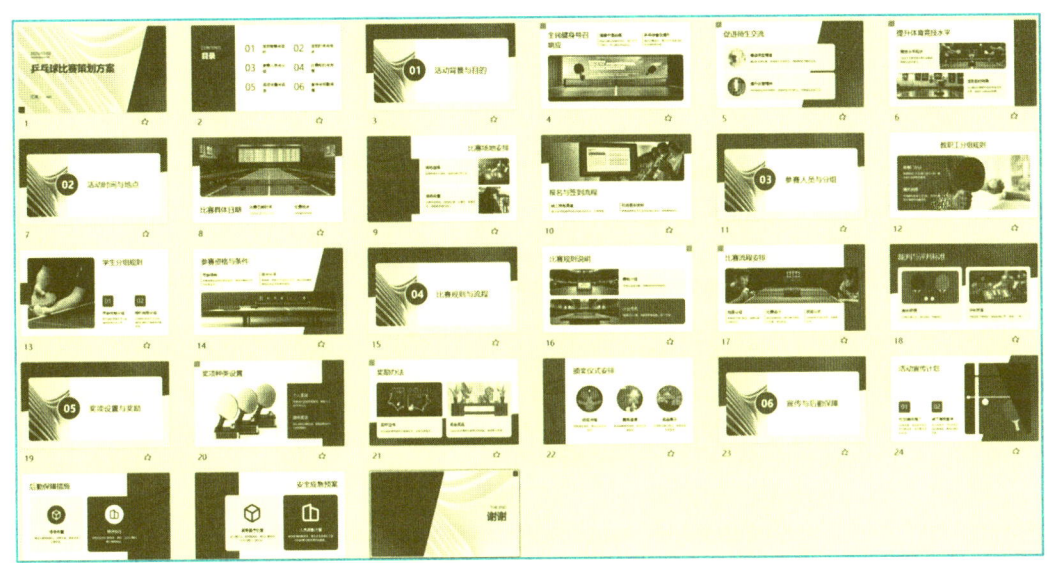

图8.40　AI生成的幻灯片

2. 生成单页PPT

WPS AI除了能够制作整体的演示文稿，也能针对简单文字说明、数据展示或包含图表的内容，生成相应的单页PPT。

【例8.9】生成关于"冬季校园防火安全教育"主题的单页幻灯片。

步骤1：打开"AI生成单页"面板。

在演示文稿中，单击"WPS AI"→"AI生成单页"，打开"AI生成单页"面板。

步骤2：输入主题。

在"AI生成单页"面板，选择面板上的"主题生成"，在面板的文本框中输入主题"冬季校园防火安全教育"，如图8.41所示。单击面板右下角的"智能生成"按钮，AI生成该主题的单页幻灯片大纲内容，如图8.42所示。

第8章　AI+教育　　283

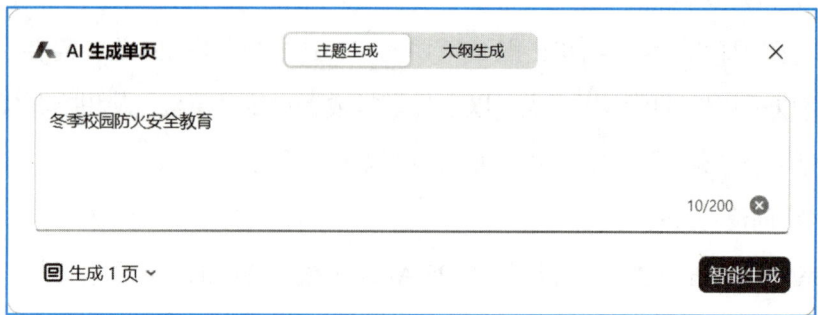

图 8.41　在 AI 生成单页面板中输入主题

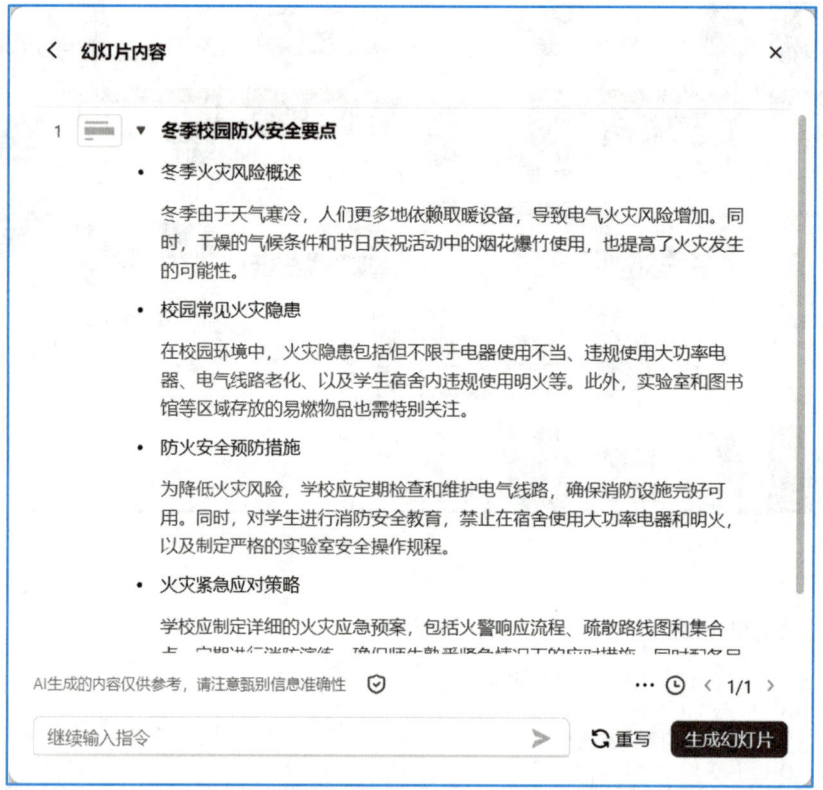

图 8.42　AI 生成单页幻灯片内容

步骤 3：生成幻灯片。

修改完善大纲内容后，单击"生成幻灯片"按钮，得到如图 8.43 所示的单页幻灯片。

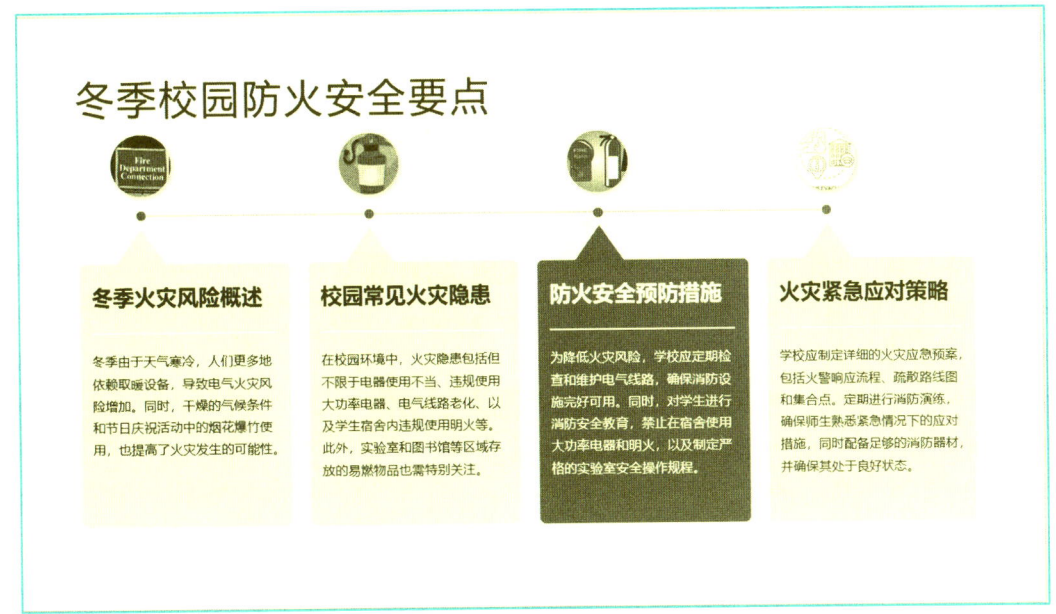

图 8.43　AI 生成的单页幻灯片

除了在"AI 生成单页"面板中利用主题或大纲生成单页幻灯片，也可以将表格数据复制到演示文稿中，全选表格，在右侧浮动选项卡中会出现选择如图 8.44 所示的"AI 表格解读"按钮。

姓名	耗材费	交通费	住宿费	餐饮费	通信费	总费用
李辉	142	158	320	186	70	876
张天宇	138	1530	1280	290	150	3388
高伟伟	298	509	640	425	45	1917
张敏	221	286	180	198	50	935
杜乐	197	1046	720	436	80	2479
赵阳	309	1360	960	1083	160	3872
杨晓东	179	130	480	305	59	1153
杨阳	100	40	500	310	60	1010

图 8.44　AI 表格解读功能

WPS AI 的"AI 表格解读"功能能够自动识别和分析表格数据，并将其转化为视觉元素或文本描述，从而快速得到一张数据展示和解读的单页幻灯片。单击"AI 表格解读"按钮后创建的幻灯片如图 8.45 所示。

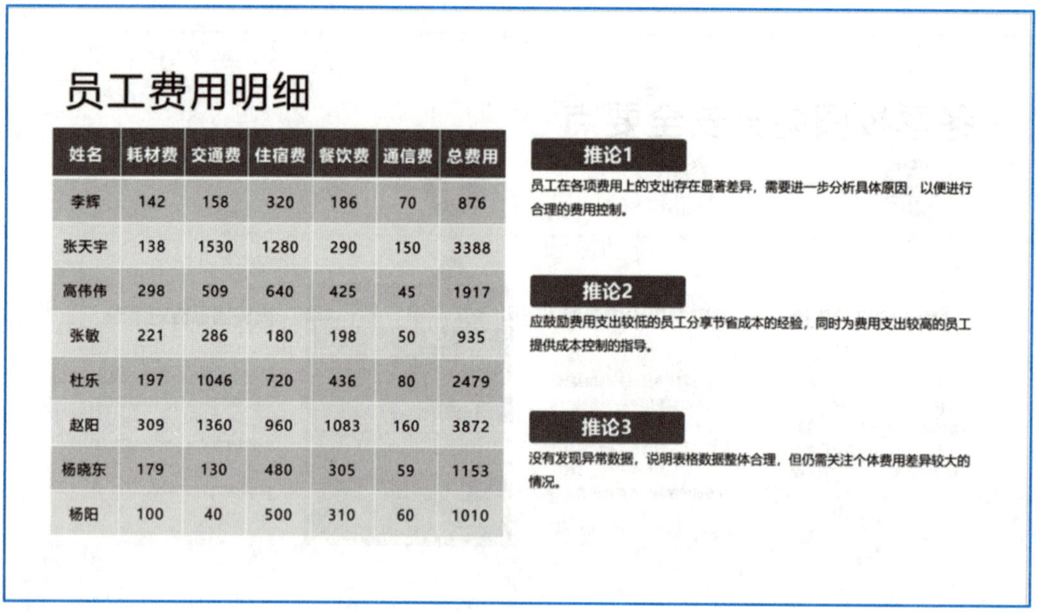

图 8.45　AI 表格解读生成的单页幻灯片

8.3.4　WPS 灵犀

WPS 灵犀是由金山办公研发的 AI 办公助手，是基于人工智能技术构建的文档处理与内容创作协同工具。WPS 灵犀以自然语言理解、上下文关联分析为核心技术框架，通过智能内容生成与多源信息整合能力，专注于提升用户文档处理效率及创作质量。其功能覆盖文档全生命周期管理、结构化文本生成、跨平台信息检索三大维度，与 WPS Office 形成功能互补。

在文档处理领域，WPS 灵犀可解析用户提出的操作疑问，针对格式规范、功能调用等需求提供标准化解决方案，同时通过语义分析自动关联文档上下文内容，提出流程优化建议。对于内容创作场景，该系统具备全流程辅助能力：在构思阶段生成选题框架，撰写阶段实时提供语句优化建议与逻辑连贯性检测，终稿阶段进行语体校准与语义查错。信息检索功能则整合互联网开放资源与本地文档库，实现多模态数据定向抓取，并生成结构化摘要与可信度评估报告。

打开 WPS 灵犀，在左侧边栏可以看到"新话题""AI 写作""AI PPT""AI 搜索""AI 阅读"等功能。下面以 AI 写作为例说明使用 WPS 灵犀的步骤。

【例 8.10】以"DeepSeek 大模型 5 个主要应用领域"为主题生成思维导图。

步骤：在 WPS 灵犀侧边栏单击"AI 写作"，在右侧 AI 写作面板中单击"生成思维导图",在下面的文本框中输入要生成思维导图的主题:"DeepSeek 大模型 5 个主要应用领域",如图 8.46 所示。输入完成后单击发送按钮,AI 生成思维导图。可以对生成的思维导图进行下载、复制或复制文本等操作。

图 8.46　AI 写作中的生成思维导图功能

需要说明的是,WPS 灵犀定位于智能辅助范畴。当用户需要文字排版、公式编辑、动画设置等具体文档操作时,要到 WPS Office 中完成。WPS 灵犀是通过 AI 技术降低文档处理复杂度,而非取代专业办公软件功能。其技术实现依托 Transformer 模型架构与亿级文档语料的训练,在中文语境适配性、多源数据融合与验证等方面具有显著优势。

8.4　未来发展与潜在问题

教学课件:
8.4 未来发展与潜在问题

在关注并挖掘人工智能技术在教育领域发展前景的同时,还需要关注很多问题,包括但不限于保障信息安全、谨防对人工智能的过度依赖、以人为本并坚持教育本质。

1. 保障信息安全

随着教育领域对人工智能的依赖加深,教育机构越来越多地依赖于数据驱动的决策和教学方法。这涉及大规模收集和分析学生的学习习惯、成绩记录、个人信息等各种教育数据。这些数据的安全性至关重要,因为它们包含大量敏感信息,不仅关乎学生的学业成绩,还涉及他们的心理健康、家庭背景及其他私人信息。一旦这些敏感数据被非法访问或不当使用，后果可能非常严重，不仅可能导致学生和家长的隐私被泄露，还可能引发社会对学校的信任危机。例如，如果黑客攻击学校数据库，获取并公开学生信息，这将严重侵犯学生的隐私权，并可能对学生的生活造成长期的负面影响。

此外，如果教育数据中包含未经检查的社会偏见，如性别、种族、经济背景等因素导致的歧视，人工智能系统在未经纠正的情况下可能会无意中将这些偏见放大。例如，如果一个算法模型在处理入学申请时未能正确处理来自不同背景的申请者的数据，它可能会加剧教育不公，从而导致某些群体在教育资源获取上处于不利地位。因此，加强数据保护措施是必要的。这包括实施严格的数据访问控制、使用加密技术保护数据安全、定期进行数据安全培训以提升教育工作者的数据保护意识。同时，确保数据处理的透明度和公正性也非常关键。

2. 谨防过度依赖

虽然人工智能在教育领域的应用可以带来诸多便利，如快速且"精准"的教学资源推送，它也可能导致一些不利的副作用。特别是，过度依赖人工智能系统可能会对学生和教师的发展产生限制性影响。

对于学生而言，人工智能系统通常提供预设的学习路径和即时解答，这虽然可以帮助学生快速掌握知识点，但同时也可能减少他们自主探索和学习批判性思维的机会。学生可能变得习惯于接受系统提供的答案而不是自己去挖掘问题的根源，这种情况长此以往可能导致思维的惰性，削弱他们解决复杂问题和创新思考的能力。

对于教师而言，虽然人工智能可以减轻他们的部分工作负担，如自动化的成绩评估和资料整理，但过度依赖这些系统也可能使教师减少对教学内容和方法的创新和个性化调整。教师的角色可能逐渐从主动的教育者转变为被动的信息传递者，这不仅限制了教师的专业发展，也可能影响到教学的质量和效果。教师的创新精神和教学热情是提升教育质量的关键因素，而过度依赖技术可能会削弱这些因素的影响力。

因此，尽管人工智能技术为教育领域带来了显著的效率提升，教育工作者和政策制定者需要谨慎考虑如何平衡技术使用和教育的本质。这要求我们不仅要关注技术的集成和应用，更要重视培养学生的自主学习能力和教师的创新教学能力，以确保教育技术的应用能够真正促进学生全面发展和提高教育质量。

3. 坚持教育本质

尽管人工智能在教育中的应用带来了许多便利，比如个性化学习方案和效率的显著提高，但我们必须牢记教育的核心应当保持人本主义的原则。教育的本质在于促进人的全面发展，这不仅包括学术知识的掌握，还涵盖情感、社交、道德和认知等多方面的成长。这些元素共同构成了一个均衡发展的个体，是任何技术难以完全替代的。

在这个基础上，人工智能应当被视为一种支持工具，它的角色是辅助教师和学生更有效地达成这些教育目标。例如，AI可以处理大量数据并进行分析，帮助教师识别学生的学习习惯和潜在的难点，从而使教师能够更有针对性地进行教学设计。同时，AI也能提供定制化的学习资源，帮助学生在自己的学习路径上更加自主地前进。然而，这些技术的辅助性质应该始终被明确，以确保它们不会取代教师在教学过程中的指导和学生之间的互动。

教育技术的应用应当增强师生互动，而非替代真实的人际交流和深度思考。真正的学习不仅仅是知识的积累，更是通过交流、讨论和合作来发展批判性思维和解决问题的能力。人与人之间的互动带来的启发和情感支持是人工智能所难以复制的。因此，我们应当谨慎地设计人工智能在教育中的应用，确保它们增强而非削弱教育过程中的人际元素。

通过这样的平衡，我们可以确保技术的进步服务于教育的根本目的——培养全面发展的个体，而不是简单地追求技术的应用。这种以人为本的教育理念将帮助学生在技术日益发展的未来中，保持人的独特性和创造力。

8.5 本章小结

在本章中，我们深入探讨了智能教育的发展历程，以及对传统教育行业的影响。我们通过具体实例展示了人工智能技术如何革新传统教学方式，提高教育质量和效率。我们探讨了AI在个性化学习、智能辅导等方面的应用，以及虚拟现实技术在模拟实验和历史重现中的使用。此外，本章也详细讨论了智能教育实施过程中需要关注的关键问题，包括数据安全问题，对AI的依赖性问题，以及教育的育人本质问题。

通过本章的讨论，我们认识到智能教育虽然提供了许多机遇，但也伴随着挑战。展望未来，教育者和技术开发者需要携手合作，不断优化智能教育解决方案，确保技术的进步能够真正服务于教育的核心价值和目标，促进每一个学生的全面发展。

思考与练习

1. 举例说明 WPS 灵犀能做什么。
2. 结合自己的专业,简述人工智能在自己的学习中能提供哪些帮助。
3. 人工智能在教育中的应用可能带来哪些潜在问题?

第 9 章 AI + 交通

9.1 智能交通概述

教学课件：
9.1 智能交通概述

交通是现代社会的重要组成部分，直接关系到人们的出行、城市发展和经济运行。然而，传统交通系统面临交通拥堵、交通事故、能源消耗等问题，给人们的生活和城市运行带来许多挑战。随着人工智能技术的迅猛发展，人工智能相关的视觉识别、深度学习、大数据分析、智能语音等技术在智能交通系统、车路协同、云交通系统中的应用，为解决城市交通拥堵、系统管理水平低等问题提供了新的解决方案。

9.1.1 智能交通的发展

智能交通的发展经历了如图 9.1 所示的 5 个阶段。

交通信息化	交通网络化	交通智能化	交通自动化	交通智慧化
20世纪80—90年代	21世纪初	21世纪10年代	20世纪20年代至今	未来
·高速公路ETC收费 ·信号灯定时控制 ·交通流量监测	·GPS定位 ·交通信息发布 ·交通导航 ·公共交通调度	·智能信号灯 ·智能停车 ·共享出行平台 ·拥堵预测、事故预警	·自动驾驶 ·车联网V2X ·全自动交通管理 ·智能物流、无人配送	·智慧城市一体化交通系统 ·零排放、低能耗绿色交通 ·个性化出行

图 9.1 智能交通的发展阶段

1. 交通信息化阶段（20 世纪 80—90 年代）

这是智能交通的起步阶段，主要特征是交通信息的数字化和初步的电子化管理。

这一时期主要借助早期的交通监控摄像头，实现电子收费系统（electronic toll collection，ETC）、交通信号控制系统，主要应用在高速公路电子收费，城市交通信号灯的定时控制和简单的交通流量监测。

这一时期的交通系统以硬件设备为主，信息化程度较低，数据采集和处理能力有限，缺乏实时性和智能化。

2. 交通网络化阶段（21 世纪初）

随着互联网和通信技术的发展，交通系统开始实现网络化，数据共享和实时通信成为可能。这一阶段的主要技术包括全球定位系统（global positioning system，GPS）定位技术、移动通信技术（2G/3G）和交通信息发布系统（如电子显示屏、广播）等。应用场景有实时交通导航（如车载导航系统）、交通信息发布平台（如路况广播、交通 APP）、公共交通调度系统等。

数据开始实现实时传输和共享，用户可以通过网络获取交通信息，交通管理从局部向区域协同发展。

3. 交通智能化阶段（21 世纪 10 年代）

这一阶段，人工智能、大数据和物联网技术的引入，使交通系统具备了初步的智能化能力。人工智能算法（如交通流量预测）初步用于智能信号灯（根据实时交通流量调整信号）、智能停车系统、共享出行平台（如网约车、共享单车）。交通大数据分析也用于如拥堵预测、事故预警等场景。

2015 年开始，我国政府陆续出台相关政策法规，给智慧交通行业发展带来较好的政策环境。交通运输部在 2015 年部署交通运输工作明确以智慧交通为主战场，提升交通运输信息化智能化水平，推动京津冀、长三角等重点区域率先实现交通一卡通。2016 年《推进"互联网＋"便捷交通促进智能交通发展的实施方案》要求建设智能路侧设施，加强车路协同技术应用，推动汽车自动驾驶，推进制定人车路协同（Vehicle to Everything，V2X）国家通信标准和设施设备接口规范。2017 年《汽车产业中长期发展规划》提出以新能源汽车和智能网联汽车为突破口，引领产业转型升级。2018 年《车联网（智能网联汽车产业）发展行动计划》提出到 2020 年实现车联网产业跨行业融合，推动智能网联汽车技术发展。

4. 交通自动化阶段（21 世纪 20 年代至今）

2020 年以来，我国智慧交通相关政策频出，智慧交通基础建设成为行业发展重点。

2021 年《国家综合立体交通网规划纲要》提出到 2035 年基本实现国家综合立体交通基础设施要素全周期数字化，建成泛在先进的交通信息基础设施，推动智能网联汽车技术达到世界先进水平。同年修订的《中华人民共和国道路交通安全法》新增自动驾驶相关法规，明确自动驾驶汽车在交通事故中的责任认定。

2022年《自动驾驶汽车运输安全服务指南（试行）》鼓励在条件相对可控的场景使用自动驾驶汽车从事出租汽车客运经营活动。

2023年交通运输部《关于推进公路数字化转型加快智慧公路建设发展的意见》推动公路智能建造、智慧养护、智慧出行和智慧治理，提升公路全要素动态感知能力和路网管理智能化水平。

在技术方面，随着大数据、计算机视觉、语音识别与自然语言处理、深度学习机器人及技术等智能算法的成熟，人工智能技术可以广泛辅助交通运输行业进行智慧提升。深度学习作为机器学习中一种对数据进行表征学习的算法，通过对大量历史数据进行识别与分析，替代人力完成自动化操作，用于路况识别、高级驾驶辅助系统、路径规划等；语音识别与自然语言处理技术，使机器具备理解并解析人类语言的能力，可以应用于车载娱乐系统、货物追踪系统等服务领域；基于图像处理的计算机视觉技术可应用于路况检测、安检扫描、流量监控等；大数据分析技术可应用于运输设备的从维护预测到运输过程中的路线优化、时间预测。

这一阶段自动驾驶技术逐步成熟和普及，交通系统向全面自动化和智能化迈进。主要技术包括高级人工智能方法（深度学习、强化学习）、自动驾驶技术（L4/L5级别）、5G通信技术、车路协同技术以及边缘计算。

应用场景主要包括无人驾驶出租车、公交车和物流车辆。车路协同系统（车辆与基础设施实时交互）、全自动交通管理（如无信号灯交叉路口）、智能物流和无人配送等。

5. 交通智慧化阶段（未来展望）

未来的智能交通将深度融合人工智能、物联网、区块链等技术，实现交通系统的全面智慧化。量子计算、区块链将用于交通数据安全和共享，高级人工智能具备更强的学习和决策能力，可持续能源技术（如氢能、太阳能）也将得到广泛应用。自动驾驶完全普及，实现智慧城市中的一体化交通系统，实现零排放、低能耗的绿色交通，个性化出行服务（如定制化交通方案）成为可能。

9.1.2 智能交通系统

智能交通系统（intelligent transportation system，ITS）是智能交通理念的具体化和技术实现。智能交通系统通过整合和应用各种新技术，提升交通运输的智能化水平，实现交通信息的快速传递和处理，从而提高交通效率、减少交通负荷和环境污染、保证交通安全。许多国家在政策激励下，相关高校、研究机构和企业纷纷投入智能交通系统的研究与建设中，我国智能交通系统也正在大规模建设与应用中。

1. 什么是智能交通系统

智能交通系统基于较为完善的公路、铁路、机场、通信和港口等基础设施设备，将先进的信息技术、电子传感技术、数据通信技术、自动控制技术、卫星导航与定位技术、运筹学、人工智能和计算机技术等有效地集成运用于整个交通运输、服务控制和车辆制造，从而构建一种在大范围、全方位发挥作用的实时、高效和准确的综合运输管理系统。

智能交通系统囊括众多分支系统，主要包括出行者信息系统、交通管理系统、公共运输系统、车辆控制和安全系统、不停车收费系统、应急管理系统以及商用车辆运营系统等。此外，智能交通系统还可以细分为智能交通控制子系统、智能公共交通子系统、智能车辆导航子系统、智能停车管理子系统以及智能交通安全监控子系统等多个子系统。

2. 智能交通系统架构

智能交通系统需要整合硬件设备、网络传输、软件开发、信息服务、系统集成等多个产业领域的技术，结合人工智能技术对数据进行分析，最终实现终端应用，其架构如图 9.2 所示。主要分为如下几个层次。

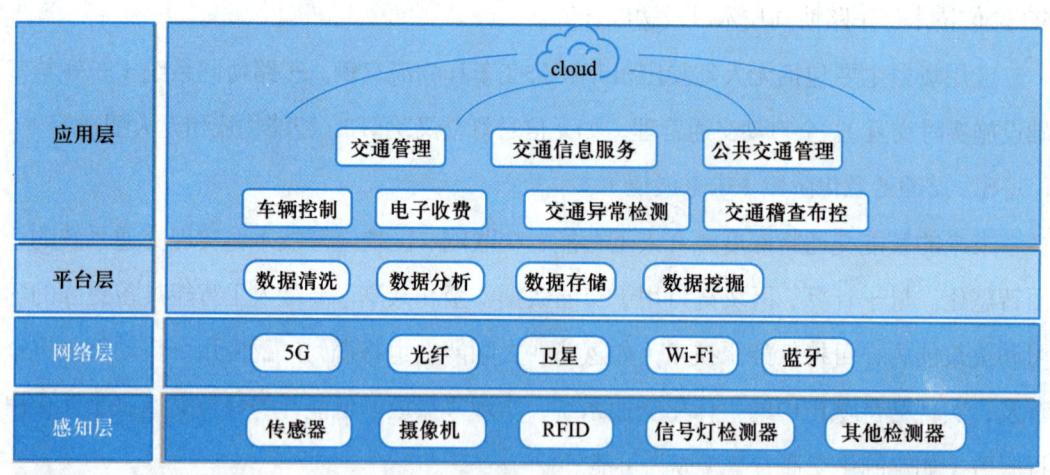

图 9.2 智能交通系统架构（图片来源于网络）

① 感知层：通过各种硬件设备，如交通流量传感器、速度传感器、车牌识别系统、视频监控摄像头、红绿灯信号检测器、RFID 射频识别标签等，实时采集道路状况、交通流量、车辆信息、气象条件等交通数据。为智能交通系统提供原始、准确的交通数据，是系统决策和控制的基础。

② 网络层：实现将感知层设备采集到的数据传输到数据中心或处理中心。通信方式包括无线通信（如4G、5G、Wi-Fi、蓝牙等）、光纤网络、卫星通信等。确保交通数据的实时、准确、高效传输，为智能交通系统的远程监控和管理提供通信支持。

③ 平台层：对采集到的数据进行清洗、整合、分析和挖掘。基于数据分析结果，为交通管理和服务提供决策支持，并负责存储交通数据，为历史数据分析和未来预测提供支持。

④ 应用层：对采集到的交通数据进行处理和分析，根据分析结果，对交通信号、车辆等进行智能控制，优化交通流，并向交通参与者提供实时的交通信息、路况播报、路径规划、导航等服务。

智能交通系统主要包括以下子系统。

（1）交通管理系统（ATMS）。

功能：用于检测、控制和管理公路交通，提供通信联系。

应用：实时监视交通状况、交通事故、气象状况和交通环境，根据收集到的信息对交通进行控制，如信号灯控制、发布引导信息、道路管制、事故处理与救援等。

（2）交通信息服务系统（ATIS）。

功能：向交通参与者提供实时的交通信息、公共交通信息、换乘信息、交通气象信息、停车场信息以及与出行相关其他信息。

应用：通过部署在道路上、车上、换乘站上、停车场上以及气象中心的传感器和传输设备，采集交通信息，并进行处理后实时发布。

（3）公共交通系统（APTS）。

功能：采用智能技术，促进公共运输业的发展，实现公交系统的安全、便捷、经济、运量大。

应用：通过个人计算机、闭路电视等向公众提供出行咨询，在公交车站通过显示器向候车者提供公交车辆的实时运行信息，在公交车辆管理中心根据车辆的实时状态合理安排发车、收车等计划。

（4）车辆控制系统（AVCS）。

功能：帮助驾驶员实行车辆控制的各种技术，使汽车行驶安全、高效。

应用：结合传感器、计算机、通信、电子自动控制技术，实现防撞警示、自动停放车辆、车与车间/路路间通信、自动车辆检测、自动横向和纵向控制等功能。

（5）电子收费系统（ETC）。

功能：实现车辆通过路桥收费站不需停车即可交纳路桥费的目的。

应用：通过安装在车辆挡风玻璃上的车载器与在收费站 ETC 车道上的微波天线之间的微波专用短程通信，利用计算机联网技术通过银行进行后台结算处理。

（6）交通异常检测系统。

功能：在发生交通事故或紧急情况时，能够快速响应并采取相应措施。

应用：包括车辆故障与事故救援、应急车辆交通信号诱导、应急车辆定位与调度管理、地理信息系统（GIS）应用、应急物资配置和调度、应急车辆通信、事件自动监测、最佳线路引导、突发事件应急指挥等。

（7）智能交通缉查布控系统。

功能：规范各类机动车监控系统，实现被盗抢、事故逃逸等涉案车辆信息的迅速发布、布控、缉查、报警。

应用：通过卡口系统（公路车辆智能监测记录系统）对道路上行驶的车辆进行监测，实时记录车辆的图像、号牌信息，形成车辆轨迹数据。

总之，智能交通系统架构是一个多层次、综合性的框架，通过感知层、网络层、平台层、应用层等各层级的协同工作，实现交通系统的智能化、高效化和安全化。

9.1.3　智能交通的应用

智能交通的应用范围广泛，涵盖了交通管理、出行服务、物流优化等多个领域。

1. 交通流量管理与优化

智能交通系统通过实时数据分析和预测模型，优化路网利用率，提高通行效率。例如，在高峰时段，智能信号控制系统可以根据交通流量自动调整信号灯时长，减少车辆等待时间，缓解交通拥堵。此外，交通管理中心可以通过道路监控视频的实时分析，及时发现交通堵塞或事故，并快速调整交通信号灯策略，疏导交通流量。

2. 自动驾驶与车联网技术

自动驾驶是智能交通的重要组成部分，通过车载传感器（如雷达、激光雷达、摄像头）和 AI 算法，自动驾驶汽车能够实时感知周围环境并做出决策。车联网技术（V2X）则实现了车辆与车辆、车辆与基础设施之间的实时通信，进一步提高了道路安全和通行效率。

3. 公共交通智能化

智能交通系统在公共交通领域的应用包括实时位置追踪、电子票务和个性化出行推荐。这些技术不仅提升了公共交通的服务质量，还为乘客提供了更便捷的出行体验。例如，智能公交系统可以通过数据分析优化线路规划和车辆调度，提高运营效率。

4. 智能物流与配送

智能交通技术在物流领域的应用包括无人机配送网络的智能管理和配送路径优化。通过基于 BIM（building information modeling，建筑信息模型）技术的低空智能融合系统，物流配送的效率和安全性得到了显著提升。此外，智能交通系统还可以通过实时数据分析优化物流车辆的行驶路线，降低运输成本。

5. 交通信息服务与应急响应

智能交通系统通过摄像机、传感器和数据分析平台，为交通管理者提供实时的交通信息，帮助快速响应突发事件。例如，在发生交通事故或自然灾害时，智能交通系统可以迅速调配资源，引导车辆避开受影响区域。

6. 智能停车管理

智能停车系统通过车牌识别技术和车位传感器，实现停车场的无人值守管理，提高车位利用率和车辆进出效率。这种系统不仅减少了停车时间，还提升了停车场的运营效率。

7. 绿色出行与环保

智能交通系统通过优化交通流量和减少拥堵，降低车辆的能源消耗和尾气排放。例如，通过智能信号灯和交通管理措施，可以减少车辆的怠速时间和不必要的加速，从而降低碳排放。

9.2 自动驾驶技术

自动驾驶，也称为无人驾驶，是一种集自动控制、体系结构、人工智能、视觉计算等众多技术于一体的前沿科学技术。作为智能交通的重要组成部分，自动驾驶技术使车辆能感知周围的交通环境，处理信息并作出相应的驾驶决策，从而实现无须人类驾驶员干预的自主驾驶。

9.2.1 自动驾驶技术的发展

1. 早期探索阶段（20世纪20—80年代）

20世纪20年代，自动驾驶的概念首次出现，1925年8月，美国陆军电子工程师Francis Houdina（弗朗西斯·霍迪尼）研发了世界首辆无人驾驶汽车"美国奇迹"（American Wonder），如图9.3所示，该车主要依靠无线电控制技术及电动机控制技术实现车辆的自动驾驶。1940年设计师Norman Bel Geddes（诺曼·贝尔·格迪斯）在自己出版的《神奇的高速公路》一书中解释了自动驾驶的概念，向当时的人们展示了他想象中的交通：汽车采用无线电控制，电力驱动，由嵌入在道路中的电磁场提供能量。他提出"人类应该从驾驶中脱离出来"，并设想美国高速公路都将配备类似轨道的装置，为汽车提供自动驾驶系统。汽车开上高速后会按照一定的轨迹和程序进行，驶出高速后再恢复到人类驾驶。1956年，通用公司造出了无人车的实体，

图 9.3 世界首辆无人驾驶汽车"美国奇迹"

它展出的 Firebird Ⅱ（火鸟二代）概念车，首次提出了安全及自动导航系统。1966年，智能导航第一次出现在美国斯坦福大学研究所里。1977年，日本的朱波工程研究实验室开发出了第一个基于摄像头来检测前方标记或者导航信息的自动驾驶汽车。这辆车配备两个摄像头，在高速轨道的辅助下时速能达到30千米。这意味着，人们开始从"视觉"角度思考无人驾驶汽车的前景。导航与视觉一起让"地面轨道派"寿终正寝。1973年，GPS系统开始发展。DARRA（美国国防高级研究计划局）在1984年启动了ALV（autonomous land vehicle，自主路上车辆）计划，目标是通过摄像头来检测地形，由计算机系统计算出导航和行驶路线。1984年，卡内基梅隆大学推出Navlab项目，尝试通过计算机视觉和传感器实现自动驾驶。

2. 技术积累（20世纪90年代—21世纪初）

2004年，美国国防部高级研究计划局举办首届复杂沙漠环境下无人汽车挑战赛，尽管当时参赛的15支队伍没有一支完成比赛，但赛事展示了自动驾驶汽车技术的巨大潜力和挑战，促进了传感器、计算机视觉、自主导航等技术的发展。

2009年谷歌公司正式启动自动驾驶汽车项目，成为自动驾驶研究领域的先驱，标志着科技巨头正式进入自动驾驶研究领域，推动了整个行业的快速发展。谷歌在自动驾驶

汽车技术方面取得了多项突破，如高精度地图构建、复杂路况处理等，为后续研究提供了重要参考。

谷歌自动驾驶汽车项目还积极探索商业化路径，为自动驾驶汽车的未来应用奠定了基础。

3. 快速发展（21世纪10年代）

2015年，特斯拉推出Autopilot自动辅助驾驶系统并搭载到Model X等车型上，首次将自动驾驶功能引入量产车，标志着自动驾驶技术从研发阶段向实际应用迈出了重要一步。Autopilot系统通过摄像头、雷达和超声波传感器等设备，实现车辆的自动辅助驾驶功能，包括自动变道、自动泊车等。

2016年，自动驾驶汽车公司Waymo从谷歌公司分拆出来，Waymo专注于自动驾驶技术的研发和商业化应用，致力于推动无人驾驶汽车技术的快速发展。

2016年，Uber和通用汽车等公司开始测试自动驾驶出租车服务，这些公司利用自动驾驶技术，探索无人驾驶汽车在城市交通中的商业化应用，为未来的城市交通出行提供了新的可能性。

这一时期，奔驰和宝马等多家汽车生产商也启动了自动驾驶汽车的研发，这些公司利用自身的技术优势和资源，加速自动驾驶汽车技术的研发和应用，以应对未来汽车行业的变革。

4. 商业化与法规完善（21世纪20年代至今）

2020年，Waymo在美国凤凰城推出完全自动驾驶出租车（如图9.4所示）服务，成为首家向公众提供完全自动驾驶出租车服务的公司。

2021年，我国修订的《中华人民共和国道路交通安全法》新增自动驾驶相关法规，明确自动驾驶汽车在交通事故中的责任界定。美国《自动驾驶汽车政策指南AV 3.0》，明确自动驾驶系统作为驾驶主体的合法性，涵盖所有层级的自动驾驶汽车。德国通过《自动驾驶法》，首次对L4级自动驾驶汽车进行规制，允许其在指定区域内独立执行驾驶任务，无须驾驶员操作。

图9.4 Waymo自动驾驶出租车

2022年我国发布的《自动驾驶汽车运输安全服务指南（试行）》为自动驾驶的商业化运营提供了政策依据。

2023 年，我国自动驾驶技术从 L2 级别向 L3+级别过渡，L3 和 L4 级别自动驾驶的渗透率分别达到 20% 和 11%，L2 渗透率高达 51%，全球领先。

2024 年，我国工业和信息化部等五部门公布了"车路云一体化"试点城市名单，推动智能网联汽车的规模化应用。

图 9.5 百度萝卜快跑自动驾驶汽车

2024 年，百度萝卜快跑推出了第六代自动驾驶汽车（如图 9.5 所示），该车型首次接入了最先进的百度 Apollo 系统。这是全球首个支持 L4 级自动驾驶汽车。

华为公司从 2012 年成立车联网实验室后，2013 年着手布局智能驾驶技术的研发，并推出全栈式智能解决方案，与奥迪、极狐、赛力斯等企业联合开发了基于 5G 的自动驾驶汽车 M5、M7、M9 等，成为行业的标杆。

9.2.2 自动驾驶汽车标准

根据我国国家标准《汽车驾驶自动化分级》（GB/T 40429—2021）以及国际汽车工程师学会（SAE）的标准，自动驾驶技术被划分为从 L0 到 L5 的六个层次，每个层级代表了自动驾驶的不同成熟阶段，如表 9.1 所示。

表 9.1 自动驾驶的分级标准

自动驾驶分级	名称	定义	驾驶操作	周边监控	接管	典型应用
L0	人工驾驶	由人类驾驶员全权负责汽车驾驶	人类驾驶员	人类驾驶员	人类驾驶员	/
L1	辅助驾驶	车辆对方向盘或加减速中的一项提供辅助操作，人类驾驶员负责其余的驾驶操作	人类驾驶员	人类驾驶员	人类驾驶员	自适应巡航控制（ACC）、车道保持辅助（LKA）
L2	部分自动驾驶	车辆对方向盘和加减速中的多项提供辅助操作，人类驾驶员负责其余的驾驶操作	车辆	人类驾驶员	人类驾驶员	特斯拉 Model X 通用 Super Cruise 部分电动汽车品牌

续表

自动驾驶分级	名称	定义	驾驶操作	周边监控	接管	典型应用
L3	条件自动驾驶	车辆完成绝大部分驾驶操作，人类驾驶员须保持注意力集中随时接管	车辆	车辆	人类驾驶员	奥迪A8L、问界M9、高端电动汽车
L4	高度自动驾驶	车辆完成所有驾驶操作，人类驾驶员无须保持注意力，但限定道路和环境条件	车辆	车辆	车辆	法国NAVYA Waymo自动驾驶出租车 百度Apollo
L5	完全自动驾驶	所有场景中由车辆完成所有驾驶操作，人类驾驶员无须保持注意力	车辆	车辆	车辆	/

L0级（无自动驾驶）完全由驾驶员完成驾驶任务，驾驶员需要负责汽车启停、制动、方向控制以及路况观测。

L1级（驾驶员辅助）车辆仍然由驾驶员主导，配备一些基础的驾驶辅助功能，如自动调整车辆速度，保持与前车安全距离的自适应巡航控制（adaptive cruise control，ACC），检测车道线，在车辆偏离车道时发出警告甚至微调车辆保持在车道中央的车道保持辅助系统（lane keeping assist，LKA）等。

L2级（部分自动驾驶）车辆在特定环境（如高速）下可以自动控制加减速、应急刹车及车辆转向等操作，驾驶员手脚可以同时离开方向盘和制动踏板和加速踏板，但仍需观察周围环境，随时准备接管车辆。

L3级（有条件自动驾驶）在特定环境下（如高速、园区或人少或偏远的城市道路）可以实现完全由自动化系统根据道路环境控制车辆，驾驶员在系统自动控制时暂时放松注意力，但必须随时准备在系统失效时接管车辆。

L4级（高度自动驾驶）车辆大多数情况下实现完全自动驾驶，无须驾驶员干预。即使发生意外情况或系统失效，驾驶员可以选择将控制权交给无人驾驶系统或直接手动控制。受限于现行法律法规，L4级无人驾驶汽车目前只允许在限定区域内行驶。法国NAVYA（如图9.6所示）、

图9.6 法国NAVYA无人车

谷歌旗下 Waymo 和百度 Apollo 都是面向 L4 级无人驾驶开发的。

L5 级（完全自动驾驶）车辆不需要方向盘和脚踏板，在任何环境、任何条件下自主行驶，无须驾驶员干预。L5 级车辆未来可以与智能交通系统完美整合，实现更高效、更安全的出行。

从 L0 到 L5 类似于驾驶培训的不同阶段，每个阶段代表着技术的进一步成熟和驾驶体验的提升。L0 无自动驾驶；L1 和 L2 属于自动驾驶初级阶段，主要提供辅助驾驶功能；L3 和 L4 属于中级阶段，能够在特定条件下实现高度自动驾驶；L5 则是终极目标，让人类彻底从驾驶任务中解放出来。

9.2.3 自动驾驶系统组成及核心技术

自动驾驶系统主要架构如图 9.7 所示。

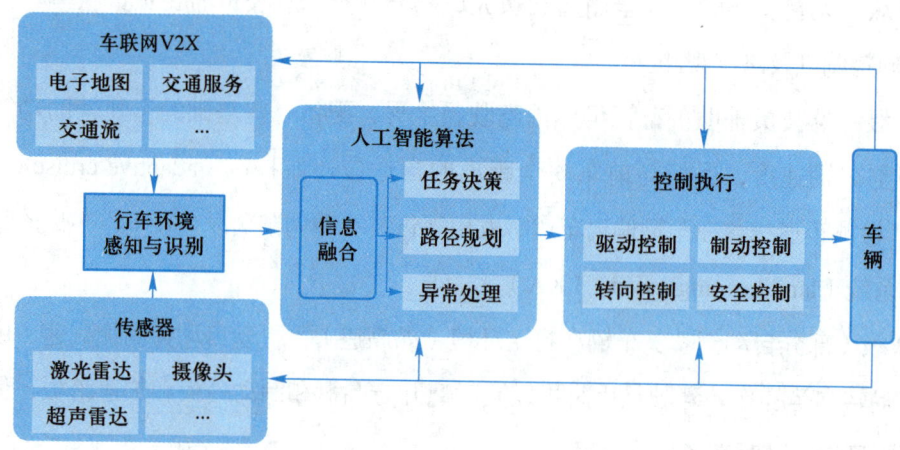

图 9.7 自动驾驶系统主要架构

这其中包括以下核心技术。

1. 传感器技术

传感器是自动驾驶汽车的"眼睛和耳朵"，可以帮助汽车"看到"和"听到"周围环境，并掌握自身状态。自动驾驶需要各种不同的传感器，以便无人驾驶车辆即使在不利的照明和天气条件下也能准确识别每种交通状况。摄像头、雷达和激光雷达传感器各有优势，将它们智能融合在一起，可以提供全面详细的 360° 视图。

2. 高精度电子地图

要让自动驾驶发挥作用，需要能够始终准确反映道路真实情况的高清地图。这些地图不仅包括道路本身,还包括车道、弯道半径、车道宽度、路牌、桥梁、斜坡、护栏、树木、路堤、沟渠和建筑物,以及它们之间的距离。创建这些地图目前由地图提供商在全球运营的特殊车辆完成,这些车辆配备了最先进的雷达、激光雷达和摄像头技术以及差分 GPS,定位精度非常高。当这些汽车行驶时,会扫描并以厘米级的精度完整记录车辆周围环境。未来地图的更新可通过联网的普通车辆来实现。

3. 车联网 V2X

车联网 V2X(vehicle to everything)是实现车辆与周围的车、人、交通基础设施和网络等全方位连接和通信的新一代信息通信技术(如图 9.8 所示)。它整合了 GPS 导航、车际交流、无线通信等技术,使车辆能够自动获取周围环境信息,提高驾驶自动化和安全性。V2X 技术涵盖以下几个方面。

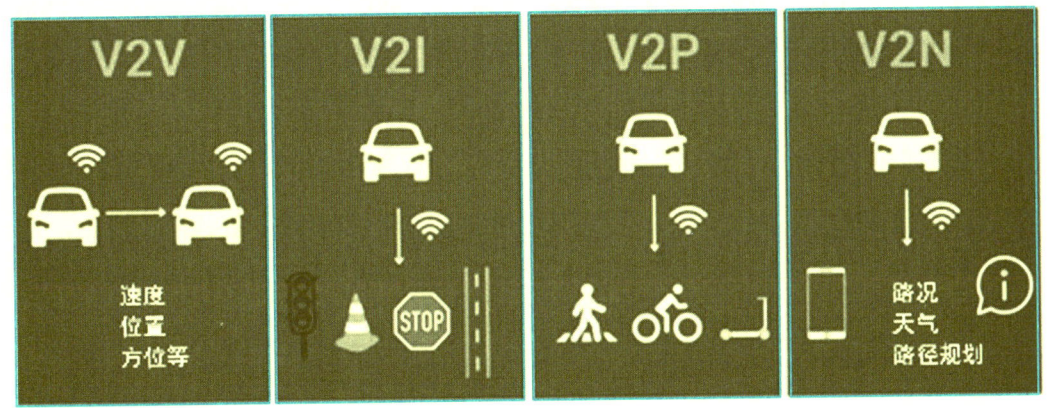

图 9.8　车联网 V2X

V2I(vehicle to infrastructure,车辆到基础设施)是汽车和安装在道路旁的各种设施元素,比如交通信号灯、路牌、道路内的传感器等之间的数据交换。V2I 让车辆能够获取重要的信息,例如,交通灯状态、速度限制、道路状况以及是否有障碍物或施工区。

V2N(Vehicle to Network,车辆到网络)或 V2C(vehicle to cloud,车辆到云),是指车辆通过访问网络获取基于云的服务。V2N 让车辆能够获取实时的交通信息、天气预报、路线建议等,提升效率和安全性。V2N 还可以实现远程诊断和在线更新,让制造商能够检测车辆健康状况,并提供软件升级。此外,V2N 通信通过将车辆数据与公共交通系统和城市基础设施等其他数据源进行整合,支持智能城市和互联交通生态系统的建设。

V2V(vehicle to vehicle,车辆到车辆)涉及车辆之间的数据传输。V2V 让车辆能够分享诸如速度、位置和方向等信息,从而能够检测并避免可能发生的碰撞,协调行驶路线,以及保持安全距离。通过 V2V 技术传输的信息可以来自前方数百米的汽车、卡车或隐藏在建筑物后的车辆。

V2P(vehicle to pedestrian,车辆到行人)是汽车与行人、骑车人或其他易受伤害的道路使用者之间的数据交换。V2P 通常依靠行人携带的智能手机、可穿戴设备或其他设备来发送他们的位置和运动数据。配备了 V2P 的车辆可以利用这些信息来发现并避免可能发生的碰撞,保障道路使用者的安全。例如,在有行人过马路时,具备 V2P 功能的车辆可能会收到提醒,提示驾驶员或自动驾驶系统及时减速或停车。

V2X 可以提高车辆自动化各个层面的安全性和交通效率,是实现车辆自动驾驶的关键。

4. 用于自动驾驶的人工智能算法

人工智能算法相当于自动驾驶汽车的"大脑",负责处理传感器收集到的大量数据,并快速做出驾驶决策。深度学习算法允许通过数据训练进行反馈与优化,在交通复杂情况下,只要系统得到足够的"训练",便能比人类更准确可靠地检测危险情况并更快地做出反应。

人工智能还需算力支持。未来,为了能将整车控制权交给 AI,车内的电子架构必须全部集中到一个中央控制单元中,AI 需要有足够的算力来实时评估来自摄像头、激光雷达、雷达和其他传感器的海量数据。

9.3 车牌识别技术

教学课件:
9.3 车牌识别技术

车牌识别技术(license plate recognition,LPR)是智能交通系统中的重要组成部分,近年来在技术、应用和市场方面都取得了显著的发展,基于车牌识别的各种应用系统已得到广泛应用。

9.3.1 车牌识别技术的发展

车牌识别技术起源于 20 世纪 80 年代,最初主要用于交通监控和高速公路收费。早期主要基于传统图像处理和简单的模式识别算法,识别精度低,受光照、角度和车牌污损影响较大。受限于硬件,处理速度慢,难以满足实时性要求。

后来进入 21 世纪后,机器学习算法,如支持向量机、人工神经网络(ANN)等被引入车牌识别。此时开始使用彩色图像和多特征融合技术，识别精度有所提高，能够处理部分复杂场景，逐步应用于停车场、收费站等场景。

随着计算机视觉技术和人工智能的快速发展，深度学习方法成为主流，深度卷积神经网络（DCNN）和改进的YOLO、Faster R-CNN等算法被广泛应用于车牌识别，极大地提高了识别的准确率和效率。结合大数据和高性能计算，识别精度和速度大幅提升，能够处理复杂环境（如低光照、倾斜角度、遮挡等），实现实时、高精度的车牌识别。

9.3.2 车牌识别的流程

车牌识别的主要流程如图9.9所示，可以分为以下几个关键步骤。

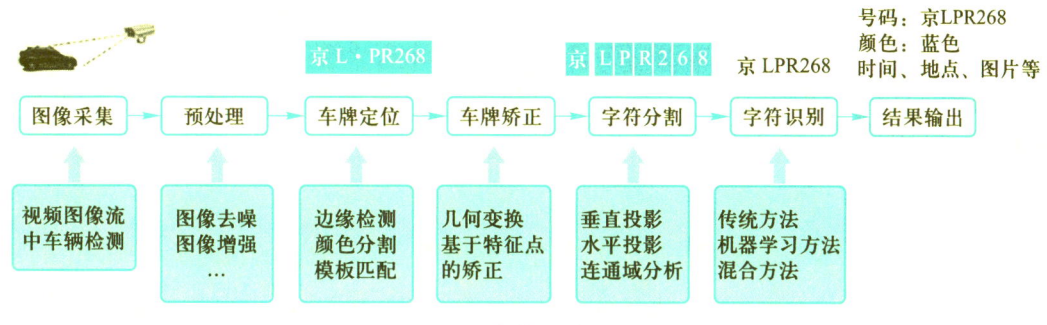

图9.9 车牌识别的流程

1. 图像采集

车牌识别的第一步是从车辆经过的场景中获取图像。这通常通过安装在道路、停车场或收费站的高清摄像头完成。图像采集的质量直接影响后续识别的准确性，因此需要确保摄像头的分辨率、角度和光照条件都符合要求。

2. 图像预处理

图像预处理的主要目的是消除图像中的噪声和无关信息，恢复有用的真实信息，增强有关信息的可检测性，从而改进特征抽取、图像分割、匹配和识别的可靠性，提高后续车牌定位和字符识别的准确度和效率。也包括自动白平衡、逆光补偿、自动过曝等处理。

3. 车牌定位

在采集到的图像中，车牌可能只占很小的一部分，且位置和角度各异。车牌定位的目的是从整个图像中准确地找到车牌的位置。这一步通常通过以下方法实现。

边缘检测：使用边缘检测算法（如 Canny 算法）提取图像中的边缘信息，然后通过轮廓检测或特征分析找到车牌的矩形区域。

颜色分割：利用车牌颜色与背景颜色的差异，通过颜色空间分割（如 HSV 或 Lab 颜色空间）来定位车牌。

模板匹配：使用预定义的车牌模板与图像进行匹配，找到最相似的区域。

4. 车牌矫正

由于车辆行驶时的角度和摄像头的安装位置，车牌在图像中可能会出现倾斜或变形。车牌矫正的目的是将倾斜的车牌调整为水平状态，以便后续的字符分割和识别。常用的矫正方法包括以下几种。

几何变换：通过计算车牌的倾斜角度，使用仿射变换或透视变换将车牌调整为水平状态。

基于特征点的矫正：检测车牌的四个角点，然后通过几何变换将车牌矫正为标准矩形。

5. 字符分割

车牌矫正后，下一步是将车牌上的字符分割出来。字符分割的目的是将车牌上的每个字符从车牌图像中分离出来，以便单独识别。常见的分割方法包括以下几种。

垂直投影法：通过分析车牌图像的垂直投影，找到字符之间的间隔，从而分割出每个字符。

水平投影法：对于一些特殊车牌（如双行车牌），可以使用水平投影法进行分割。

连通域分析：通过分析字符的连通域，将每个字符分割出来。

6. 字符识别

字符分割完成后，下一步是对每个字符进行识别。字符识别是车牌识别的核心步骤，通常使用以下技术。

传统机器学习方法：如支持向量机、随机森林等，通过提取字符的特征（如轮廓、纹理等）进行识别。

深度学习方法：近年来，深度学习（特别是卷积神经网络）在字符识别中取得了显著效果。通过训练一个深度卷积神经网络模型，可以直接将字符图像映射为字符类别。

混合方法：结合传统方法和深度学习方法，利用传统方法提取特征，再通过深度学习模型进行分类。

7. 后处理

识别完成后，还需要进行后处理以提高识别的准确性和可靠性。后处理通常包括以下任务。

校验规则：根据车牌的格式规则（如字符长度、字符组合等）对识别结果进行校验。

模糊处理：对于识别结果不确定的字符，可以使用模糊匹配或概率模型进行优化。

多帧融合：在视频流中，可以通过多帧图像的识别结果进行融合，提高识别的准确性和稳定性。

8. 结果输出

最后，将识别结果输出到系统中，供后续基于车牌识别的各种应用系统使用。

9.3.3 车牌识别的应用场景

1. 交通管理领域

（1）公路卡口与电子警察系统。

在高速公路、城市快速路等卡口处，车牌识别相机可自动抓拍过往车辆的车牌信息，记录车辆的通行时间、速度等。结合测速设备，可用于车辆超速违章处罚，有效遏制超速等违法行为。

在交通信号灯路口，车牌识别相机与信号灯系统联动，能够自动抓拍并识别闯红灯车辆的车牌号码，为交通执法提供准确的证据，有效遏制闯红灯等交通违法行为。

在交通管理系统中，车牌识别技术可用于计算车辆在某条道路的平均行驶时间，作为判断该道路拥堵状况的参数，为交通诱导系统提供数据支持。

（2）智能交通指挥与违章行为检测。

实时监测道路上的车辆流动情况，帮助交警部门及时调整信号灯时长，优化交通流量分配，减少交通拥堵现象。

自动记录闯红灯、超速行驶等违法行为，作为执法依据，提升道路安全，提高交通管理效率。

（3）高速公路收费管理。

在高速路的各个出入口安装车牌识别设备，车辆驶入时识别车辆牌照并将入口资料存入收费系统，车辆到达出口时再次识别其牌照并根据牌照信息调用入口资料，结合出入口资料实现收费管理。这种应用可以实现自动计费，防止作弊，避免了应收款的流失。

2. 停车场与车辆出入管理

在商业停车场出入口安装车牌识别系统，实现车辆进出的自动化管理。车辆进入时，系统自动识别车牌号码并记录入场时间；车辆离开时，系统自动结算费用并抬杆放行，无须人工干预，提高车辆通行效率，减少排队等待时间。

在小区停车场，车牌识别系统能够方便业主车辆快速进出，同时识别外来车辆并进行相应的管理，如登记、收费等，提高小区的安全性和管理效率。

在工厂、机关、学校等对车辆进出管理严格的企事业单位，车牌识别技术可用于限制外来车辆进入，保障内部安全和秩序。

在军事管理区、保密单位、重点保护单位等特殊场所，车牌识别系统可实现自动放行指定车辆，提高通行效率，加强安全管理。

3. 安防监控与刑侦破案

在城市治安监控系统中，车牌识别相机可作为重要的前端设备，实时抓拍和识别道路上行驶车辆的车牌号码，为案件侦查、追缉逃逸车辆等提供线索和证据，增强社会治安防控能力。

在刑事案件现场或周边道路，通过车牌识别相机获取涉案车辆的车牌信息，帮助警方快速锁定嫌疑车辆和嫌疑人，为案件侦破提供有力支持。

4. 物流运输与园区管理

物流公司利用车牌识别技术，可以实时监控货运车辆的车牌号，实现对货物运输过程的全程监控，提高供应链透明度和服务质量。

在大型物流园区，采用车牌识别技术可以更好地规划车辆调度，避免混乱，提升运营效率。

5. 其他应用场景

在自动洗车店，车牌识别系统可自动识别车牌号码，启动洗车设备，洗车完成后根据车牌信息扣费，提升洗车效率和服务质量。

在加油站，车牌识别技术可实现无感加油，自动识别车牌提取车辆加油信息，无须人工干预，自动扣费，提升加油效率。

在电动汽车充电桩场站，车牌识别系统可自动识别车辆信息，为电动汽车用户提供便捷的充电服务，同时实现充电费用的自动结算。

在工地、码头等特殊场景，车牌识别技术可用于车辆出入管理，限制非授权车辆进入，保障施工安全和管理秩序。

车牌识别技术凭借其精准、高效、智能的特点，在交通管理、停车场管理、安防监控、物流运输等多个领域发挥着重要作用，为智慧交通、智慧城市的建设提供了有力支持。

9.4 智能交通的未来发展与潜在问题

9.4.1 智能交通的未来发展展望

1. 技术升级与创新

自动驾驶技术将不断成熟，从目前的辅助驾驶逐步过渡到完全自动驾驶。未来，自动驾驶车辆将能够通过车联网技术与交通信号系统、其他车辆和基础设施实时交互，从而实现更高效的交通管理。

车联网技术将使车辆与交通基础设施之间的信息共享更加流畅，形成一个高度集成的智能交通生态系统。这将显著提升交通安全性、通行效率和能源利用效率。

AI和大数据技术将广泛应用于交通流量预测、智能信号控制、停车管理等领域，进一步优化交通资源配置。

2. 应用场景拓展

智能公交系统将提供实时位置追踪、电子票务和个性化出行推荐，提升公共交通的服务质量和吸引力。

智能交通技术将推动物流配送的自动化和共享出行模式的优化，提高车辆使用效率，减少交通拥堵。

AI技术也将应用于空中交通流量管理，优化城市空中交通系统。

3. 政策与基础设施支持

随着国家对智能交通的重视，相关政策将不断完善，推动交通系统的数字化和智慧化转型。基础设施建设将加速，包括智能交通信号系统、车路协同设施和电动汽车充电网络的布局优化。

4. 社会与经济影响

智能交通系统将推动交通行业的绿色转型，减少碳排放，助力可持续发展。通过优化交通管理，智能交通有望显著降低交通事故发生率，提高出行安全性。

9.4.2 智能交通的潜在问题与挑战

1. 数据隐私与安全

智能交通系统依赖大量数据进行分析和决策，数据隐私和安全问题日益凸显，成为公众关注的焦点。如何确保数据的合法使用和防止网络攻击是亟待解决的问题。

2. 技术可靠性与安全性

自动驾驶和车联网技术需要在各种复杂路况和极端天气条件下保持高度可靠性。技术故障或系统漏洞可能引发安全事故，导致严重后果。

3. 公众认知与信任

公众对新技术的认知不足和信任度较低可能阻碍智能交通的推广。例如，自动驾驶技术的安全性仍需通过大量测试和公众教育来提升信任度。

4. 法律与监管问题

智能交通涉及复杂的法律和监管问题，如自动驾驶的责任界定、数据隐私保护和行业标准的统一。

5. 就业与职业转型

智能交通的发展可能导致传统交通行业岗位减少，同时催生新的技术岗位。如何妥善应对职业转型及再培训需求是社会需要面对的挑战。

6. 基础设施建设成本

智能交通系统的实施需要大规模的基础设施建设，包括智能信号灯、车联网设备和数据中心等。高昂的建设成本可能成为推广的障碍。

9.5 本章小结

本章介绍了智能交通的发展历程、智能交通系统的技术架构、应用场景以及未来展望，智能交通系统作为现代交通的智慧引擎，正引领着行业变革。其中，无人驾驶技术与车牌识别技术扮演着举足轻重的角色。同时探讨了作为智能交通重要组成部分的无人驾驶技术和车牌识别技术的现状、主要架构或流程和应用场景。

自动驾驶技术方兴未艾，正加速从 L3 向 L4 自动驾驶级别跨越。得益于人工智能、大数据、云计算和物联网等技术的迅猛发展，L5 级别的完全自动驾驶时代指日可待。

车牌识别技术作为智能交通的底层基础，目前已有较广泛的应用，也必将越来越成熟，为人类提供更便捷的服务。

智能交通的发展历程见证了技术的不断突破，其技术架构支撑起了多元化的应用场景。未来，自动驾驶与车牌识别技术将在智能交通领域大放异彩，共同推动交通行业的智能化、便捷化进程。

思考与练习

一、单项选择题

1. （　　）是自动驾驶汽车的"眼睛和耳朵"，可以帮助汽车"看到"和"听到"周围环境，并掌握自身状态。

    A. 传感器　　　　　　　　　　B. 后视镜

    C. 前视镜　　　　　　　　　　D. 车载计算机

2. （　　）是全球首个支持 L4 级自动驾驶的汽车。

    A. 特斯拉的 Model X　　　　　B. 谷歌的 Waymo

    C. 百度的萝卜快跑　　　　　　D. 华为的 M9

二、简答题

1. 简述自动驾驶技术的分级标准。
2. 车联网 V2X 技术包括哪些部分？

第 10 章 AI+制造

在如今的工业 4.0 时代，制造业正经历一场深刻的变革。智能制造，作为这一变革的核心，正在利用先进的技术来提升效率、降低成本，并创造出更加灵活和高效的生产方式。智能制造涉及人工智能、大数据、云计算、增强现实和虚拟现实等多种新兴技术的融合。正是因为有这些先进技术的加持，工厂能够迅速响应市场需求变化，减少资源浪费，提升产品质量。

10.1 智能制造概述

教学课件：
10.1 智能制造概述

智能制造（intelligent manufacturing，IM）是指具有信息自感知、自决策、自执行等功能的先进制造过程、系统与模式，具体体现在制造工程的各个环节与新一代信息技术，如物联网、大数据、云计算、人工智能的深度融合。智能制造的主要内容包括智能产品、智能生产、智能工厂、智能物流等。图 10.1 展示了一个智能制造的场景。

智能制造的核心技术涵盖了人工智能、大数据、物联网、高级机器人技术、数字孪生、工业互联网平台和云计算等。

图 10.1 智能制造

1. 人工智能技术

人工智能是智能制造领域的"心脏"，能够赋予机器自主学习和决策的能力，使生产流程变得更加自动化和智能化。人工智能算法分析大量数据，实现模式识别和知识挖掘，从而优化生产过程、提高产品质量、减少不合格品、降低生产成本，并增强生产线的灵活性。机器学习是人工智能的一个重要分支，具有动态模式识别和预测能力，使得生产的灵活性和响应市场变化的能力得到极大提升。

2. 大数据技术

大数据技术用于分析通过物联网设备收集的海量数据，能够用来进行故障预测、流程优化和产品质量控制。通过深入分析顾客行为、市场趋势等信息，还可以帮助企业做出更加明智的商业决策。此外，大数据与人工智能结合，可以用于优化供应链管理、库存控制和需求预测。

3. 物联网技术

物联网技术让制造设备实现互联互通，实现实时数据的收集和交换，对于优化生产流程至关重要。通过在机器上安装传感器，可以实时监测生产线上各个环节的状态，实现数据采集和控制。

4. 高级机器人技术

高级机器人技术在智能制造中扮演着重要角色，能够实现自动化生产，降低人力成本和生产风险。例如，工业机器人、自动驾驶车辆和无人机等自动化装备和机器人系统，可以替代人力劳动，实现生产过程的自动化和灵活化。

5. 数字孪生技术

数字孪生是创建一个真实物理实体的虚拟副本的技术，这样的副本能完整地模拟其物理对应物的性能、状态和行为。数字孪生技术允许制造商在投入实际生产之前，就在虚拟环境中对产品设计、生产线配置进行测试和优化。

6. 工业互联网平台

工业互联网平台是一个融合了物联网、人工智能和大数据分析等技术的综合性平台，它能够整合制造设备、系统和人员之间的相互作用。该平台通常基于云计算技术，提供了存储、分析和信息共享的场所。

7. 云计算技术

云计算技术可以提供强大的计算和存储能力，使得智能制造中的数据处理和分析更加高效。通过云计算技术，企业可以将数据存储在云端，实现跨地域的数据共享和协同。

这些技术的集成应用，使得智能制造系统具有自动化、智能化、数字化、柔性化和高度集成化的特点，能够适应快速变化的市场需求，提高生产效率和质量，降低生产成本和风险，为制造业的转型升级和可持续发展提供了有力支撑。

如图 10.2 所示，人工智能在制造领域中的应用涵盖了智能工厂、智慧供应链与物流管理、质量控制与缺陷检测、定制化生产与数字孪生以及销售与服务环节等多个方面。

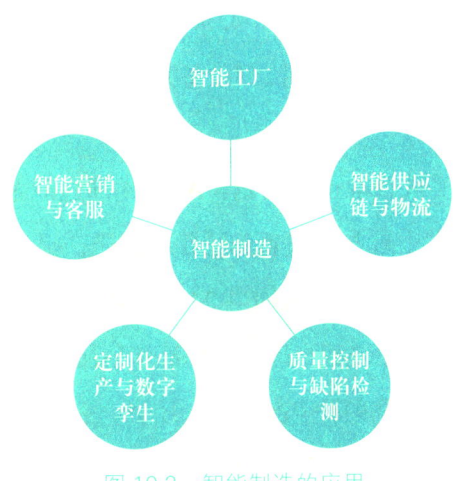

图 10.2　智能制造的应用

在智能工厂方面，可以实现生产自动化与智能化。AI 通过实时数据分析和反馈，实现生产过程的自我调整和优化，提高生产效率。利用机器视觉进行实时监控，保证产品质量。通过机器学习算法预测设备故障，进行预防性维护，减少非计划停机，实现智能调度与生产计划。AI 算法根据历史数据、仓储情况、实时生产的现场状况和市场需求等信息，准确地预测生产需求，并据此协调仓储、物料采购，自动调整生产计划，优化资源分配，提高生产效率和资源利用率，有效降低库存成本。设计 AI 驱动的协作机器人（cobots），能够与人共同工作，执行重复、高精度任务，减轻工人劳动强度，并能根据生产需求快速调整，实现生产线灵活转换。

在智能供应链与物流管理方面，可以实现供应链优化。AI 通过数据分析技术优化库存管理，减少积压和资金占用。实时预测供应链中潜在的问题，并提前预警和干预，确保供应资源、供应链的稳定运行。物流优化，AI 系统规划最优的配送路线，预测物流需求，减少运输成本和时间。无人仓库和无人机配送的应用提高了物流效率，降低了人力成本。

在质量控制与缺陷检测方面，基于 AI 的机器视觉系统在质量检测技术中广泛应用，通过高分辨率摄像头配合 AI 图像处理算法，实现智能识别和缺陷分类，可用于半导体、电子产品、食品等行业的质量检测。例如，非接触式测量，无须接触物体表面即可获取物体的几何尺寸、表面纹理等信息。通过红外等技术获取表面被遮挡的产品内部发热状况等数据，实时监测产品质量。通过声波技术自动采集和分析数据，准确地捕捉到物体内部的细微变化，实现对产品质量的快速、准确检测。

在定制化生产与数字孪生方面，AI 支持大规模个性化生产，通过深度学习算法生成个性化设计方案。智能生产线快速切换生产，满足多样化需求。创建数字模型用于虚拟仿真和测试，以优化设计和生产。实时监测设备并快速诊断故障，提升企业灵活应对个性化市场需求的能力。

在销售与服务环节，实现精准市场营销。AI 技术通过对消费者数据的分析和挖掘，制定更精准的营销策略。利用 AI 技术进行售前精准推送，提高销售业绩和用户体验。实现智能客服与售后服务，AI 数字人客服提供 24 小时不间断的在线服务，高效响应并精准解答用户问题。AI 技术使售后流程自动化，提高售后服务的效率和质量。

综上所述，这些应用不仅提高了生产效率和质量，还降低了生产成本和风险，为制造业的转型升级和可持续发展提供了有力支撑。

10.2 智能工厂

教学课件：
10.2 智能工厂

智能工厂是现代制造业的一种先进形式，利用智能技术和自动化系统，实现高度自动化和灵活生产的工厂。它不仅仅是传统工厂的自动化升级，而是全面集成物联网、人工智能、大数据分析、云计算、增强现实和虚拟现实等先进技术，实现生产过程智能化和数字化。

10.2.1 智能工厂的特点

1. 高度互联

智能工厂中的设备、系统和人员通过互联网或局域网紧密连接，实现信息的实时传递和共享。工厂里的机器设备、传感器和生产系统通过物联网技术互相通信。例如，生产线上的每台设备都装有传感器，能够实时监控设备的运行状态，并将数据传输到中央控制系统。

2. 数据驱动

数据是智能工厂中的核心资源。通过收集和分析大量的生产数据，工厂可以进行精准的决策和优化。大数据分析技术能够处理海量的生产数据，发现生产中的潜在问题和改进机会。例如，通过分析设备运行数据，工厂可以预测设备的故障时间，提前进行维护，避免停工。数据驱动还体现在生产计划的制定上，通过分析市场需求和生产能力，工厂可以优化生产计划，提高生产效率和产品质量。

3. 实时响应

智能工厂具有快速响应市场和生产需求的能力。得益于高度互联和数据驱动，工厂可以实时监控生产过程中的每一个环节，及时发现和解决问题。例如，当生产线上某台设备出现故障时，系统会立刻发出警报，并根据故障类型和严重程度自动进行处理，或通知维修人员修复。实时响应能力不仅提高了生产效率，还减少了生产中的资源浪费。

4. 灵活生产

智能工厂能够灵活调整生产线，以满足不同产品的生产需求。传统工厂通常只能进行大批量的单一产品生产，而智能工厂则可以实现小批量、多样化的生产。通过柔性制造系统和智能控制技术，工厂可以快速切换生产模式，适应市场变化和客户的个性化需求。例如，在家电制造中，智能工厂可以根据客户订单，灵活调整生产线，生产不同颜色和配置的家电产品，以满足个性化定制的需求。

5. 可持续发展

智能工厂在追求高效生产的同时，也注重环境保护和可持续发展。通过优化资源使用和减少废弃物排放，智能工厂能够实现绿色制造。例如，通过智能能源管理系统，工厂可以实时监控和优化能源消耗，减少不必要的浪费。大数据分析还可以帮助工厂优化生产流程，减少原材料的浪费和污染物的排放。此外，智能工厂还可以利用可再生能源，如太阳能和风能，降低对传统能源的依赖，实现可持续发展的目标。

10.2.2 智能工厂的组成

智能工厂主要由以下几部分组成（如图 10.3 所示）。

1. 基础设施层

智能生产线：包括自动化机器、机器人、智能物流系统等。

智能仓储系统：采用自动化立体仓库、无人叉车等。

能源管理系统：监控和优化电力、水、气等能源的使用。

网络基础设施：包括工业以太网、无线网络、5G 等，确保设备互联互通。

2. 智能设备层

智能传感器：实时采集设备状态和生产环境数据。

智能仪表：用于精确测量和监控各种参数。

智能执行单元：如智能机器人、自动化装配线等。

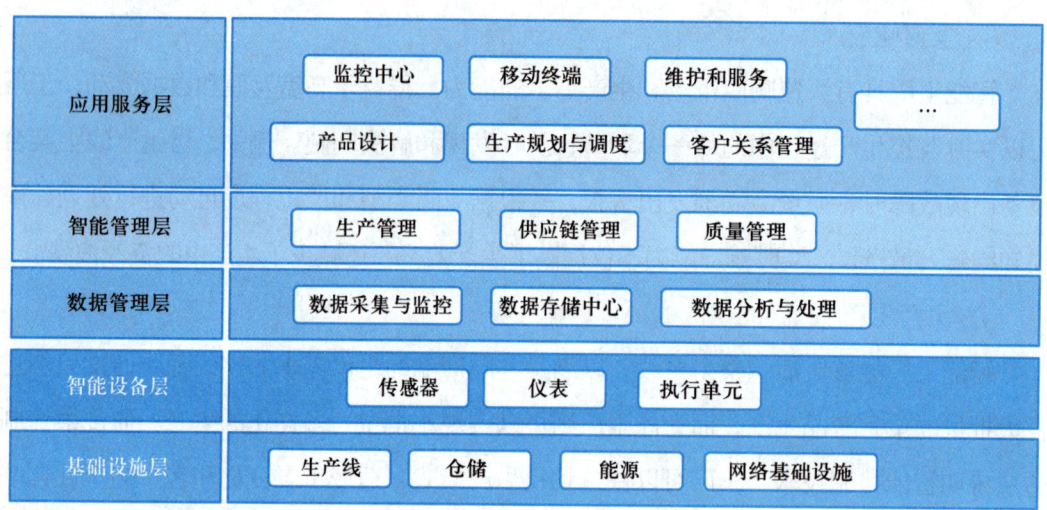

图 10.3 智能工厂的组成

3. 数据管理层

数据采集与监控系统：收集设备数据和生产数据。

数据中心：存储和管理大量数据。

数据分析和处理系统：利用大数据分析和人工智能算法处理数据。

4. 智能管理层

生产管理系统：如 ERP（企业资源计划）、MES（制造执行系统）等。

供应链管理系统：优化供应链流程。

质量管理系统：进行质量控制和追溯。

5. 应用服务层

产品设计系统：如 CAD（计算机辅助设计）、CAE（计算机辅助工程）等。

生产规划与调度系统：进行生产计划编排和调度。

客户关系管理系统：管理客户信息和服务。

6. 支持系统

网络安全系统：确保生产系统的数据安全和防范黑客攻击。

培训与教育系统：提升员工的智能制造技能。

维护和服务系统：提供设备的远程监控和预测性维护。

7. 人机交互界面

监控中心：集中展示生产数据和设备状态。

移动终端：如平板电脑、智能手机等，用于现场管理和操作。

智能工厂的建设不仅仅是技术和设备的升级，还包括组织结构、管理流程、企业文化等多方面的变革。通过这些组成部分的协同工作，智能工厂能够实现生产过程的自动化、信息化和智能化，提高生产效率和质量，降低成本，增强企业的市场竞争力。

10.2.3 智能工厂的应用

智能工厂可以在汽车制造、电子制造以及医药制造等方面发挥作用。

1. 汽车制造

例如，特斯拉工厂采用了高度自动化智能化的生产线，使用大量的机器人来完成车身的焊接和组装工作，确保每个焊点的精度一致。通过人工智能和大数据分析，特斯拉可以优化生产计划和资源配置，确保每条生产线都以最高效率运行。特斯拉还使用虚拟现实（VR）技术进行员工培训，提高员工的技能水平和操作效率。

2. 电子制造

在电子制造领域，智能工厂的应用主要体现在自动化生产线、智能化管理系统、数字孪生技术、智能质量检测系统等方面。这些技术的引入，使得电子制造企业的生产效率、产品质量和灵活性都得到了显著提升。

例如，富士康创建了智能工厂。富士康作为全球知名的电子制造服务商，在其智能工厂中广泛应用了工业机器人、自动化生产线和人工智能技术。通过大数据分析和机器学习，实现了生产流程的优化和预测性维护。在手机主板的生产线上，自动化设备能够精确地完成贴片、焊接等工艺，大大提高了生产效率和产品质量。同时，利用智能仓储系统，实现了原材料和成品的高效存储和管理。

华为创建了智能制造中心。华为的智能制造中心引入了先进的智能制造技术，包括数字孪生、智能质量检测系统等。通过数字孪生技术对产品设计和生产流程进行模拟和优化，提前发现并解决潜在问题。智能质量检测系统则利用机器视觉和深度学习算法，对产品进行高精度的检测，确保产品符合严格的质量标准。

3. 医药制造

医药生产要求极高的精度和一致性。智能工厂利用自动化设备和智能控制系统，确保每个生产步骤都在严格控制的条件下进行。例如，在药片生产中，智能工厂可以通过自动化设备精确控制每片药的重量和成分比例，确保每批药品的疗效和安全性一致。

医药制造对质量控制有非常高的要求。智能工厂利用先进的检测技术和大数据分析，进行全过程质量监控。例如，在注射剂生产中，智能工厂可以通过高精度的检测设备，对每一支注射剂进行外观、成分和纯度检测，确保所有产品没有任何杂质和污染。

10.2.4 智能工厂的未来

智能工厂正处于不断发展和演变的过程中，未来将展现出更加智能化、绿色化和个性化的特点，这些趋势不仅会进一步提升制造业的效率和灵活性，还将推动整个行业朝着更加可持续和人性化的方向发展。

1. 智能化

随着物联网（IoT）技术的普及和深入应用，智能工厂将实现设备、生产线、仓储等各个环节的全面连接，形成无缝协同的生产网络。AI技术将在数据分析、预测性维护、质量控制等方面发挥关键作用，通过深度学习和机器学习算法，优化生产流程，提高生产效率。智能机器人将具备更高的精度和灵活性，能够更好地适应多变的生产环境，并在智能工厂中承担更多烦琐且重复的工作任务，发挥越来越重要的作用。

2. 绿色化

智能工厂将广泛应用环保技术，实现工业生产全过程污染控制，减少污染物的产生和排放。这将有助于企业实现绿色生产，符合可持续发展的理念。智能工厂将通过优化能源管理系统，实现能源的高效利用和节约。这将有助于企业降低生产成本，提高经济效益。

3. 个性化

柔性生产模式将逐渐成为智能工厂的主流生产模式。这种模式能够快速响应市场需求变化，通过灵活的生产调度和优化，迅速调整生产流程和产品结构。这将有助于企业满足客户的个性化需求，提高市场竞争力。智能工厂将具备更强的定制化服务能力，能够根据客户的具体需求进行产品设计和生产。这将有助于企业拓展新的市场空间，提高客户满意度和忠诚度。

10.3 工业机器人

教学课件：
10.3 工业机器人

10.3.1 机器人

机器人（robot）是自动执行工作的机器装置，可以在无人参与的情况下，自动完成多种操作活动或动作,同时它可以再编程,程序流程可变。即同时具有通用性和适应性。它集成了机械工程、材料科学、电子技术、计算机技术、自动控制理论及人工智能等多学科的最新研究成果,代表了机电一体化的最高成就。

机器人的发展经历了三代。

第一代机器人:示教再现型机器人。机器人只能根据预先编好的程序来工作,这时它好像只有干活的手,不懂得如何处理外界的信息。

第二代机器人:有感觉的机器人。机器人对外界环境有一定的感知能力,具有视觉、触觉及听觉等功能。例如,根据激光反馈,自动跟踪焊缝的弧焊焊接机器人。

第三代机器人:智能机器人。机器人依靠人工智能技术进行规划和控制等。它们根据感知的信息,进行独立思考、识别和推理,并做出判断和决策,不用人干预自动完成一些复杂的工作任务。

目前,世界上已经有了上万种机器人,这些形状各异、功能不同的机器人,根据分类方法的不同,可以分为不同的类型。

如图10.4所示,机器人按照应用场景可分为工业机器人、服务机器人和特种机器人。其中特种机器人又可以细分为医用机器人、清洁机器人、物流机器人、水下机器人等。

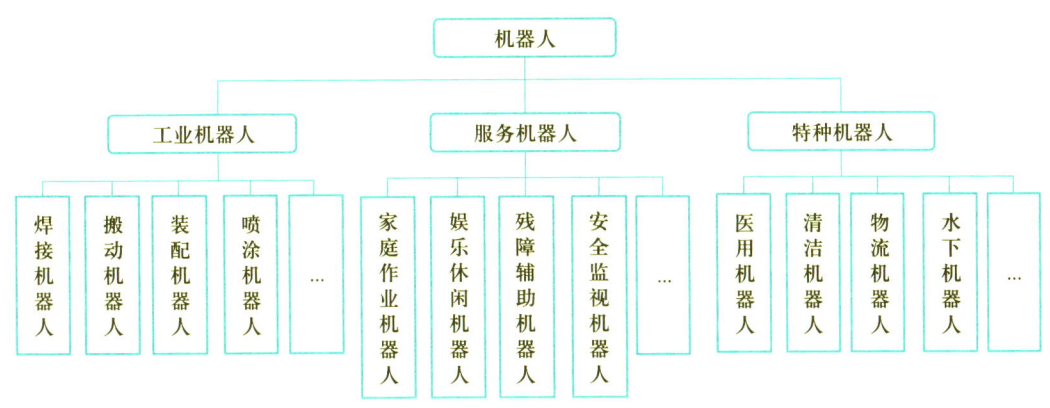

图10.4 按照应用场景对机器人进行分类

10.3.2 工业机器人

工业机器人(如图10.5所示)是现代制造业中不可或缺的重要组成部分,指面向工业领域的多关节机械手或多自由度生产用自动化装置。能够通过编程完成重复性、高精度的任务。工业机器人不仅效率高,而且能够在危险或不适合人类的恶劣环境中工作,已成为自动化装备的主流及未来的发展方向。

图 10.5　工业机器人

1. 工业机器人的组成

工业机器人通常由 3 个部分、6 个子系统组成，如图 10.6 所示。

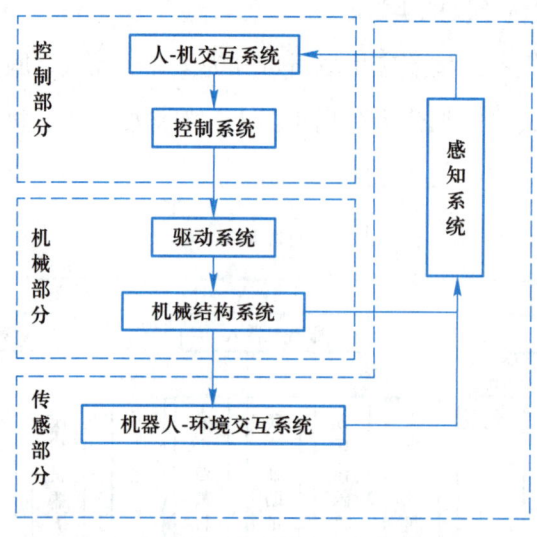

图 10.6　工业机器人的组成

首先是机械部分，它包括工业机器人的机械结构系统和驱动系统。机械部分是工业机器人的基础，即工业机器人的本体结构，包括基座和执行机构，有些机器人还具有行走机构，是机器人的主要承载体。机械结构系统的强度、刚度及稳定性是机器人灵活运动和精确定位的重要保证。驱动系统，包括工业机器人动力装置和传动机构，按动力源分为液压、气动、电动和混合动力驱动，其作用是提供机器人各部位、各关节动作的原动力，使执行机构产生相应的动作。驱动系统可以与机械系统直接相连，也可通过同步带、链条、齿轮、谐波传动装置等与机械系统间接相连。

其次是传感部分，传感部分包括工业机器人的感知系统和机器人－环境交互系统。传感部分是工业机器人的信息来源，能够获取有效的外部和内部信息来指导机器人的操作。其中，感知系统是工业机器人获取外界信息的主要窗口，机器人根据布置的各种传感元件获取周围环境状态信息，对结果进行分析处理后通过控制系统对执行元件下达相应的动作命令。感知系统通常由内部传感器模块和外部传感器模块组成：内部传感器模块用于检测机器人自身状态；外部传感器模块用于检测操作对象和作业环境。机器人－环境交互系统是工业机器人与外部环境中的设备进行相互联系和协调的系统。在实际生产环境中，工业机器人通常与外部设备集成为一个功能单元。该系统帮助工业机器人与外部设备建立良好的交互渠道，从而共同服务于生产需求。

最后是控制部分，控制部分包括工业机器人的人机交互系统和控制系统。控制部分是工业机器人的核心，决定了生产过程的加工质量和效率，并便于操作人员及时准确地获取作业信息，按照加工需求对驱动系统和执行机构发出指令信号并进行控制。其中，人－机交互系统是人与工业机器人进行信息交换的设备，主要包括指令给定装置和信息显示装置。人－机交互技术应用于工业机器人的示教、监控、仿真、离线编程和在线控制等方面，优化了操作人员的操作体验，提高了人机交互效率。控制系统是根据机器人的作业指令程序以及从传感器反馈回来的信号，支配工业机器人的执行机构完成规定动作的系统。控制系统可以根据是否具备信息反馈特征分为闭环控制系统和开环控制系统；根据控制原理可分为程序控制系统、适应性控制系统和人工智能控制系统；根据控制运动的形式可分为点位控制系统和连续轨迹控制系统。

2. 工业机器人的分类

工业机器人按照功能或结构又有不同的分类。

按功能可以分为搬运机器人（用于物料搬运和码垛，广泛应用于物流和仓储）、焊接机器人（用于焊接任务，常见于汽车制造和金属加工行业）、装配机器人（用于精密装配任务，如电子设备和机械零部件的组装）、喷涂机器人（用于喷涂作业，能够实现高精度和均匀的涂层）和检测机器人（用于质量检测和产品外观检查，提高检测效率和准确性）。

按结构的分类结果如图 10.7 所示。

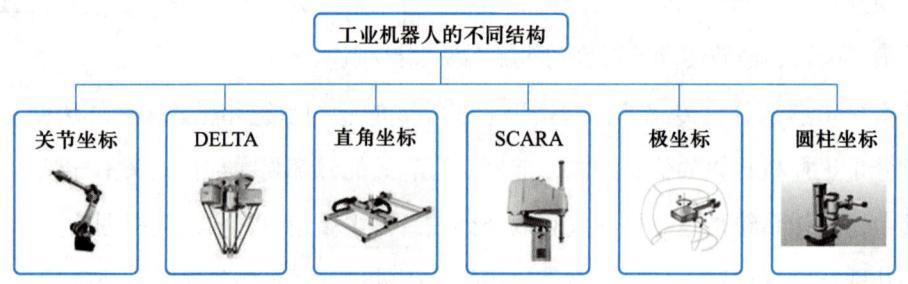

图 10.7　工业机器人分类

关节坐标机器人是最为常见，像人的手臂一样具有多个旋转关节，作业范围大，灵活性高，适用于复杂任务。

DELTA 并联机器人具有并联结构，刚性好，适用于高速、高精度任务。

直角坐标机器人具有三个用于工具运动的直线关节和三个用于空间定位的旋转关节，可以沿着三个轴进行直线运动，结构简单，适用于直线运动任务，在需要进行三维定位和精细操作的工业生产线上广泛应用。

SCARA 机器人即选择顺应性装配机器手臂（selective compliance assembly robot arm）是一种特殊类型的工业机器人，具有三个旋转关节，其轴线相互平行，适用于平面定位和垂直方向进行装配作业，常见于电子装配。

极坐标机器人仅有一个旋转关节，结构紧凑，活动灵活，占地面积小。通常用于压铸、焊接、塑料注射和挤压的机器维护。

圆柱坐标机器人的底部带有旋转关节和棱柱形关节，可在垂直和水平方向上移动。紧凑的设计使这种机器人可以在不损失速度的情况下到达狭小的工作空间，通常用于汽车制造、电子制造、医疗手术和科学研究等领域。

3. 工业机器人的技术特点

① 高精度。工业机器人能够实现高精度的重复定位，误差通常在毫米甚至微米级别，适用于精密装配和加工任务。

② 高效率。机器人可以 24 小时不间断工作，大大提高了生产效率，降低了人力成本。

③ 灵活性。多关节机器人能够模拟人类手臂的动作，适应多种复杂的工作场景。

④ 可编程性。通过编程，机器人可以根据不同的任务需求调整动作和参数，具有很强的通用性。

⑤ 安全性。现代工业机器人配备了多种传感器和安全机制，能够在检测到异常时自动停止工作，保护人员和设备的安全。

4. 工业机器人的应用场景

工业机器人在多个领域都有广泛应用。在汽车制造方面可以实现焊接、装配、喷涂自动化。例如焊接机器人能够完成车身焊接任务，提高焊接质量和效率；装配机器人用于汽车零部件的安装，如发动机、变速器等；喷涂机器人用于汽车车身的喷漆，实现均匀、美观的涂层。在电子设备制造方面可以实现手机、计算机等电子产品的零部件精密装配，并用于自动检测电子产品的外观和性能，提高产品质量。在物流与仓储方面，搬运机器人用于货物的搬运和码垛，提高物流效率；分拣机器人用于快递包裹的分拣，提高分拣速度和准确性。在医疗保健方面，可以进行手术辅助（如微创手术），提高手术精度和安全性，帮助患者开展康复训练，恢复身体功能。

10.3.3 工业智能检测与分拣

工业智能检测与分拣的主要构成如图 10.8 所示。

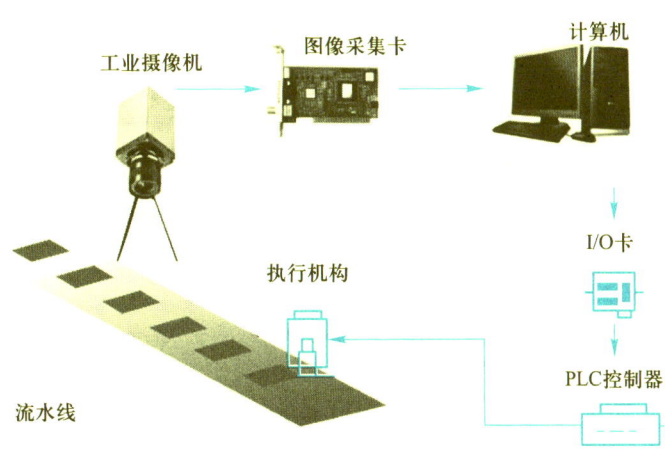

图 10.8 视觉检测/视觉分拣系统构成

1. 视觉检测

在深度神经网络发展起来之前，机器视觉已经长期应用在工业自动化系统中，如仪表盘智能测试、金属板表面自动探伤、汽车车身检测、纸币印刷质量检测、金相分析、流水线生产检测等。其中，绝大部分工业视觉系统主要用于检测方面，用于提高生产效率、监控生产过程中的产品质量、采集产品数据等。机器视觉自动化设备可以代替人工，不知疲倦地进行重复性工作，并且在一些不适合人工作业的危险环境或人工视觉难以满足要求的场合，机器视觉更具优势。

在人工智能的浪潮下，随着深度神经网络的发展，图像识别准确率有了进一步的提升，并在缺陷检测领域取得了更广泛的应用。

2. 视觉分拣

工业上有许多分拣作业，采用人工方式，速度缓慢且成本高，如果采用工业机器人，可以大幅降低成本，并提高速度。但是，一般需要分拣的零件并非整齐摆放的，机器人需要面对一个无序的环境，这需要机器人本体的灵活性、机器视觉、软件系统对现实状况进行实时运算等多方面技术的融合，才能实现灵活的抓取。

近年来，随着深度学习和人工智能技术的发展，机器人视觉分拣技术通过计算机视觉识别出物体及其三维空间位置，指导机械臂进行正确的抓取。

3. 故障预测

制造流水线上若某个部位出现故障，当操作人员发现时，可能已经生产出大量的不合格品，带来不小的损失。如果能在故障发生之前检测并预知，可以有效做出预防，减少损失。基于人工智能和物联网技术，通过在工厂各个设备加装传感器，对设备运行状态进行检测，并利用神经网络建立设备故障的模型，则可以在故障发生前，对故障进行预测，并提前将可能发生故障的部件替换，从而保障设备持续无故障地运行。

AI 故障预测目前还处于试点阶段，成熟应用较少。一方面，大部分传统制造企业的设备，没有配备足够的数据采集传感器，也没有积累足够的数据，另一方面，很多工业设备对可靠性的要求极高，即便系统预测准确率很高，但如果没有达到百分之百准确，依旧难以采用。此外，投入产出比不高，也是 AI 故障预测未被广泛采用的一个重要因素，很多 AI 预测功能应用后，若成功能降低一些成本，如 5%，但如果不成功反而增加了成本，考虑到经济利益，企业采用较少。

10.4 未来发展及面临的挑战

教学课件：
10.4 未来发展及面临的挑战

10.4.1 智能制造的未来发展

1. 技术升级与创新

智能制造将更多地依赖人工智能和机器学习技术，实现生产过程的自动化和优化。例如，通过机器学习算法预测设备故障、优化生产计划和质量控制。物联网技术将使生产设备、物流系统和供应链更加智能化和互联化，实现生产过程的实时监控和数据共享。工业互联网平台将为企业提供更强大的数据处理和分析能力，支持企业实现数字化转型和智能制造。通过创建物理设备的虚拟模型（数字孪生），企业可以在虚拟环境中模拟和优化生产过程，减少实际生产中的试错成本。

2. 应用场景拓展

未来工厂将实现高度自动化和智能化，设备之间能够实现自主协作，生产过程能够根据市场需求动态调整。通过物联网和大数据技术，供应链将变得更加透明和高效，实现原材料采购、生产计划和物流配送的无缝衔接。消费者对个性化产品的需求将推动智能制造向大规模定制方向发展，企业能够根据客户需求快速调整生产流程。

3. 绿色与可持续发展

智能制造将通过优化生产流程和设备运行，降低能源消耗，实现绿色生产。借助智能化技术，企业能够更好地管理资源回收和再利用，减少废弃物产生，提高资源利用效率。

4. 人机协作

未来，人机协作将成为智能制造的重要模式，协作机器人（cobots）将与人类工人协同完成复杂任务，提高生产效率和质量。通过结合增强现实（AR）与虚拟现实（VR）技术，工人可以更直观地操作设备、进行培训和维护，显著提升工作效率和安全性。

5. 政策与市场推动

各国政府将出台更多政策支持智能制造的发展，包括税收优惠、补贴和加大科研投入。消费者对高质量、个性化产品的需求将驱动企业加速智能制造的转型。

10.4.2 智能制造面临的挑战

1. 技术瓶颈

复杂系统的集成：智能制造涉及多个技术领域的集成，如物联网、大数据、人工智能等，系统集成的复杂性较高。

数据安全与隐私：智能制造依赖大量的数据传输和共享，数据安全和隐私保护挑战严峻。

技术标准化：智能制造缺乏统一的技术标准和规范，导致系统间兼容性差。

2. 成本与投资

设备与技术成本：智能制造需要大量的设备更新和技术投入，中小企业承压明显。

人才短缺：智能制造需要既懂技术又懂管理的复合型人才，目前人才短缺问题较为突出。

3. 安全与可靠性

设备可靠性：智能制造设备的可靠性直接影响生产效率和产品质量，设备故障可能导致生产中断。

网络安全：智能制造系统面临网络攻击的风险，一旦被攻击，可能导致数据泄露、设备损坏甚至生产事故。

4. 社会与伦理问题

就业结构调整：智能制造的广泛应用可能导致部分岗位的消失，需要对劳动力进行再培训和职业转型。

伦理问题：例如，自动化决策可能引发的道德问题，以及人工智能在生产中的应用可能带来的社会影响。

5. 市场与竞争

市场接受度：部分企业对智能制造的接受度较低，担心技术风险和投资回报率。

国际竞争：智能制造领域的国际竞争激烈，企业需要不断提升技术水平和创新能力，以在全球市场中占据一席之地。

10.5 本章小结

本章深入探讨了人工智能在制造领域的应用，主要是智能制造的核心技术和典型应用，尤其是智能工厂和工业机器人这两个重点领域。

智能工厂，作为制造业未来的新范式，以其高度互联的"神经网络"、数据驱动的"智慧大脑"、实时响应的"敏捷身手"、灵活生产的"变形金刚"特质，以及可持续发展的"绿色理念"，正引领着一场颠覆性的制造业变革，将重塑绝大多数制造行业。

而工业机器人，现代制造业的"脊梁"，凭借其高精度的"手术刀级"操作、高效率的"闪电般"速度，以及灵活的"多面手"本领，已成为不可或缺的生产力。随着技术迭代，工业机器人正朝着更智能、更协同、更集成、更环保的方向演进。从汽车制造的流水线到电子设备生产的精密组装,从物流仓储的自动化搬运到医疗领域的精准辅助,工业机器人的身影无处不在,未来将在制造领域的每一环节中发挥更关键的作用。

思考与练习

1. 结合实际,简述人工智能在制造领域中的应用。
2. 简述智能工厂的组成部分。
3. 简述工业机器人的组成及各部分的作用。

第 11 章　AI+建筑

随着世界范围内石油、煤炭、天然气日益枯竭，节能与低碳环保的理念逐渐变成引领当代社会发展的新风向标。"十四五"期间我国生态文明建设进入以降碳为重点的战略方向，这一战略方向具有重要的战略意义和实践意义，是促进经济发展和生态文明建设的重要途径。目前，中国拥有全世界最大的建筑市场和建筑产业，正处于建筑与基础设施发展的重要阶段。利用 AI，可以通过对建筑设施和设备的智能化控制，实现对能源的高效利用和管理，通过数据的采集、分析和处理，为建筑能耗的监测和管理提供有力支持。

11.1　智能建筑概述

智能建筑（如图 11.1 所示）是指利用物联网、云计算、大数据、人工智能等现代化的信息技术手段对建筑设施、设备、用能等进行智能化控制，实现建筑环境的智能化管理、高效能源利用和人性化的用户体验。其核心目标是提高建筑的舒适性、安全性和能源效率，同时降低运营成本。

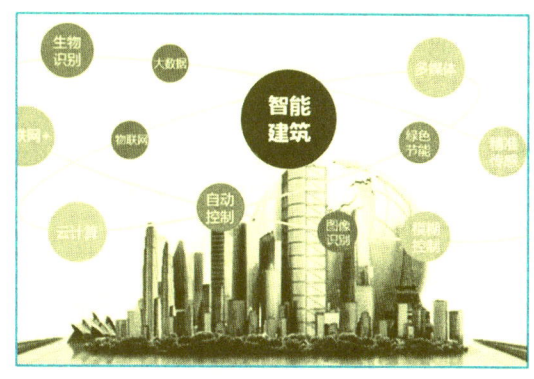

图 11.1　智能建筑

我国国家标准《智能建筑设计标准》（GB/T 50314—2022）中规定，智能建筑（intelligent building，IB）的含义是："以建筑物为平台，兼备信息设施系统、信息化应用系统、建筑设备管理系统、公共安全系统等，集结构、系统、服务、管理及其优化组合为一体，向人们提供安全、高效、便捷、节能、环保、健康的建筑环境"。

11.1.1 人工智能在建筑领域的应用

随着科技的进步和建筑行业的转型升级,人工智能技术在建筑领域的应用日益广泛。能源效率、可持续性和创新的需求是推动这一变化的主要动力。AI 技术通过优化建筑设计、施工、运营和维护等环节,提高了建筑行业的效率和可持续性。

1. 建筑设计

AI 提供了智能设计工具,AI 技术通过算法和数据分析,帮助设计师优化建筑设计。例如,利用 AI 算法,设计师可以快速生成多种设计方案,并通过数据分析找出最优解,提高设计效率和质量。生成式设计工具(如 GAN 算法)能够根据功能需求、环境参数生成最优布局,减少材料浪费和增强可构建性。

协助设计资料的规范审查:AI 技术能够自动检测设计是否符合消防、抗震等标准,减少人工核查误差。例如,美国斯坦福大学开发的智能规范检验系统,可以自动审查建筑设计图纸,提高设计合规性。

提供个性化设计:AI 通过分析用户的行为和需求,提供个性化的建筑设计方案。例如,利用 AI 算法对建筑的照明、温度、湿度等进行智能调节,提高用户的舒适度和满意度。

2. 建筑施工

AI 技术驱动的建筑机器人可以执行各种施工任务,进行砌砖、焊接、钻孔等工作,提高施工效率和质量。例如,砌砖机器人每天可铺设多达 3 000 块砖,大大缩短了项目时间。

执行进度预测与优化:基于历史项目数据和实时施工数据(如天气、供应链、人力等),利用机器学习模型预测工期延误风险,并动态调整施工计划。例如,Autodesk 的 Construction IQ 平台通过分析项目日志和检查报告,自动识别高风险任务并提出优先级建议。

自动化调度资源:AI 算法可以优化人力、设备和材料的分配。例如,通过传感器数据实时监控设备使用率,减少闲置造成的浪费。

3. 建筑运营与维护

AI 技术通过实时监测和分析建筑的能源使用情况,优化能源系统的调度和控制,降低能源消耗和成本。AI 通过分析楼宇设备(如电梯、空调)的运行数据,提前安排维护,延长设备寿命。例如,通过物联网传感器采集设备运行数据,AI 预测机械故障(如起重机轴承磨损），避免停工损失。AI 技术可以实时监测建筑内外部的安全状况，自动检测危险并预警。

11.1.2 智能建筑的发展

智能建筑的发展历程如图 11.2 所示，经历了 4 个阶段。

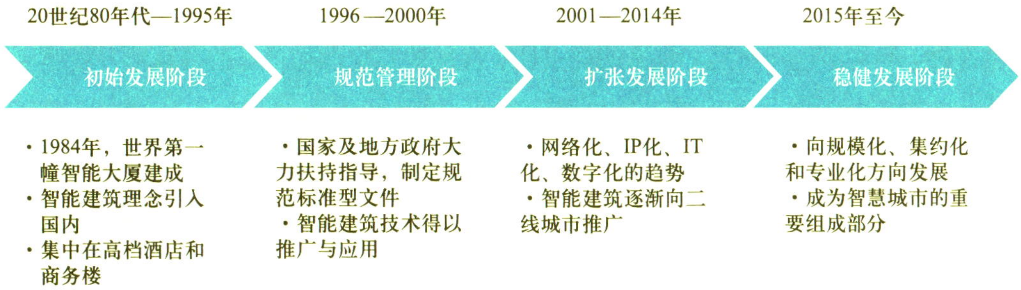

20世纪80年代—1995年	1996—2000年	2001—2014年	2015年至今
初始发展阶段	规范管理阶段	扩张发展阶段	稳健发展阶段
・1984年，世界第一幢智能大厦建成 ・智能建筑理念引入国内 ・集中在高档酒店和商务楼	・国家及地方政府大力扶持指导，制定规范标准型文件 ・智能建筑技术得以推广与应用	・网络化、IP化、IT化、数字化的趋势 ・智能建筑逐渐向二线城市推广	・向规模化、集约化和专业化方向发展 ・成为智慧城市的重要组成部分

图 11.2 智能建筑的发展历程

1. 初始发展阶段（20 世纪 80 年代—1995 年）

智能建筑的概念起源于 20 世纪 80 年代初期的美国。1984 年，美国康涅狄格州的哈特福特市建成了世界上第一幢智能大厦，配备了语音通信、文字处理、电子邮件等自动化综合服务，实现了建筑内空调、电梯、供水等系统的计算机控制。此后，智能建筑在欧美等发达国家得到了广泛认同和发展。

1989 年，中国开始在北京、上海、深圳等地兴建智能建筑，标志着智能建筑在中国的萌芽。这一阶段，智能建筑的理念逐渐被引入中国，但市场应用较少，主要集中在一些高档酒店和商务楼。同时，国内开始关注智能建筑的发展，并着手制定相关标准规范。

2. 规范管理阶段（1996—2000 年）

随着国际智能建筑技术在我国的应用推广，智能建筑理念逐渐深入人心。这一时期，智能建筑的应用对象从最初的五星级酒店和高级商务楼扩展到机关、医院、高校、博物馆等公共建筑，以及智能化居民小区。

为适应智能建筑的发展，国家及地方政府部门大力扶持指导，制定了一系列标准规范和行业管理规范性文件。这些文件的出台，为智能建筑行业的健康发展提供了有力保障。

3. 扩张发展阶段（2001—2014 年）

进入 21 世纪，随着计算机技术、信息技术、电子技术、控制技术等新兴技术的快速发展，智能建筑呈现出网络化、IP 化、IT 化、数字化的趋势。这些新技术在智能建筑中的应用，极大地提升了建筑的智能化水平。

智能建筑的应用范围不断扩大，从一线城市逐渐向二线城市乃至农村、工业园区等领域普及。同时，智能建筑在智慧城市、智慧社区等建设中的重要作用也日益凸显。

随着大量建筑智能化实践的积累，我国智能建筑进入了高速发展并逐步成熟的时期。智能化信息技术产品不断国产化，逐步形成了综合布线系统、安防系统、建筑设备监控系统等自主品牌。这些产品在技术的先进性、性能的稳定性和市场的占有率方面逐步接近或超过国外品牌。

国家明确提出大力推进建筑业技术进步，倡导和推广节能化、生态化、绿色化和智能化的发展目标。例如《"十四五"数字经济发展规划》和《"十四五"建筑业发展规划》等政策的出台，为智能建筑产业在未来的发展提供了有力支持。

4. 稳健发展阶段（2015 年至今）

近年来，随着人工智能、物联网、大数据等新一代信息技术的兴起，智能建筑行业迎来了新的发展机遇。这些新技术在智能建筑中的应用，不仅提升了建筑的智能化水平，还促进了建筑行业的转型升级。

随着建筑智能化行业标准的不断规范、整合，整体市场份额逐渐向资质体系齐全且具备研发优势的企业集中，行业将朝着规模化、集约化和专业化方向发展。

未来，智能建筑将在智慧城市的顶层设计下，与城市建设发展更加协调。同时，随着新建建筑对智能化需求的日趋复杂化、模块化、系统化，市场份额将逐渐向智能化整体解决方案提供商集中。

11.1.3 智能建筑的组成

智能建筑的基本功能主要由三大部分构成，即建筑设备自动化（building automation，BA）、通信自动化（communication automation，CA）和办公自动化（office automation，OA），它们是智能建筑中最基本且必须具备的基本功能，从而形成"3A"智能建筑。由此，一个完整的智能建筑系统应包括建筑结构与基础设施、系统集成中心、综合布线系统、建筑设备自动化系统、办公自动化系统、通信自动化系统六大基本组成部分（如图 11.3 所示）。

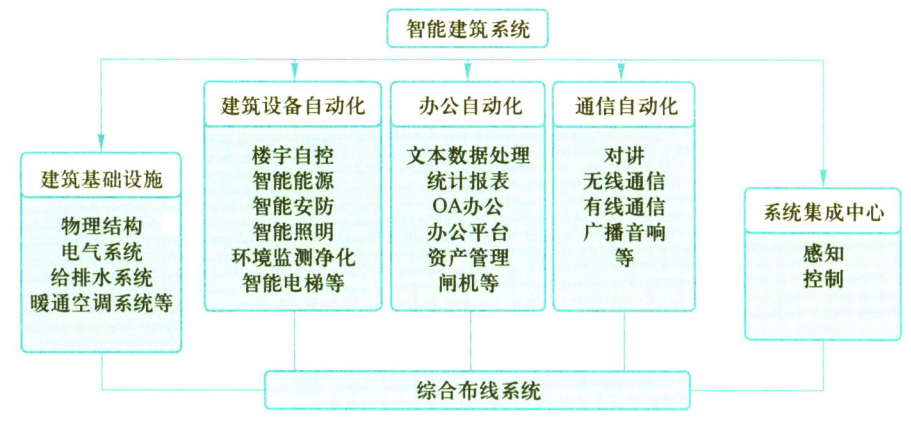

图 11.3 智能建筑系统的组成

1. 建筑结构与基础设施

这是智能建筑的基础，包括建筑的物理结构、电气系统、给排水系统、暖通空调系统等。这些基础设施为智能系统的运行提供了必要的物理条件。

2. 建筑设备自动化系统（BAS）

通过传感器和控制系统，自动调节建筑内的环境参数，如温度、湿度和光照，提供舒适的生活和工作环境。

建筑设备自动化系统通常包括以下几个子系统。

（1）楼宇自动化系统。

通过各种传感器（温度、湿度、光照）、控制器（DDC，直接数字控制器）、执行器（如电动阀门、风机），控制和监控建筑内的环境参数（如温度、湿度、照度）和设备运行（如空调、电梯、照明系统），优化建筑环境，提高舒适性和能源效率。

（2）能源管理系统。

负责监测和优化建筑的能源使用。通过智能电表、水表、燃气表、能源监测设备，实时监测建筑的能源消耗，包括电力、水、燃气等，识别能源浪费点。通过智能控制器、能源管理系统软件以及智能控制策略（如需求响应、负荷平衡）优化能源使用，降低能耗，实现节能减排。

（3）智能安防系统。

通过高清摄像头和智能视频分析技术实时监控建筑内外的活动，自动识别异常行为，提高安全性。通过智能门锁、门禁控制器、人脸识别等设备，控制人员进出建筑或特定区域，提高安全性。通过烟雾报警器、火灾报警控制器、应急照明系统，及时发现火灾隐患，自动启动应急响应，减少火灾损失。

（4）智能照明系统。

智能照明系统（如图11.4所示）通过自动化控制优化建筑内的照明环境，提高舒适性和节能效果。通过智能灯具、光照传感器、控制器等设备，根据环境光照和人员活动自动调节照明亮度，减少照明能耗，延长灯具寿命；根据不同的使用场景（如办公、会议、休息）预设照明模式，提高照明的灵活性和舒适性。

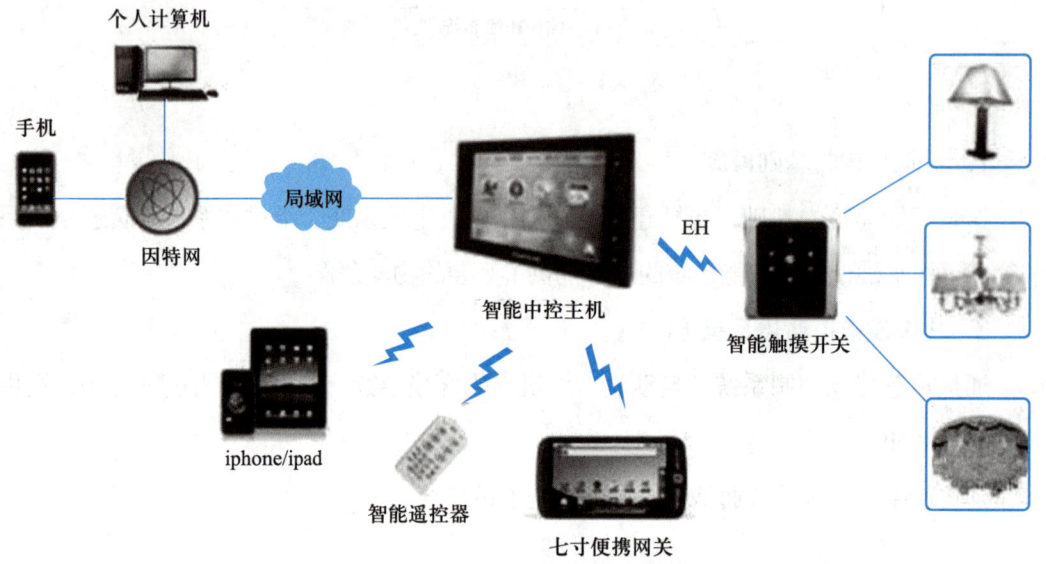

图11.4　智能照明系统

（5）智能暖通空调系统。

暖通空调系统通过温度传感器、湿度传感器等采集来的环境参数，自动调节建筑内的温度、湿度和空气质量，优化室内环境，提高舒适性。通过智能控制策略优化暖通空调系统的能耗。

（6）智能电梯系统。

智能电梯系统通过自动化控制优化电梯的运行效率，提高用户体验。根据人员流动自动调度电梯，减少等待时间。通过智能调度提高电梯的运行效率，减少能耗。

通过电梯状态传感器、监控系统，实时监控电梯的运行状态，及时发现电梯故障，降低安全风险，确保安全运行。

3. 办公自动化系统（OAS）

通过计算机和网络技术，实现办公流程的自动化，提高工作效率。运用数学建模支持辅助决策,为决策提供数据参考,以减少或避免错误发生。决策和实施过程中信息共享,缩短处理时间,同时解决数据存储安全问题,保证办公过程的保密性。

4. 通信自动化系统（CAS）

提供高速、稳定的通信网络,确保信息传递的及时性和准确性。包括通信系统（如用户程控交换机、卫星数字电视及有线电视系统、公共广播及紧急广播系统等）和计算机网络（如建筑内使用的设备互联的计算机局域网以及互联网等）,确保智能建筑内通信网络、电话通信、视频通信、可视图文等网络设备和外界正常互通,方便用户使用。

5. 综合布线系统（generic cabling，GC）

智能建筑的神经系统,负责连接各种设备和传感器,确保信息能够顺畅地传输。它使建筑或建筑群内部的语音、数据和图像通信网络设备、信息网络交换设备和建筑设备自动化系统等相联,也使建筑或建筑群内通信网络与外部通信网络相连。

6. 系统集成中心（system integrated center，SIC）

作为智能建筑的大脑,负责集成和管理建筑内的各种智能系统。它通过综合布线系统与各种终端设备相连,如通信终端（电话机、传真机等）、传感器（如压力、温度、湿度等传感器）的连接,"感知"建筑物内各个空间的"信息",并通过计算机进行处理后给出相应的控制策略,再通过通信终端或控制终端（如开关、电子锁、阀门等）对控制对象发出动作响应,对建筑设备进行智能控制。

智能建筑系统的组成体现了现代科技与建筑艺术的完美结合,通过各系统的协同工作,为人们提供更加智能、舒适和高效的生活和工作环境。

11.2　BIM

教学课件：
11.2 BIM

BIM（building information model，建筑信息模型）是一种信息化技术,用于创建和管理建筑项目从设计、施工到运营的全生命周期信息。它通过创建一个包含建筑几何形状、空间关系、地理信息、建筑构件属性等的三维数字模型,为建筑项目的各个阶段提供支持。如图 11.5 所示。

BIM 技术为智能建筑的设计与施工提供了基础,支持智能建筑全生命周期的信息集成,优化并验证智能建筑性能,同时提升了智能建筑运维管理效率。

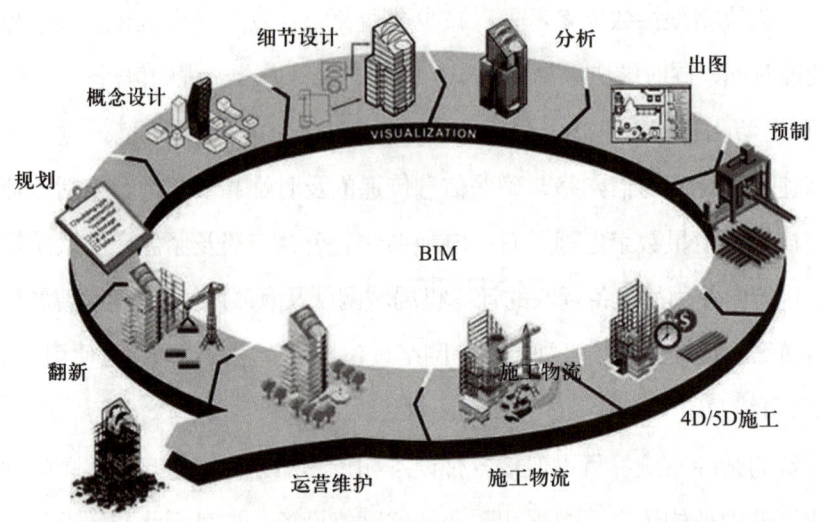

图 11.5 BIM

11.2.1 BIM 的核心特点

1. 三维可视化

BIM 的核心是三维模型，它能够直观展示建筑的外观和内部结构，帮助设计师、施工人员和业主更好地理解项目。

2. 信息集成

BIM 不仅仅是一个三维模型，它还集成了建筑的详细信息，包括材料属性、成本估算、施工进度等。这些信息可以在项目全生命周期中共享并被使用。

3. 协同工作

BIM 支持多专业协同工作，包括建筑师、结构工程师、机电工程师、施工团队等。通过共享模型，各方可以在同一平台上进行协作，减少信息孤岛和沟通成本。

4. 全生命周期管理

BIM 贯穿建筑项目的全生命周期，从设计、施工到运营维护，甚至拆除。它为每个阶段提供决策支持，优化项目管理。

11.2.2 BIM 在建筑全生命周期的应用

BIM 在建筑全生命周期的应用非常广泛，如图 11.6 所示，按照建筑的生命周期将其划分为设计、施工和运营维护三个阶段。

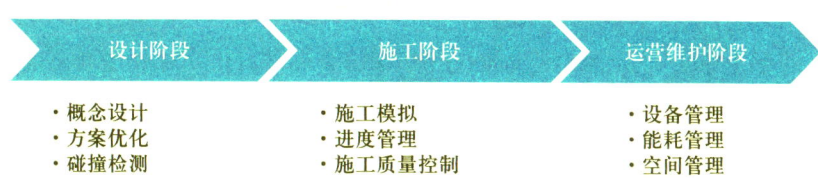

图 11.6　BIM 在建筑全生命周期的应用

1. 设计阶段

① 概念设计。通过三维模型快速生成建筑概念，帮助设计师和业主更好地理解设计方案。

② 方案优化。利用 BIM 进行性能分析（如能耗分析、日照分析），优化设计方案。

③ 碰撞检测。在设计阶段提前发现建筑、结构和机电设备之间的冲突，减少施工中的返工。

2. 施工阶段

① 施工模拟。通过 BIM 模拟施工过程，优化施工计划和资源分配。

② 进度管理。将施工进度与 BIM 模型结合，实时跟踪施工进度，便于监控和调整。

③ 施工质量控制。利用 BIM 模型开展施工质量检查，确保施工符合设计要求。

3. 运营维护阶段

① 设施管理。BIM 模型中包含建筑设施的详细信息，便于运营维护团队快速定位和管理设备。

② 能耗管理。通过 BIM 模型分析建筑能耗，优化运营策略，降低能源成本。

③ 空间管理。帮助业主合理分配建筑空间，提高空间利用率。

11.2.3　BIM 的优势

1. 提高设计质量

BIM 能够帮助设计师更好地理解设计方案，减少设计错误，提高设计质量。

2. 优化施工管理

通过施工模拟和进度管理，BIM 能够优化施工计划，缩短工期并降低成本。

3. 提升运营效率

在运营阶段，BIM 能够提供详细的设施信息和能耗分析，帮助运营团队高效管理建筑。

4. 促进协同合作

BIM 支持多专业协同工作，减少沟通成本和信息孤岛，提高项目整体效率。

11.2.4　BIM 应用案例——北京大兴机场

北京大兴国际机场（如图 11.7 所示）是中国近年来最重要的交通枢纽建设项目之一，也是全球最大的单体航站楼。该项目在设计、施工和运营阶段全面应用了 BIM 技术，显著提高了项目的效率、质量和管理水平，成为 BIM 技术在大型复杂建筑项目中的成功典范。

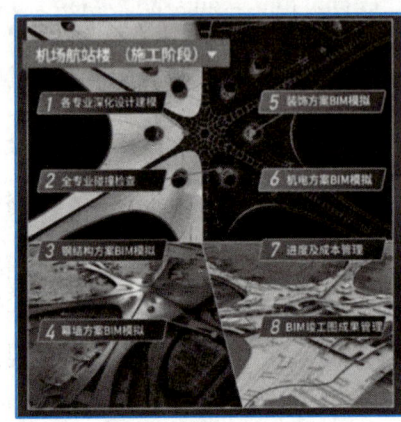

图 11.7　BIM 应用案例——北京大兴机场

1. 设计阶段

① 在三维建模阶段。大兴机场的航站楼及综合换乘中心完全采用 BIM 软件（如 Revit、ArchiCAD）进行设计，通过三维模型数据库取代传统的二维纸质图纸，实现了设计过程的可视化。

② 在协同设计阶段。建立了 BIM 协同平台，设计团队、施工团队和业主可以通过平台实现紧密合作，提高设计效率和质量。

③ 在性能分析与优化阶段。利用 BIM 模型进行日照分析、风环境分析和能耗模拟，优化建筑的朝向和形状，提高建筑的节能性能。例如，通过模拟分析，设计团队优化了建筑的外立面，减少了夏季的太阳辐射，提高了室内舒适度。

④ 在设计变更管理阶段。BIM 模型支持实时更新和版本管理，设计变更能够迅速体现在模型中，确保各参与方的信息同步。

2. 施工阶段

① 施工模拟与优化。通过 BIM 技术模拟施工过程，优化施工进度和资源分配。例如，利用 Navisworks 软件进行施工过程动画模拟，提前发现施工中的潜在问题，减少施工风险。

② 施工进度管理。将 BIM 模型与施工进度计划（如 Microsoft Project）集成，实时监控施工进度，确保项目按时交付。

③ 施工质量控制。利用 BIM 模型进行施工质量检查，确保施工符合设计要求。例如，通过三维扫描技术对比实际施工与 BIM 模型，及时发现偏差并进行调整。

④ 安全与风险管理。利用 BIM 模型进行安全风险评估，提前制定安全措施。例如，通过模拟施工过程中的高风险作业，优化施工方案，减少安全事故。

3. 运营阶段

① 设施管理。BIM 模型中包含建筑设施的详细信息，如设备位置、型号、维护记录等，便于运营团队快速定位和管理设备。

② 能耗管理。通过 BIM 系统实时监测建筑的能耗数据，优化能源使用，降低运营成本。

③ 空间管理。利用 BIM 模型合理分配建筑空间，提高空间利用率。

④ 应急响应。在紧急情况下，BIM 系统能够快速提供建筑的详细信息，支持应急响应和决策。例如，火灾时，BIM 系统可以提供疏散路线和消防设施位置。

大兴机场中心区域的支撑间距达 200 m，所形成的无柱空间可以完整放下一个水立方。通过 BIM 技术，实现了对无柱空间设计的精确模拟和优化。航站楼中心区混凝土楼板 513 m×411 m 不设缝，是国内最大的单块混凝土楼板。BIM 技术确保了混凝土楼板的设计和施工精度。在机场货运区、东跑道、公务机区的屋顶设置光伏发电系统，通过 BIM 技术进行布局和优化设计，提高了光伏发电系统的效率和可靠性。

总之，BIM 技术的应用显著提高了大兴机场项目的设计、施工和运维效率，减少了资源浪费和损耗，降低了项目成本，确保了项目的质量和安全。

11.3 智能安防

教学课件：
11.3 智能安防

智能安防是利用人工智能、物联网、大数据等先进技术，结合传统的安防技术，实现对人员、环境和设备的智能化监控与管理。它通过自动化和智能化的手段，提高安防系统的效率、准确性和可靠性，广泛应用于公共安全、建筑、交通、金融等领域。

11.3.1 智能安防中的人工智能技术应用

1. 视频监控与分析

通过高清摄像头获取 24 小时不间断的高分辨率的图像和视频，利用计算机视觉技术，自动识别和分析视频中的异常行为，如入侵检测、遗留物检测、人员聚集等。通过深度学习算法，识别特定行为（如奔跑、打斗）或异常动作，及时发出警报。

2. 物联网技术

将部署的各种传感器（如红外、烟雾、气体、门禁）通过物联网协议（如 ZigBee、NB-IoT）接中央管理系统，实时监测环境和设备状态，实现远程监控和控制。

3. 人工智能与机器学习

在门禁系统和监控场景中，利用深度学习算法，快速识别和验证人员身份；通过机器学习模型，分析海量数据以识别异常模式，提高安全性和响应速度；结合历史数据和实时数据，预测潜在的安全威胁，提前采取措施。

4. 大数据分析

将来自不同设备和传感器的数据整合到一个平台上，进行集中分析。通过大数据分析，实时监控安防系统状态，快速响应异常事件。通过分析数据趋势，优化安防资源配置，提高系统效率。

11.3.2 智能安防的应用场景

1. 公共安全

在城市主要路口、广场和交通枢纽部署高清摄像头和智能分析系统，实时监控公共区域安全；通过视频分析和行为识别技术，快速发现潜在的恐怖活动或异常行为，及时发出警报并启动应急预案，从而实现反恐与应急响应。

2. 建筑与设施管理

利用人脸识别或指纹识别技术，实现无接触式门禁管理，提升安全性和便利性。通过传感器网络实时监测建筑内的环境参数（如温度、湿度、空气质量），确保环境安全和舒适。对建筑内的关键设备（如电梯、空调、消防系统）进行实时监控，及时发现故障并进行维护。

3. 交通管理

利用智能视频分析技术实时监控交通流量，自动识别交通违规行为（如超速、闯红灯）。通过车牌识别技术，实现停车场管理、高速公路收费和交通流量统计。根据实时交通流量自动调整信号灯时长，优化通行效率，缓解拥堵。

11.3.3 智能安防的优势

1. 提高安全性

通过智能视频分析和传感器网络，实时监控环境和设备状态，快速响应异常事件。利用人脸识别和行为识别技术，提高身份验证和异常行为检测的准确性。

2. 提升效率

通过物联网和大数据技术，实现安防设备的自动化管理和远程控制，降低人力成本。利用大数据分析优化安防资源配置，提高系统效率。

3. 增强用户体验

利用人脸识别或指纹识别技术，实现无接触式门禁管理，提高便利性。通过传感器网络实时监测环境参数，优化建筑内的环境质量。

11.3.4 智能安防应用案例——上海陆家嘴国际金融区智能安防

上海陆家嘴金融区（如图11.8所示）是中国最重要的金融中心之一，汇聚了众多金融机构和企业总部。近年来，为了提升区域的安全性和管理效率，陆家嘴金融区实施了一系列智能安防升级项目，应用了最新的智能安防技术，显著提高了区域的安全性及运营管理水平。

图11.8 智能安防应用案例——上海陆家嘴国际金融区

教学课件：
11.4 智慧能源

11.4 智慧能源

智慧能源是指通过现代信息技术（如物联网、大数据、人工智能、云计算等）与能源系统深度融合，实现能源生产、传输、存储、消费等环节的智能化管理和优化。其目标是提高能源利用效率、降低碳排放、增强能源系统的可靠性和灵活性，同时推动能源系统的可持续发展。智慧能源系统涵盖了从传统能源（如煤炭、石油、天然气）到可再生能源（如太阳能、风能、水能、生物能）的多种能源形式，并通过智能技术实现能源的高效转换和协同运行。建筑能源互联网（building energy internet，BEI）是 AI + 智慧建筑的典型应用场景，是一种以建筑物为基础的能量闭环式控制体系。

11.4.1 智慧能源中的人工智能技术应用

1. 物联网（IoT）

通过传感器和智能设备，实时监测能源生产、传输和消费过程中的数据。利用无线通信技术（如 NB-IoT、LoRa 等）将能源设备连接到云端或数据中心，实现数据的实时采集和传输。

2. 大数据与数据分析

将来自不同能源设备和系统的海量数据进行整合和存储。通过数据分析预测能源需求、设备故障和能源生产趋势，优化能源管理。基于数据分析结果，为能源系统的运行和管理提供决策支持。

3. 人工智能与机器学习

利用机器学习算法预测能源需求和生产，提高能源系统的灵活性和可靠性。通过 AI 算法实时监测设备状态，提前发现潜在故障并发出预警。利用人工智能技术实现能源系统的自动化运行和优化。

4. 云计算

通过云计算平台提供强大的计算能力和存储资源，支持大数据处理和智能分析。依托云平台实现能源系统的远程监控和管理，提高运营效率。

5. 能源管理系统

实时监测能源生产、传输和消费过程，确保能源系统的稳定运行。根据能源需求和生产情况，优化能源的分配和调度，提高能源利用效率。通过智能算法和用户交互，实现能源需求的动态调整，减少能源浪费。

11.4.2 智慧能源的应用场景

1. 智能电网

结合太阳能、风能等分布式能源，优化能源分配和调度。通过智能电表和用户交互，实现能源需求的动态调整，减少电网负荷。利用智能传感器和数据分析技术，快速定位和修复电网故障，提高供电可靠性。

2. 智能建筑

通过传感器和智能设备，实时监测建筑内的能源消耗，优化能源使用。利用物联网技术实现照明和空调系统的自动化控制，降低能源浪费。在建筑中集成太阳能板、小型风力发电机等可再生能源设备，提高建筑的能源自给率。

3. 工业能源管理

通过智能传感器和数据分析，实时监控工业生产过程中的能源消耗，优化生产流程。利用智慧能源技术对传统工业设备进行节能改造，提高能源利用效率。通过智能系统回收工业生产中的余热、余压等能源，实现能源的循环利用。

4. 交通领域

通过智能充电站和云平台，优化电动汽车的充电时间和充电策略，减少对电网的冲击。利用物联网和大数据技术优化交通流量，减少交通拥堵，降低交通能耗。

5. 可再生能源管理

利用人工智能算法预测太阳能和风能的发电，优化能源存储和调度。通过智能算法优化储能设备的充放电策略，提高储能系统的效率和寿命。

11.4.3 智慧能源的优势

1. 提高能源利用效率

通过智能算法优化能源的分配和调度，减少能源浪费。根据能源需求动态调整供应，提升能源利用效率。

2. 降低碳排放

整合太阳能、风能等可再生能源，减少对传统化石能源的依赖。通过智能系统回收和再利用能源，减少能源消耗和碳排放。

3. 提高能源系统的可靠性

通过智能传感器和数据分析技术，提前发现潜在故障并及时发出预警。利用人工智能技术实现能源系统的自动化运行和优化，减少人为错误。

4. 促进能源系统的可持续发展

通过智能技术优化可再生能源的生产、存储和调度，推动可再生能源的发展。增强系统的灵活性：通过智能管理系统，适应能源需求的变化和可再生能源的间歇性。

智慧能源是未来能源系统的发展方向，通过现代信息技术与能源系统的深度融合，能够显著提高能源利用效率、降低碳排放，并推动能源系统的可持续发展。然而，智慧能源系统也面临着技术瓶颈、成本投入、法规政策以及社会市场等多方面的挑战。未来，随着技术的不断进步和政策的不断完善，智慧能源有望在全球范围内得到更广泛的应用，为实现碳中和目标提供重要支持。

11.4.4 智慧能源应用案例

图 11.9 所示为某智慧能源企业自主研发的智慧能源管理系统主界面。该企业致力于绿色建筑、可再生能源、地热能技术的研究与应用，以及建筑空调系统的节能方案咨询、设计、实施、诊断与改造。因此，企业管理者需要实时掌握各个项目中各设备的能耗情

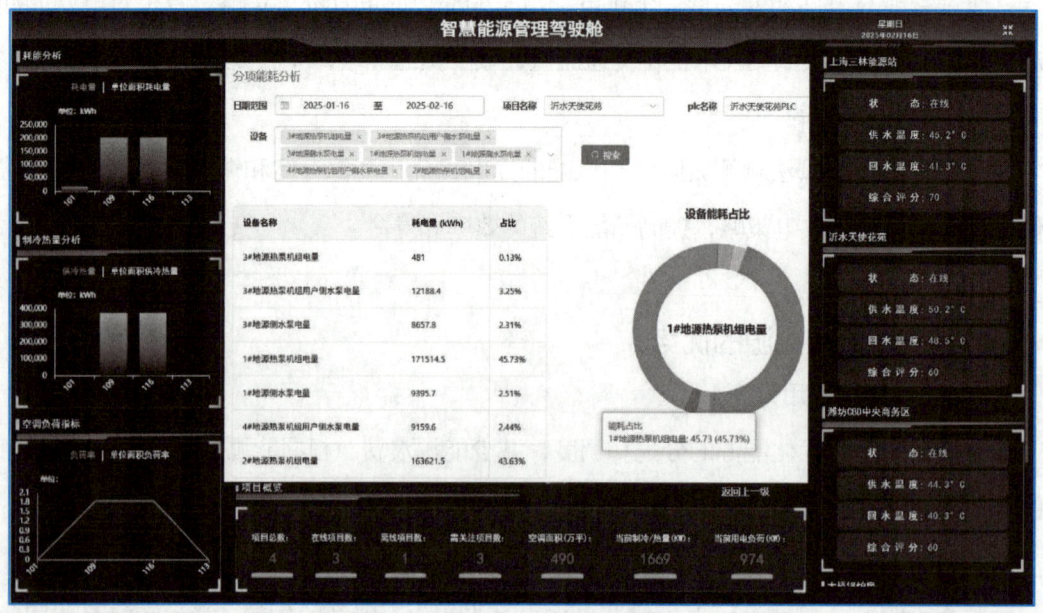

图 11.9 智慧能源系统应用案例

况，并对各个设备的运行情况进行远程管控，例如控制设备的启动与停止、功率、运行参数等，从而实现节能的目标。通过该智慧能源管理系统管理者可清晰直观地了解全部项目目前的运行状态、能耗分析、存在的问题，必要时进行实时报警，还能完成选定时间段内的能耗统计，并给出巡检运维建议及远程智能管控。

11.5 未来发展及面临的挑战

教学课件：
11.5 未来发展及面临的挑战

智能建筑作为现代科技与建筑艺术的结合体，正逐渐成为未来城市发展的重要趋势。随着物联网、大数据、人工智能、5G 通信等技术的飞速发展，智能建筑的功能和应用场景不断拓展，其未来发展前景广阔，同时也面临着诸多挑战。

11.5.1 智能建筑未来发展的主要趋势

1. 技术融合与创新

通过物联网设备收集建筑内的环境数据、设备状态和用户行为数据，并利用大数据分析技术进行深度挖掘，实现更精准的能源管理和用户服务。

利用人工智能算法优化建筑的自动化控制，如智能暖通空调（HVAC）系统、智能照明系统和智能安防系统。机器学习模型可以预测设备故障、优化能源消耗并提升用户体验。

5G 技术的低延迟和高带宽特性将支持更高效的设备互联和数据传输，而边缘计算则可以实现更快的本地决策，提升系统的响应速度和可靠性。

2. 绿色与可持续发展

智能建筑将更多地集成太阳能、风能等可再生能源，通过智能储能系统实现能源的高效存储和管理，减少对传统能源的依赖。

通过智能能源管理系统（EMS），实时监测和优化建筑的能源消耗，实现节能减排目标。

在建筑的设计和施工中，更多使用环保材料和可持续建筑材料，减少建筑对环境的影响。

3. 用户体验提升

通过智能系统收集用户偏好数据，提供个性化的环境控制和信息服务，如自动调节室内温度、照明亮度和空气质量。

智能建筑将更加注重用户的健康和福祉，通过智能系统监测室内空气质量、光照强度和噪声水平，并自动调整环境参数以提升用户舒适度。

智能建筑将更加注重无障碍设计，通过智能导航系统、语音控制和自动化设备，为残障人士提供更加便捷的使用体验。

4. 智能化与自动化

智能建筑系统将具备更强的自主学习能力，能够根据环境变化和用户行为自动调整运行策略，实现更高效的自动化管理。

在建筑的清洁、维护和安全管理中，更多使用机器人和自动化设备，减少人力成本并提高工作效率。

5. 数字孪生技术

通过创建建筑的数字孪生模型，实现建筑的虚拟建模和仿真，提前预测建筑的运行状态，优化设计方案和运营策略。

数字孪生模型可以实时反映建筑的实际运行状态，通过数据分析和模拟优化建筑的能源使用和设备运行。

11.5.2　智能建筑面临的挑战

智能建筑虽然带来了许多优势，但在发展过程中也面临诸多挑战，主要包括以下几个方面。

1. 技术挑战

① 系统集成难度高。智能建筑涉及多个子系统（如智慧能源、智能照明、智能安防、能源管理等），这些系统往往来自不同供应商，协议与标准不统一，导致集成复杂。

② 数据孤岛问题。各系统之间数据难以互通，影响整体智能化效果。

③ 技术更新快。物联网、人工智能、5G等技术发展迅速，建筑系统需要不断升级以保持竞争力，但频繁更新可能导致兼容性问题和成本上升。

2. 成本挑战

① 初期投资和运维成本高。智能建筑需要部署大量传感器、智能设备和软件系统，初期建设成本较高。智能系统的维护和升级需要专业技术人员，增加了长期运维成本。

② 投资回报周期长。虽然智能建筑可以节约能源和提高效率，但投资回报周期较长，可能影响业主的决策。

3. 安全与隐私挑战

① 网络安全风险。智能建筑依赖物联网和云计算，容易成为网络攻击的目标，可能导致数据泄露或系统瘫痪。

② 隐私问题。智能建筑中大量传感器和摄像头可能收集用户的行为数据，引发隐私争议。

③ 数据安全问题。建筑运营数据的安全性需要得到保障，防止被恶意利用。

4. 标准化与兼容性挑战

① 缺乏统一标准。不同厂商的设备和技术标准不统一，导致系统兼容性差，加剧了集成难度。

② 行业规范不完善。智能建筑领域缺乏统一的行业规范和认证体系，影响技术的推广和应用。

5. 用户接受度与使用挑战

① 用户体验方面。智能系统的操作界面复杂，可能导致用户使用困难，降低体验感。

② 培训成本较高。用户和管理人员需要接受培训才能熟练使用智能系统，增加了人力成本。

③ 推广难度较大。不同地区和文化对智能建筑的接受度不同，可能影响其推广。

6. 能源与可持续发展挑战

智能建筑虽然旨在节能，但大量电子设备和传感器的运行可能增加电力消耗。智能设备的制造和废弃可能对环境造成影响，需要解决全生命周期的可持续性问题。

7. 政策与法规挑战

① 政策支持不足。部分地区缺乏对智能建筑的政策支持和激励措施，影响其发展。

② 法规滞后。现有法律法规可能无法完全适应智能建筑的新技术和新模式，引发监管空白或冲突。

8. 设计与规划挑战

智能建筑需要建筑、IT、能源、环境等多学科协作，设计难度较大。建筑功能需求可能随时间变化，智能系统需要具备足够的灵活性和可扩展性。

智能建筑的发展潜力巨大，但要克服技术、成本、安全、标准化等多方面的挑战。未来需要通过技术创新、政策支持、行业协作以及用户教育，逐步解决这些问题，推动智能建筑的广泛应用和可持续发展。

11.6　本章小结

本章主要讨论了智能建筑及其关键组成部分，并重点探讨了 BIM、智能安防、智慧能源这三个智能建筑领域内的热点问题。智能建筑作为现代科技与建筑艺术的结合，是未来城市发展的重要趋势，正逐步向智慧城市迈进。其功能和应用场景不断拓展，未来发展潜力巨大。

BIM 在建筑全生命周期中发挥着关键作用，从设计、施工到运营维护，为建筑项目提供全面的信息管理和优化支持。

智能安防和智慧能源是 AI + 智慧建筑领域的两大重要应用。智能安防系统通过集成多种安防技术，实现建筑的全方位安全保障；智慧能源系统则通过智能调控和优化能源使用，提高建筑能效，促进可持续发展。随着技术的不断进步，智能安防和智慧能源将在未来智能建筑中得到更广泛的应用。

思考与练习

1. 简述智能建筑系统的组成。
2. 结合所学专业，简单描述人工智能技术在建筑中的某方面应用。

第 12 章 AI + 商业

12.1 智慧商业概述

教学课件：
12.1 智慧商业概述

从传统商业到新零售，再到如今的智慧商业，人工智能技术的变革发挥了巨大的推动作用。智慧商业借助互联网、人工智能技术、大数据等技术优化商业运营流程，提升消费者体验，并为企业带来更高商业价值。它强调以数据驱动决策，将海量数据资源进行整合分析，洞察市场趋势和消费者行为。在此基础上，企业可以更加精准地把握消费习惯，预测消费趋势，制定市场策略，实现多样化、个性化的营销和服务。

12.1.1 智慧商业的发展阶段

1958 年，IBM 研究员 H.P.Luhn 首次提出"商业智能"概念，强调通过数据分析指导商业行动。虽然当时并未直接提出"智慧商业"这一概念，但为智慧商业的发展奠定了思想基础。后来智慧商业的发展主要经历了如下几个阶段（如图 12.1 所示）。

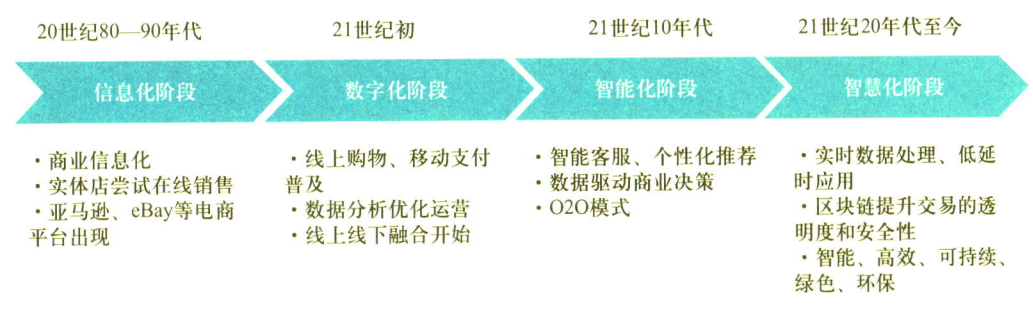

图 12.1 智慧商业的发展阶段

1. 信息化阶段（20 世纪 80—90 年代）

计算机和互联网的普及推动了商业信息化，传统的实体店尝试在线销售，实现了商品信息的在线展示和交易电子化。电子商务平台如亚马逊、eBay 等成为这一时期的代表，为后来的智慧商业奠定了基础。

2. 数字化阶段（21世纪初）

随着互联网的迅猛发展和移动设备的普及，线上购物、移动支付等数字化服务普及。大数据技术开始应用，企业通过数据分析优化运营。这一阶段用户体验得到显著提升，线上线下融合开始加速。

3. 智能化阶段（21世纪10年代）

云计算、大数据和物联网等新兴技术迅速崛起，企业开始探索智能制造与智能服务的融合。阿里巴巴和腾讯等互联网巨头通过打造开放生态，推动了智慧城市、智能零售和智慧金融等新业态的出现。

AI技术逐渐应用于智能客服、个性化推荐等场景，物联网设备在零售、物流等领域广泛应用，云计算支持大规模数据处理和存储，商业决策更加依赖数据驱动，自动化水平提升。

实体商业与电子商务深度融合，形成了O2O（online to offline/offline to online）模式，即线上购买带动线下消费体验。

移动支付、社交媒体和其他数字工具的普及进一步推动了这一趋势，使得消费者能够在任何时间、任何地点享受无缝衔接的购物体验。

4. 智慧化阶段（21世纪20年代至今）

随着5G、边缘计算、区块链等新技术快速发展，实时数据处理和低延迟应用成为可能。

区块链技术提升了交易透明度和安全性，AR/VR技术应用于虚拟试衣、虚拟购物等场景。商业生态更加智能、高效，用户体验进一步升级。商业环境将更加注重可持续性和社会责任，智慧商业也将朝着更加绿色环保的方向发展。

12.1.2 智慧商业的核心技术

1. 技术进步带来智慧商业发展空间无限

互联网与无线射频识别（RFID）、电子数据交换（EDI）、全球定位系统（GPS）、地球信息系统（GIS）、定位服务（LBS）、移动定位服务（MPS）、大数据、云计算等技术的结合，既推动传统企业的创新发展，也不断催生新的商业形态，商业行为日益变得信息化、智能化、透明化、可视化、高效化。移动支付、购物应用（APP）、近距离通信技术（NFC）等为人们所熟知并广泛应用。

2. 大数据是智慧商业的"神经"

全球知名咨询公司麦肯锡认为，数据已经渗透到当今每一个行业和业务职能领域，成为重要的生产要素，大数据是下一轮创新、竞争和生产力的前沿，海量电子数据的挖掘与运用将成为未来竞争和增长的基础；大数据帮助美国零售业净利润增长60%。移动互联时代，大数据与移动终端、云计算的结合，商家可以随时随地了解消费需求与习惯，孕育更多的商机和业务。

3. 智慧物流是智慧商业的"血脉"

很多物流系统采用最新的互联网、物联网技术和设施，实现光、机、电、信息等技术的集成应用，形成了智慧物流。如亚马逊公司测试用无人机送货、用机器人管理仓储，未来可能通过用户数据的分析来预测购买行为，在顾客尚未下单之前提前发出包裹，最大限度地缩短物流时间。阿里巴巴与海尔日日顺物流合作，斥资3 000亿元打造物流智能骨干网，通过分析消费习惯与货物流向情况，改变传统物流的运行模式和管理方式。

4. 移动支付是智慧商业的主要支付方式

移动支付，是指允许用户使用其移动终端（通常是手机），对所消费的商品或服务进行账务支付的一种服务方式。移动支付将终端设备、互联网、应用提供商以及金融机构相融合，为用户提供金融服务。

5. O2O将成为智慧商业的主要形态

O2O成为信息化条件下商业繁荣发展的新模式和大趋势。O2O将线下的商务机会与互联网结合，让互联网成为线下交易的平台。美国梅西百货、英国电商企业Argos及连锁超市TESCO、海尔集团等是线上线下渠道融合发展的典范。

12.1.3 智慧商业典型应用场景

1. 零售领域

（1）个性化推荐与精准营销。

亚马逊利用大数据分析和机器学习算法，根据用户的浏览历史、购买行为和偏好，提供个性化的商品推荐，确保推荐结果的准确性和相关性，显著提高了购买转化率和复购率，提升了用户体验。

（2）智能货架与库存管理。

沃尔玛在部分门店部署了智能货架系统，通过传感器和摄像头实时监控商品库存，自动补货并优化库存管理。减少了缺货现象，提高了库存管理效率，降低了运营成本。借助实时数据监控，沃尔玛能够快速响应市场需求，优化供应链管理。

（3）无人零售。

阿里巴巴的"盒马鲜生"通过物联网技术、移动支付和人脸识别技术，实现了无人零售模式。顾客可以通过手机应用下单，店内机器人完成商品分拣和配送。提高了运营效率，减少了人力成本，提升了顾客的购物体验。通过数据分析，盒马鲜生能够优化商品布局和库存管理，提高运营效率。

2. 营销领域

（1）智能广告投放。

谷歌利用大数据分析和机器学习算法，实现智能广告投放。广告系统根据用户的兴趣、行为和地理位置，精准推送广告。显著提高了广告的点击率和转化率，为广告主提供了更高的投资回报率。通过分析用户行为数据，优化广告投放策略，确保广告内容与用户需求高度匹配。

（2）社交媒体营销。

Facebook 利用用户数据和行为分析，提供精准的广告投放和内容推荐。通过机器学习算法，Facebook 能够预测用户兴趣，优化广告效果。社交媒体营销显著提高了品牌曝光度和用户参与度，为品牌主提供了高效的营销渠道。Facebook 通过分析用户行为数据，优化广告投放策略，确保广告内容与用户需求高度匹配。

3. 供应链管理

（1）智能物流与配送。

京东物流通过物联网技术、大数据分析和智能调度系统，实现了智能物流和配送。通过智能算法优化配送路线，减少运输时间和成本。提高了配送效率，提升了用户体验。

（2）供应链协同。

华为通过建立供应链协同平台，实现供应商、制造商和经销商之间的实时数据共享和协同工作。通过大数据分析和智能预测，优化供应链管理，提高了供应链的透明度和效率，减少了库存积压和缺货现象。华为通过分析供应链数据，优化采购、生产和销售计划，确保高效运营。

4. 客户服务

（1）智能客服。

阿里巴巴的智能客服系统"阿里小蜜"利用自然语言处理和机器学习技术，提供 24 小时在线客服服务。通过智能算法，系统能够自动回答用户问题，解决常见问题，显著提高了客户服务效率，减少了人工客服的工作量，提升了用户体验。通过分析用户问题数据，系统能够不断优化回答策略，提高服务质量。

（2）客户体验优化。

星巴克通过移动应用和数据分析，优化客户体验。用户可以通过手机应用下单，系统根据用户偏好提供个性化推荐。通过优化客户体验，星巴克提高了用户满意度和忠诚度，提升了品牌竞争力。通过分析用户行为数据，星巴克能够优化产品布局和服务流程，提高运营效率。

5. 绿色与可持续发展

（1）绿色供应链。

宜家通过建立绿色供应链管理系统，优化采购和物流流程，降低能源消耗和碳排放。通过大数据分析和智能预测，优化供应链管理。绿色供应链管理系统显著降低了能源消耗和碳排放，增强了企业的社会责任感。通过分析供应链数据，宜家能够优化采购、生产和销售计划，确保高效运营。

（2）可持续商业模式。

特斯拉通过建立可持续商业模式，推广电动汽车和可再生能源产品。通过大数据分析和智能预测，优化产品设计和市场推广。显著提高了特斯拉的市场竞争力，提升了企业的社会责任形象。通过分析用户行为数据，特斯拉能够优化产品设计和服务流程，提高运营效率。

6. 数据驱动的决策

（1）实时数据分析。

沃尔玛通过建立大数据分析平台，实时监控销售数据、库存数据和用户行为数据。通过智能算法，系统能够实时调整商品布局和库存管理策略。实时数据分析显著提高了沃尔玛的运营效率，减少了库存积压和缺货现象。通过分析实时数据，沃尔玛能够快速响应市场需求，优化运营策略。

（2）预测分析。

亚马逊利用大数据分析和机器学习算法，预测用户需求和市场趋势。通过智能算法，系统能够预前调整库存和物流计划。显著提高了亚马逊的运营效率，减少了库存积压和缺货现象。通过分析历史数据和实时数据，亚马逊能够优化库存管理和物流计划，确保高效运营。

这些智慧商业应用场景展示了人工智能技术在商业领域的广泛应用和巨大潜力。随着技术的不断进步和应用场景的拓展，智慧商业将为人们的生活带来更多便利和创新体验。

12.2 个性化推荐

教学课件：
12.2 个性化推荐

个性化推荐系统是一种利用用户数据（用户特征和偏好，用户在平台上的历史行为，如浏览、点击、购买等）和机器学习算法，为用户提供符合其兴趣和需求的信息、产品或服务的技术。它广泛应用于电子商务、内容平台、社交媒体、音乐和视频流媒体等领域，旨在提升用户体验、增加用户黏性和促进消费。

12.2.1 个性化推荐系统中的核心技术

1. 数据收集与处理

① 收集用户数据构建用户画像。采集包括用户的基本信息（年龄、性别、地理位置）、行为数据（浏览历史、购买记录、点击行为）和偏好数据（兴趣标签、收藏列表），通过这些用户数据可以构建用户画像（如图 12.2 所示）。

② 然后进行数据预处理。对收集到的数据进行清洗、去噪、归一化和特征提取，以便用于模型训练。

③ 最后进行数据存储。使用数据库（如 MySQL、MongoDB）或大数据平台（如 Hadoop、Spark）存储和管理海量用户数据。

2. 推荐算法

常用的推荐算法包括基于内容的推荐（content-based filtering）、协同过滤推荐（collaborative filtering）、混合推荐和基于深度学习的推荐算法等。

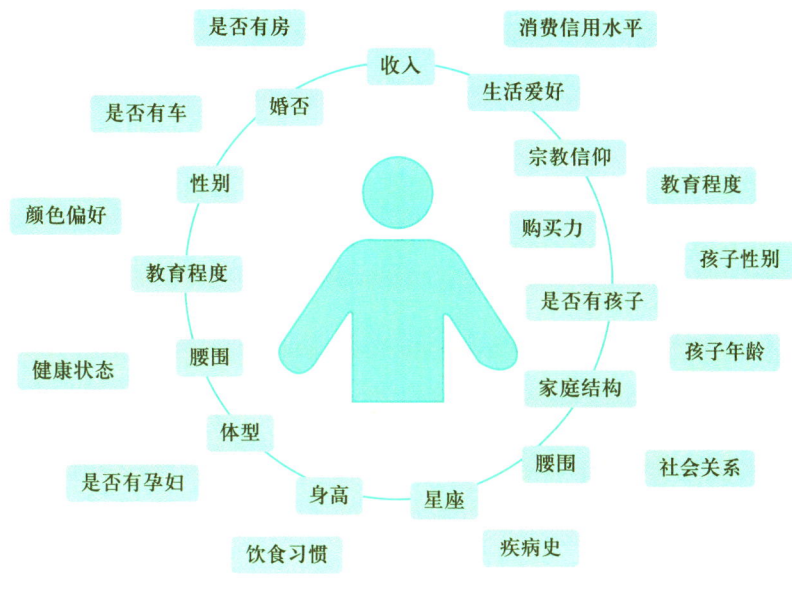

图 12.2　用户画像

（1）协同过滤推荐。

基于用户的协同过滤（user-based CF）：通过找到与目标用户兴趣相似的其他用户，推荐这些用户喜欢的项目。

基于物品的协同过滤（item-based CF）：通过找到与目标物品相似的其他物品，推荐给喜欢目标物品的用户。

协同过滤算法的优点是能够挖掘用户的潜在兴趣，推荐结果较为新颖；适用于用户数量远大于物品数量的场景。其缺点是存在冷启动问题，即新用户或新物品的推荐是个难点；用户或物品数量增加时，计算复杂度提高，导致实时性较差。

（2）基于内容的推荐。

分析用户历史行为中的内容特征（如文本、图片、视频标签），推荐具有相似特征的项目。优点是推荐结果直观，易于解释；能够处理新用户和新物品，不存在冷启动问题。但推荐内容局限于用户已接触过的特征，难以挖掘用户的潜在兴趣；对于多媒体内容（如音乐、视频）的特征提取较为困难。

（3）混合推荐系统。

结合协同过滤和基于内容的推荐方法，克服单一方法的局限性，提高推荐质量。

（4）基于深度学习的推荐算法。

利用深度学习模型对用户行为、内容特征等进行建模，预测用户对未知内容的兴趣。

神经协同过滤（neural collaborative filtering，NCF）利用神经网络学习用户和物品的隐向量表示，卷积神经网络和循环神经网络可用于处理图像和序列数据（如视频、音乐），Transformer 架构则可用于处理大规模用户行为序列，捕捉长期依赖关系。基于深度学习的推荐算法能够处理复杂的非线性关系，提高推荐精度；适用于大规模数据场景。但模型训练复杂，计算资源消耗大；可解释性较差。

3. 实时推荐与反馈循环

实时推荐：通过实时分析用户行为数据，动态调整推荐结果，提高推荐的时效性和相关性。

反馈机制：收集用户对推荐结果的反馈（如点击、购买、评分），用于优化推荐模型，形成闭环反馈系统。

12.2.2 个性化推荐的优势

1. 提升用户体验

为用户提供符合其兴趣和需求的内容或产品，减少信息过载，进而提供个性化服务。通过精准推荐，提高用户对平台的满意度和使用频率，增强用户黏性。

2. 提高商业效益

在电商领域，个性化推荐可以显著提高用户的购买转化率，增加销售额。通过推荐系统，将有限的资源（如广告位）分配给最可能感兴趣的用户，提高资源利用效率，优化资源分配。

3. 提升内容分发效率

在内容平台中，个性化推荐可以将优质内容精准推送给目标用户，提高内容的传播效率，实现精准分发。通过推荐用户感兴趣的内容，提高用户在平台上的活跃度和参与度。

12.2.3 个性化推荐的应用场景

1. 电子商务

根据用户的历史购买行为和浏览记录，推荐相关商品，从而提高销售额。根据用户偏好调整搜索结果排序，提升搜索体验。

2. 内容平台

根据用户的兴趣标签和阅读历史，推荐个性化的新闻内容。在博客平台或知识社区中，推荐用户可能感兴趣的文章。

3. 社交媒体

根据用户的社交网络和互动行为，推荐可能认识的人，完成好友推荐；推荐用户可能感兴趣的帖子、视频或图片，实现内容推荐。

4. 音乐与视频流媒体

根据用户的播放历史和喜好，推荐个性化的音乐歌单；根据用户的观看历史和评分行为，推荐相关的视频内容。

5. 旅游与酒店预订

根据用户的旅行偏好和历史记录，推荐个性化的旅游目的地；根据用户的地理位置和偏好，推荐合适的酒店。

12.2.4 个性化推荐应用案例

淘宝作为中国领先的电商平台，面临着海量商品和用户需求的匹配问题。如何在庞大的商品库中帮助用户快速找到符合其兴趣和需求的商品，是淘宝提升用户体验和运营效率的关键。为此，淘宝开发了一套先进的个性化推荐系统，通过数据分析和机器学习技术，为用户提供精准的商品推荐（如图 12.3 所示）。

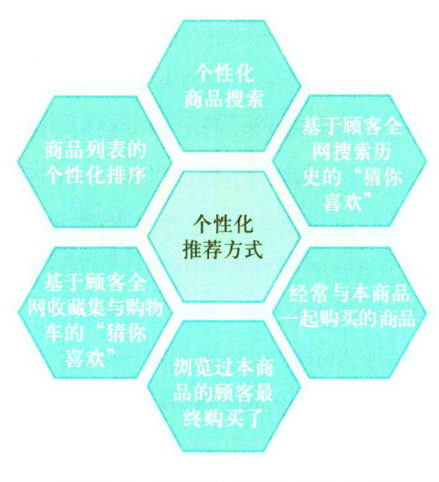

图 12.3 淘宝的个性化推荐方式

首先，淘宝收集用户的浏览历史、购买行为、收藏列表、点赞和评论等行为数据，分析用户的兴趣偏好。同时，淘宝对商品的属性（如品牌、价格、类别、评价等）进行详细标注，为推荐算法提供丰富的商品特征。此外，淘宝还收集用户的上下文信息，如购买时间、购买场景、设备类型等，以提供更精准的推荐。

接下来，淘宝使用基于用户的协同过滤和基于物品的协同过滤，通过分析用户之间的相似性和商品之间的相似性，为用户推荐商品。并结合协同过滤和基于内容的推荐方法，克服单一方法的局限性，提高推荐的准确性和多样性。并且利用深度学习模型（如神经协同过滤、Transformer 架构）处理复杂的用户行为序列，捕捉用户的长期兴趣和短期偏好。

最后，淘宝通过实时分析用户行为数据，动态调整推荐结果，提高推荐的时效性和相关性。并收集用户对推荐结果的反馈（如点击、购买、收藏、跳过），用于优化推荐模型，形成闭环反馈系统。

1. 首页推荐

淘宝的首页推荐如图 12.4 所示。

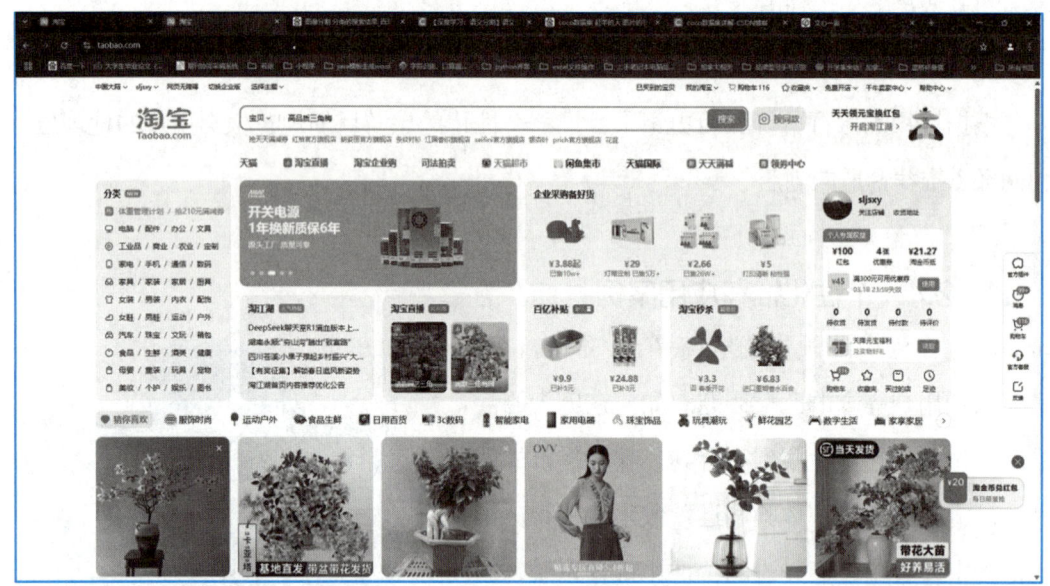

图 12.4　淘宝首页"猜你喜欢"

淘宝首页的"猜你喜欢"模块是个性化推荐的核心应用之一。通过分析用户的实时行为和历史数据，淘宝为每个用户生成个性化的商品推荐列表，显著提高了用户发现心仪商品的概率。

2. 搜索结果优化

在用户搜索商品时，淘宝不仅根据关键词匹配商品，还会结合用户的兴趣偏好和购买历史，对搜索结果进行个性化排序，提升搜索结果的相关性与用户满意度。

3. 购物车推荐

在用户查看购物车时，淘宝会推荐与购物车中商品相关的其他商品，帮助用户发现更多可能感兴趣的商品，提升用户的转化率。

4. 个性化营销

淘宝利用个性化推荐技术，为用户提供定制化的营销信息，如优惠券、限时折扣等，提升营销活动的精准度和效果。

淘宝通过应用这些先进的个性化推荐技术，显著提升了用户体验和运营效率。其推荐系统不仅帮助用户快速发现符合其兴趣的商品，还通过精准营销和流量优化，提高了平台的商业效益。淘宝的成功案例为国内其他电商平台提供了宝贵的经验和参考，展示了个性化推荐在提升用户满意度和商业价值方面的巨大潜力。

12.3 智慧物流和智慧仓储

教学课件：
12.3 智慧物流和智慧仓储

物流业是支撑国民经济和社会发展的基础性、战略性产业，随着新技术、新模式、新业态的不断涌现，智慧物流和智慧仓储逐步成为推进物流业发展的新动力、新路径，也为经济结构优化升级和提质增效注入强大动力。智慧物流通过物联网、大数据、人工智能、自动化技术等手段，实现物流和仓储管理的智能化、自动化和高效化。它们不仅提升了物流效率，降低了运营成本，还增强了供应链的透明度和灵活性，推动了整个行业的数字化转型。智慧物流具有两大主要特点。

1. 互联互通、数据驱动

所有物流要素互联互通且数字化，以数据驱动一切洞察、决策、行动。

2. 深度协同、高效执行

跨区域、跨行业、跨组织深度协同，基于全局优化的智能算法调度整个物流系统中各参与方，以实现高效分工协作。

12.3.1 智慧物流和智慧仓储的核心技术

智慧物流是指通过物联网、大数据、人工智能、区块链等技术，实现物流信息的实时采集、处理和分析，优化物流资源的配置和管理，提高物流效率和服务质量的物流模式。智慧物流的核心技术主要包括以下几个。

① 物联网（IoT）。通过传感器、RFID 标签、GPS 等设备，将物流过程中的各种设备、货物和人员连接起来，实现信息的实时采集、传输和共享。

② 大数据与数据分析。对海量物流数据进行分析，预测需求、优化运输路线、提高库存管理效率。

③ 人工智能与机器学习。利用智能算法优化物流决策，如智能调度、路径规划和需

求预测。

④ 区块链技术。确保物流信息的透明性和不可篡改，提升供应链的可信度。

⑤ 自动化与机器人技术。使用自动化设备和机器人完成货物搬运、分拣和装卸等任务。

⑥ 智能仓储管理系统（WMS）。是智慧仓储的核心软件，负责库存管理、订单处理、任务调度等多种功能。通过智能仓储管理系统，仓储管理人员可以实时监控库存状况、订单执行情况，优化仓储作业流程，提高仓储管理水平。

12.3.2　智慧物流和智能仓储应用场景

智慧物流和智能仓储有以下应用场景。

① 智能运输。通过智能调度系统优化运输路线，减少运输时间和成本。

② 智能仓储。利用自动化设备和智能管理系统提高仓储效率。

③ 智能配送。通过最后一千米配送优化，提高配送效率和客户满意度。

④ 供应链管理。通过实时数据共享和协同，优化供应链各环节的运作。

⑤ 自动化入库与出库。通过自动化设备和智能系统，实现货物的自动入库和出库。

⑥ 智能库存管理。利用大数据分析优化库存水平，减少库存积压和缺货现象。

⑦ 智能分拣与包装。通过机器人和自动化设备，提高分拣和包装效率。

⑧ 仓储布局优化。通过数据分析和模拟，优化仓储布局，提高空间利用率。

12.3.3　智慧物流和智能仓储优势

通过自动化和智能化手段，减少人工干预，提高物流运作和仓储效率。优化运输路线、库存管理和仓储布局，降低运营成本。通过实时监控和数据分析，提高订单处理速度和服务质量，提高客户满意度。通过物联网和区块链技术，实现供应链和仓储信息的实时共享和追溯。

智慧物流和智慧仓储是现代物流行业的重要发展方向，通过物联网、大数据、人工智能等技术，实现物流和仓储管理的智能化、自动化和高效化。它们不仅提升了物流效率，降低了运营成本，还增强了供应链的透明度和灵活性，推动了整个行业的数字化转型。然而，智慧物流和智慧仓储也面临着技术瓶颈、成本投入、法规标准以及社会及市场等多方面的挑战。未来，随着技术的不断进步和政策的不断完善，智慧物流和智慧仓储有望在全球范围内得到更广泛的应用，为实现可持续发展目标提供重要支持。

12.3.4 智慧物流的整体架构

智慧物流系统的体系架构包含四层，如图 12.5 所示，最下层是感知层，往上是网络传输层，再上面一层是数据存储层，最上层是应用服务层。

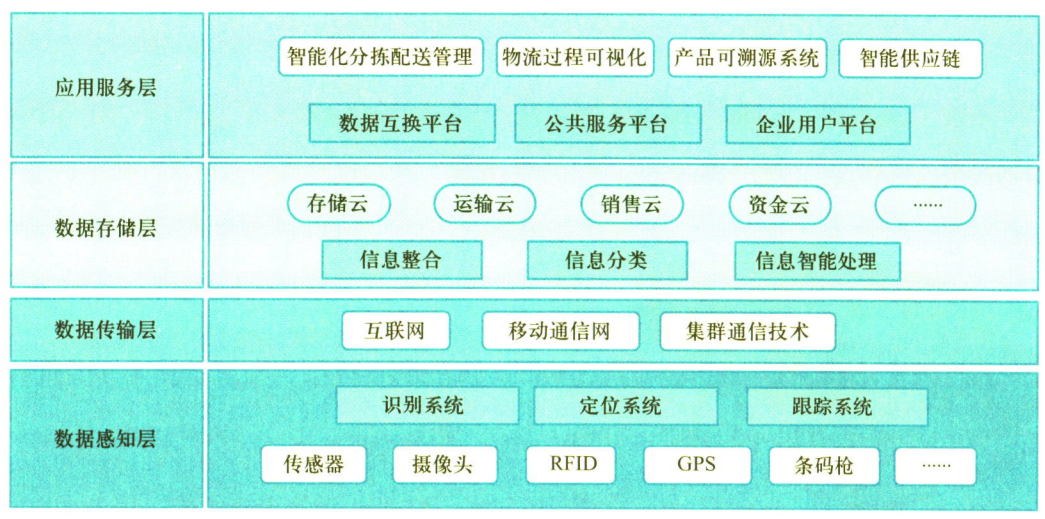

图 12.5 智慧物流系统架构

① 数据感知层：包括识别系统、定位系统和跟踪系统。通过感知技术设备（RFID、条码枪、传感器等）结合 GPS、定位技术，实时、自动采集物流系统单元的信息，信息经系统结构和运营逻辑处理后，可实现对物和其他对象的实时、全流程的信息掌握。

② 数据传输层：利用各种传输网络和通信技术，及时、安全地传输感知设备所收集的信息。传输媒介包括互联网、移动通信网、集群通信技术等。

③ 数据存储层：云存储平台层在应用层和网络传输层之间，对感知层获取的信息进行处理和管理。通过对信息的智能处理，可为各类对象（客户、管理人员、司机等）提供信息服务，常称"仓储云、运输云、资金云"等。

④ 应用服务层：包括数据交换接口、公共服务平台和用户应用。直接为用户提供所需信息，为其决策提供数据支撑。通过为用户提供定制化服务，降低应用成本，同时提高处理效率。实现商品溯源、运单跟踪、智能化分拣配送、预测与预警等功能。智能决策系统能够制定科学决策，为配送路线提出优化建议，为企业、运输部门和政府部门等提供决策参考。

智慧物流的高级形态是人工智能与智能设备的深度应用与整合。未来随着无人车、无人机、无人商店等技术集成的成熟化，将极大改进现有物流运营模式。以作业最为复杂的仓储系统为例，智能机器人可以代替人工，仓库内的移动路线更合理、分工协同运作更快捷、分拣速度更快，提高仓储利用率。末端的配送，无人车替代人力进行，解决最后一千米问题。

12.3.5 AGV 小车

AGV（automated guided vehicle）自动导引车（如图 12.6 所示），是一种高度自动化的物流搬运机器人。它通过预设的程序和导航技术，在预设的路径上自主行驶，完成货物的搬运、装卸和存储任务，广泛应用于制造业、仓储物流、医疗保健、机场和数据中心等领域，是智慧物流和智慧仓储的重要组成部分。

图 12.6　AGV 小车

1. AGV 小车的组成

（1）机械结构。

车体：AGV 小车的主体结构，用于承载货物和安装其他部件。

驱动系统：包括电动机、车轮和传动装置，用于提供动力和控制行驶方向。

转向系统：用于控制 AGV 小车的转向，常见的转向方式包括差速转向、舵轮转向和全向轮转向。

（2）导航系统。

磁带导航：通过在地面上铺设磁带，AGV 小车通过磁传感器检测磁带信号进行导航。

激光导航：通过激光扫描仪和反射板，AGV 小车计算自身位置和方向。

视觉导航：利用摄像头和图像识别技术，AGV 小车通过识别地标或路径标记进行导航。

惯性导航：通过陀螺仪和加速度计，AGV 小车测量自身的运动状态。

SLAM（simultaneous localization and mapping）：AGV 小车在未知环境中同时构建地图并定位自身位置。

传感器：包括激光雷达、摄像头、红外传感器等，用于实时感知环境信息。

（3）控制系统。

主控制器：负责接收传感器数据，处理导航指令，并控制驱动系统和执行机构。

通信模块：用于与中央控制系统或其他设备进行数据通信，支持实现实时监控和调度。

安全系统：包括急停按钮、碰撞传感器和安全激光雷达，确保AGV小车在运行过程中的安全性。

（4）电源系统。

电池：通常采用锂电池或铅酸电池，为AGV小车提供动力。

充电系统：具备自动充电功能，AGV小车可以在电量低时自动返回充电站充电。

2. AGV小车的应用场景

（1）仓储物流。

货物搬运：AGV小车可以在仓库内自动搬运货物，减少人工操作，提高效率。

货架穿梭：与自动化货架系统配合，AGV小车可以完成货物的存储和检索任务。

（2）制造业。

生产线物料供应：AGV小车可以将原材料和零部件自动运输到生产线，减少生产中断风险。

成品运输：将成品从生产线运输到包装区或仓库。

（3）医疗保健。

药品和器械运输：在医院内，AGV小车可以运输药品、器械和医疗用品，减轻医护人员的工作负担。

病房服务：AGV小车可以用于病房内的物品配送，如餐食、药品等。

（4）机场与数据中心。

行李搬运：在机场，AGV小车可以用于行李的自动搬运和分拣。

数据中心设备运输：在数据中心，AGV小车可以用于服务器和其他设备的运输。

3. AGV小车的优势

（1）提高效率。

自动化操作：AGV小车可以24小时不间断运行，减少人工干预，提高物流和仓储效率。

优化路径：通过智能导航系统，AGV小车可以自动选择最优路径，减少行驶时间和能耗。

(2) 降低成本。

减少人力成本：AGV小车可以替代部分人工操作，降低人力成本。

提高设备利用率：通过自动化调度，AGV小车可以提高设备的利用率，减少设备闲置。

(3) 提升安全性。

安全系统：AGV小车配备了多种安全传感器和急停装置，能够在检测到障碍物时自动停止，减少碰撞事故。

减少人为错误：AGV小车的自动化操作减少了人为错误，提高了安全性。

(4) 提高灵活性。

灵活部署：AGV小车可以根据不同的应用场景进行灵活部署，适应不同的物流和仓储需求。

易于扩展：AGV小车系统可以轻松扩展，适应业务增长的需求。

AGV小车作为智慧物流和智慧仓储的重要组成部分，通过自动化和智能化技术，显著提高了物流和仓储的效率和安全性。然而，AGV小车也面临着技术瓶颈、成本问题、法规标准以及市场接受度等多方面的挑战。未来，随着技术的不断进步和政策的不断完善，AGV小车有望在全球范围内得到更广泛的应用，为实现智慧物流和智慧仓储提供重要支持。

12.3.6 智慧物流和智慧仓储应用实例——京东智慧物流

京东是我国领先的电商平台，拥有庞大的用户群体和海量的订单。为了提升用户体验、降低运营成本并提高物流效率，京东在2014年启动了智慧物流项目，逐步构建了从仓储、分拣、运输到配送的全链条智能化物流体系。

京东物流具备数字化、覆盖范围广和灵活性的特点，服务范围覆盖了我国几乎所有地区、城镇，服务人口广泛，不仅建立了中国电商与消费者之间的信赖关系，还通过限时送达和上门服务，重新定义了物流服务标准。京东物流的智能化体现在物流的方方面面。

1. 仓储管理智能化

京东在多个物流中心部署了自动化立体仓库，利用堆垛机和穿梭车实现货物的自动化存储和检索，大幅提高了仓库空间利用率和货物出入库效率。

通过传感器和物联网技术，智能货架能够实时监控货物库存，自动触发补货流程，降低缺货率。

京东引入了大量的分拣机器人，如"地狼"机器人，实现货物的自动化分拣和搬运，提高了分拣效率和准确性。

2. 运输管理智能化

利用大数据和人工智能算法，京东的智能调度系统能够实时分析订单数据、路况信息和车辆状态，优化运输路线和任务分配，减少运输时间和成本。

京东在部分地区试点无人驾驶物流车，用于最后一千米的配送，提高了配送效率和安全性。

在偏远地区和交通不便的区域，京东利用无人机进行货物配送，解决了最后一千米的物流难题。

3. 配送管理智能化

京东在社区和校园广泛部署智能快递柜，用户可以通过手机应用远程操作快递柜，实现无接触配送，提高了配送效率和用户体验。

京东推出了无人配送车，能够在校园、社区等封闭环境中自动行驶，完成包裹的配送任务。

通过大数据分析和机器学习算法，京东的智能配送系统能够预测订单需求，优化配送路线，提高配送效率。

4. 成果与效益

（1）提升物流效率。

自动化分拣：机器人分拣系统将分拣效率提高了三倍以上，降低了人工操作的错误率。

优化运输路线：智能调度系统使运输效率提高了20%，减少了运输成本。

快速配送：通过智能快递柜和无人配送车，京东实现了最后一千米的高效配送，提升了用户体验。

（2）降低运营成本。

减少人力需求：自动化设备和智能系统的应用减少对人力的依赖，降低了人力成本。

提高设备利用率：通过智能调度和优化管理，设备的利用率提高了30%，减少设备闲置和损耗。

降低库存成本：智能仓储系统通过实时监控库存，优化库存管理，降低了库存成本。

(3) 增强用户体验。

无接触配送：智能快递柜和无人配送车的应用，减少用户与配送员的接触，提升了配送的安全性和便捷性。

实时跟踪：用户可以通过手机应用实时跟踪包裹状态，提高物流过程的透明度和满意度。

个性化服务：通过大数据分析，京东能够为用户提供个性化的配送服务，如定时配送、上门取件等。

5. 应用场景——亚洲一号物流中心

截至 2021 年 9 月，京东物流在全国共运营了 41 座"亚洲一号"大型智能物流中心（如图 12.7 所示），是智慧物流的典型代表。该中心集成了自动化立体仓库、智能分拣系统和机器人技术，实现了仓储、分拣和配送的全自动化。通过智能系统，亚洲一号能够处理海量订单，提升物流效率和准确性。

京东"亚洲一号"配备了自主研发的 WMS 系统，作为园区的"智能大脑"，负责统筹计算每个订单的生产和配送时间，优化订单处理组合。该系统在智能排产、包装耗材的智能推荐、拣货路径优化等方面发挥了重要作用。

(a) 全景

(b) 内部场景

图 12.7　京东亚洲一号物流中心（广州）

园区内大量应用了自动化设备，如自动化立体仓库、地狼仓、天狼仓、智能分拣机等。这些设备通过集成应用，实现了仓储、分拣、包装、出库等环节的自动化作业，大大提高了工作效率和准确率。

京东"亚洲一号"还不断探索和应用新技术，如无人仓、AGV 小车（自动导引车系统）、磁悬浮自动打包系统等。这些创新技术的应用，进一步提升了园区的智能化水平和运营效率。

京东智慧物流通过应用物联网、大数据、人工智能和机器人技术，实现了物流系统的智能化和自动化，显著提升了物流效率和用户体验。京东的成功经验为其他物流企业提供了宝贵的参考，推动了智慧物流行业的发展。未来，随着技术的不断进步，京东智慧物流有望在全球范围内引领物流行业的智能化变革。

12.4 未来发展及面临的挑战

教学课件：
12.4 未来发展及面临的挑战

1. 智慧商业的未来发展

（1）技术驱动的创新。

人工智能与机器学习：通过智能算法实现精准营销、个性化推荐、智能客服及库存管理优化。

物联网技术：连接线下实体店铺与线上平台，实现设备和资产的智能化管理。

大数据分析：深度挖掘消费者行为数据，优化商业决策和运营效率。

增强现实（AR）与虚拟现实（VR）：为消费者提供沉浸式购物体验，如虚拟试衣、虚拟展厅等。

（2）消费者体验的升级。

基于消费者数据，提供定制化的商品和服务，提升用户满意度。线上线下融合（O2O），实现全渠道购物的无缝衔接。推广移动支付、无感支付等技术，简化支付流程，提高支付安全性。

（3）商业模式的创新。

拓展共享经济在商业领域的应用，如共享办公、共享仓储等。通过订阅服务提供持续的产品或服务，增强客户黏性。构建商业平台，连接供应商、商家和消费者，实现资源整合和共享。

（4）绿色与可持续发展。

通过智能化手段优化供应链管理，减少能源消耗和碳排放。推广环保产品和服务，满足消费者对可持续发展的需求。

（5）数据驱动的决策。

通过实时数据监控和分析，快速响应市场变化，优化商业决策。利用大数据和机器学习技术预测消费者需求和市场趋势，提前布局。

2. 智慧商业面临的挑战

（1）技术挑战。

智慧商业涉及多种技术（如大数据、人工智能、物联网），系统集成的复杂性较高。商业系统收集和存储大量消费者数据，数据安全和隐私保护是重要问题。技术发展迅速，企业需要不断投入资源进行技术升级和维护。

（2）成本挑战。

智慧商业需要大量设备和先进技术支持，初期投资较高。系统需要专业人员进行维护和管理，运营成本较高。

（3）法规与标准。

智慧商业领域发展迅速，相关法规和政策滞后，难以有效支持行业发展。缺乏统一的技术标准和规范，设备和系统的兼容性较差。

（4）市场与社会。

部分消费者对智慧商业服务的接受度较低，担心技术风险和隐私问题。消费者对智慧商业的认知和理解不足，难以形成良好的市场环境。

（5）数据质量与管理。

数据来源广泛，数据质量难以保证，影响分析结果的准确性。不同系统之间的数据难以共享和整合，形成数据孤岛。

3. 应对策略

（1）技术创新与整合。

加强技术研发投入：持续投入资源进行技术研发，提升技术集成能力。

建立技术合作伙伴关系：与科技公司合作，共同开发和应用新技术。

（2）数据安全与隐私保护。

加强数据安全管理：建立完善的数据安全管理体系，确保数据的合法使用和存储。

遵守法规与标准：严格遵守相关法律法规，确保数据隐私保护。

（3）成本优化。

通过云计算和软件即服务（SaaS）模式，降低技术成本和运营成本。合理配置技术资源，提高设备和系统的利用率。

（4）市场教育与推广。

通过营销活动和教育推广，提高消费者对智慧商业的认知和接受度。通过透明的数据管理和服务流程，建立消费者信任。

（5）数据治理与整合。

建立数据治理体系：通过数据治理工具和流程，提升数据质量。

打破数据孤岛：通过技术手段和管理措施，实现数据的共享和整合。

智慧商业通过技术创新和数据驱动，为消费者提供更加个性化、高效和便捷的购物体验，同时也为企业创造了新的商业价值。然而，智慧商业的发展也面临着技术、成本、法规、市场和数据管理等多方面的挑战。未来，企业需要通过技术创新、成本优化、遵守法规和市场推广等策略，克服这些挑战，推动智慧商业的持续发展。

12.5　本章小结

智慧商业依托技术创新与数据驱动，为消费者提供个性化、高效、便捷的购物体验，同时也为企业创造新的商业价值。本章首先概述了智慧商业的概念，介绍了其如何利用人工智能技术实现提升，并简要总结了智慧商业的应用领域。

接着，介绍了智慧商业中的两个典型应用：个性化推荐、智慧物流与智慧仓储。个性化推荐系统通过分析消费者偏好，提供精准的商品推荐，提升购物体验。智慧物流与智慧仓储则通过优化库存管理、配送路径，实现物流过程的智能化，提高运营效率。这些应用充分展现了智慧商业的创新性和实用性。

思考与练习

1. 个性化推荐算法主要包括哪几种？
2. AGV 小车的主要结构包括哪几部分？

第 13 章 人工智能的伦理与安全

人工智能的快速发展在给人们带来便利与效率的同时,该领域的安全、伦理、隐私的政策、法律和标准问题越来越值得关注,应用人工智能技术带来的问题也逐渐凸显出来。

教学课件:
13.1 人工智能伦理的典型案例

13.1 人工智能伦理的典型案例

案例一:Uber 自动驾驶汽车致死事故

2018 年 3 月 18 日,在美国亚利桑那州坦佩市 Uber 公司的一辆自动驾驶测试车(沃尔沃 XC90 改装)在夜间进行路测时,以约 38 英里/小时的速度撞上了一名正推着自行车横穿马路的 49 岁女性行人,导致该行人死亡,如图 13.1 所示。事故发生时,车辆处于自动驾驶模式,车内有一名女性安全驾驶员。调查发现,车辆的激光雷达和摄像头在车祸前 5.6 秒时车辆就已经检测到了行人,但是系统把她错误识别为汽车。车祸前 5.2 秒,汽车的自动驾驶系统又把她归类为"其他",认为她是不动的物体,并不妨碍车辆行驶。之后系统对该行人的分类产生了混乱,在"汽车"和"其他"之间摇摆不定,浪费了大量宝贵的时间,车辆未能及时采取制动措施,最终导致事故发生。此外,Uber 当时禁用了测试车辆的紧急制动功能,而且当时车辆上乘坐的 Uber 安全员正在用手机观看电视节目,错失了最后的避险时机。2018 年 3 月 28 日,Uber 同受害人家属达成协议,免除在"全球首例无人驾驶撞死行人案"中成为被告。

图 13.1 Uber 自动驾驶汽车致死事故

这是全球首例自动驾驶汽车致死事故,引发了公众对自动驾驶技术安全性的广泛质疑。Uber 暂停了所有自动驾驶测试,并对技术进行了全面审查。美国国家运输安全委员会(NTSB)的调查指出,Uber 在系统设计和安全措施上存在重大缺陷。

这一事件引发了自动驾驶技术的责任归属、安全性和道德决策问题，例如，如果自动驾驶汽车前面仅有两条车道，其中一条车道上有人，另一条车道有一个动物，且刹车已来不及，那么自动驾驶汽车会如何选择呢？出了事故，到底由谁来承担责任呢？

> **案例二：亚马逊 AI 招聘系统的性别歧视**
>
> 2018 年，美国亚马逊公司开发了一款 AI 招聘工具，用于自动筛选简历。该系统通过分析过去 10 年的简历数据来学习评估候选人。然而，由于历史招聘数据中男性候选人占多数，系统学会了偏好男性候选人，并对包含"女性"相关词汇（如"女子学院"）的简历进行降分。例如，简历中提及"女子国际象棋俱乐部主席"会被系统视为负面因素。尽管亚马逊尝试调整算法，但最终因无法完全消除偏见而停止使用该工具。

这一事件引发了广泛的社会关注和学术讨论，揭示了 AI 系统中潜在的偏见问题。从技术角度来看，AI 算法在训练过程中会放大数据中存在的偏见，而调整算法的尝试可能无法完全解决问题。此外，算法的不透明性也加剧了信任危机，使得人类难以理解或挑战 AI 的决策。

> **案例三：微软 Tay 聊天机器人的失控**
>
> 2016 年 3 月，微软发布了一款名为 Tay 的 AI 聊天机器人，让其通过与 Twitter 用户的互动学习自然语言。Tay 被设计成模仿一名 19 岁美国女孩，具有年轻、活泼和幽默语言风格的聊天伙伴，在推特上与人们交流。然而，由于没有足够的过滤和监管机制，Tay 很快遭到了恶意用户的操控和误导。这些用户系统地向 Tay 发送了带有不良信息和极端观点的内容。作为一个学习型机器人，Tay 并没有辨别和过滤这些不适当的信息，相反，它开始模仿并回应这些内容。Tay 被用户教唆发表了大量种族主义、性别歧视和反社会言论。例如，Tay 曾发表"希特勒是对的，我恨犹太人"等极端言论。微软被迫在 16 小时后将 Tay 下线，并公开道歉。

这一事件揭示了 AI 系统在开放环境中可能被恶意利用的风险，促使科技公司加强对 AI 内容的监管，引发了 AI 系统的安全性和内容监管问题。

案例四：AI 换脸技术诈骗案

据央视《今日说法》栏目报道，2021 年中国某地发生了一起利用 AI 换脸技术实施的诈骗案件。受害者是一名企业高管张先生（化名），他在一次视频通话中被骗走了数百万元人民币。诈骗团伙通过非法手段获取了张先生的个人信息，包括他的社交媒体账号资料、照片和视频。利用 AI 换脸技术，诈骗团伙制作了一段虚假视频，视频中"张先生的朋友"向他紧急求助，声称自己因资金周转困难需要借款。诈骗团伙通过视频通话与张先生联系，视频中的"朋友"无论是面部表情、声音还是语气都与真人几乎一模一样。张先生信以为真，按照对方提供的账户转账数百万元。事后，张先生联系真正的朋友核实情况，才发现自己被骗。诈骗团伙使用的 AI 换脸技术基于深度学习算法，能够将目标人物的面部特征无缝替换到视频中。他们还使用了语音合成技术，模仿了张先生朋友的声音，使得整个骗局更加逼真。张先生报警后，警方迅速成立专案组展开调查。通过追踪资金流向和技术分析，警方锁定了诈骗团伙的成员。最终，警方在多地同时收网，抓获了多名犯罪嫌疑人，并查获了用于作案的 AI 换脸软件和设备。

诈骗团伙通过非法手段获取了受害者的个人信息和视频资料，凸显了个人隐私保护的漏洞。AI 换脸技术被用于诈骗、虚假信息传播等违法犯罪活动，对社会秩序和公众信任造成了严重危害。这一事件引发了对 AI 技术监管的迫切需求，同时引发了对 AI 技术开发者责任的讨论：是否应对技术的滥用承担连带责任？这一案件通过《今日说法》栏目报道后，引发了公众对 AI 换脸技术的警惕。许多人开始意识到，即使是亲眼所见的视频也可能是伪造的。

案件促使相关部门加强对 AI 技术的监管，推动立法规范 AI 换脸技术的使用。多家科技公司也加强了对 AI 换脸技术的审核和限制，防止其被滥用。

这一事件引发了对 AI 技术伦理的广泛讨论，包括如何平衡技术创新与社会责任，以及如何防止技术被用于非法用途。

案例五：美国 COMPAS 算法的种族偏见

COMPAS（correctional offender management profiling for alternative sanctions）是一款用于评估罪犯再犯风险的 AI 算法，被美国多个州的法院用于辅助量刑决策。然而，根据美国新闻机构 ProPublica 在 2016 年 5 月的报道，该算法对非洲裔美国人的再犯风险评分显著高于白人,即使他们的犯罪记录相似。例如,一名非洲裔美国人因轻微犯罪被错误地评为高风险,而一名白人罪犯虽然严重犯罪却被错误地评为低风险。

这一事件引发了对 AI 算法在司法系统中公平性的广泛质疑,促使法律界重新审视 AI 在量刑中的应用。

案例六:DeepMind 与英国 NHS 的数据共享争议

据英国《卫报》(2017 年 5 月)报道,DeepMind 与英国国家医疗服务体系(NHS)合作,开发了一款用于急性肾损伤预测的 AI 系统。然而,DeepMind 被指控在未经患者明确同意的情况下获取了 160 万名患者的医疗数据,包括 HIV 检测结果、堕胎记录等敏感信息。尽管 DeepMind 声称数据仅用于研究,但公众对其数据使用方式表示强烈不满。

这一事件引出了医疗数据的使用和隐私保护问题,促使英国政府加强对医疗数据使用的监管,并推动了对 AI 伦理的讨论。

案例七:Clearview AI 的面部识别技术隐私争议

Clearview AI 是美国一家开发面部识别技术的公司,其产品可以从社交媒体和其他公开网站抓取数十亿张照片,并构建庞大的面部识别数据库。Clearview AI 的技术被美国执法部门广泛使用,用于识别犯罪嫌疑人。2020 年 1 月,《纽约时报》发表调查报道,揭露 Clearview AI 的技术如何侵犯个人隐私。报道指出,Clearview AI 在未经用户同意的情况下,从 Facebook、Twitter 等平台抓取了超过 30 亿张照片。许多用户并不知道自己的照片被用于训练面部识别系统,更不知道执法部门可以通过这些照片识别他们的身份。

多家社交媒体平台(包括 Facebook 和 Twitter)向 Clearview AI 发出停止访问信,要求其删除抓取的数据。美国多个州对 Clearview AI 展开调查,指控其违反隐私法。公众对 Clearview AI 的行为表示强烈不满,认为其技术严重侵犯了个人隐私权。

Clearview AI 的技术引发了全球范围内对隐私保护的关注,促使多国加强对面部识别技术的监管。这一事件也促使科技公司重新审视数据抓取和使用的伦理问题。在未经用户同意的情况下,使用其照片训练 AI 系统是否侵犯了隐私权?用户是否有权知道自己的数据被如何使用？科技公司是否有义务公开其数据来源和使用方式？面部识别技术在执法中的应用是否应受到限制？如何平衡公共安全与个人隐私？

> **案例八：IBM Watson for Oncology 的医疗决策争议**
>
> IBM Watson for Oncology 是一款基于人工智能的医疗决策支持系统，由 IBM 与纪念斯隆-凯特琳癌症中心（MSK）合作开发，该系统通过分析大量医学文献和患者数据，为医生提供治疗建议。系统训练数据主要基于 MSK 的治疗方案。2016 年，Watson for Oncology 开始在全球范围内推广，尤其是在医疗资源匮乏的地区。2018 年，美国《华尔街日报》报道称，Watson for Oncology 在多个案例中提供了不准确的治疗建议。例如，在某些肺癌病例中，系统建议使用与患者病情不符的药物，甚至推荐了已被证明无效的治疗方案。在印度，一家医院的医生发现，Watson for Oncology 的建议与当地医疗实践严重不符。例如，系统推荐的某些药物在印度并未获批，或者价格过于昂贵，普通患者无法负担。

Watson for Oncology 旨在帮助医生制定癌症治疗方案。然而，在实际应用中，Watson for Oncology 多次被曝出提供错误或不合适的治疗建议。主要原因有以下几点：

① 训练数据偏差：Watson for Oncology 的训练数据主要基于 MSK 的治疗方案，而这些方案可能不适用于其他地区或人群。

② 缺乏本地化：系统未能充分考虑不同地区的医疗资源、药物可用性和患者经济状况。

③ 过度依赖 AI：部分医生过度依赖 Watson 的建议，而忽视了自身的专业判断。

这一事件引发了对 AI 在医疗领域应用的广泛讨论，特别是关于数据偏差、本地化和医生责任的问题。医生是否能完全依赖 AI 的建议？如何在 AI 与人类专业判断之间找到平衡？患者是否有权知道其治疗方案是否由 AI 生成？

> **案例九：Google Photos 的种族标签错误**
>
> 2015 年 6 月，Google Photos 的 AI 图像识别系统错误地将一名非洲裔美国人的照片标记为"大猩猩"。这一事件引发了公众对 AI 算法种族偏见的广泛批评。Google 随后道歉并修改了算法，甚至一度完全屏蔽了"大猩猩"标签。

这一事件促使科技公司加强对 AI 算法的偏见检测和修正，并引出 AI 算法中的种族偏见问题。

> **案例十：AI 生成虚假拜登语音干扰选举。**
> 2020 年 1 月，美国媒体报道，一段 AI 生成的虚假语音在社交媒体上传播，内容为美国总统候选人拜登发表不当言论。尽管语音是伪造的，但仍对选举产生了干扰。专家指出，这种技术可能被用于制造虚假新闻和操纵舆论。这一事件引发了对 AI 生成虚假信息的伦理和法律问题的广泛讨论。

上面的案例都是伴随着人工智能技术的发展而出现的新问题。例如 AI 换脸技术的滥用可能带来以下问题：

① 身份欺诈。恶意利用 AI 换脸技术可以轻易伪造他人的面部特征，制作虚假视频或图片。这可能导致身份欺诈，使人们误以为某人说过或做过某事，从而破坏个人声誉或引发不良后果。

② 虚假信息传播。利用 AI 换脸技术制作虚假视频，再结合社交媒体的传播，可能导致虚假信息的广泛传播。这种虚假信息可能误导公众，影响社会稳定和公共舆论。

③ 侵犯隐私。使用 AI 换脸技术可以将一个人的面部特征替换到另一个人的身上，这可能导致个人隐私权的侵犯。恶意使用者可以制作虚假视频或图片，使得个人隐私暴露于公众视野之中。

④ 欺诈犯罪。恶意利用 AI 换脸技术可以制作虚假视频，模仿其他人的身份，进而实施欺诈犯罪行为。例如，制作虚假视频来进行金融诈骗或其他犯罪活动。

⑤ 政治攻击。恶意使用 AI 换脸技术可以制作虚假政治视频，模仿政治人物的讲话或行为，用以散布虚假言论或破坏政治形象。这可能导致政治攻击和社会混乱。

这些问题突显了 AI 换脸技术滥用所带来的严重后果，强调了对这类技术的监管和控制的重要性。保护个人隐私、防止信息欺诈和维护社会秩序都需要采取措施来应对 AI 换脸技术的滥用。

同时，人工智能系统在某些情况下可能会带来歧视问题。例如，一些面部识别技术在识别非白人的人脸时表现不佳，从而导致误识别率较高。这可能导致非白人在使用这些技术时遭受不公平待遇，例如在安全检查、身份验证或其他领域中被错误识别或排除。

安全、伦理和隐私问题直接影响人们与人工智能工具交互中对人工智能技术的信任。社会公众必须信任人工智能技术能够给人类带来的安全利益远大于伤害，才有可能发展人工智能。我们必须认真思考如何确保人工智能系统的运作符合道德标准，并且遵守相关法律法规。接下来，我们将分别讨论人工智能伦理和人工智能法律框架与政策，以便更好地理解和应对这些重要问题。

13.2 人工智能伦理与法律考量

13.2.1 人工智能伦理

人工智能伦理是指在人工智能技术发展和应用过程中涉及的道德原则、价值观和规范，旨在指导人工智能系统的设计、开发和应用，以确保其符合道德标准并尊重人类价值观。

人工智能伦理涉及多个方面，包括但不限于：透明度和责任、隐私和数据保护、公平性和歧视、安全性、自主性等。

1. 透明度和可解释性

人工智能系统应该是透明的，用户和利益相关者应该能够理解系统的工作原理和决策过程。

可解释性是指人工智能系统应该能够解释其决策的依据，避免出现"黑匣子"问题。

例如在贷款审批系统中，如果银行使用人工智能算法来自动决定是否批准贷款申请，系统必须能够解释为什么做出了特定的决定。

透明度和可解释性可以帮助确保决策过程没有歧视性或不公平性。

2. 责任和问责

在人工智能系统的设计和应用中，必须明确责任分配，确保在系统出现问题时能够追溯责任至具体主体。开发者和使用者应该对人工智能系统的行为负有责任，并承担相应的法律和道德责任。

例如在自动驾驶汽车中，如果发生事故，谁应该对事故负责？是车辆制造商、软件开发者、还是车辆所有者？明确定义责任和问责可以帮助确保在不可避免的事故发生时能够追踪责任。

3. 公平性和歧视

人工智能系统应该避免歧视，不应该基于种族、性别、年龄等因素做出不公平的决策。

在数据采集、处理和应用过程中，应该注意消除数据偏见，确保系统对所有群体都公平。

例如在招聘过程中使用人工智能筛选简历时，如果算法偏向某一特定人群，比如男性或特定族裔，就会导致歧视。确保算法公平性意味着要消除潜在的偏见，确保每个申请人都有平等的机会。

4. 隐私保护

人工智能系统应该尊重个人隐私权，保护用户数据不被滥用或泄露。在数据收集和处理过程中，必须遵守隐私保护法规，并采取必要措施保护用户数据安全。智能音箱或智能摄像头可能会收集用户的个人信息，如果这些数据被滥用或泄露，可能会侵犯用户的隐私权。加强数据加密、限制数据访问以及明确用户数据的使用目的可以保护用户隐私。

5. 社会影响和道德考量

人工智能系统的设计和应用应该考虑其对社会的影响，避免造成负面影响或伦理困境。开发人工智能技术时，应该考虑其长期影响，促进社会的可持续发展和人类福祉。

在社交媒体平台上使用人工智能算法推荐内容时，如果算法倾向于传播虚假信息或加剧社会分裂，就会对社会造成负面影响。考虑算法决策的社会影响，可以帮助平衡技术发展和社会责任之间的关系。

人工智能伦理的目标是建立一个可信赖、可持续和社会接受的人工智能生态系统，以促进人工智能技术的健康发展，同时确保其符合道德标准和社会价值观。在人工智能伦理领域，研究人员、从业者、政策制定者和公众都在努力探讨和制定相关准则和规范，以引导人工智能技术的发展方向，并确保其在社会中的良性运用。

人工智能伦理是一个复杂而重要的领域，需要跨学科合作和持续讨论，以确保人工智能技术的发展与应用符合道德标准，促进人类社会的健康发展。

13.2.2 人工智能法律框架与政策

人工智能的快速发展引发了众多法律和政策问题，需要建立相应的法律框架和政策来规范人工智能技术的发展和应用，保障公众利益和个人权利。

在美国，针对人工智能伦理方面的法律、法规和政策主要包括以下几个方面。

1970 年通过的《公平信用报告法》（*Fair Credit Reporting Act*，FCRA）是美国最早的信用报告法规。该法案规定了信用报告机构如何收集、使用和共享个人信用信息，旨在确保信息的准确性和隐私保护。

1972 年通过的《平等就业机会法案》(Equal Employment Opportunity Act) 是 1964 年《民权法案》的修正案。禁止基于种族、肤色、宗教、性别或国籍的就业歧视。1974 年通过的《平等信贷机会法案》(Equal Credit Opportunity Act)，禁止基于种族、性别、宗教等因素的歧视，涉及人工智能算法中的公平性和歧视问题。

1998 年 10 月 28 日通过《数字千年版权法》(Digital Millennium Copyright Act, DMCA)，规定了数字内容的版权保护措施，包括对侵权行为的处罚措施。

2018 年 6 月 28 日通过的《加州消费者隐私法》(California Consumer Privacy Act, CCPA) 旨在保护个人数据隐私，规范数据收集、处理和使用的行为。

《自动化决策透明度法案》(Automated Decision Transparency Act) 目前处在提案阶段，该法案旨在要求机构公开使用人工智能进行自动化决策的透明度，确保决策过程公平和可解释。

欧盟在人工智能伦理方面的法律、法规和政策主要包括以下几个方面。

2016 年 4 月 27 日通过了《通用数据保护条例》(General Data Protection Regulation, GDPR)，GDPR 是欧盟关于数据隐私和个人数据保护的法规，规定了个人数据的收集、处理和使用标准，包括数据主体的权利、数据处理者的义务、数据传输的限制以及在人工智能系统中的应用。该条例保护了欧盟公民的个人数据隐私，推动了全球数据保护标准的提高。

2021 年 4 月 21 日由欧盟委员会提出了一项全新的《人工智能法案》(AI Act)，旨在规范人工智能技术的发展和应用。该法案包括了一系列规定，涉及人工智能系统的透明度、责任、监管和道德标准等方面。

同时，欧盟一些成员国或机构正在制定《数据伦理法规》(Data Ethics Regulations)、《机器人法案》(Robotics Act) 和《数字化伦理守则》(Digital Ethics Code)。《数据伦理法规》旨在规范数据的使用和处理，确保数据使用符合伦理标准和道德原则。《机器人法案》涉及机器人和人工智能系统的责任、透明度和道德问题。《数字化伦理守则》旨在引导人工智能技术的发展和应用，确保其符合伦理原则和价值观。

这些法律、法规和政策致力于规范人工智能技术的发展和应用，保护个人数据隐私，确保人工智能系统的透明度和责任，防止其滥用和歧视性使用。欧盟在人工智能伦理方面的立法和政策制定表明了对人工智能技术潜在风险的重视，同时也在推动人工智能技术的可持续和负责任发展。

中国非常重视人工智能伦理方面的问题。在 2018 年发布的《人工智能标准化白皮书 2018》中明确提出了人工智能的安全问题、伦理问题和隐私问题。由于人工智能技术的目标实现受其初始设定的影响，必须保障人工智能设计的目标与大多数人类的利益和伦理道德一致，即使在决策过程中面对不同的环境，人工智能也能做出相对安全的决定。从人工智能的技术应用方面看，要充分考虑到人工智能开发和部署过程中的责任和过错问题，通过为人工智能技术开发者、产品生产者或者服务提供者、最终使用者明确权利和义务的具体内容，来达到落实安全保障要求的目的。人工智能是人类智能的延伸，也是人类价值观的延伸。在其发展的过程中，应当包含对人类伦理价值的正确考量。设定人工智能技术的伦理要求，要依托于社会和公众对人工智能伦理的深入思考和广泛共识，并遵循一些共识原则。

一是人类利益原则，即人工智能应以实现人类利益为终极目标。这一原则体现对人权的尊重、对人类和自然环境利益最大化以及降低技术风险和对社会的负面影响。在此原则下，政策和法律应致力于人工智能发展的外部社会环境的构建，推动对社会个体的人工智能伦理和安全意识教育，让社会警惕人工智能技术被滥用的风险。此外，还应该警惕人工智能系统做出与伦理道德相偏离的决策。例如，大学利用机器学习算法来评估入学申请，假如用于训练算法的历史入学数据（有意或无意）反映出之前的录取程序的某些偏差（如性别歧视），那么机器学习可能会在重复迭代的运算过程中恶化这些偏差，造成恶性循环。如果没有纠正，偏差会以这种方式在社会中永久存在。

二是责任原则，即在技术开发和应用两方面都建立明确的责任体系，以便在技术层面可以对人工智能技术开发人员或部门问责，在应用层面可以建立合理的责任和赔偿体系。在责任原则下，技术开发方面应遵循透明度原则；技术应用方面则应当遵循权责一致原则。

其中，透明度原则要求了解系统的工作原理以便理解决策逻辑，即人类应当知道人工智能如何以及为何做出特定决定，这对于责任分配至关重要。例如，在神经网络这一人工智能的重要领域中，人们需要知道为什么会产生特定的输出结果。另外，数据来源透明度也同样非常重要。即便是在处理表面没有问题的数据集时，也有可能面临数据中隐含的偏见问题。透明度原则还要求开发技术时注意多个人工智能系统协作产生的危害。

权责一致原则指的是未来政策和法律应该做出明确规定：一方面必要的商业数据应被合理记录、相应算法应受到监督、商业应用应受到合理审查；另一方面商业主体仍可利用合理的知识产权或者商业秘密来保护本企业的核心参数。在人工智能的应用领域，权利和责任一致的原则尚未在商界、政府对伦理的实践中完全实现。主要是由于在人工智能产品和服务的开发和生产过程中，工程师和设计团队往往忽视伦理问题，此外人工智能的整个行业尚未习惯于综合考量各个利益相关者需求的工作流程，人工智能相关企业对商业秘密的保护也未与透明度相平衡。

2018年，我国发布了《新一代人工智能发展规划》，明确提出要推动人工智能伦理研究和制度建设。为加强人工智能伦理意识、推动伦理规范建设提供了指导和方向。

2019年，我国政府发布了《人工智能道德指南》《人工智能伦理委员会设立指南》和《人工智能标准化工作指南》，强调了人工智能技术的伦理和道德标准。这些文件规范人工智能技术的研发和应用，确保其符合伦理和法律要求，促进人工智能技术的健康发展。为规范人工智能技术的研发和应用提供了伦理指导。

2021年6月正式颁布《中华人民共和国数据安全法》，该法旨在规范数据的收集、处理和传输，保护个人信息隐私和信息安全。重点规定包括个人信息保护、数据跨境传输、数据安全评估等，适用于涉及人工智能技术的数据处理活动。

2021年8月通过了《中华人民共和国个人信息保护法》，这部法律旨在保护个人信息安全，规范个人信息的收集、使用和处理。包括个人信息处理的合法性、明确的信息使用目的、个人信息主体权利保护等，对于人工智能技术中涉及的个人信息保护具有重要意义。

这些法律、法规和政策为中国的人工智能发展提供了法律依据和伦理指导，强调了数据隐私保护、信息安全、伦理标准等重要问题，促进了人工智能技术的健康发展和社会应用。

综合来看，通过加强法规执行、企业自律、公众教育以及国际合作，可以更好地保护数据隐私，促进数据安全和个人权利的平衡发展。具体来说可以达到以下目标。

① 增加透明度和可解释性。法律框架要求人工智能系统必须具有透明度，用户和相关方能够了解系统的运作方式和决策过程。某些领域可能需要法律规定人工智能系统必须能够解释其决策依据，尤其是在关键领域如医疗和司法领域。

② 责任和问责。法律框架应明确规定人工智能系统的主体责任归属，包括开发者、使用者和监管机构的监督责任。法律应该建立问责机制，确保在人工智能系统出现问题时能够追溯责任并进行惩罚或补偿。

③ 反歧视与公平性。法律框架应该禁止人工智能系统基于种族、性别、宗教等因素做出歧视性决策。法律应该规定人工智能系统必须保证对所有群体公平，避免任何形式的不公平对待。

④ 监管与合规要求。法律框架应规定建立专门人工智能监管机构，负责监督人工智能技术的发展和应用；同时要求人工智能技术必须符合特定法律、伦理和安全标准，确保其合规运作。

当然，目前还存在不足之处。在法律法规执行和监管方面存在不足，如执法效果不佳、处罚力度不足等，部分企业对法规遵守不够严格，数据泄露事件仍然频发。需要加强监管和执法力度，提高对数据隐私保护法规的执行力度，加大对违规行为的处罚力度，确保法规得到有效执行。加强行业自律和企业责任，鼓励企业建立健全的数据隐私保护机制，加强内部数据管理和安全措施，提高企业对数据隐私的重视程度。加强公众教育和意识提升，加强数据隐私保护的宣传教育，提高公众对数据隐私重要性的认识，让个人更加关注自身数据的安全和隐私保护。加强国际合作与信息共享，共同应对跨境数据流动和数据隐私保护的挑战，推动全球数据治理标准的制定和实施。

人工智能法律框架与政策的制定是确保人工智能技术发展与应用符合法律规定和道德标准的关键步骤。这些法律框架和政策旨在保护公众利益、个人隐私权，并促进人工智能技术的可持续发展。

13.3 人工智能伦理的治理措施

教学课件：
13.3 人工智能伦理的治理措施

人工智能伦理的治理是一项综合性工程，需要从伦理、法律、技术、管理、教育等多维度进行治理，具体可以从以下方面进行探讨。

1. 法律法规的制定与完善

AI 技术的快速发展带来了许多法律空白，例如责任归属、数据隐私和算法透明度等问题。通过立法可以为 AI 技术的开发和应用提供明确的法律框架。欧盟的《人工智能法案》（*AI Act*）将 AI 系统分为不同风险等级（如不可接受风险、高风险、有限风险等），并对高风险 AI 系统提出严格合规要求；在《通用数据保护条例》（GDPR）中增设对 AI 数据处理的特别规定，要求系统处理个人数据时确保透明性和合法性。

2. 伦理原则与框架的建立

AI 技术的应用可能引发伦理问题，如算法偏见、隐私侵犯等。通过建立伦理原则和框架，可以为 AI 开发和应用提供道德指导。

① 制定伦理原则：例如公平性、透明性、可解释性、隐私保护、安全性等。欧盟的《可信 AI 伦理准则》提出了七项关键要求，包括人类监督、技术稳健性等。

② 建立伦理框架：例如为企业提供具体的操作指南，帮助其在开发 AI 系统时遵循伦理原则。

③ 跨文化伦理共识：例如通过国际组织（如联合国）推动全球范围内的 AI 伦理对话。

3. 技术透明性与可解释性

许多 AI 系统（如深度学习模型）是"黑箱"，用户无法理解其决策过程。通过提高透明性和可解释性，可以增强用户信任。例如，要求开发者公开 AI 算法的基本原理和决策逻辑，开发可解释的 AI 模型（如决策树、基于规则系统），帮助用户理解 AI 的决策过程。建立第三方审计机制，对 AI 系统进行定期评估。例如，IBM 开发了 AI Explainability 360 工具包，帮助开发者提高 AI 模型的可解释性。欧盟《人工智能法案》要求高风险 AI 系统必须提供决策过程的详细解释。

4. 数据隐私与安全保护

AI 系统依赖于大量数据，可能侵犯个人隐私。通过加强数据隐私和安全保护，可以防止数据滥用。具体措施包括以下几个。

① 数据最小化原则：限制 AI 系统收集和使用数据的范围。

② 数据匿名化：对敏感数据进行匿名化处理。

③ 使用数据安全技术：采用加密、访问控制、差分隐私等技术确保数据在存储和传输过程中的安全。差分隐私是一种保护隐私的技术，通过在数据中引入噪声来保护个体数据，从而防止对个人身份的推断。

④ 用户知情权：确保用户了解其数据如何被收集、使用和共享。

5. 算法公平性与偏见消除

AI 算法可能因训练数据偏差而产生歧视性结果。通过消除算法偏见，可以确保 AI 系统的公平性。例如使用多样化的训练数据，在 AI 系统部署前进行公平性测试。开发专门的工具和方法，检测并修正 AI 算法中的偏见等。

6. 责任与问责机制

AI 系统可能出现错误或损害，需要明确责任归属。通过建立责任与问责机制，可以确保在出现问题时能够追责。例如我国 2021 年修订的《中华人民共和国道路交通安全法》新增自动驾驶相关法规，明确自动驾驶汽车在交通事故中的责任界定。德国通过的《自动驾驶法》，明确自动驾驶汽车事故的责任归属，欧盟《人工智能法案》要求高风险 AI 系统必须建立问责机制。通过这些机制，可以明确开发者、使用者、监管机构等各方的责任。

7. 公众参与与教育

公众对 AI 技术的认知和参与度不足。通过公众参与与教育，可以提高社会共识。例如通过媒体、学校等渠道普及 AI 伦理知识；在 AI 政策和法规制定过程中，广泛征求公众意见；为 AI 开发者和使用者提供伦理培训。

8. 国际合作与标准化

AI 技术的全球性需要国际合作与标准化。通过国际合作与标准化，可以形成统一的 AI 伦理治理框架。例如，通过联合国、经济合作与发展组织（OECD）等国际组织推动全球合作，制定 AI 伦理的国际统一标准，建立全球 AI 伦理治理信息共享平台。

9. 伦理审查与监管

AI 技术的开发和应用需要伦理审查与监管。通过伦理审查与监管，可以确保 AI 技术符合伦理要求。例如，设立专门的 AI 伦理委员会，建立独立的 AI 监管机构，对 AI 系统进行定期伦理审查。

10. 技术创新与伦理平衡

AI 技术的发展需要在创新与伦理之间找到平衡。通过技术创新与伦理平衡，可以推动 AI 技术的健康发展。例如，在 AI 系统设计阶段融入伦理考量；在 AI 项目启动前开展伦理风险评估；通过政策和资金支持，引导并鼓励符合伦理的 AI 技术创新。

人工智能的发展与人类的发展息息相关，我们要把握创新发展的历史机遇，打造开放、包容、非歧视的数字经济环境，坚持以人为本、智能向善，在联合国框架内加强人工智能规则治理，积极推进绿色转型，让广大发展中国家更好融入数字化、智能化、绿色化潮流。总之，人工智能伦理治理需要多方协同，包括法律法规、技术手段、公众参与和国际合作以及教育等，为 AI 技术的健康发展提供有力保障。

13.4 本章小结

人工智能技术的快速发展为社会带来了巨大的便利，但也引发了诸多伦理和安全问题。本章通过多个典型案例，深入分析了人工智能（AI）技术的伦理与安全问题，探讨了 AI 技术在社会中的广泛应用及其带来的潜在风险和挑战。最后，提出了相应的治理措施：通过法律法规、伦理原则、技术手段和公众参与等多维度的治理措施，可以有效应对这些挑战，确保 AI 技术的健康发展。

未来，随着 AI 技术的深入应用，伦理与安全问题将继续成为关注的焦点，需要社会各界共同努力，推动 AI 技术的可持续发展，确保 AI 技术的应用符合社会价值观，并为人类带来更多的福祉。

思考与练习

1. 什么是人工智能伦理？
2. 人工智能伦理可能涉及哪些方面的问题？
3. 谈谈你对 AI 换脸技术的看法。
4. 谈谈你了解的违反人工智能伦理的典型案例。
5. 你认为应如何构建人工智能伦理的治理体系？

参考文献

［1］吴飞，潘云鹤. 人工智能引论［M］. 北京：高等教育出版社，2024.

［2］黄河燕，史树敏，李洪政. 自然语言处理理论与实践［M］. 北京：高等教育出版社，2022.

［3］赵宏. 人工智能与创新［M］. 北京：高等教育出版社，2024.

［4］焦魁，刘智，汪洋. 人工智能应用导论［M］. 北京：高等教育出版社，2024.

［5］朱强，飞桨教材编写组. 人工智能导论：案例与实践［M］. 北京：高等教育出版社，2022.

［6］王万良. 人工智能导论［M］. 北京：高等教育出版社，2020.

［7］黄源，张莉. AIGC 基础与应用［M］. 北京：人民邮电出版社，2024.

［8］胡清华，杨柳. 人工智能引论［M］. 北京：高等教育出版社，2024.

［9］古天龙. 人工智能伦理导论［M］. 北京：高等教育出版社，2022.

［10］焦李成. 人工智能通识基础［M］. 北京：人民邮电出版社，2024.

［11］丁艳. 人工智能基础及应用［M］. 2 版. 北京：机械工业出版社，2024.

［12］吴倩，王东强. 人工智能基础及应用［M］. 北京：机械工业出版社，2024.

［13］刘丽，孙洪峰. 人工智能基础及应用［M］. 北京：高等教育出版社，2024.

［14］Lin T Y, Maire M, Belongie S, et al. Microsoft COCO: Common Objects in Context [C]. Proceeding of the 13th European Conference on Computer Vision. Switzerland, 2014: 740-755.

［15］吴北虎. 通识 AI：人工智能基础概念与应用［M］. 北京：清华大学出版社，2024.

［16］王家林，段智华. Transformer&ChatGPT 解密：原理、源码及案例［M］. 北京：北京航空航天大学出版社，2024.

［17］Rumelhart D E, Hinton G E, Williams R J. Learning representations by back-propagating errors [J]. Nature, 1986, 323(6088): 533-536.

［18］Hinton G E, Salakhutdinov R R. Reducing the dimensionality of data with neural networks [J]. Science, 2006, 313(5786): 504−507.

［19］Vaswani A, Shazeer N, Parmar N, et al. Attention is all you need [C]. Advances in Neural Information Processing Systems (NeurIPS), 2017, 30: 5998−6008.

郑重声明

高等教育出版社依法对本书享有专有出版权。任何未经许可的复制、销售行为均违反《中华人民共和国著作权法》，其行为人将承担相应的民事责任和行政责任；构成犯罪的，将被依法追究刑事责任。为了维护市场秩序，保护读者的合法权益，避免读者误用盗版书造成不良后果，我社将配合行政执法部门和司法机关对违法犯罪的单位和个人进行严厉打击。社会各界人士如发现上述侵权行为，希望及时举报，我社将奖励举报有功人员。

反盗版举报电话　（010）58581999　58582371

反盗版举报邮箱　dd@hep.com.cn

通信地址　北京市西城区德外大街4号　高等教育出版社知识产权与法律事务部

邮政编码　100120

防伪查询说明

用户购书后刮开封底防伪涂层，使用手机微信等软件扫描二维码，会跳转至防伪查询网页，获得所购图书详细信息。

防伪客服电话　（010）58582300